普通高等教育经管类专业系列教材

# 国际金融
## 理论、实务与制度

赵林海 ◎编著

清华大学出版社

北　京

## 内容简介

本教材是福建省高等教育研究院高等教育改革与研究项目和福建省一流本科课程建设项目的阶段性成果。全书紧紧围绕理论与实务密切结合的特征，按照国际金融理论、国际金融实务、国际金融制度三个部分来构建全书的知识体系，并且根据内在的逻辑关系将这三个部分有机地联系起来，注重权威性、实用性、灵活性和反映国际金融领域的进展。本教材每章末附有复习思考题和练习题，以帮助读者及时巩固所学知识。本教材适合用作经济管理类各专业本科生和研究生的国际金融学课程教材，对政府部门、企事业单位的从事经济金融贸易、投资工作的人员和其他想了解国际金融与外汇相关知识的投资者也有较大的参考价值。

本教材提供丰富的教学资源，包括教学课件、教学大纲、教学计划和习题答案等，可以通过扫前言中的二维码获取。

**图书在版编目(CIP)数据**

国际金融：理论、实务与制度 / 赵林海编著.

北京 ：清华大学出版社, 2025. 1. -- (普通高等教育经

管类专业系列教材). -- ISBN 978-7-302-67829-8

Ⅰ. F831

中国国家版本馆 CIP 数据核字第 2024D9W126 号

责任编辑：高　屾
封面设计：马筱琨
版式设计：思创景点
责任校对：马遥遥
责任印制：刘海龙

出版发行：清华大学出版社
　　　　　网　　　址：https://www.tup.com.cn，https://www.wqxuetang.com
　　　　　地　　　址：北京清华大学学研大厦 A 座　　　　　邮　　编：100084
　　　　　社 总 机：010-83470000　　　　　　　　　　邮　　购：010-62786544
　　　　　投稿与读者服务：010-62776969，c-service@tup.tsinghua.edu.cn
　　　　　质 量 反 馈：010-62772015，zhiliang@tup.tsinghua.edu.cn
印 装 者：三河市龙大印装有限公司
经　　销：全国新华书店
开　　本：185mm×260mm　　印　张：16.5　　　　字　　数：433 千字
版　　次：2025 年 1 月第 1 版　　印　次：2025 年 1 月第 1 次印刷
定　　价：69.00 元

产品编号：105592-01

# 前　言

本教材是国家级一流本科专业建设点(华侨大学金融学专业)教材、福建省一流本科课程"国际金融学"教材，既凝结了作者 20 多年来从事国际金融学教学的经验，又充分吸收了国内外国际金融学教材和研究论文的精华。

## 写作宗旨

国际金融学是研究国际货币信用关系和资金融通规律的一门学科，以在国与国之间运作的货币和资本及由货币和资本在国与国之间的流动所引发的一系列金融行为作为研究对象。由于综合国力的不断增强，我国越来越深入地融入国际经济体系，并日益发挥重要的作用。在经济全球化、国际经济一体化趋势愈发明显的今天，精通国际金融理论与实务知识显得越来越重要。熟练掌握国际金融理论与实务知识，能够使我们更加准确地分析复杂的国际经济和金融问题，帮助我们以更高的效率参与国际金融活动，做出科学合理的决策。本教材的写作宗旨是，完整而准确地将国际金融学这门课程的全貌呈现给读者，帮助读者在经过一定的学习过程后，通晓国际金融理论与实务知识，力争更及时地反映国际金融理论、实务与制度的实际状况并更适合国际金融学课程的教学。

## 内容安排

国际金融学的研究内容很广泛，大致包括三个方面：国际金融理论、国际金融实务和国际金融制度。本书的内容就是按照上述三个方面分三篇展开的。**第一篇，国际金融理论**，共有 5 章内容，主要介绍外汇与汇率基础，以及国际金融学的 4 个理论支柱，即汇率决定理论、汇率制度理论、国际收支理论和国际金融危机理论。对理论的阐释，遵循由经典到现代、先易后难的顺序。**第二篇，国际金融实务**，共有两章内容，包括当今最主要的两类国际金融业务操作，即外汇交易和国际融资。对实务的阐述，我们先介绍各种实际业务操作的原理和规则，然后在此基础上介绍各种实际业务操作的发展。**第三篇，国际金融制度**，共有三章内容，主要介绍与国际金融理论和实务相关的制度因素，包括国际金融市场、国际金融机构和国际货币体系。

为了帮助读者深入理解有关章节，我们还编写了案例和专题阅读材料，附在相应章节末尾。此外，为了使读者能够检验和巩固学习的成果，我们还编写了适量的复习思考题和练习题。

教师在讲授国际金融学时，可以把党的二十大精神等当前国家大政方针有机融入有关章节，并结合国际金融发展史，开展素质教育。例如，党中央反复强调，"牢牢守住不发生系统性金融风险的底线""有效防范化解重大经济金融风险"。因此，本教材在"第五章 国际金融危机理论"和"第六章 外汇交易与外汇风险防范"的第四节"外汇风险防范及最新发展"中融入党的二十大报告中的"完善国家安全法治体系、战略体系、政策体系、风险监测预警体系、国家应急管理体系"和"防范化解重大风险"等精神要点。

## 本书特色

### 1. 专业术语定义权威

《新帕尔格雷夫货币金融大辞典》是国际和国内金融学术界所公认的、最权威的金融学参考工具书之一。针对当前众多教科书对专业术语定义的不统一和不规范现象，为了避免不必要的学术歧义，增强普遍适用性，本教材对重要术语的定义参照《新帕尔格雷夫货币金融大辞典》的定义，并给出重要术语相对应的英文，以便读者进一步学习和参考相关的外文文献。

### 2. 理论与实务兼顾

国际金融学是理论与实务紧密结合的一门学科。国际金融学教材应该而且必须体现国际金融理论与实务相互促进、共同发展的特点，所以在编写中，本教材注重国际金融理论与实务的密切联系。在理论方面，对国际金融理论的最新发展进行详细的阐述，使读者可以接触到国际金融的学术前沿；在实务方面，使读者对国际金融实务操作和流程有深入的了解。

### 3. 核心明确，内容紧凑

金融学研究的核心对象是货币资金，而国际金融学是研究货币资金在国家间流动、运作及由此引发的一系列金融行为的规律的一门学科。可见，货币资本仍然是国际金融学研究的核心，但它所研究的货币不再是在一国国内使用的货币，而是国际货币或外汇，所以本教材以外汇作为切入点，以汇率作为核心，围绕这个核心展开叙述，体系合理，内容紧凑。

### 4. 实用性强

在多年的教学实践中，我们发现：如果立足于实用性来进行教学，学生将学到更多课程之外的知识，有利于培养学生的独立学习能力，有效地增强学生独立发现问题并解决问题的能力。为了使学生能够及时快速地适应课堂之外的实际工作，必须教会学生必要的金融技能，特别是教会他们读懂如 *The Financial Times*(《金融时报》)等主要金融出版物上刊登的金融信息和新闻。鼓励学生们阅读金融信息和新闻，将有助于他们理解并运用在课堂上所学到的知识。为达到上述目标，本教材在各个章节，特别是国际金融实务篇的各个章节详细介绍了通过专业的金融出版物获取金融资讯的方法及各种国际金融业务的操作过程。这将极大地激发学生们的学习兴趣并帮助他们有效学习。同时，本教材在相应的章节末尾附有适当的案例，通过案例教学，可以引导和启发学生去理解和掌握抽象的国际金融理论知识。

### 5. 灵活性高

由于不同教师的学术背景不同，不同学生所学专业对国际金融学课程的深度和广度要求也不同，因此各个专业的教师和学生的需求也有很大差别，这在客观上要求国际金融学教材应该具备一定的灵活性，以满足读者需要。本教材的编写体系充分考虑了这一点，以实现教学的灵活性。对于金融学专业，有必要将全书作为一个整体来学习。对于其他各专业，可以根据专业自身对理论或者实务的侧重，对有关章节做一定的取舍。例如，经济学专业可以着重讲授国际金融理论，而不必过多涉及国际金融实务操作。

## 致谢

本教材在编写过程中参考了众多国际金融学教材和研究成果，在此向这些文献的作者表示衷心的感谢。本书得到华侨大学教材建设资助项目的支持，在此特别致谢。

本教材提供丰富的教学资源，包括教学课件、教学大纲、教学计划和习题答案等，可通过扫右侧二维码获取。

由于水平有限，书中可能存在一定的疏漏之处，恳请各位专家、同行和广大读者提出宝贵的意见和建议，以便于本教材的进一步修订完善。

教学资源

作者

2024 年 11 月

# 编 者 简 介

　　赵林海(1976—)，男，黑龙江哈尔滨人，天津大学博士，复旦大学博士后(师从著名国际金融学家姜波克教授)，福建省高校新世纪优秀人才，福建省高层次人才和泉州市哲学社会科学领军人才，华侨大学经济与金融学院应用经济学一级学科教授、博士生导师，中国优选法统筹法与经济数学研究会量化金融与保险分会理事，中国运筹学会金融工程与金融风险管理分会理事，中国技术经济学会金融科技专业委员会理事；主要研究方向为宏观经济金融理论与政策、国际金融、金融工程与风险管理、量化金融与金融科技；获得第九届金融图书"金羊奖"，出版专著4部，先后主持国家社会科学基金项目2项，主持国家自然科学基金项目1项，参与或主持国家社会科学基金重大项目、国家社会科学基金重点项目、国家自然科学基金面上项目等科研项目55项，发表论文80余篇(多篇论文入选高影响力或高被引论文)；曾获福建省高等教育教学成果奖二等奖2项，主讲的"国际金融学"入选福建省一流本科课程。

# 目　　录

第一篇

国际金融理论

# 第一章

# 外汇与汇率基础

## 第一节 外 汇

### 一、外汇的概念

外汇(Foreign Exchange，或 Forex)是国际汇兑的简称，从本质上讲是将本国货币兑换成外国货币，从而相应地把这部分资金转移到国外。这是和国内汇兑(即内汇)相对而言的。**内汇**是国内异地划转资金，它不会引起不同货币之间的兑换关系。外汇则不同，它一定形成本币与外币之间的兑换关系，以及各种货币之间的兑换关系，否则就不能完成将资金转移到国外，以及从甲国转移到乙国的汇兑任务。

从形态上说，外汇可从两个方面来理解，即动态含义的外汇和静态含义的外汇。动态含义的外汇是指把一国的货币兑换成另一国的货币，借以清偿国家间债权债务关系的行为或活动。这种行为或活动并不表现为直接运送现金，而是采用委托支付或债权转让的方式，结算国家间的债权债务，如出口企业和进口企业收付货款、办理结汇就是一种外汇行为。静态含义的外汇是指外币和以外币表示的用于国际结算的支付手段。这种支付手段的内容十分广泛，包括：①可以用于国际结算的银行存款；②可以用于国际结算的商业汇票；③可以用于国际结算的银行汇票；④可以用于国际结算的银行支票；⑤可以用于国际清偿的外国国债、长短期政府债券；⑥可以用于国际清偿的公司债券、股票、息票等；⑦可以用于国际结算的外国钞票；⑧其他有外汇价值的资产。其中，外国钞票是否属于外汇，要看它能否在发行国之外自由流通或者自由购买商品。

按照静态的外汇含义，作为国际支付手段的外汇必须具备三个特点：可支付性、可获得性和可兑换性。**可支付性**是指在国际市场上普遍被接受的支付手段；**可获得性**是指在任何情况下都能够索偿的支付手段；**可兑换性**是指可兑换成任何国家货币或其他各种外汇资产的支付手段。

我国于 2008 年 8 月 1 日国务院第 20 次常务会议修订通过的《中华人民共和国外汇管理条例》第三条对外汇的定义也是采用其静态含义。我国的外汇是指以外币表示的可以用作国际清偿的支付手段和资产，具体包括以下 5 项内容：①外币现钞，包括纸币、铸币；②外币支付凭证或者支付工具，包括票据、银行存款凭证、银行卡等；③外币有价证券，包括债券、股票等；④特别提款权；⑤其他外汇资产。

## 二、外汇的种类

### 1. 按照是否可以自由兑换分类

外汇按照是否可以自由兑换(freely convertible)，可分为自由外汇与记账外汇。

(1) 自由外汇，是指无须外汇管理当局批准，可以自由兑换成其他国家货币或用于对第三国支付的外汇。换句话说，凡在国际经济领域可自由兑换、自由流动、自由转让的外币或外币支付手段，均称为自由外汇。例如美元、英镑、日元、欧元、瑞士法郎等货币及以这些货币表示的支票、汇票、股票、国债等都是自由外汇。由于许多国家基本上取消或放松外汇管制，因此目前世界上有 70 余种货币是自由兑换货币，持有它们可自由兑换成其他国家货币或向第三者进行支付，因而成为国际上普遍可以接受的支付手段。

(2) 记账外汇，又称为协定外汇或双边外汇，是指在两国政府间签订的支付协定项目中使用的外汇，不经货币发行国批准，不准自由兑换成他国货币，也不能对第三国进行支付。记账外汇只能根据协定在两国间使用，协定规定双方计价结算的货币可以是甲国货币、乙国货币或第三国货币；通过双方银行开立专门账户记载，年度终了时发生的顺差或逆差，通过友好协商解决，或是转入下一年度，或是用自由外汇或货物清偿。记账外汇的特点是，它只能记载在双方银行的账户上，用于两国间的支付，既不能兑换成他国货币，也不能拨给第三者使用。历史上一些东欧国家之间的进出口贸易，曾经采用部分或全部记账外汇方式来办理清算。

### 2. 按照来源和用途的不同分类

外汇按照来源和用途的不同，可分为贸易外汇与非贸易外汇。

(1) 贸易外汇，是指进出口贸易所收付的外汇，包括货物及相关的从属费用，如运费、保险费、宣传费、推销费用等。由于国际经济交往的主要内容就是国际贸易，贸易外汇是一个国家外汇的主要来源与用途。

(2) 非贸易外汇，是指除进出口贸易和资本输出入以外的其他各方面所收付的外汇，包括劳务外汇、侨汇、捐赠外汇和援助外汇等。一般来说，非贸易外汇是一国外汇的次要来源与用途；也有个别国家例外，如瑞士，非贸易外汇是其外汇的主要来源与主要用途。

### 3. 按照交割期限不同分类

外汇按照交割期限的不同，可分为即期外汇与远期外汇。

(1) 即期外汇，又称现汇，是指外汇买卖成交后，在当日或在两个营业日内办理交割的外汇。所谓交割(delivery)是指本币所有者与外币所有者互相交换其本币所有权和外币所有权的行为，即外汇买卖中的实际支付。

(2) 远期外汇，又称期汇，是指买卖双方不需要即时交割，而仅仅签订一纸买卖合同，预定将来在某一时间(在两个营业日以后)进行交割的外汇。远期外汇，通常是由国际贸易结算中的远期付款条件引起的；买卖远期外汇的目的，主要是避免或减少由汇率变动引起的汇率风险所造成的损失。远期外汇的交割期限从 1 个月到 1 年不等，通常是 3～6 个月。

## 三、外汇的功能

### 1. 作为国际结算的支付手段

国际债权债务到期时，主要通过各种外汇凭证进行非现金结算。不论起因如何、金额大小，所有的国际债权债务都可通过银行国际业务，利用外汇凭证进行清算，从而完成国际结算。

**2. 促进国际贸易和资本流动**

利用外汇进行国际债权债务关系的清算，可以节省运送现金的费用，避免风险，还可以加速资金周转，扩展资金融通的范围，从而促进国家间的商品交换和资本流动；否则，国际经济、贸易和金融往来就要遇到障碍，难以得到发展。

**3. 调剂国家间的资金余缺**

由于世界经济发展的不平衡，各国所需的建设资金余缺程度不同，这在客观上需要在世界范围内进行资金调剂。由于各国的货币制度不同，各国的货币不能直接调剂。外汇作为一种国际支付手段，则可以发挥调剂资金余缺的功能。

**4. 充当国际储备**

国际储备是一国可以用于国际支付的资产，是衡量一国经济实力的主要标志之一。外汇作为清偿国际债务的手段，同黄金一样，可以作为国家的储备资产。因此，外汇构成国际储备的一个重要组成部分。

## 四、世界主要货币概览

表 1-1 列出了当今世界上主要货币的概况，包括货币发行国家或地区、货币名称和货币符号等。按照国际标准化组织 ISO-4217 标准的定义，每种货币都用三个字母的代码来表示，例如，美元的字母代码是 USD(United States Dollar)，欧元代码是 EUR(Euro)，瑞士法郎是CHF(Confederation Helvetica Franc)，日元是JPY(Japanese Yen)，英镑是GBP(Great British Pound)。通常它们是由两个字母的国家代码(国际标准化组织 ISO-3166 标准)加第一个货币字母构成的。虽然也有例外，不过不多。比如欧元(Euro)，被标示为 EUR。

表 1-1 世界主要货币一览表

| 国家或地区 (country or district) | 货币名称 (currency) | ISO 货币代码(ISO codes) | | 惯用缩写 (abbreviation) |
|---|---|---|---|---|
| | | 字母代码 (alphabetic) | 数字代码 (numeric) | |
| China (中国) | Yuan Renminbi (人民币元) | CNY | 156 | ¥ |
| Hong Kong, China (中国香港) | Hong Kong Dollar (港元) | HKD | 344 | HK$ |
| Japan(日本) | Yen(日元) | JPY | 392 | Yen |
| Korea(韩国) | Won(韩元) | KRW | 410 | W |
| Singapore (新加坡) | Singapore Dollar (新加坡元) | SGD | 702 | S $ |
| Viet Nam(越南) | Dong(越南盾) | VND | 704 | D |
| Thailand(泰国) | Baht(泰铢) | THB | 764 | B |
| Malaysia (马来西亚) | Malaysian Ringgit (林吉特) | MYR | 458 | Mal$ |
| Indonesia (印度尼西亚) | Rupiah (卢比，印尼盾) | IDR | 360 | Rp |
| Philippines (菲律宾) | Philippine Peso (菲律宾比索) | PHP | 608 | P |

(续表)

| 国家或地区<br>(country or district) | 货币名称<br>(currency) | ISO 货币代码(ISO codes) | | 惯用缩写<br>(abbreviation) |
|---|---|---|---|---|
| | | 字母代码<br>(alphabetic) | 数字代码<br>(numeric) | |
| India<br>(印度) | Indian Rupee<br>(印度卢比) | INR | 356 | Re |
| Eurozone<br>(欧元区) | Euro<br>(欧元) | EUR | 978 | € |
| United Kingdom<br>(英国) | Pound Sterling<br>(英镑) | GBP | 826 | £ |
| Switzerland<br>(瑞士) | Swiss Franc<br>(瑞士法郎) | CHF | 756 | SFr |
| Sweden<br>(瑞典) | Swedish Krona<br>(瑞典克朗) | SEK | 752 | SKr |
| Norway<br>(挪威) | Norwegian Krone<br>(挪威克朗) | NOK | 578 | NKr |
| Denmark<br>(丹麦) | Danish Krone<br>(丹麦克朗) | DKK | 208 | DKr |
| United States(美国) | US Dollar(美元) | USD | 840 | US$ |
| Canada<br>(加拿大) | Canadian Dollar<br>(加拿大元) | CAD | 124 | Can$ |
| Mexico<br>(墨西哥) | Mexican Peso<br>(墨西哥比索) | MXN | 484 | MEX |
| Cuba<br>(古巴) | Cuban Peso<br>(古巴比索) | CUP | 192 | Cub$ |
| Egypt<br>(埃及) | Egyptian Pound<br>(埃及镑) | EGP | 818 | LE |
| South Africa(南非) | Rand(兰特) | ZAR | 710 | R |
| Australia<br>(澳大利亚) | Australian Dollar<br>(澳大利亚元) | AUD | 036 | A$ |
| New Zealand<br>(新西兰) | New Zealand Dollar<br>(新西兰元) | NZD | 554 | NZ$ |

资料来源：国际标准化组织 4217 标准 2008 版：货币和资金表示代码。

从表 1-1 中我们可以看出当今世界主要货币的分布存在以下特点。第一，各国货币翻译为中文，基本上都是"元"，其英文却不尽相同，例如，美元、加拿大元、澳大利亚元等英文为"Dollar"，人民币元英文为"Yuan"，日元英文为"Yen"，韩元英文为"Won"，欧元英文为"Euro"。这主要是由于汉语翻译的习惯造成的。第二，由于美元在国际货币体系中的特殊地位，许多国家的货币受其影响而命名为"Dollar"。第三，货币名称的分布具有地域性特征。在地理位置接近、政治制度相同、经济发展水平和文化传统相似的一些国家，货币名称基本相同，例如，同处在北欧的挪威、丹麦和瑞典三国货币都是克朗。第四，一些在历史上曾经沦为殖民地的国家的货币名称沿用了原宗主国的货币名称，例如，菲律宾、墨西哥和古巴等国曾是西班牙的殖民地，其货币名称都是比索。

# 第二节 汇　率

## 一、汇率的概念

汇率(exchange rate)，又称汇价，是一个国家的货币折算成另一个国家货币的比率或比价，也可以说是用一国货币表示的另一国货币的价格。由于国家间的经贸往来必然会引起国与国之间的债权债务和货币收付，因而需要有关国家办理国际结算。这种结算是通过外汇买卖来实现的，为此产生了外汇买卖的价格问题。这种外汇买卖所产生的比价实质上就是外汇汇率。可见，汇率是随着外汇交易而产生的。

## 二、汇率的标价方法

折算两个国家的货币，首先要明确以哪个国家的货币作为标准，通过变动另一国家的货币来反映比价。由于确定的比较标准不同，因而产生了两种不同的汇率标价方法(exchange quotation)——直接标价法和间接标价法，并在此基础上产生了美元标价法。

### 1. 直接标价法

直接标价法(direct quotation)是指以一定单位(1 个或 100 个、10 000 个单位等)的外国货币作为标准，折算成若干数额的本国货币来表示汇率。即把外国货币看成商品，用本国货币购买一定单位的外国货币应支付的价格，所以又叫作应付标价法，如人民币市场汇率(见表 1-2)。

表 1-2　人民币市场汇价表(汇率中间价，2022 年 8 月 26 日)

单位：人民币元

| 货　　币 | 单　　位 | 中　间　价 | 货　　币 | 单　　位 | 中　间　价 |
|---|---|---|---|---|---|
| 美元 | 1 | 6.848 6 | 日元 | 100 | 5.017 8 |
| 欧元 | 1 | 6.833 3 | 英镑 | 1 | 8.106 5 |

资料来源：中国外汇交易中心、中国货币网(http://www.chinamoney.com.cn)。

**注**：中国外汇交易中心根据中国人民银行授权，每日计算和发布人民币对美元等主要外汇币种汇率中间价。交易中心于每日银行间外汇市场开盘前向外汇市场做市商询价。外汇市场做市商参考上日银行间外汇市场收盘汇率，综合考虑外汇供求情况及国际主要货币汇率变化进行报价。交易中心将全部做市商报价作为人民币对美元汇率中间价的计算样本，去掉最高和最低报价后，将剩余做市商报价加权平均，得到当日人民币对美元汇率中间价，权重由交易中心根据报价方在银行间外汇市场的交易量及报价情况等指标综合确定。人民币对港元汇率中间价由交易中心分别根据当日人民币对美元汇率中间价与上午 9 时国际外汇市场港元对美元汇率套算确定。交易中心于每日银行间外汇市场开盘前向银行间外汇市场相应币种的做市商询价，去掉最高和最低报价后，将剩余做市商报价平均，得到当日人民币对欧元、日元、英镑、澳大利亚元、新西兰元、新加坡元、瑞士法郎、加拿大元、林吉特、俄罗斯卢布、兰特、韩元、阿联酋迪拉姆、沙特里亚尔、匈牙利福林、波兰兹罗提、丹麦克朗、瑞典克朗、挪威克朗、土耳其里拉、墨西哥比索和泰铢汇率中间价。

在直接标价法下，外国货币的数额是固定不变的，本币数额的变化表示外汇汇率的变化。若以一定单位的外币折算的本币增多，说明外汇汇率上浮，即外币对本币升值；反之，若以一定单位的外币折算的本币减少，说明外汇汇率下浮，即外币对本币贬值。目前，除英国、美国外，国际上绝大多数国家都采用直接标价法。美国在第二次世界大战前也曾采用直接标价法，第二次世界大战后，随着美元在国际支付和国际储备中逐渐取得统治地位，为了与国际市场的标价一致，美国从 1978 年 9 月 1 日起，除了对英镑使用直接标价法外，对其他货币一律使用间接标价法。

### 2. 间接标价法

间接标价法(indirect quotation)是指以一定单位的本国货币为标准，折算为若干数额的外国货币来表示汇率。即把本国货币看成商品，出售一定单位的本国货币应收取的外国货币价格，所以又叫作应收标价法，如伦敦外汇市场汇率(见表 1-3)。

在间接标价法下，本国货币的数额是固定不变的，外币数额的变化表示外汇汇率的变化。若一定单位的本币折算外币的数额增多，说明外汇汇率下浮，外币对本币贬值；反之，则说明外币对本币升值。

值得注意的是，本币与外币的区分是相对的，一般把所研究的外汇市场所在地国家(或地区)的货币视为本币。

表 1-3　伦敦外汇市场汇率表(2022 年 9 月 4 日)

| 货 币 名 称 | 1 英镑折合外币 | 货 币 名 称 | 1 英镑折合外币 |
|---|---|---|---|
| 人民币元 | 7.938 1 | 欧元 | 1.155 9 |
| 美元 | 1.150 8 | 挪威克郎 | 11.516 2 |
| 加拿大元 | 1.511 1 | 日元 | 161.3 3 |
| 瑞士法郎 | 1.128 1 | 新加坡元 | 2.135 4 |
| 瑞典克朗 | 12.385 3 | 澳大利亚元 | 1.688 7 |
| 丹麦克朗 | 8.595 4 | | |

资料来源：《伦敦金融时报》(*The Financial Times*)。

### 3. 美元标价法

在国家间进行外汇业务交易时，银行同业间的报价一般采用"美元标价法"(US dollar quotation)，对除英镑、欧元等少数货币以外的其他货币采用以美元为外币的直接标价法，即 1 美元等于多少该种货币；而对英镑、欧元等货币则采取以美元为外币的间接标价法，即 1 单位该种货币等于多少美元。这种方法始于 20 世纪 50 年代初期。目前，欧洲货币市场的货币汇率都以各自对美元的比价为基准。

## 三、汇率的种类

汇率的种类很多，有各种不同的划分方法，特别是在实际业务中，从不同角度来划分，就有不同的汇率。

### 1. 按银行买卖外汇的角度划分

按银行买卖外汇的角度划分，汇率分为买入汇率、卖出汇率、中间汇率及现钞汇率。

(1) 买入汇率(buying rate or bid rate)，是指银行从客户或其他银行买入外汇时所使用的汇率，又称为买入价。

(2) 卖出汇率(selling rate or offer rate)，是指银行向客户或其他银行卖出外汇时所使用的汇率，又称为卖出价。

外汇银行等金融机构买卖外汇是以盈利为目的的，其卖出价与买入价的差价(bid/offer

spread)就是其收益,因此,银行的外汇卖出价必然高于其买入价。一般买卖之间的差价率约在 1‰～5‰不等。买卖差价率的计算公式为

$$买卖差价率=(卖出汇率-买入汇率)/买入汇率×1000‰$$

由于国家间牌价数字的标价排列总是前一数字小,后一数字大,因而在不同的标价法下,买卖价的排列顺序也就不同。在直接标价法下,汇价的前一数字为买入价,后一数字为卖出价。如在日本东京外汇市场,USD1=JPY108.05～108.15,则 USD1=JPY108.05 是银行买入美元的价格,USD1=JPY108.15 是银行卖出美元的价格。对于直接标价法,以本币表示一定单位外币的数值越小,反映外汇越便宜;数值越大,则外汇越贵。同理,在间接标价法下,汇价的前一数字为卖出价,后一数字为买入价。如在美国纽约外汇市场,USD1=HKD7.733 0～7.733 5,则银行买入 7.733 5 港元需付出 1 美元,而卖出 7.733 0 港元收入 1 美元。对于间接标价法,数值越小,表明外汇越贵;数值越大,则外汇越便宜。

(3) 中间汇率(mid point),又称中间价,是指买入价与卖出价的算术平均数,即中间价=(买入价+卖出价)/2。此汇率不适用于一般顾客,金融类报刊报道外汇行情信息时常用中间汇率。

(4) 现钞汇率,是指银行买卖外汇现钞所使用的汇率,也有买入价与卖出价之分。一般来讲,外汇现钞买入价比外汇汇票等支付凭证的价格(即现汇买入价)低。因原则上外汇不能在本国流通,银行购入外币支付凭证以后,通过航邮划账,可以很快存入外国银行获得利息或调拨动用。银行买入现钞后,要经过一段时间,积累到一定数额后,才能将其运送到外国银行,在此期间,买进现钞的银行要承受一定的利息损失;而且现钞在运送到国外的过程中,还要支付运费、保险费等。因此,外汇现钞的买入汇率要低于一般外汇支付凭证的买入汇率。同样,外汇现钞卖出汇率一般高于或等于汇票卖出汇率。

### 2. 按汇率制度划分

按汇率制度划分,汇率可分为固定汇率、浮动汇率。

(1) 固定汇率(fixed exchange rate),是指两国货币的汇率基本固定,汇率的波动被限制在较小的幅度之内。在金本位制度下,汇率决定的基础是两国铸币含金量的对比,汇率的波动受黄金输送点的限制,故称为固定汇率制度。第二次世界大战以后建立起来的以美元为中心的汇率制度,是根据两国货币法定含金量的对比决定固定汇率。各国政府有义务通过干预外汇市场保证汇率波动不超过一定的幅度,这是纸币流通初期的固定汇率制度,也称金汇兑本位制。在固定汇率制度下,当政府因为特殊情况而无法维持原来的汇率水平时,就会对汇率进行调整,如果将本币币值上调,则称为法定升值(revaluation);如果将本币币值下调,则称为法定贬值(devaluation)。

(2) 浮动汇率(floating exchange rate),是指一国货币当局不规定本国货币与另一国货币的官方汇率,听任外汇市场的供求来决定的汇率。外币供过于求时,外币就贬值(depreciation),本币就升值(appreciation),外币的汇率就下浮;外币供不应求时,外币就升值,本币就贬值,外币的汇率就上浮。实行浮动汇率制的国家,往往根据各自经济政策的需要,对汇率变动进行干预或施加影响。因此,国际上对浮动汇率根据有无干预分为"自由浮动"(free floating)和"管理浮动"(managed floating)汇率。

### 3. 按制定汇率的方法划分

按制定汇率的方法划分,汇率可分为基本汇率、套算汇率。

(1) 基本汇率(basic rate),是指本国货币(local currency)与关键货币(key currency)或载体货币

(vehicle currency)的汇率。由于各国的货币制度不同，在制定汇率时，必须选择某一国家的货币作为关键货币。对关键货币的选择是有条件的，它应是本国国际结算中使用较多、在外汇储备中所占比重较大且国际上普遍可以接受的货币。由于美元是国际收支中使用较多的货币，且广为接受，所以绝大多数国家都把美元作为制定汇率的关键货币，因此常把对美元的汇率作为基本汇率。

(2) 套算汇率(cross rate)，又称为交叉汇率，是指两种货币通过第三种货币的中介而推算出来的汇率。套算汇率的应用有两种情况：第一，由于世界主要外汇市场只公布各种货币对美元的汇率，而不能直接反映其他货币之间的汇率，因此要求出其他货币之间的汇率，就必须通过其对美元的汇率进行套算。第二，各国在制定出基本汇率后，对其他国家货币的汇率可通过基本汇率套算出来。如某日在纽约外汇市场的汇率报价为 USD1=JPY93.90，USD1=CNY6.824 0，由此可套算出人民币元对日元的汇率为 CNY1=JPY13.7603，即 93.90/6.824 0。

### 4. 按银行外汇汇付方式划分

按银行外汇汇付方式划分，汇率可分为电汇汇率、信汇汇率、票汇汇率。

(1) 电汇汇率(telegraphic transfer rate，T/T rate)，是指经营外汇业务的本国银行，在卖出外汇收到本币的当天，即以电报或电传委托其国外分支机构或代理行付款给收款人所使用的一种汇率。电汇的凭证是电报汇款委托书，由于电汇在售出外汇的当天或次日就在其国外代理行的账户中支出价值相等的外汇，因此其收付快捷，银行不能占用客户的资金头寸，同时可使客户减少甚至避免由于汇率波动带来的风险。再者，国家间的电报费用较高，所以电汇汇率较高。但在汇率波动日益频繁的今天，人们大多愿意使用电汇方式。电汇汇率已成为基本汇率，当前各国公布的外汇牌价，除另有注明外，一般都是电汇汇率。

(2) 信汇汇率(mail transfer rate，M/T rate)，是指以信汇方式卖出外汇时的价格。信汇是由经营外汇业务的银行开具付款委托书，用信函方式寄给国外代理行付款给指定收款人的汇款方式。信汇的凭证就是信汇付款委托书。由于付款委托书的邮递需要一定的时间，银行在这段时间可占用客户的资金，而且信函邮寄费相对较低，因此信汇汇率比电汇汇率低，但使用较少。

(3) 票汇汇率(demand draft rate，D/D rate)，是指银行以票汇方式卖出外汇时的价格。票汇是指银行在卖出外汇时，开立一张由其国外分支机构或代理行付款的汇票交给汇款人，由其自带或寄往国外凭票取款。票汇的凭证是银行汇票，汇票的特点是收款人通过背书可以转让。由于票汇从卖出外汇到支付外汇有一定的时间间隔，银行可以在此期间占用客户资金，获取利息，故票汇汇率较电汇汇率低。票汇按期限长短，有短期汇票和长期汇票之分。由于期限不同，银行占用其资金头寸的时间也不同，因此长期汇票的汇率比短期汇票的汇率更低。

### 5. 按外汇买卖的交割期限划分

按外汇买卖的交割期限划分，汇率可分为即期汇率、远期汇率。

(1) 即期汇率(spot rate)，也叫作现汇汇率，是指买卖外汇双方在成交当天或两天以内办理交割的汇率。交割(delivery)是指外汇业务中两种货币对应的实际收付行为。

(2) 远期汇率(forward rate)，是指外汇买卖双方预约在将来某日期进行交割，而事先由买卖双方签订合同，达成协议的汇率。到了交割日期，不管汇率是否有变化，都按预先约定的汇率进行交割。远期交割的期限可以是 1 个月、3 个月、6 个月、1 年，比较常见的是 3 个月，采用远期汇率进行远期外汇买卖的主要目的是避免或减轻外汇汇率波动所带来的风险。

远期汇率与即期汇率相比是有差额的，这种差额叫作远期差价，用升水(premium)、贴水(discount)或平价(at par)来表示，升水表示远期汇率比即期汇率贵，贴水表示远期汇率比即期汇率便宜，平价表示两者相等。

### 6. 按照对汇率的管理宽严划分

按照对汇率的管理宽严划分，汇率可分为官方汇率、市场汇率、黑市汇率。

(1) 官方汇率(official exchange rate)，是指国家货币管理当局(中央银行或外汇管理当局)所规定的汇率。在实施比较严格的外汇管制的国家，禁止自由外汇市场的存在，规定一切交易都按其公布的汇率进行。在外汇管理较宽松的国家，官方汇率只起中心汇率作用。

(2) 市场汇率(market exchange rate)，是指在自由外汇市场上买卖外汇的实际汇率，且随外汇市场的外汇供求进行上下波动。政府要想对其汇率进行调节，就必须对外汇市场进行干预。目前西方发达国家都采取市场汇率。自 1994 年 1 月 1 日起，我国人民币实行有管理的单一浮动汇率，也开始采用市场汇率。

(3) 黑市汇率(black market rate)。在外汇管制较严的国家，往往存在进行外汇交易的地下市场，即外汇黑市，在这个市场上交易的汇率就是黑市汇率。黑市汇率在一定程度上接近于市场汇率，但仍与自由市场汇率有所区别，因为外汇黑市的供求关系具有较强的盲目性，并且交易操作不甚规范。

### 7. 按汇率的适用范围划分

按汇率的适用范围划分，汇率可分为单一汇率、多重汇率。

(1) 单一汇率(single exchange rate)，是指一国货币对某外国货币的汇价只有一个，各种不同来源和用途的收付均按此计算。

(2) 多重汇率(multiple exchange rate)，又称复汇率，是指一国货币对某一种外币的汇价根据用途或交易项目的不同，而规定两种或两种以上的汇率。其目的在于奖励出口，限制进口，限制资本的流入或流出，以改善国际收支状况。例如，对贸易项目和非贸易项目采取不同的汇率。复汇率实际上是进行外汇管制的一种特殊方式，多为经济不发达的国家所采用。

### 8. 按银行营业时间划分

按银行营业时间划分，汇率可分为开盘汇率、收盘汇率。

(1) 开盘汇率(opening rate)，也称开盘价，是指外汇银行在一个营业日刚开始营业时进行外汇交易所使用的汇率。

(2) 收盘汇率(closing rate)，也称收盘价，是指外汇银行在一个营业日的外汇交易终了时使用的汇率。

### 9. 按是否考虑通货膨胀因素划分

按是否考虑通货膨胀因素划分，汇率可分为名义汇率、实际汇率。

(1) 名义汇率(nominal exchange rate)，是指不考虑通货膨胀因素的影响，单纯由外汇市场供求关系所决定的汇率。外汇市场上进行外汇交易的汇率就是名义汇率。

(2) 实际汇率(real exchange rate)，是指剔除了由通货膨胀因素导致的货币购买力下降的影响的汇率。实际汇率是相对于名义汇率而言的，两者之间存在如下的近似关系：

$$实际汇率 = 名义汇率 - 通货膨胀率$$

### 10. 按一国货币汇率计算是否综合考虑该国与多个贸易伙伴国的汇率划分

按一国货币汇率计算是否综合考虑该国与多个贸易伙伴国的汇率划分，汇率可分为双边汇率、有效汇率。

（1）双边汇率(bilateral exchange rate)，是指只考虑两国之间的货币汇率，而不涉及其他贸易伙伴国。

（2）有效汇率(effective exchange rate)，又称多边汇率(multilateral exchange rate)，是一国货币相对于其他多种货币所形成的双边汇率的加权平均值，是研究一国的对外贸易状况时经常采用的一个经济指标。要计算本币的有效汇率，要先选择本币与若干有代表性的货币的双边汇率，然后为每个双边汇率分别确定一个权重。一般情况下，权重设定为本国对贸易伙伴国的贸易额占本国全部对外贸易总额的比率，因此，有效汇率又称贸易加权汇率。

# 第三节　汇率形成机制与影响汇率变动的因素

## 一、汇率的形成机制

汇率的形成机制是指在一定的货币体系和汇率制度下汇率水平是如何确定的。下面依据国际货币体系的演变，介绍各个时期的汇率形成机制。

### (一) 国际金本位制度下的汇率形成机制

（1）铸币平价是典型金本位制下汇率决定的基础。第一次世界大战以前，以英国为首的主要的发达国家都实行金本位制度(gold standard system)。典型的金本位制度是以黄金作为本位货币的金币本位制。在金币本位制下，金币是用一定重量和成色的黄金铸造的。金币所含有的一定重量和成色的黄金被称为含金量，金铸币的含金量是其所具有的价值。两个实行金本位制国家的单位货币的含金量之比称为铸币平价(mint parity)。由于铸币平价反映了两种货币之间的价值对比关系，因此铸币平价便成为金本位制下汇率决定的基础。例如，第一次世界大战前，英国和美国都实行金币本位制，英国货币 1 英镑含纯金 7.322 4 克，美国货币 1 美元含纯金 1.504 656

克，因此，英镑与美元的铸币平价为 $\dfrac{7.322\,4}{1.504\,656} = 4.866\,5$，即 1 英镑=4.866 5 美元，这是英镑和美元汇率决定的基础。

（2）在典型金本位制下，外汇市场的实际汇率是由外汇的供求直接决定的，并围绕着铸币平价以黄金输送点为上下限做窄幅波动。外汇供求的变化直接受到各国国际收支的影响。当一国国际收支出现顺差时，则表明外汇供过于求，外汇汇率就会下浮；反之，当一国国际收支出现逆差时，则表明外汇供不应求，外汇汇率就会上浮。但汇率的波动不是漫无边际的，是受黄金输送点制约的。这是由于在金本位制下，国家间债权债务的清算可以采用两种形式：一是汇兑结算方式，即使用外汇进行清算；二是现金结算方式，即通过直接输出入黄金予以清算。当然，若汇率波动不大，则使用外汇汇票结算更为快捷和便利。若汇率波动过大，使外汇超过等值黄金运往国外的总成本时，则宁愿采用黄金结算方式，即直接输送黄金予以清算。例如，第一次世界大战前，英国与美国之间运送黄金的各项费用约为黄金价值的 0.5%～0.7%，以 1 英镑计，运送黄金的各项费用约为 0.03 美元。在这种情况下，假定美国对英国有国际收支逆差，对英镑的需求增加，英镑汇率必然上浮。当 1 英镑上浮到 4.896 5 美元(铸币平价 4.866 5 美元加黄金运送费用 0.03 美元)以上时，则美国负有英镑债务的企业，就不会购买英镑外汇，而宁愿在美国购买黄金运往英国偿还其债务(采用直接运送黄金的办法偿还 1 英镑债务只需要 4.896 5 美元)。这又使美国市场对英镑的需求减少，使英镑汇率回落，因而英镑汇率的上浮不可能超过引起美国黄金输出的汇率,即黄金输出点。反之,假定美国对英国的国际收支为顺差,英镑的供给增加,英镑的汇率必然下浮。当 1 英镑跌到 4.836 5 美元(铸币平价 4.866 5 美元减去黄金的运送费用 0.03 美元)以下时,则美国持有英镑债权的企业,就不会出售英镑外汇,而宁愿在英国用英镑购买黄金运回美国(用运送黄金的办法收回 1 英镑债权可得到 4.836 5 美元)。这又会使市场英镑供给减少,从而使英镑汇率上浮。因此,在美的英镑汇率的下浮不可能低于引起美国黄金输入的汇率,即黄金输入点。

由此可见,在金币本位制下,汇率波动的界限是黄金输送点,最高不超过黄金输出点(铸币平价加黄金的运费),最低不低于黄金输入点(铸币平价减黄金的运费),由于运送黄金的各项费用所占黄金价值的比例很小,因此在金币本位制度下,汇率的波动幅度很小,基本上是稳定的。

第一次世界大战及 20 世纪 30 年代大危机后分别实行的金块本位制和金汇兑本位制,尽管各国货币也都规定了一定的含金量,决定汇率的基础是它们所代表的含金量之比,但是由于金块本位制和金汇兑本位制下货币对黄金的可兑换性已大大削弱,汇率已失去稳定的基础。

### (二) 布雷顿森林货币体系下的汇率形成机制

金平价是布雷顿森林体系下汇率决定的基础。布雷顿森林体系实行固定汇率制度,规定了所谓的"双挂钩"制度:一是美元与黄金直接挂钩,二是各国货币与美元挂钩。国际货币基金组织(International Monetary Fund, IMF)要求每个成员规定本国货币的含金量。各成员政府都参照过去的金属货币的含金量,规定了纸币的法定黄金含量,单位纸币的法定含金量称为**金平价**(gold parity)。因此,金平价便成为布雷顿森林体系下汇率的决定基础。例如,1946 年 1 英镑的金平价为 3.581 34 克黄金,1 美元的金平价为 0.888 671 克黄金。英镑的金平价与美元的金平价之比为 $\dfrac{3.581\,34}{0.888\,671} = 4.03$,即 1 英镑=4.03 美元,这是确定英镑与美元汇率的基础。

两国货币的实际汇率随着外汇供求的变化围绕着金平价上下波动,但其波动不是随意的。国际货币基金组织在 1944 年曾为其规定了波动界限,即不能超过金平价的±1%。1971 年底,其又将波动界限扩大为金平价的±2.25%。由于该波动界限主要是由各国中央银行通过对外汇市场的干预来实现的,因此,在布雷顿森林体系下汇率决定的基础不像金本位制度时那样稳定,波动的幅度也加剧了。

### (三) 黄金非货币化之后的汇率形成机制

1973 年春,布雷顿森林体系崩溃,主要发达国家开始实行浮动汇率制度。IMF 接纳了美国为首的推行黄金非货币化(demonetization)的主张,其理事会于 1976 年 4 月通过了《国际货币基金协定》修改草案,正式将黄金非货币化政策列入第二次修正的《国际货币基金协定》。从此以后,各国不再公布本国货币单位的金平价。从表面上看,似乎两国货币之间缺乏可比性。但从纸币的实质看,作为一种货币符号,纸币是以黄金代表的身份反映商品的价值量,而且纸币的发行受到了流通中所需货币流通量的制约。如果纸币的流通量与流通中所需的货币流通量是一致的,则说明物价平稳,货币的国内购买力稳定。如果纸币的流通量超过了流通中所需的货币流通量,则表现为物价上涨,货币的国内购买力下降。若汇率仍保持不变,则意味着本币的对外价值高估。从长期来看,本币的对外价值是不能一直高估的,否则会影响国际收支,因而应使其与国内购买力基本一致。所以,在黄金非货币化后,汇率决定的基础是两国货币的国内购买力之比。

## 二、影响汇率变动的主要因素

在纸币流通条件下，由于各国货币发行量脱离了兑换黄金的物质制约，货币的对内价值和对外价值势必发生变化。汇率作为两国货币间的比价，是由两国货币在外汇市场上的供求状况决定的。

从理论上说，外汇供给是由国际收支平衡表中的贷方项目构成的，即它主要来源于：①本国的商品劳务出口；②外国对本国的单方金融资产转移；③外国居民购买本国的金融资产或对本国进行直接投资；④本国居民出售所持有的国外资产。

外汇需求是由借方项目构成的，它主要来源于：①本国的商品劳务进口；②本国对外国的单方金融资产转移；③本国居民购买外国的金融资产或对外国进行直接投资；④外国居民出售所持有的本国资产。因此，一国国际收支逆差就意味着在外汇市场上外汇供不应求，本币供过于求，结果是外汇汇率上升；反之，一国国际收支顺差则意味着外汇供过于求，本币供不应求，结果是外汇汇率下跌。

进一步来看，一国的国际收支包括经常项目收支和资本项目收支，前者反映商品市场的国内外联系，后者反映金融市场(包括货币市场和证券市场)的国内外联系。因此，任何影响国内外商品市场和金融市场供求状况的因素变动都会反映在汇率的变动上。从纸币流通条件下几十年，特别是主要发达国家实行浮动汇率制以来汇率变动的实际情况来看，影响各国汇率变动的深层因素主要有以下几个。

### (一) 通货膨胀率差异

在纸币流通条件下，两国货币之间的比率，从根本上来说是由各自的购买力决定的。物价是一国货币购买力在商品市场的体现，通货膨胀就意味着该国货币的购买力下降。因此，国内外通货膨胀率差异就是决定汇率长期趋势中的主导因素。在国内外商品市场密切联系的情况下，一国较高的通货膨胀率就必然反映在经常项目收支上。具体来看，高通货膨胀率会削弱本国商品在国际市场上的竞争力，引起出口的减少，同时，提高外国商品在本国市场上的竞争力，造成进口增加。另外，通货膨胀率差异还会通过影响人们对汇率的预期，作用于资本项目收支。如果一国通货膨胀率高，人们就会预期该国货币的汇率将趋于下跌，由此进行货币替换，即把手中持有的该国货币转化为其他货币，造成该国货币在外汇市场上的现实下跌。总而言之，如果一国通货膨胀率相对于他国上升，该国货币在外汇市场上就会趋于贬值；反之，则会趋于升值。

### (二) 利率差异

价格水平的变动影响着一国的商品输出入，而利率作为金融市场上的"价格"，其变动则会影响一国的资金输出入。如果一国的利率水平相对于他国提高，就会刺激国外资金流入增加，本国资金流出减少，由此改善资本项目收支，提高本国货币的汇价；反之，如果一国的利率水平相对于他国下降，则会恶化资本项目收支。在国际资本流动规模远远超过国际贸易额的今天，利率差异对汇率变动的影响比过去更为显著。

### (三) 经济增长率差异

国内外经济增长率差异对汇率变动的影响是多方面的，具体为：

(1) 一国经济增长率高，意味着收入上升，由此会造成进口大幅度增长；

(2) 一国经济增长率高，往往也意味着生产率提高很快，由此通过生产成本的降低改善本国产品的竞争地位而有利于增加出口，抑制进口；

(3) 经济增长率高，一国的利润率也往往较高，由此吸引国外资金流入本国，进行直接投资，从而改善资本项目收支。

一般来说，高经济增长率在短期内不利于本国货币在外汇市场的行市，但长期来看，却有力地支持着本国货币的升值。

### (四) 中央银行对外汇市场的干预

各国货币当局为保持汇率稳定，或有意识地操纵汇率的变动以服务于某种经济政策目的，都会对外汇市场进行直接干预。这种通过干预直接影响外汇市场供求的情况，虽无法从根本上改变汇率的长期走势，但对汇率的短期走向会有一定的影响。各国货币当局在第二次世界大战后通过直接干预抵消了市场供求因素对汇率的影响，将固定汇率制度维持了 25 年之久，这足以说明直接干预的成效。

### (五) 市场预期

市场预期因素是影响国家间资本流动的另一个重要因素。在国际金融市场上，短期性资金，即游资(hot money)达到十分庞大的数字。这些巨额资金对世界各国的政治、经济、军事等因素都具有高度的敏感性，一旦出现风吹草动，就到处流窜，或为保值，或为攫取高额投机利润。这常常给外汇市场带来巨大的冲击，成为各国货币汇率频繁起伏的重要根源。可以说，预期因素是短期内影响汇率变动的最主要因素。只要市场上预期某国货币不久后会下跌，那么市场上立即就可能出现抛售该国货币的状况，造成该国货币的市场价格随即下降。有时据以形成市场预期的甚至不需要是真实的政治、经济形势和政策动向。

以上所谈到的几种因素是在纸币流通条件下影响外汇市场供求及汇率变动的主要因素。当然，影响汇率变动的还有许多其他因素，如各国的宏观政策等，但这些因素大都是通过以上各种因素对汇率发生作用的。在不同时期，各种因素对汇率变动的影响作用有轻重缓急之分，它们的影响有时相互抵消，有时相互促进。因此，只有对各种因素进行综合全面的考察，对具体情况做具体分析，才能对汇率变动做出较为正确的分析。

## 第四节 汇率变动对经济的影响

汇率是联结国内外商品市场和金融市场的一条重要纽带。一方面，汇率的变动受一系列经济因素的影响；但另一方面，汇率的变动又会对其他经济因素产生广泛的影响。了解汇率变动对经济的影响，不论对于一国当局制定汇率政策，还是对于一个企业进行汇率风险管理，都具有重要意义。

### 一、汇率变动对国际收支的影响

#### (一) 汇率变动对经常项目的影响

##### 1. 汇率变动对货物贸易的影响

一国货币汇率变动，会使该国进出口商品价格相应涨落，抑制或刺激国内外居民对进出口商品的需求，从而影响进出口规模和贸易收支。例如，一国货币对外贬值(即汇率下浮)，则以本币所表示的外币价格高涨，出口收汇兑成本币后的数额较前增加。出口商为扩大销售，增加出口,可采取降低出口商品的外币售价的办法,而获得的本币数额不会较降价前减少。与此同时,一国货币贬值,以本币所表示的进口商品的价格上涨,从而抑制本国居民对进口商品的需求。在进出口需求弹性满足马歇尔—勒纳条件情况下,出口的扩大、进口的减少,有利于货币贬值国家改善贸易收支。反之,一国货币对外升值(即汇率上浮),其结果则与上述情况相反。

### 2. 汇率变动对无形贸易的影响

一国货币贬值(汇率下浮),则外国货币兑换本国货币的数量增加,本国商品和劳务等费用与外国商品和劳务相比便宜,本币的购买力相对降低,而外币购买力相对提高,外国商品和劳务价格相对昂贵。这有利于改善旅游业与其他劳务状况。至于一国货币升值,其作用则与此相反。当然,汇率变动的这一作用,需以货币贬值国家国内物价不变或上涨相对缓慢为前提。

### 3. 汇率变动对经常转移的影响

当一国货币贬值,如国内价格不变或上涨相对缓慢,一般对该国的经常转移会发生不利影响。以侨汇为例,侨汇大多是赡家汇款,货币贬值后,旅居国外侨民只需汇回国内少于贬值前的外币,就可以维持国内亲属的生活费用需要,从而减少该国侨汇收入。一国货币如果对外升值,则其结果相反。

### (二) 汇率变动对资本项目的影响

资本从一国流向国外,主要是追求利润和避免损失,因而汇率变动会影响资本流动。当一国货币贬值而未贬值到位时,国内资本的持有者和外国投资者为避免货币进一步贬值而蒙受损失,会将资本调离该国,进行资本逃避。若该国货币贬值,并已贬值到位,在具备投资环境的条件下,投资者不再担心贬值受损,外逃的资本就会流回国内。当然,货币贬值过头,当投资者预期汇率将会反弹,就会将资本输入该国,以谋取汇率将来升值带来的好处。关于货币升值对于资本流动的影响,一般则相反。需要说明的是,汇率变动对资本流动的上述影响,是以通货膨胀、利率等因素不变或相对缓慢变动为前提的。

### (三) 汇率变动对外汇储备的影响

汇率变动直接影响一国的外汇储备,主要表现在以下方面。

(1) 本国货币汇率变动通过资本流动和进出口贸易额的增减,直接影响本国外汇储备的增加或减少。通常,一国货币汇率稳定,有利于该国引进外资,从而增加该国的外汇储备;反之,则会引起资本外流,而会减少该国的外汇储备。由于一国汇率变动,使其出口额大于进口额时,其外汇收入增加,储备状况也改善;反之,储备状况则恶化。

(2) 储备货币贬值,使持有储备货币国家的外汇储备的实际价值遭受损失。储备货币国家则因储备货币贬值而减轻了债务负担,可从中受益。

## 二、汇率变动对国内经济的影响

### 1. 汇率变动对国内物价的影响

一国货币贬值,一方面有利于出口,国内商品供应相对减少,货币供给增加,促进物价上涨;另一方面进口原材料的本币成本上升,从而带动国内与进口原材料有关的商品价格上涨。若一国的货币升值,其结果一般相反。

### 2. 汇率变动对国民收入与就业的影响

由于一国货币贬值，有利于出口而不利于进口，将会使闲置资源向出口商品生产部门转移，并促使进口替代品的生产部门得以发展。这将促进该国扩大生产，增加就业和国民收入。这一影响，是以该国有闲置资源为前提的。如果一国货币升值，就会导致该国产出、国民收入和就业的减少。

## 三、汇率不稳定对世界经济的影响

汇率不稳定对世界经济的影响主要有以下几种。

(1) 汇率不稳定，加深西方国家争夺销售市场的斗争，影响国际贸易的正常发展。某些发达国家汇率不稳，利用货币贬值，扩大出口，争夺市场，引起其他国家采取报复性措施，或实行货币贬值，或采取保护性贸易措施，从而产生贸易战和货币战，破坏了国际贸易的正常发展，不利于国际经济形成良性循环。

(2) 汇率不稳定，影响某些储备货币的地位和作用，促进国际储备货币多元化的形成。由于某些储备货币发行国国际收支恶化，汇率不断下跌，影响其储备货币的地位和作用，如英镑、美元；而有些国家由于国际收支持续顺差，黄金外汇储备充裕，其货币在国际结算领域中的地位和作用日益加强，如日元和欧元在国际储备货币中的比重逐渐上升，促进了国际储备货币多元化的形成。

(3) 汇率不稳定，加剧投机和国际金融市场的动荡，同时促进国际金融业务的不断创新。汇率不稳引起外汇投机的盛行，造成国际金融市场的动荡与混乱，如 1993 年夏，欧洲汇率机制危机就是由外汇投机造成的。与此同时，汇率不稳定加剧了国际贸易与金融的汇率风险，又进一步促进期货、期权、货币互换等金融衍生产品交易的出现，使国际金融业务形式与市场机制不断创新。

**专题阅读材料1-1** 欧元

欧元(Euro)是欧盟的统一货币，其前身为欧洲货币单位(European Currency Unit，ECU)。1995 年 12 月 15 日，在西班牙马德里召开的欧洲联盟首脑会议决定将欧洲统一货币定名为欧元，以取代欧洲货币单位，并一致同意于 1999 年 1 月 1 日正式启动欧元，2002 年 1 月 1 日开始让欧元进入流通领域。于是，1999 年 1 月 1 日，欧元诞生。

为了进入欧元国的行列，欧盟各成员努力向经济趋同标准靠拢。1998 年 5 月，欧盟在比利时布鲁塞尔举行的首脑会议正式确定了欧元创始国的名单。在当时欧盟的 15 个成员中，英国、丹麦和瑞典因为政治原因暂未加入欧元区，希腊因为经济不达标而落选，其余 11 国(荷兰、爱尔兰、法国、德国、西班牙、意大利、卢森堡、比利时、奥地利、葡萄牙、芬兰)成为首批欧元国。希腊在经过一番努力达标后，于 2001 年 1 月 1 日正式加入欧元区。

2002 年 1 月 1 日，欧元现钞正式进入欧元区 12 国的流通领域，欧元区 12 国的 3.06 亿民众开始使用共同货币。2002 年 1 月 28 日、2 月 9 日、2 月 17 日，荷兰、爱尔兰、法国 3 国的货币先后退出了本国流通领域。2002 年 2 月 28 日，其他 9 国——德国、希腊、西班牙、意大利、卢森堡、比利时、奥地利、葡萄牙、芬兰——全部放弃旧币兑换，本国货币完全停止在市场上流通。从这一天起，欧元的纸币和硬币正式进入流通领域，12 种曾与欧元区居民的经济生活息息相关的货币(荷兰盾、爱尔兰镑、法国法郎、德国马克、希腊德拉克马、西班牙比塞塔、意大利里拉、卢森堡法郎、比利时法郎、奥地利先令、葡萄牙埃斯库多和芬兰马克)退出了历史舞台。

欧元纸币和硬币在 2002 年 1 月 1 日零点正式启用。由于时差的关系，各成员启用欧元的时间不能完全同步，而是以各欧元国当地时间的零点为准。

按照规定，欧元现钞流通后，欧元国旧币仍然可以继续使用一段时间，也就是人们常说的"双币流通期"。"双币流通期"法定为两个月。至 2002 年 3 月 1 日零点，所有欧元国的旧币不再具有交换价值，遂正式退出流通领域；欧元从此一枝独秀，成为欧元区 12 个国家唯一的法定货币。不过，有的欧元区国家担心"双币流通期"过长可能会引起混乱，因而决定缩短"双币流通期"。荷兰的"双币流通期"于 2002 年 1 月 28 日零点终止，是欧元区国家中"双币流通期"最短的国家。爱尔兰的终止期是 2002 年 2 月 9 日零点；法国为 2002 年 2 月 17 日午夜。其他 9 个国家仍然按照规定时间结束"双币流通期"。

为了保证欧元现钞的顺利登场，12 个欧元国共发行了 500 亿枚欧元硬币和 150 亿张欧元纸币。欧元纸币共有 7 种面值，分别为 5、10、20、50、100、200 和 500 欧元，底色为灰、红、蓝、橘红、绿、黄和淡紫色，正面的图案是窗户和建筑物的大门，象征着欧洲向世界开放；背面是一座桥，象征着交流与沟通。

目前，欧元区共有 20 个成员，除前述 12 个国家外，斯洛文尼亚、塞浦路斯、马耳他、斯洛伐克、爱沙尼亚、拉脱维亚、立陶宛和克罗地亚 8 个国家相继加入欧元区。

## 复习思考题

1. 简述外汇的含义和功能。
2. 汇率是怎样标价的？根据不同的标价法，如何理解一国货币汇率的升降？
3. 在典型金本位制下，汇率的决定基础是什么？什么是黄金输送点？
4. 试述纸币流通条件下影响汇率变动的主要因素。
5. 试述一国汇率变动的经济影响。

## 练习题

### 1. 判断题

(1) 典型金本位制度下，决定汇率的基础是金平价。　　　　　　　　　　（　　）
(2) 典型金本位制度下，汇率波动的上限是黄金输入点，汇率波动的下限是黄金输出点。

　　　　　　　　　　　　　　　　　　　　　　　　　　　　　　　　　（　　）

(3) 外汇就是外国钞票。　　　　　　　　　　　　　　　　　　　　　　（　　）
(4) 在一定的条件下，一国货币贬值会增加一国的国民收入。　　　　　　（　　）
(5) 在间接标价法下，如果外国货币数量减少，则表明外国货币贬值。　　（　　）

### 2. 选择题

(1) 本国货币升值可能会导致(　　)。
　　A. 国内经济增长率上升　　　　　　　　B. 国内通货膨胀率下降
　　C. 货币流通量减少　　　　　　　　　　D. 国内失业率下降
(2) 关于利率对汇率变动的影响，正确的说法是(　　)。
　　A. 本国利率上升，本国汇率上升　　　　B. 本国利率下降，本国汇率下降
　　C. 需视国外利率和通货膨胀率而定　　　D. 无法比较

(3) 纸币流通条件下影响汇率变动的因素有(　　)。

  A. 利率水平       B. 利率差异

  C. 通货膨胀率水平     D. 通货膨胀率差异

(4) 汇率的剧烈变动可能会引起(　　)。

  A. 各国货币竞争性贬值   B. 货币危机

  C. 贸易壁垒       D. 国际储备货币多元化

**3. 计算题**

(1) 如果在东京外汇市场上，银行的汇率报价为 USD1=JPY110.10～110.85，计算银行的外汇买卖差价率。

(2) 已知 USD1=CNY6.825 0，USD1=JPY94.00，计算人民币元对日元的套算汇率。

# 第二章

# 汇率决定理论

　　汇率水平对微观经济层次的资源配置和国民经济的宏观经济绩效有着重大影响。放眼当今世界经济的现状，国际金融市场动荡不安、汇率频繁剧烈波动，这些都使得汇率问题成为国际金融的焦点，而汇率决定理论就成为国际金融理论的重要组成部分。汇率决定理论主要分析汇率受什么因素影响。汇率决定理论与国际收支理论是相互联系、不可分割的，它们是国际金融理论的核心。本章将对多种相互竞争的汇率决定理论进行阐述。

　　我们首先回顾一下汇率决定理论的发展简史。汇率决定理论是随着经济形势和经济学理论的变迁而发展演变的，为一国货币当局制定汇率政策提供了理论依据。汇率决定理论从产生到现在已经有百余年的历史，经历了"国际借贷说""购买力平价说""汇兑心理说""国际收支说"和"资产市场说"等几个阶段。"国际借贷说"(theory of international indebtedness)出现和盛行于金币本位制时期，由英国学者葛逊(G. L. Goschen)于1861年系统提出。由于在典型金本位制度下，铸币平价是汇率决定的基础，故客观上所需要说明的仅仅是汇率的变动。葛逊认为，一国汇率变动是由外汇供给和需求引起的，而外汇供求又源于国际借贷，国际借贷分为固定借贷和流动借贷两种，前者指借贷关系已形成，但未进入实际支付阶段的借贷，后者指已进入支付阶段的借贷。只有流动借贷的变化才会影响外汇的供求。1914年第一次世界大战爆发后，金币本位制崩溃，各国货币发行摆脱了黄金储备量的羁绊，导致物价飞涨，汇率也出现剧烈波动。瑞典经济学家古斯塔夫·卡塞尔(Gustav Casell)于1922年出版了《1914年以后的货币和外汇》一书，系统阐述了著名的"购买力平价说"(theory of purchasing power parity)，认为两种货币间的汇率决定于两国货币各自所具有的购买力之比，汇率的变动也取决于两国货币购买力的变动。购买力平价说提出以后，引起了广泛的国际争论。之后不久的1927年，法国学者阿夫塔里昂(A. Aftalion)引用了法国和其他欧洲国家的统计资料说明了货币、物价和汇率变动之间的不一致，并根据奥地利学派的边际效用理论提出了"汇兑心理说"(psychological theory of exchange)。"汇兑心理说"认为，人们之所以需要外国货币，是为了满足欲望，如满足购买、支付、投资、外汇投机、资本逃避等需要，这种欲望是使外国货币具有价值的基础。因此，外国货币的价值不遵从任何规则，而是决定于外汇供求双方对外币边际效用所做的主观评价。随着外汇业务的发展和汇率的剧烈变动，远期外汇业务也迅速发展起来。1923年凯恩斯首次系统提出远期汇率的"利率平价理论"(theory of interest rate parity)，1931年英国学者爱因齐格(P. Einzig)出版了《远期外汇理论》一书，进一步阐述了远期差价与利率之间的相互影响。

　　第二次世界大战以后，各国实行固定汇率制度，由此对汇率决定的研究也就一度沉寂。这一时期所出现和流行的各种理论，如弹性分析理论、吸收分析理论、货币分析理论等都是以国际收支问题为主题的，其中对汇率的研究集中在汇率变动引起的经济后果上，即汇率如何影响进出口贸易、国内生产和就业等变量,而对汇率本身的决定完全不予以说明。只是到了1973年固定汇率制度崩溃以后,由于汇率波动异常剧烈,并且反复无常,严重影响了国际贸易和投资的发展及各国的经济,西方学者对汇率决定的研究才重新受重视,并且把战后发展的许多经济学理论成果应用到汇率分析中来。首先是一些学者在国际借贷说的框架基础上,将凯恩斯主义的国际收支均衡分析直接衍推到汇率决定的分析上,提出"国际收支说"(balance of payment theory of exchange rate)。与此同时,另一些学者将固定汇率下的国际收支货币分析理论演变为一种汇率决定理论,即汇率货币分析法(monetary approach to exchange rate)。由于国际资本流动的巨大发展,西方学者也愈来愈重视资本流动在汇率分析中的地位。1976 年,美国学者多恩布茨(R. H. Dornbusch)在接受汇率货币论作为一种长期均衡分析的前提下,结合利率平价原理进行短期的汇率分析,提出了超调模型(overshooting model),还有一些学者如布兰逊(W. Branson)等将"资产组合选择理论"(theory of portfolio selection)运用于汇率决定分析,提出"资产组合平衡理论"(portfolio balance theory of exchange rate)。

就其本质而言,汇率是一国货币对另一国货币的相对价格。由于货币具有价值尺度、交换媒介、支付手段和价值储藏等多重职能,因此,货币的价值也具有多种表现形式。首先,在商品市场上,货币的价格可以用购买一定数量的商品和服务的货币数量的倒数(即购买力)来测度;其次,在资本资产市场上,由于货币作为一种资本投入可以为投资者带来收益,货币的价格表现为借贷货币的成本与收益,因此,货币的价格可以用利率来测度;最后,在开放经济条件下,紧密的国际经济联系使一国货币的对外价格能够用其与另一国的货币的比值(即汇率)来测度。正是由于货币的多重职能,使货币的价格有多种表现形式,而在上述三种表现形式和测度方式之间又存在着本质的、必然的联系,因此,在汇率决定理论中,对货币的对外价格的研究必然要从上述几个方面入手,而从不同角度的分析就导致产生了不同的汇率决定理论。

下面我们对几种目前有重大影响的汇率决定理论做简要介绍和评价。

# 第一节 购买力平价理论

购买力平价理论(theory of purchasing power parity, PPP)是最为基础的汇率决定理论之一,其基本思想是,汇率取决于价格水平,而不是价格水平取决于汇率。人们之所以需要外国货币,是因为它在该国国内具有对一般商品的购买力。同样,外国人之所以需要本国货币,也是因为它在本国具有购买力。因此,对本国货币和外国货币的评价主要取决于两国货币购买力的比较。购买力平价理论有两种形式:绝对购买力平价(absolute purchasing power parity)理论和相对购买力平价(relative purchasing power parity)理论。购买力平价理论赖以成立的前提是一价定律。一价定律(law of one price)认为,在假定完全竞争市场和国内商品与国外商品之间存在完全可替代性的条件下,除去运输成本、贸易壁垒和信息成本,一个给定的商品 $i$ 的价格,用相同的货币来标价,在不同的地点将是相同的,即下式成立:

$$P_i = eP_i^*  \tag{2-1}$$

其中,$P_i$ 表示商品的本国价格,$P_i^*$ 表示商品的外国价格,$e$ 是汇率(即每单位外币的本币价格)。

套利机制的存在可以确保上述等式成立。若等号不成立,则会存在对套利者有利可图的交易机会。套利者充分利用一切信息和交易方式,低买高卖,在价格便宜的国家买进商品,并将其运到价格较贵的国家卖出，从交易中获利。而套利的最终结果会使同种商品在两国用同一种货币表示的价格趋同。

## 一、绝对购买力平价理论

我们将一价定律加以推广，若式(2-1)中的 $P_i$ 表示本国物价水平，$P_i^*$ 表示外国物价水平，则有

$$e = P_i / P_i^* \tag{2-2}$$

式(2-2)就是绝对购买力平价的表达式。因为一国物价水平的倒数就是该国单位货币的购买力，所以两国物价水平的比值就称为购买力平价，而购买力平价的数值就是汇率。假定一组商品，在美国卖 10 美元，在英国卖 5 英镑，根据绝对购买力平价公式就是 1 英镑兑换 2 美元。

## 二、相对购买力平价理论

绝对购买力平价理论说明的是某一时点上汇率的决定，相对购买力平价理论说明的则是在两个时点内汇率的变动。由于商品价格水平的不断变化，将汇率的升降归因于物价或货币购买力变动的理论就是相对购买力平价理论。这就是说，在一定时期内，汇率的变动要与同一时期内两国物价水平的相对变动成比例，用公式可表示为

$$\frac{e_1}{e_0} = \frac{P_{a1}}{P_{a0}} \bigg/ \frac{P_{b1}}{P_{b0}} \text{ 或 } e_1 = e_0 \times \left( \frac{P_{a1}}{P_{a0}} \bigg/ \frac{P_{b1}}{P_{b0}} \right) \tag{2-3}$$

式(2-3)中 $e_1$ 和 $e_0$ 分别代表当期和基期的汇率，$P_{a1}$ 和 $P_{a0}$ 分别代表 A 国当期和基期的物价水平，$P_{b1}$ 和 $P_{b0}$ 分别代表 B 国当期和基期的物价水平。仍以前例说明，假定同一组商品的价格在英国由原先的 5 英镑上升到 6 英镑，在美国则由原来的 10 美元上升到 15 美元，那么英镑兑换美元的汇率就会从 1 英镑兑换 2 美元上升至 1 英镑兑换 2.5 美元（$e_1 = 2 \times \left( \frac{15}{10} \bigg/ \frac{6}{5} \right) = 2.5$）。

同绝对购买力平价相比，学术界对相对购买力平价更感兴趣，因为它可用来预测实际汇率。在预测期内，若两国经济结构不变，两国货币间汇率的变化便反映了两国物价水平的变化。

## 三、对购买力平价理论的评价

对于卡塞尔的购买力平价理论，国际金融学术界在过去和现在都有很大的争论。我们认为，这个理论的合理性在于，它有助于说明通货膨胀与汇率变动之间的联系，是长期影响汇率的最重要因素之一，因此，它被吸收进其他一些汇率决定理论，成为国际汇率理论发展的基石。然而，这个理论也存在着以下一些缺陷。①从理论基础上来看，购买力平价是以货币数量论为前提的，卡塞尔认为，两国纸币的交换，决定于纸币的购买力，因为人们是根据纸币的购买力来评价纸币价值的。这实际上是一种本末倒置。事实上，纸币所代表的价值并不取决于纸币的购买力。相反，纸币的购买力却取决于纸币所代表的价值。②它假定所有商品都是贸易商品，忽视了非贸易商品的存在。实际上，非贸易商品的价格往往难以通过国际商品套利机制而完全取得一致。它还忽视了贸易成本和贸易壁垒。在国际贸易中，各国为了维护本国利益，往往对进出口贸易实行关税、限额、补贴等各种壁垒措施，因此两国贸易商品并不存在完全的替代性，其价格也不能通过套利而趋于相等。③购买力平价理论过分强调了物价对汇率的作用，但这种因果关系并不是绝对的，汇率变化也可以影响物价。④它忽略了国际资本流动对汇率所产生的

冲击。这往往是现实汇率尤其在短期内偏离购买力平价的根本所在。⑤购买力平价理论只是一种静态或比较静态的分析，没有对物价如何影响汇率的传导机制进行具体分析，这也是其局限性所在。⑥购买力平价理论最大的缺陷是无法解释主要发达国家实施浮动汇率制度以来外汇市场上汇率的剧烈波动。

# 第二节 利率平价理论

前一节从商品市场的角度介绍了汇率决定的购买力平价理论，本节我们将从资本资产市场的视角出发来研究汇率的决定。在资本资产市场上，货币的价格由利率来表现，而利率是一种收益率，它表明持有货币的机会成本率或贷出货币的收益率。在国际金融市场上，在资本自由流动的前提下，拥有一国货币的机会成本还包括预期的或远期的货币对外价值的变动。将两国货币的比价同各自的机会成本(或收益)相联系，我们就得到汇率决定的利率平价理论。

利率平价理论最早出现于 20 世纪 20 年代。英国经济学家凯恩斯(John M. Keynes)是古典利率平价理论的主要代表人物，他于 1923 年出版了《货币改革论》一书，首先提出该理论。而完成古典利率平价理论体系并为现代利率平价理论开辟了新道路的是英国经济学家保罗·爱因奇格(Paul Einzig)。

利率平价理论认为，汇率的本质是两国货币的相对价格，在开放经济条件下，两国货币之间的汇率由金融资产市场上两国货币资产的收益来决定。理性的投资者将比较本国或外国资产的投资收益率，据此制定投资策略，并产生对外币和本币的相对需求，进而决定两国汇率。当本国利率低于外国时，投资者为获得较高收益，会将其资本从本国转移到外国，以进行套利活动，获取利息差额。但其能否达到此目的，必须以两国货币汇率保持不变为前提条件；如果汇率发生对其不利的变动，不仅不能获得较高收益，反而会遭受损失，为避免这种情况，投资者会在远期外汇市场，按远期汇率将其在外国投资所得收益卖为本国货币，并将此收益同在本国投资所得收益进行对比。这种对比的结果，便是投资者确定投资方向的依据。两国投资收益存在差异，形成了资本在国家间移动。直到通过利率的调整，两国的投资收益相等时，国家间的资本移动才会终止。基于这些分析，利率平价理论认为：同即期汇率相比，利率低的国家的货币的远期汇率会上升，而利率高的国家的货币的远期汇率会下跌；远期汇率同即期汇率的差价，约等于两国间的利率差。

## 一、无抛补的利率平价

投资者根据自己对未来汇率变动的预期来计算投资的预期收益，在承担一定汇率风险的情况下进行投资活动。在无抛补的套利中，投资者表现为风险中性的，其忽略了汇率变动，或认为汇率变动完全在其预期当中，因而其没有通过远期外汇合同来锁定未来兑换的比率，即没有进行抛补操作，以规避汇率风险。

现在我们考察一单位本国货币资金的投放。假设投资期限是一年，将利率视为收益率，$i$ 是本国的利率，$i^*$ 是外国的利率，在资本自由流动下，投资者有两种投资方式可供选择。

(1) 在本国投资，获得本息总额为 $1+i$。

(2) 在外国投资，方法是先将本币按即期汇率 $e$ 兑换为 $1/e$ 单位外币，用外币投资，到期满时获得投资本息总额 $1/e\,(1+i^*)$，如果投资者预期一年后的汇率是 $e_1$，按此汇率再重新换成本币，则预期的本息和为 $(1+i^*)e_1/e$。

令上述两种投资方式的本息和相等，推导过程为

$$1+i = \frac{e_1}{e}(1+i^*)$$

$$\frac{1+i}{1+i^*} = \frac{e_1}{e}$$

$$\frac{i-i^*}{1+i^*} = \frac{e_1-e}{e}$$

可得到如下近似关系：

$$i-i^* \approx \frac{i-i^*}{1+i^*} = \frac{e_1-e}{e} \tag{2-4}$$

这个式子就是无抛补利率平价(uncovered interest rate parity)的表达式，其含义是，在无抛补套利的条件下，两国的名义利率之差正好等于本国货币的预期贬值率。

## 二、抛补的利率平价

投资者在从事套利活动时，往往会考虑到汇率波动的因素，在套利时做一个远期外汇交易以锁定未来交易的汇率，以期在保值的基础上获利。此时的套利称为抛补的套利。

在抛补套利直至达到平价的活动中，实际上隐含了这样一个交易过程：在外国利率高于本国的情况下，投资者为了追求高利差而进行投资。他买入了一笔即期外汇进行投资，同时，为了抵补未来收回投资时由于汇率变动而引起的风险，即刻卖出它的远期。通常情况下，高利率货币的远期表现为贴水，这是由于投资者大量地卖远期(就是到期以本币的形式收回投资)而导致的。所以，投资者的投资利润为两地利差减掉货币贴水的部分。另外，随着套利行为的不断进行，投资者的利润会越来越少，直至消失。除了上面所说的高利率货币通常远期表现为贴水外，另一个原因是资金从利率低的国家流入利率高的国家，会使低利率国家的资金减少而利率上升，随着高利率国家资金供给的增加，其利率会逐渐下降，结果两国利差会逐渐减小。

假定本国金融市场上一年期存款利率为 $i$，外国金融市场上同种利率为 $i^*$，即期汇率为 $e$ (这里采用直接标价法)。

(1) 当两国利率存在差异时，投资者首先会考虑投资外国金融市场，一单位本国货币通过即期汇率折算成 $1/e$ 单位外国货币，则在到期时可获得本利和

$$F = (1+i^*)/e \tag{2-5}$$

由于是抛补套利，投资者在以即期汇率买入外币进行投资的同时，卖出它的一年期远期外汇。远期汇率是 $f$，则一年后用本币折算的本利和是

$$F = (1+i^*)f/e \tag{2-6}$$

(2) 投资者再与投资本国得到的本利和进行比较，投资本国得到的本利和是 $1+i$。

(3) 在利率平价成立的前提下，即投资外国与投资本国得到的本利和相等，也就是令$(1+i)$和式(2-6)两式相等，经过整理得到

$$f/e = (1+i)/(1+i^*) \tag{2-7}$$

式(2-7)两边同时减 1，整理得

$$(f-e)/e=(i-i^*)/(1+i^*) \tag{2-8}$$

因为 $i^*\ll1$，令 $1+i^*\approx1$，则

$$i-i^*=(f-e)/e \tag{2-9}$$

式(2-9)就是抛补的利率平价(covered interest rate parity)的一般形式。它的经济意义是：汇率的远期升贴水率等于两国货币利率之差。如果本国利率高于外国，则本币在远期将贬值；如果本国利率低于外国利率，则本币在远期将升值。在实践中，可以利用利率平价对汇率进行预测。

### 三、对利率平价理论的评价

利率平价理论对于我们理解远期汇率的决定及远期汇率与即期汇率之间的关系都很有意义。但这一理论也存在一些缺陷，主要表现为以下几点。

(1) 利率平价理论忽略了外汇交易成本。然而，交易成本却是很重要的因素。如果各种交易成本(如银行手续费)过高，就会影响套利收益，从而影响汇率与利率的关系。

(2) 利率平价理论假定不存在资本流动障碍，假定资金能顺利、不受限制地在国家间流动。但实际上，资金在国家间流动会受到外汇管制和外汇市场不发达等因素的阻碍。它的另一个前提条件是利率市场化，这也与许多国家的现实不一致。将这两个因素相组合可以发现，现实中利率与汇率的关系是很复杂的。如果在一国国内利率没有实现市场化，同时资本在国家间不能完全自由流动，那么利率与汇率之间就没有相关性。在我国，有很多学者通过实证分析证明了这一点。

(3) 利率平价理论还假定套利资金规模是无限的，故套利者能不断进行抛补套利，直到利率平价成立。但事实上，从事抛补套利的资金并不是无限的。

基于以上因素，现实世界中，利率平价往往难以成立。

## 第三节　汇率决定的货币分析法

前面两节介绍的是传统的汇率决定理论，接下来的两节我们将研究汇率决定的资产市场分析法。20 世纪 70 年代以来，由于浮动汇率制取代了固定汇率制，在汇率的变动幅度及影响汇率变动的各种因素方面，出现了固定汇率制下从未出现过的异常现象。另外，从 20 世纪 60 年代后期开始，大规模的国际资本流动成为国际经济中的一个令人瞩目的现象，国际资本流动已开始脱离实体经济和国际贸易而出现独立运动的趋势。由于传统的理论无法解释这些现象和问题，经济学家们转而从新的角度进行研究。1975 年在瑞典斯德哥尔摩召开的"浮动汇率与稳定政策"国际学术研讨会上，专家们从资产市场的存量均衡角度探讨汇率波动的原因和外汇市场的均衡，资产市场学说从此诞生了。

作为汇率决定理论的新发展，资产市场学说与传统的汇率决定理论有很大的不同。资产市场学说抛弃了传统的流量分析方法，认为汇率的变动是为了实现两国资产市场的存量均衡。它从资产市场的视角出发，强调货币的资产属性，因而货币的相对价格(汇率)由经济主体持有这些货币存量的意愿所决定。因此，对汇率决定的分析应该使用确定其他资产价格时所运用的分析方法和基本理论。

资产市场学说的基本假定主要有以下几个。

(1) 理性预期，即投资者运用所有可获得的信息对某经济变量的未来做出的主观预期等于以这些信息为条件的该变量的数学期望值。资产市场学说认为理性预期在汇率决定中起着重要的作用。

(2) 资本完全自由流动，进而金融市场对市场条件的变化所进行的调整可以在瞬间完成。

(3) 有效市场假说(efficient market hypothesis，EMH)，即汇率是在有效市场上决定的。市场参与者利用了所有有利可图的交易机会，使得当前价格反映了所有可得到的信息。因此，当前确定的远期汇率可被视为市场对未来某时刻即期汇率的理性预期，或"无偏性预期"。

(4) 资产市场由本国和外国的货币市场、本国和外国债券市场构成(债券市场代表了包括股票等在内的非货币资产)。资产市场的均衡决定于资产供给与资产需求存量的平衡。

(5) 汇率被视为一种资产价格而存在，它的变化与其他有价证券的变动具有相似的特征。

资产市场学说由两部分构成，即货币分析法(monetary approach)和资产组合平衡模型(portfolio balance model)。货币分析法假定本外币债券资产有完全的替代性，而资产组合平衡模型认为两者之间存在不完全的替代性。货币分析法又分成弹性价格货币模型和粘性价格货币模型两种分析法。本节将对货币分析法做全面的阐述。

## 一、弹性价格货币模型

弹性价格货币模型(flexible price monetary model)是现代汇率理论中最早建立的、最简单的模型之一，其根源可追溯到 17 世纪货币主义学者关于国际收支与本国货币发行之间关系的论述，而最系统的发展则由雅各布·弗兰克尔(Jacob Frenkel)于 1975 年在斯德哥尔摩大会上提出。该模型充分体现了货币主义的基本思想，即货币中性论，认为商品价格与资产价格都是完全弹性的，通过价格的灵活变动，各个市场总是能迅速调整至均衡，货币对实际变量没有影响。

该模型的基本思想是：汇率的决定过程也就是一个国家的货币供给和需求实现均衡的过程。这一模型成立，需要满足三个前提条件。①货币供给是外生的，一个国家的货币供给是由一个国家的货币当局决定的，它是一条垂直的线，而货币的需求则取决于一国的实际收入水平、总体价格水平及利率水平。一方面，实际收入和价格水平越高，对货币的需求就越大；另一方面，利率水平越高，则持有货币的机会成本就越大，所以货币需求与利率水平呈负相关。利率水平越高，对货币的需求就越小，在给定的实际收入水平和价格的前提下，均衡利率取决于货币供给和货币需求的相互作用。②本国和外国的货币市场是统一的，本外币资产是完全可替代的。非抛补的利率平价规律存在。③购买力平价条件成立。该模型由两个基本模块构成：购买力平价理论和稳定的货币需求函数。

### (一) 弹性价格货币模型的架构

(1) 假定购买力平价始终成立，即商品市场是均衡的，则 $E = P / P^*$，两边取对数并整理得到

$$e = p - p^* \tag{2-10}$$

式中的小写字母是相应的大写字母的对数形式。

(2) 在货币市场上，稳定的货币需求 $M_d$ 取决于三个变量：实际国民收入 $Y$、价格水平 $P$ 和利率水平 $I$。

$$M_d / P = L(Y, I) = Y^\phi I^{-\lambda} \tag{2-11}$$

其中，$L$ 是实际货币需求函数。$\phi$ 是货币需求的收入弹性，而 $\lambda$ 是货币需求的利率弹性。将函

数进行取对数处理，得到

$$m_d = p + \phi y - \lambda i \tag{2-12}$$

(3) 货币市场的均衡要求货币需求等于货币供给，即 $M_d = M_s$，而货币供给是外生的政策变量 $M$，货币市场均衡的对数形式为

$$m_d = m_s = m = p + \phi y - \lambda i \tag{2-13}$$

同理，对于外国，同样有

$$m^* = p^* + \phi y^* - \lambda i^* \tag{2-14}$$

由式(2-13)和式(2-14)可得

$$(m - m^*) = (p - p^*) + \phi(y - y^*) - \lambda(i - i^*) \tag{2-15}$$

(4) 将式(2-10)和式(2-15)相结合，得到商品市场与货币市场双重均衡的方程式

$$e = p - p^* = (m - m^*) - \phi(y - y^*) + \lambda(i - i^*) \tag{2-16}$$

该式即是弹性价格模型关于汇率决定的基本等式。

### (二) 模型结论分析

由式(2-14)可知,汇率变动决定于三组变量:本国货币供给相对于外国货币供给的存量变动、本国与外国实际国民收入的相对变动和本国利率水平相对于外国利率水平的变动。当一国扩张其货币时，本币成比例贬值；而当本国实际收入增加时，本国货币升值；本国利率相对提高则会导致汇率的上升，即本币的贬值。

### (三) 对弹性价格货币模型的评价

一方面，弹性价格货币模型有如下主要贡献。①可以通过该模型进行理性预期，给货币当局提供政策上的参考。它认为，货币供给的任何变动都会对汇率有成比例的影响。在理性预期的假设下，货币供给的不稳定过程暗示汇率的波动性，汇率稳定的充分必要条件是引起基本面变动的随机过程是稳定的,这样货币政策可能被预见是稳定的。②弹性价格货币模型将人们的注意力重心转向了资产市场，认为汇率是资产的价格。同时，将购买力平价这一在商品市场上发挥作用的学说与资产市场联系起来，认为只有在商品市场和资产市场同时达到均衡时，购买力平价才能成立。所以，购买力平价在此得以扩展，说明汇率的波动性不仅仅是商品价格变动的结果。③模型进一步引入了货币供应量、国民收入、利率等一些基本经济因素及引入理性预期等变量进行均衡分析，提出了一般均衡分析的框架及汇率决定的存量分析方法，丰富了汇率决定的研究视野，为后来的均衡汇率和汇率决定的研究起到了导向作用。

另一方面，由于该模型依赖于一些假定，因此具有一定的局限性。①弹性价格货币模型是以购买力平价理论作为自己最重要的前提假设，并且假定现实世界是一个能进行无摩擦、无成本和瞬时调节的世界，从而保证无论在长期或是短期，购买力平价都是成立的。而现实中购买力平价并不总是成立，所以，该货币模型的分析有多大的可信性也是值得怀疑。②只考虑汇率受价格影响，而没有考虑资本市场上的风险溢价。③价格具有完全弹性在现实中缺乏证据。④在讨论货币需求时，认为货币流通速度是外生的，是可控的，所以货币需求是稳

定的。⑤讨论只限于名义汇率而忽略了实际汇率。⑥认为预期是完全具有理性的，这也是过于牵强的假定。

## 二、粘性价格货币模型

弹性价格货币模型关于汇率在长期内保持稳定的结论与现实汇率的多变性存在很大的差距，这或许是其相信购买力平价假定所致，而且也与其忽视了确定国际利差中预期的作用相关。1976 年，鲁迪格·多恩布什(Rudiger Dornbusch)将货币模型向前推进了一步，建立了粘性价格货币模型(sticky price monetary model)，提出了汇率"超调" (overshooting)思想。多恩布什认为，商品市场的价格和劳动力市场的工资具有粘性，调整起来会很慢，但是，资产市场的价格会立刻发生变化。汇率受资产市场影响，汇率的变动在短期内与商品价格的变动不是同步的，所以购买力平价在短期内是不存在的，一般表现为汇率短期内出现过度波动，即所谓的超调现象。因此，粘性价格货币模型也称为汇率超调模型。多恩布什模型试图解释弹性价格模型所不能解释的短期汇率波动的原因，但却保留了弹性价格货币模型的长期均衡的基本决定因素。在长期内，由于基本因素的作用，经济体系又会慢慢收敛于其长期均衡水平，超调现象消失。粘性价格货币模型弥补了弹性价格货币模型缺乏短期分析的不足，为汇率的短期波动给出了一种理论解释，从而大大丰富了汇率决定的货币模型。

### (一) 粘性价格货币模型的架构

粘性价格货币模型由 $POE$ 平面上的三条曲线构成。

(1) $PPP$ 曲线。在长期内，购买力平价成立，$PPP$ 曲线表示实际汇率 $q=ep^*/p$，它代表一国出口竞争力，线上方的点表示本国实际币值偏高，因此出现贸易逆差，线下方的点则表示本国竞争力较强，因此出现贸易顺差。用对数表示，$q = e+p^*-p$，因此 $PPP$ 曲线的斜率为 1。

(2) $AA$ 曲线。该曲线代表使资产市场均衡的汇率 $e$ 与价格 $p$ 的组合，该曲线由下面的联立方程组解出。

货币市场均衡的表达式为

$$m = p+\phi y - \lambda i \tag{2-17}$$

外汇市场满足无抛补利率平价，表达式为

$$i = i^* + \Delta E^e \tag{2-18}$$

上式中的汇率变化的预期 $\Delta E^e$ 是回归预期，它反映名义汇率 $e$ 与长期均衡汇率 $\overline{e}$ 的偏离程度。对长期汇率水平的任何偏离，人们都会以 $\theta$ 为调整速度对现行汇率进行合理预期，表达式为

$$\Delta E^e = \theta(\overline{e} - e) \tag{2-19}$$

由式(2-17)、式(2-18)、式(2-19)可得

$$e = \overline{e} - (\theta\lambda)^{-1}(p - m + \phi y - \lambda i^*) \tag{2-20}$$

此即为 $AA$ 曲线方程，而且 $AA$ 曲线斜率为负(即 $-\theta\lambda$)。

(3) $XX$ 曲线。此曲线代表使商品市场均衡的汇率 $e$ 与价格 $p$ 的组合，下面简述该曲线的推导过程。

总需求 $y_d$ 被表示为 $e$、$p^*$、$p$、$y^*$ 和 $i$ 的一个函数，而 $g$ 是表示财政政策的一个变量，或可理解为自主变量的任何变化，该函数形式如下：

$$y_d = \alpha(e + p^* - p) + \beta y^* - \upsilon i + g \tag{2-21}$$

其中，$\alpha$、$\beta$、$\upsilon$、$g$ 为系数参数。

假设短期购买力平价不成立，价格的调整遵循菲利普斯曲线

$$\Delta p_{t+1} = \delta(y_d - y) \tag{2-22}$$

长期均衡要求通货膨胀率为零，即 $\Delta p_{t+1} = 0$，这样总需求 $y_d$ 等于充分就业的产出水平 $y$。在货币市场瞬时调整条件下，从式(2-17)中求出 $i$ 并代入式(2-21)，解得 $XX$ 曲线方程

$$(\alpha + \upsilon / \lambda)p = \alpha e + \alpha p^* + \beta y^* - \phi \upsilon y / \lambda + \upsilon m / \lambda - y + g \tag{2-23}$$

此曲线斜率为 $\alpha / (\alpha + \upsilon / \lambda) < 1$。

### (二) 粘性价格货币模型中的均衡调整分析

假定其他条件不变，我们考察本国货币供给的一次性增加所引起的均衡调整过程。

#### 1. 经济的长期均衡

由于粘性价格货币模型认为长期内价格是可以充分调整的，根据弹性价格货币模型，我们可知道在长期内，本国的价格水平将与货币供给同比例上涨，本国货币将贬值相应幅度，而利率与产出均不发生变动。

#### 2. 经济的短期均衡

在短期内，价格水平不发生变动，而利率与汇率作为资产的价格则可以迅速调整，这导致经济中各变量呈现出与长期均衡不同的特征。由于利率平价在经济调整过程中始终成立，所以我们利用利率平价来分析短期内汇率的变动情况。

根据无抛补的利率平价的基本原理，决定即期汇率的主要因素是预期的未来汇率水平及两国的利率差异。在本国货币供给增加前，外汇市场上处于均衡状态，汇率不会发生变动，本国利率与外国利率相等，即期汇率水平与预期的未来汇率水平相等。在本国货币供给增加后，上述变量发生了变动。首先，我们来看预期的未来汇率水平。由于投资者是理性预期的，因此其会预期到未来本币汇率将会处于长期均衡水平。对于本国的利率水平而言，它是在本国货币市场上决定的。在货币市场上，在名义货币供给增加而价格水平又来不及发生变动的情况下，这势必导致利率水平的下降，从而提高货币需求以维持货币市场的均衡。当外国利率水平不变而本国利率水平下降时，显然本币的即期汇率将相对低于预期的未来汇率水平。

另一方面，由于利率的降低，私人投资将会增加；由于本币的名义汇率下降，在价格水平不发生变动时，本币的实际汇率也将下降，在马歇尔—勒纳条件成立的情况下，这将带来净出口的上升。这样，在原有价格水平上，本国国民收入超过充分就业水平。

以上的分析可以小结为：在短期内，总供给曲线是水平的，价格水平不发生调整，货币供给的一次性增加只是造成本国利率的下降，本币汇率的贬值超过长期均衡水平，本国国民收入超过充分就业水平。

#### 3. 经济由短期均衡向长期均衡的调整

在一个较长的时期内，价格水平可以进行调整，此时的总供给曲线的斜率不断增大，不再

是水平的。由于产出超过充分就业水平，这会引起价格水平的缓慢上升。我们同样可以利用利率平价的基本原理对这一调整过程中的汇率变动进行分析。

由于预期的未来汇率水平不变，因此导致汇率调整的主要因素是本国利率的调整。在货币市场上，由于价格水平的上升，货币需求上升，因此造成利率的逐步上升。根据利率平价的原理，本国利率的逐步上升会造成本币汇率的逐步升值。这一升值是在原有过度贬值的基础上进行的，体现为汇率逐步向其长期均衡水平的收敛。

此外，由于利率的逐步提高，以及本币实际汇率的逐步升值，本国的私人投资及净出口均逐步下降，国民收入也较短期水平下降，逐步向充分就业水平调整。

以上的调整过程将持续到价格进行充分调整，经济达到长期均衡水平为止。此时，价格水平发生与货币供给量的增加同比例的上涨，本国货币汇率达到长期平衡水平，购买力平价成立，利率与国民收入均恢复原状。

从以上的分析可以看出，由于商品市场价格粘性的存在，当货币供给一次性增加以后，本币汇率的瞬时贬值程度大于其长期贬值程度。这一现象称为汇率的超调。

### (三) 对粘性价格货币模型的评价

(1) 粘性价格货币模型从宏观层面、开放经济的视角对汇率决定进行分析，是货币主义与凯恩斯主义的一种综合，成为开放经济下汇率分析的一般模型。粘性价格货币模型是在弹性价格货币模型的框架内展开分析，但它又采用了商品价格粘性这一更切合实际的带有凯恩斯传统的分析方法，对开放条件下的宏观经济做了较为全面系统的描述，从而被研究人员广泛接受，因此成为研究开放经济宏观金融问题的基本模型。

(2) 粘性价格货币模型首次涉及汇率的动态调整问题，从而创立了汇率动态学(exchange rate dynamics)这一汇率理论的重要研究领域。在此模型的基础上，研究人员又从各个角度将汇率动态调整的研究推向深入。例如在弹性价格假定之下，经济中也存在与超调具有相似之处的汇率过度调整现象；除价格粘性外，其他一些因素也会造成汇率的超调现象；在一些情况下，汇率还有可能出现短期内调整不足的"低调"(undershooting)现象。

(3) 粘性价格货币模型具有鲜明的政策含义。既然超调是在资金自由流动条件下汇率自由调整的必然现象，而在这一过程中汇率的过度波动会给金融市场与实际经济带来很大的冲击甚至破坏，那么完全放任资本自由流动、完全自由浮动的汇率制度并不是最合理的。政府有必要对资本流动、汇率乃至整个经济进行干预与管理。

(4) 粘性价格货币模型是建立在弹性价格货币模型分析基础之上的，因此它也具有与弹性价格货币模型相同的一些缺陷。这里需要指出的是，作为存量理论的粘性价格货币模型忽略了对国际收支流量的分析。在该模型中，汇率的超调会使购买力平价在短期内不成立，实际汇率在短期内的波动会使经常账户发生变化，这又会进一步影响到一国的资产总量，从而对货币需求产生影响，导致汇率的相应变化。但这一国际收支流量问题并没有反映在该模型中，这不得不说是一个很大的缺陷。

## 第四节　资产组合平衡模型

前一节介绍的货币分析法模型假定国内外资产具有完全的替代性，但现实世界中，却存在各种导致国内外资产不完全替代的因素，如流动性水平、税赋待遇、违约风险、政治风险等。

有鉴于此，在资产组合理论的基础上，产生了汇率决定的资产组合平衡模型，它最早于 1975 年由普林斯顿大学教授威廉·布兰逊(William Branson)提出。资产组合平衡模型放松了货币模型对资产替代性的假定，认为本币资产与外币资产之间是不可完全替代的，投资者根据对收益率和风险的考察，将财富分配于各种可供选择的资产，确定自己的资产组合，一旦资产组合达到稳定状态，也即国内外各资产市场供求达到了均衡，同时汇率也相应确定。

## 一、资产组合平衡模型的架构

### 1. 模型的假定

(1) 本国居民持有三种资产：本国货币、本币计值的本国债券、外币计值的外国债券，其存量分别记为 $M$、$B$ 和 $F$。外币债券的供给在短期内被看作固定的，它的本币价值等于 $eF$。这里 $e$ 是用直接标价法表示的汇率。

(2) 预期未来汇率不发生变动，这样影响居民所持有的外国债券收益率的因素仅是外国利率的变动。

(3) 在短期内忽略持有本国债券及外国债券的利息收入对资产总量的影响。

### 2. 模型的基本形式

按照上述假定，一国资产总量或总财富($W$)满足下述关系式：

$$W = M + B + eF \tag{2-24}$$

影响该国资产总量的因素有两种：一种是各种资产供给量的变动，另一种是本币汇率的变动，这通过影响既定数量的外国债券资产的本币价值而影响到以本币价值衡量的该国资产总量。可以看出，汇率与资产总量之间存在如下关系：一是在短期内(即经常项目不发生变动时期内)汇率与资产总量之间存在着财富效应；二是在长期内，汇率可以引起的经常项目调整也作用于资产总量。

一国资产总量是分布于本国货币、本国债券、外国债券之上的。投资者会根据不同资产的收益率、风险及自身的风险偏好确定最优资产组合。在某种资产收益率上升时，投资者将增加该资产的持有比例，但是出于分散风险的目的不会将全部资产转化为这一收益率较高的资产。我们具体分析一下每种资产的供给与需求情况。从货币市场看，货币供给是由政府控制的外生变量，货币需求则是本国利率、外国利率、资产总量的函数。本国利率及外国利率上升时，投资者都倾向于减少货币的持有，造成货币需求的降低；资产总量增加时，投资者倾向于将增加了的资产总量按原有比例分布在每种资产上，因此对货币的需求也会增加。所以，货币需求是本国利率、外国利率的减函数，是资产总量的增函数。

从本国债券市场看，本国债券供给同样是由政府控制的外生变量。本国利率水平提高时，投资者会更倾向于持有本国债券；外国利率水平提高时则反之。因此，对本国债券的需求是本国利率的增函数，外国利率的减函数，资产总量的增函数。

从外国债券市场看，外国债券的供给是通过经常项目的盈余获得的，在短期内我们假定经常项目状况不发生变动，因此这种情况下它的供给也是外生的固定值。同理，对外国债券的需求，是本国利率的减函数，外国利率的增函数，也是资产总量的增函数。

在上述每个市场上，该种资产的供给与需求的不平衡都会带来本国利率与汇率等相应变量的调整。由于各个市场是相互关联的，因此只有三个市场都处于均衡状态时，该国的资产市场才处于均衡状态。这样，在短期内各种资产供给量既定的情况下，这一资产市场的平衡会确定本国利率与汇率水平。在长期内，对于既定的货币供给与本国债券供给，经常项目的失衡会带来本国持有的外国债券总量变动，这一变动又会引起资产市场的调整。因此，在长期内，还要求经常项目处于均衡状态。这样，本国的资产总量不再发生变化，由此确定的本国利率与汇率水平将保持稳定。

### 3. 模型的几何图示

我们可以利用几何图形来对资产组合平衡模型进行分析。给定各种资产供给量的初始水平，我们在一个以本国利率为横轴、以本国汇率(以直接标价法表示)为纵轴的二维坐标平面内考察货币市场、本国债券市场和外国债券市场的均衡情况，如图 2-1 所示。

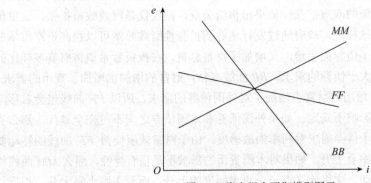

图 2-1　资产组合平衡模型图示

在图 2-1 中，MM 曲线表示货币市场处于均衡状态时的本国利率与汇率的组合，此曲线斜率为正。因为随着 $e$ 值的增大(即本币贬值)，在外国债券数量 $F$ 一定时，以本币衡量的这一资产的价值提高了，这带来资产总量的本币价值提高。因此，如果其他条件不变，以本币衡量的资产总量的增加将导致对货币需求的上升。在货币供给既定的情况下，这需要以本国利率的上升来降低货币需求以维持货币市场的供求均衡。因此，MM 曲线的斜率为正。另外，货币供给增加将使 MM 曲线向左移动，因为在汇率水平既定时，货币市场上供给超过需求，为恢复货币市场的均衡，利率必须下降以提高货币需求。反之，货币供给减少将使 MM 曲线向右移动。

在图 2-1 中，BB 曲线表示本国债券市场处于均衡状态时的本国利率与汇率的组合，此曲线斜率为负。因为本币贬值同样带来本国资产总量的增加，对本国债券的需求上升，这导致本国债券价格上涨，本国利率下降。另外，本国债券供给增加会使 BB 曲线向右移动，因为在汇率水平既定时，本国债券市场上供给超过需求，本国债券价格下降，也就是说本国利率上升。反之，本国债券供给减少会使 BB 曲线向左移动。

在图 2-1 中，FF 曲线表示外国债券市场处于均衡状态时的本国利率与汇率的组合，此曲线斜率为负。因为在本币贬值后，外国债券的本币价值上升从而使资产总量增加，但这一增加的资产总量只有一部分用于持有外国债券。因此外国债券市场上出现了超额供给，需要本国利率下降以提高对外国债券的需求。需要指出的是，FF 曲线比 BB 曲线更平坦，这是因为本国债券市场对本国利率变化的敏感度更大些，同样的汇率变动在本国债券市场上只需要较小的利率调整便能维持平衡。另外，外国债券供给的增加将导致 FF 曲线向下移动。因为在汇率水平既定时，在外国债券市场上供给大于需求，需要本国利率的降低以消除这一超额供给，维持市场均衡。反之，外国债券供给的减少将导致 FF 曲线向上移动。

当货币市场、本国债券市场、外国债券市场同时均衡时，经济处于短期均衡状态，显然这意味着经济的短期均衡位于三条曲线的交点之处，如图 2-1 所示。

## 二、资产组合的变动分析

在资产组合平衡模型中，均衡汇率是经过资产市场的动态调整而形成的。任何资产供给量发生变动都会打破这种均衡，汇率也会因此发生变动。资产供给量的变动可以分成总量的变动和结构的变动。

### (一) 资产供给总量的变动分析

#### 1. 通过发行债券的扩张性财政政策引起的资产市场均衡调整

政府发行债券有两个途径：一是出售给中央银行；二是出售给公众。如果出售给中央银行，则意味着财政政策和货币政策的双重扩张；如果出售给公众，则仅仅是财政政策扩张，这里仅对后一途径进行分析。可以这样说，政府通过发行债券的扩张性财政政策可以拉高资产市场的均衡点。因为这表示既增加了债券的供给，又增加了财富总量，在投资者希望将财富多样化的前提下，债券供给的增加会大于债券的需求，$BB$ 曲线右移，财富的增加也增加了货币的需求，所以 $MM$ 曲线右移。最后，增加的财富也增加了对外国债券的需求，所以 $FF$ 曲线也会右移，利率会上升，但是对汇率的影响不确定。如果外国债券和本国债券之间不可完全替代，那么货币需求对利率的敏感度要大于债券需求对利率的敏感度，由于财富效应使得 $FF$ 曲线的移动要比 $MM$ 曲线移动幅度大，汇率会上升。如果对本国货币的需求不是很有弹性，那么 $MM$ 曲线将会陡直，同时会有很小的移动。这将使 $e$ 有一个更大幅度的上升，而利率则小幅上升。相反，在本国债券和外国债券之间完全可替代时，本国利率不会随外国利率的变动而变动，资产组合均衡的实现必然导致汇率的下降，人们会减少外国债券的持有而使财富恢复到原有的水平。

#### 2. 经常项目余额的变动引起的资产市场均衡调整

经常项目盈余会导致外国债券供给增加，在外国债券市场上形成超额供给，因此 $FF$ 曲线左移。外国债券供给的增加，使本国资产总量增加，这就又形成了本国货币市场与本国债券市场上的超额需求，$MM$ 曲线右移，$BB$ 曲线左移。这样，需要调整汇率与利率以重新实现上述三个市场上的均衡。在调整过程中，主要是通过本国货币升值以降低本国资产总量，进而降低对本国货币与本国债券的超额需求，消除外国债券的超额供给。从图上看，这意味着三条曲线的交点的利率水平与原有水平相等，本币汇率升值。同理，经常项目赤字会造成本币贬值。

### (二) 资产供给结构的变动分析

假定政府以公开市场操作形式增加货币供给。当这一公开市场操作在本国债券市场上进行时，意味着本国债券供给的减少；当它在外国债券市场上进行时，我们假定政府只从本国居民手中购买外国债券，这意味着外国债券供给的减少。下面对两种情况分别进行分析。

(1) 在本国债券市场进行公开市场操作时，货币供给增加使 $MM$ 曲线左移，本国债券供给的相应减少使 $BB$ 曲线左移。由于外国债券供给不发生变动，因此 $FF$ 曲线不发生移动。显然，移到新位置的 $MM$ 曲线和 $BB$ 曲线与 $FF$ 曲线的交点意味着货币市场、本国债券市场与外国债券市场同时达成均衡，该交点就是经济的短期均衡点。通过分析可以得知，在新的均衡点上，本币汇率贬值、本国利率水平下降。

(2) 在外国债券市场进行公开市场操作时，由于本国债券供给不发生变动，$BB$ 曲线不移动；本国货币供给增加，$MM$ 曲线左移；移到新位置的 $MM$ 曲线与 $BB$ 曲线的交点就是经济的短期均衡点。此时，外国债券市场也处于均衡状态，因为 $FF$ 曲线将由于外国债券供给的减少而上移直至经过该交点。

　　比较上述两种干预方式，我们可以看出，在本国债券市场上进行的操作对本国利率影响较大，在外国债券市场上进行的操作对本国汇率影响较大。可见，对于相同的货币供给量，在假定本国债券与外国债券不可完全替代时，它的内部组成结构可以影响到利率与汇率水平，这是与货币分析法不同的。

### 三、对资产组合平衡模型的评价

　　(1) 资产组合平衡模型的分析方法是一般均衡分析，它以资产市场为重点，并结合商品市场进行分析，如经常项目的收支状况。克服以往理论单纯从商品市场结合购买力平价学说的分析或仅仅考虑无抛补利率平价学说的局部分析方法的不全面性，对现实中的汇率变动做了更有说服力的解释。

　　(2) 资产组合平衡模型注重存量分析与流量分析的结合。它定义了总财富的概念，各种资产组合实际上是作为财富的资产总量的有比例的搭配。资产总量是某一时点上的存量概念，它的价值是随着资产价格的变动而变动的。与以往理论中注重流量分析不同的是，它在进行存量分析的同时融入了流量分析，如某一时期国际收支经常账户的顺差和逆差与资产价格的关系。

　　(3) 资产组合平衡模型以资产市场为分析重点，所以它将汇率定义为资产价格，指出在短期内资产市场中各种资产组合的调整及利率的变动对汇率水平更具有决定性的影响。这种分析更符合金融市场迅速发展、资本国际流动多于商品流动的现实经济社会。

　　(4) 资产组合平衡模型具有特殊的经济政策分析价值，尤其被广泛运用于对货币政策的分析。由于较好地符合现实中本国资产与外国资产不可完全替代的特点，这一分析法对政策效应的研究更为细致，为政府决策提供了依据。例如，在该模型的分析中，中央银行通过公开市场操作对汇率的短期影响是很有效的，而通过单纯的财政和货币扩张，政策效果则相对复杂。

　　(5) 资产组合平衡模型的主要缺陷是过于注重宏观分析，现实中会造成宏观调整和微观扭曲的局面，不利于解决现实中的实际问题。另外，模型中的一些变量，如资产总量、资产价格变动的实际数据很难取得，所以进行实证分析比较困难。

## 复习思考题

　　1. 简述购买力平价理论的基本内容。
　　2. 简述利率平价理论的基本内容。
　　3. 简述弹性价格货币模型的主要内容。
　　4. 简述粘性价格货币模型的主要内容。
　　5. 论述资产组合平衡模型的分析方法。
　　6. 试对各种汇率决定理论加以评价。

## 练习题

### 1. 判断题

　　(1) 利率平价理论认为，与即期汇率相比，利率低的国家的货币远期汇率会上升，而利率高的国家的货币远期汇率会下跌。　　　　　　　　　　　　　　　　(　　)
　　(2) 购买力平价理论认为，物价的变化源于流通中的货币数量的变化。　　(　　)
　　(3) 购买力平价理论认为，价格水平取决于汇率，而不是汇率取决于价格水平。(　　)

(4) 在资产市场学说中，汇率被看作一种资产的价格，其变化与其他有价证券价格的变动具有相似的特征。 （ ）

(5) 弹性价格货币模型假定货币供给是外生变量，本国和外国的货币市场是统一的，本外币资产不是完全可替代的。 （ ）

2. 选择题

(1) 弹性价格货币模型的局限性主要有( )。

A. 该模型假定购买力平价学说总是成立

B. 该模型认为价格变化具有完全的弹性

C. 该模型认为货币需求是稳定的

D. 该模型认为预期是完全理性的

E. 该模型考虑了资本市场上的风险溢价

(2) 粘性价格货币模型认为，短期内下列说法成立的有( )。

A. 总供给曲线是水平的

B. 本币汇率的贬值低于长期均衡水平

C. 本国国民收入低于充分就业水平

D. 货币供给的一次性增加使本国利率水平下降

E. 价格水平不发生调整

(3) 关于资产组合平衡模型，正确的说法有( )。

A. 该模型的分析方法是局部均衡分析

B. 该模型以资产市场为分析重点

C. 该模型只进行存量分析，忽视了流量分析

D. 该模型被广泛应用于货币政策分析中

E. 该模型的分析方法是宏观和微观并重

(4) 关于购买力平价理论，正确的说法有( )。

A. 该理论认为汇率变化对物价没有影响

B. 该理论认为纸币的购买力取决于纸币所代表的价值

C. 该理论认为两国的价格可以通过套利而趋于相等

D. 该理论是一种静态或比较静态分析

E. 该理论无法解释实行浮动汇率以来外汇市场上汇率的剧烈波动

(5) 利率平价理论的缺陷主要有( )。

A. 该理论假定套利的资金规模是有限的

B. 该理论假定资本流动是不存在障碍的

C. 该理论忽略了外汇交易成本

D. 该理论在现实世界中是成立的

E. 该理论可以用于实践中的汇率预测

# 第三章

# 汇率制度理论

汇率制度是国际金融学的主要研究对象之一，而汇率制度选择一直是国际金融理论界争论的焦点之一。对汇率制度理论的深入学习和研究，对于理解整个国际金融学理论体系的演变至关重要。

## 第一节　汇率制度概述

### 一、汇率制度的含义

汇率制度(exchange rate regime)，又称汇率安排(exchange rate arrangement)，是指一国货币管理当局对本国货币汇率变动的基本方式所做的一系列安排或规定。

汇率制度作为货币制度的核心组成部分对经济内外均衡和经济稳定有重要影响，基本功能具体表现为：①建立外汇市场秩序，提高外汇交易效率，降低交易成本；②强化外汇市场信息流的稳定性，形成共有汇率预期；③降低外汇市场参与者目标和行为的不确定性；④减少外部性，带来汇率制度收益；⑤可以作为协调经济的一种手段。

### 二、汇率制度的种类

传统意义上，根据汇率决定及其调节方式，汇率制度可划分为固定汇率制度和浮动汇率制度。随着布雷顿森林体系的崩溃，这一简单分类越来越难以反映各国汇率制度的实际情况。为此，在 1976 年 1 月召开的牙买加会议上通过的《国际货币基金组织第二次修正案》的基础上，1982 年国际货币基金组织根据各国官方宣布的汇率安排对各成员汇率制度进行了分类，主要有三类：①钉住汇率(pegged exchange rate)，包括钉住单一货币和钉住"一篮子货币"；②有限灵活汇率，包括对单一货币汇率带内浮动和汇率合作安排；③更加灵活汇率，包括管理浮动和自由浮动。考虑到上述的原有汇率制度分类无法反映成员演变的实际情况，国际货币基金组织定期根据实际汇率安排而不是官方宣布的汇率安排对各成员汇率制度进行了分类，最新的分类从 2009 年 2 月 2 日开始实施。这一分类体系以各国汇率由市场决定的程度及弹性为基础，主要包括硬钉住(hard pegs)、软钉住(soft pegs)、浮动制度(floating regimes)和其他(residual)，具体细分为 10 个种类，其特征和格局如下。

#### (一) 无独立法定货币的汇率安排

无独立法定货币的汇率安排(exchange rate arrangement with no separate legal tender)是指一

国将另一国货币作为唯一法定货币，主要表现形式为美元化(dollarization)。采用这种汇率制度意味着货币管理当局彻底放弃了对本国货币政策的独立控制权，实行美元化的货币当局丧失了最后贷款人(lender of last resort)的作用。**美元化**是指一国或地区采用"锚货币"(主要是美元)逐步取代本币并最终自动放弃本国货币和金融主权的过程。美元化实际上是一种彻底而不可逆转的严格固定汇率制，在本质上是一种货币替代现象。**货币替代**(currency substitution)是指一国居民对相关的机会成本做出反应，改变其持有本国和外国货币的倾向。

### (二) 货币局安排

货币局安排(currency board arrangement)是指在法律中明确规定本国货币与某一指定的外国可兑换货币保持固定的兑换率，并且对本国货币的发行做特殊限制以保证履行这一法定义务的汇率制度，也称货币局制。货币局制通常要求货币发行必须以一定的(通常是百分之百)该外国货币作为发行准备金，并且要求在货币流通中始终满足这一准备金要求。这一制度中的货币当局被称为货币局，而不是中央银行。因为在这种制度下，货币发行量的多少不再完全听任货币当局的主观愿望或经济运行的实际状况，而是取决于可用作发行准备金的外币数量的多少。货币当局失去了货币发行的主动权和最后贷款人的功能。当然，在货币局的建立过程中，各经济体常常会根据具体情况对其进行一定的修改。

货币局是一种特殊的固定汇率制，它有一些独有的特点。①它对汇率水平做了严格的法律规定。这一法律规定是公开的，因此政府想改变汇率水平是极为艰难的，其改变必将损害货币局制的可信性。②它对储备货币的创造来源也做了严格的法律限制，货币局只有在拥有外国货币作为后备时才可以发行货币，这一规则也可称为"后备规则"(backing rule)；③它对货币局为财政赤字提供融资做了严格的限制。

### (三) 传统的钉住安排

传统的钉住安排(conventional pegged arrangement)是指一国将本国货币按照固定汇率钉住另一货币或"一篮子货币"，汇率可以围绕中心汇率上下不超过1%波动。在这种制度下，货币当局通过干预、限制货币政策的灵活性来维持固定汇率水平，但是货币政策的灵活性仍然很大，传统的中央银行功能可以在一定程度上实现，货币当局可以调整汇率水平，尽管实际上很少进行这种调整。

### (四) 稳定安排

稳定安排(stabilized arrangement)是指即期汇率波动被维持在2%的幅度达6个月或更长的时间，并且这种汇率安排不属于浮动汇率安排。所要求的汇率波动幅度是相对于单一货币或一篮子货币而言的。

### (五) 爬行钉住

爬行钉住(crawling peg)是指汇率以固定的汇率或根据选定的数量指标小幅度调整的制度。爬行钉住制有两个基本特征：①实行该制度的国家负有维持某种平价的义务，这使得它在很大程度上属于固定汇率制；②平价可以进行经常性的、小幅度的和持续的调整，这使得该制度与普通的可调整钉住汇率制度不同，因为后者的平价调整非常偶然，而且一旦调整幅度会很大。

### (六) 类爬行安排

类爬行安排(crawling-like arrangement)是指相对于统计上可辨识出的趋势，本币汇率波动的最高值与最低值之间被维持在不超过 2%的幅度达 6 个月或更长的时间，并且这种汇率安排不属于浮动汇率安排。

### (七) 钉住水平汇率带安排

钉住水平汇率带安排(pegged exchange rate band arrangement)是指汇率被保持在官方承诺的汇率带内波动，其波幅为中心汇率上下各 1%。钉住水平汇率带安排通常是经过一系列间歇性的小幅贬值或升值来重新调整。典型代表是历史上欧洲货币联盟(European Monetary Union)曾采用的欧洲汇率机制(European Exchange Rate Mechanism)。

### (八) 浮动

浮动(floating)是指汇率主要由市场决定，没有事先确定或可预测的路径。对外汇市场的干预可以是直接的，也可以是间接的，目的是熨平汇率变动，防止汇率的不合意波动，政策的目标不是令汇率达到一个确定的水平。货币当局用来管理汇率的指标范围是在很广的范围内决定的，包括国际收支状况、国际储备、平行市场的发展(parallel market developments)等，而且汇率的调整可以不是自动的，对外汇市场的干预可以是直接的，也可以是间接的。

### (九) 自由浮动

自由浮动(free floating)是指对外汇市场的干预只是罕见的特殊情况，针对的是外汇市场的无序状况，并且货币当局提供的信息或数据证明在 6 个月中至多有三次干预，每一次干预持续不超过三个营业日。

### (十) 其他有管理的安排

其他有管理的安排(other managed arrangement)是指未被纳入前面 9 种类别的汇率制度。2022 年 4 月 30 日世界各国或地区实行的汇率安排情况见表 3-1。

表 3-1　汇率安排情况

| 大类 | 具体类别 | 国家或地区名称 |
|---|---|---|
| 硬钉住 | 无独立法定货币(14) | 厄瓜多尔、萨尔瓦多、基里巴斯、马绍尔群岛、密克罗尼西亚、巴拿马、圣马力诺、东帝汶、帕劳、黑山、安道尔、科索沃、瑙鲁、图瓦卢 |
| | 货币局(12) | 东加勒比货币联盟成员(安提瓜和巴布达、多米尼加、格林纳达、圣凯蒂斯与尼维斯、圣卢西亚、圣文森特和格林纳丁斯)、波斯尼亚与黑塞哥维那、保加利亚、文莱、吉布提、中国香港特别行政区、中国澳门特别行政区 |
| 软钉住 | 传统的钉住(40) | 阿鲁巴、巴哈马、巴林、巴巴多斯、伯利兹、荷属库拉索岛和圣马丁岛、厄立特里亚、伊拉克、约旦、阿曼、卡塔尔、沙特阿拉伯、土库曼斯坦、阿拉伯联合酋长国、佛得角、科摩罗、丹麦、圣多美和普林西比、西非经济货币联盟成员(贝宁、布基纳法索、科特迪瓦、几内亚比绍、马里、尼日尔、塞内加尔、多哥)、中部非洲经济与货币共同体成员(喀麦隆、中非共和国、乍得、刚果共和国、赤道几内亚、加蓬)、斐济、利比亚、不丹、斯威士兰、莱索托、纳米比亚、尼泊尔、萨摩亚 |

（续表）

| 大类 | 具体类别 | 国家或地区名称 |
|---|---|---|
| 软钉住 | 稳定安排(23) | 柬埔寨、圭亚那、伊朗、黎巴嫩、马尔代夫、特立尼达和多巴哥、克罗地亚、北马其顿、新加坡、玻利维亚、尼日利亚、巴布亚新几内亚、坦桑尼亚、塔吉克斯坦、危地马拉、塞尔维亚、阿塞拜疆、埃及、吉尔吉斯共和国、马拉维、蒙古国、莫桑比克、苏丹 |
| | 爬行钉住(3) | 洪都拉斯、尼加拉瓜、博茨瓦纳 |
| | 类爬行安排(24) | 中国、越南、阿富汗、阿尔及利亚、孟加拉国、布隆迪、刚果民主共和国、埃塞俄比亚、冈比亚、几内亚、卢旺达、多米尼加共和国、加纳、肯尼亚、罗马尼亚、斯里兰卡、乌兹别克斯坦、阿根廷、老挝、毛里塔尼亚、毛里求斯、瑞士、所罗门群岛、突尼斯 |
| | 钉住水平汇率带(1) | 摩洛哥 |
| 浮动制度 | 浮动(35) | 安哥拉、白俄罗斯、马达加斯加、苏里南、也门、阿尔巴尼亚、亚美尼亚、巴西、哥伦比亚、哥斯达黎加、捷克、格鲁吉亚、匈牙利、冰岛、印度、印度尼西亚、以色列、牙买加、哈萨克斯坦、韩国、摩尔多瓦、新西兰、巴拉圭、秘鲁、菲律宾、塞舌尔、南非、泰国、土耳其、乌干达、乌克兰、乌拉圭、马来西亚、巴基斯坦、赞比亚 |
| | 自由浮动(31) | 澳大利亚、加拿大、智利、日本、墨西哥、挪威、波兰、俄罗斯、瑞典、英国、索马里、美国、欧洲货币联盟成员(奥地利、比利时、塞浦路斯、爱沙尼亚、芬兰、法国、德国、希腊、爱尔兰、意大利、拉脱维亚、立陶宛、卢森堡、马耳他、荷兰、葡萄牙、斯洛伐克、斯洛文尼亚、西班牙) |
| 其他 | 其他有管理的安排(10) | 科威特、叙利亚、利比里亚、缅甸、塞拉利昂、津巴布韦、海地、南苏丹、汤加、委内瑞拉 |

注：日期为2022年4月20日，括号内的数字表示国家或地区数目。

资料来源：国际货币基金组织，*Annual Report on Exchange Arrangements and Exchange Restrictions 2022*

## 第二节　汇率制度理论的历史演变

汇率制度理论起源于第一次世界大战之后。当时金本位制崩溃，各国纸币发行泛滥，严重影响了正常的国际经济贸易往来。经济学家们迫切地认识到进行汇率制度变革的重要性，开始从一国和世界范围内研究汇率制度选择的理论和现实问题。从那时起，汇率制度的选择问题一直是国际金融理论和实践中的核心问题之一，受到各国政府、投资者和理论家的关注。汇率制度理论的发展和汇率制度实践的发展紧密联系在一起，相互交融，彼此促进。纵观国际金融史，汇率制度理论的发展可以分为三个阶段。

### 一、汇率制度理论发展的第一阶段

这个阶段从第一次世界大战爆发到布雷顿森林体系建立之前。第一次世界大战的爆发彻底摧毁了金本位制度赖以存在的基础，打破了平和、有秩序的国际贸易发展状态，各国相继放弃金本位制度，采取通货膨胀政策，大量发行纸币，剧烈的汇率波动使国家间的贸易往来规模严重缩减。以霍特里(R. G. Hawtrey)为首的旧派怀念金本位制度的和谐与秩序，强烈主张恢复金本位制度，指出金本位制度本身具有自动调节国际收支不平衡的机制。而以维克塞尔(K. Wicksell)和古斯塔夫·卡塞尔为首的新派则坚持认为金本位制度的基础已经消失，主张进行汇率制度的改革，建立变动的汇率制度。这一时期关于汇率制度争论的焦点在于是否恢复金本位制度，而"固定"和"浮动"的概念都是不明确的。这是汇率制度理论的初期发展阶段。不过，当时产生的购买力平价理论却是汇率理论的基础。第二次世界大战的爆发把各国之间的货币战推向高潮，各国的高通货膨胀政策、竞争性货币贬值的倾销政策和贸易保护主义使正常的国际经济交往几乎不能进行。第二次世界大战后，为了恢复正常的国际经济秩序，建立稳定的国际货币体系的任务迫在眉睫。这一时期，包括著名经济学家凯恩斯在内的很多经济学家都提出了自己对汇率制度选择和改革方面的主张。1944 年布雷顿森林体系的建立标志着主张建立固定汇率制度派的胜利。

## 二、汇率制度理论发展的第二阶段

这个阶段贯穿布雷顿森林体系的整个生命周期。布雷顿森林体系存在了近 30 年的时间，在这 30 年中，主张固定汇率和主张浮动汇率两派的争论始终没有停止过。针对布雷顿森林体系下出现的严重的经济衰退、失业和外汇危机，以弗里德曼(Friedman)和米德(Meade)为首的经济学家倡导了建立浮动汇率制度的运动。米德从固定汇率制度的"米德冲突"和"二元冲突"入手分析了固定汇率制度与内部和外部均衡及资本自由流动的内在矛盾性；弗里德曼则从浮动汇率制度下投机的稳定特性出发，论证浮动汇率制度的生命力。在此基础上，一些经济学家指出钉住固定汇率制度下投机的"单向赌博"特性。特里芬(Triffin)指出了布雷顿森林体系存在的著名的"特里芬难题"(Triffin's Dilemma)，从本质上论证了布雷顿森林体系必然倒台的命运。特里芬难题是指为了保证美元信誉，美国需要维持国际收支平衡，但却使得世界缺乏国际清偿手段；而为了供给国际清偿手段，满足其他国家越来越强的外汇储备需求，美国需要通过持续的国际收支逆差来促使美元外流，但这又使得美元信誉下降。与此同时，以蒙代尔为代表的经济学家与上述论点形成鲜明对立，从各个方面论述固定汇率制度的优点，批判浮动汇率制度。这一时期是两种汇率制度理论学派真正形成的时期，是汇率制度理论发展的高潮时期。

## 三、汇率制度理论发展的第三阶段

这个阶段从布雷顿森林体系垮台到现在。20 世纪 70 年代初，布雷顿森林体系垮台以后，浮动汇率制度统治了国际货币体系。在发达国家一般采取各种形态的浮动汇率制度的同时，很多发展中国家采取了钉住一种或几种货币的固定汇率制度，而欧洲共同体则采取了内部蛇形浮动(snake floating)、对外联合浮动(joint floating)的汇率制度。从本质上来说，布雷顿森林体系以后的国际货币体系是以浮动汇率为主、钉住固定汇率制度为补充的货币制度体系。此体系又被称为牙买加体系，在这种体系下，浮动汇率和固定汇率孰优孰劣的争论仍然很激烈，汇率制度理论的发展也进入了一个新的阶段。浮动汇率制度的实践并没有像弗里德曼所说的那样带来稳定和繁荣，而是充斥着投机和不稳定。多恩布什、弗兰克尔、麦金农和穆萨等经济学家从资产分析、理性预期和货币替代等角度论述了浮动汇率的不稳定特性。与此同时，以克鲁格曼(Krugman)、弗拉德(Flood)等为首的经济学家从货币投机冲击的角度论述了固定汇率制度与外汇危机的必然关系。进入 20 世纪 90 年代，国际金融市场高度一体化，金融创新不断涌现，国际资本尤其是短期资本在国际资本市场上相当活跃，货币危机和金融动荡频繁发生。固定汇率制度的维护者认为这是浮动汇率制度的弊病，主张重建固定汇率制度；而浮动汇率制度的维护者则强调货币危机是钉住固定汇率制度所导致的，主张实现彻底、灵活的国际汇率体系。这一时期争论的焦点是，什么样的汇率制度带来价格、国民收入等宏观经济变量的不稳定和金融危机。墨西哥金融危机和亚洲金融危机使汇率制度的争论达到白热化程度。国际金融危机对目前的国际金融体系，尤其是货币体系提出挑战，建立什么样的国际汇率制度体系又一次成为国际金融领域的核心话题。

# 第三节 固定汇率制度理论

## 一、固定汇率制度的含义和类型

固定汇率制度(fixed exchange rate regime)，是指两国货币的比价基本固定，并且其波动幅度控制在一定界限之内，当市场汇率波动超过规定的界限时，有关国家的货币当局有义务进行干预，予以维持。

固定汇率制度从广义上讲有两种类型。

(1) 金本位制下的固定汇率制度。在典型金本位制度下，铸币平价是决定汇率的基础，汇率的波动受到黄金输出入的自动调节，并且以黄金的输送点为界限。因此，汇率的变化幅度很小，汇率基本是固定的。

(2) 布雷顿森林体系下的固定汇率制度。在布雷顿森林体系下，IMF 要求其成员规定本国货币的金平价，并使各国货币钉住美元与之建立固定比价关系，即通过各国货币与美元的金平价之比来确定各国货币与美元的汇率。同时，IMF 又规定，两国货币汇率的波动界限为其金平价比值的上下各 1%。因此，在布雷顿森林体系下，汇率的界限已大大超过了金本位制度下的黄金输送点，汇率只是相对固定。况且当一国的国际收支出现根本性的不平衡使汇率变动成为必要时，则将允许汇率变动。可见，布雷顿森林体系下的固定汇率制度实质上是"可调整的(adjustable)钉住"汇率制度。

## 二、维持固定汇率的主要调节措施

在金本位制度下，固定汇率的维持是通过黄金的输出、输入自动调节的。在布雷顿森林体系下，各国货币的官方上下限是人为控制的，其主要调节措施有以下几种。

(1) 运用贴现政策。当外汇汇率上涨，有超过汇率波动的上限的趋势时，中央银行则提高再贴现率，市场利率也随之提高，由此可吸引外资的流入，增加外汇的供给，使外汇汇率下浮；相反，若外汇汇率下跌，有低于汇率波动下限的趋势时，中央银行降低贴现率，使市场利率降低，以限制外资的流入或诱使资本外流，使外汇汇率上浮。

(2) 调整外汇和黄金储备。一国的外汇和黄金储备作为稳定一国货币对外汇率的重要后备力量，也是各国货币当局所惯用的手段。许多国家都运用其拥有的外汇储备设立了外汇平准基金(exchange equalization funds，EEF)，由中央银行或财政部掌握，专门用来干预汇率的波动。当一国外汇汇率上浮超过规定的上限时，则该国货币当局动用一部分外汇储备在外汇市场上抛售，同时收回本币，以平抑外汇汇率的上浮；反之，若外汇汇率下浮超过其下限时，则由中央银行在外汇市场上抛售本币，购买外币，以增加本国的外汇储备，促使外汇汇率上浮。

(3) 向 IMF 借款。当一国由于国际收支失衡而感到难以维持货币平价时，可向 IMF 借款，当然该借款数额是有限的。

(4) 实行货币的法定贬值或升值。前述三种措施皆属于主动措施，而且其调节均有限度。

当一国货币跌势或涨势明显，汇率波动剧烈，靠前几种办法无法平抑汇率时，该国货币当局最后只得诉诸货币法定贬值或升值，即当一国的国际收支危机特别严重，本币对外币的汇率下跌过快，无法扭转时，则采取法定贬值，由法律明文规定降低本币的金平价，提高以本币表示的外币的价格。例如：1971 年 12 月美国政府宣布美元贬值，把美元的金平价由 0.888 671 克黄金减少为 0.818 513 克黄金，英镑对美元的汇率由 1 英镑=2.40 美元提高到 1 英镑=2.605 7 美元。当一国货币的对外汇率上涨过高，无法平抑时，则最后宣布本币法定升值，由法律明文规定提高本币的金平价，降低以本币所表示的外币的价格。如原联邦德国政府在 1969 年 10 月，把西德马克与美元的汇率也相应地由 1 美元=4 马克改为 1 美元=3.66 马克。可见，货币法定贬值和法定升值是有限度的，尤其是关键货币，否则汇率的稳定就失去了基础，最终会危及固定汇率制度。

在 20 世纪 40 年代到 50 年代，固定汇率制度运行得较顺利。在 20 世纪 50 年代末，美国国际收支开始出现逆差。在 1960—1972 年的 13 年间，累计赤字达 886 亿美元，绝大部分是以美元偿付的，这就增加了美国国外美元的数量，形成了美元大量过剩的局面。与此同时，日本和联邦德国的国际收支和金融实力相对增强，美元的霸权地位受到挑战。人们对美元的信心减弱，于是出现了抛售美元、抢购黄金和硬通货(hard currency，即汇率有上升趋势的货币)的浪潮。为此，美国联合西方各国采取了种种干预措施，试图维持以美元为中心的固定汇率。但由于美元危机不断恶化，美国不得不在 1971 年 12 月将美元法定贬值 7.89%，其他顺差国货币则相应升值，并且把各国货币对美元汇率波幅由原来规定的金平价的±1%扩大到±2.25%。然而，从软通货(soft currency，即汇率有下降趋势的货币)流向硬通货的投机性资本仍持续不断增长，致使美元于 1973 年 2 月再度贬值 10%，至此以美元为中心的固定汇率制度已无法维持，各国货币开始对美元普遍实行浮动汇率，而且各国政府不再承担维持对美元的固定汇率的义务。

## 三、关于固定汇率制度的学术争议

### (一) 固定汇率制度与世界经济一体化

#### 1. 固定汇率制度学派的观点

固定汇率制度学派认为，固定汇率能使世界经济趋于一体化，消除经济发展的不平衡状态，形成一个稳定的经济体系，有利于世界经济的协调发展。该论点的实质是，在固定汇率制度下，一国可以将国内受到的经济冲击外溢，传递到其他国家，维持国内的均衡状态。当一国出现供给过剩、物价下跌时，就可以通过增加出口来调节；当出现供给不足时，物价就会上升，可以通过进口来调节。

此种论点的代表人物是罗伯特·蒙代尔(Robert Mundell)。他认为，在浮动汇率制度下，大多数国家的货币由于汇率经常变动而影响它们在世界范围内执行支付手段职能，因而当一国出现经济困难时，它就不能以向国外发行货币的方式，吸引外国资本和吸收商品、劳务资源来调节本国经济。但是，如果某些国家建立一项条约或规则，对各国货币规定一个固定比价，那么，上述问题就解决了。因为这些国家相当于拥有共同的货币，他们承担风险的范围就扩大了。一国出现供给不足或供给过剩时，可以通过使用储备货币或增加货币储备，或是向其他国家融资的方法来抵消这种经济的失衡，而在浮动汇率制度之下，由于汇率波动，将国内经济状况与外界隔离，只能由一国自己承担。

#### 2. 浮动汇率制度学派的观点

对于上述论点，浮动汇率制度学派提出下述观点来加以驳斥。①在蒙代尔的模型中，一国如果能够将冲击外溢，必须有充足的外汇储备，但实际上许多国家都是储备不足的。②蒙代尔是在非常特殊的假设下得出他的结论的，即当一国出现经济衰退时必须伴有国际收支逆差，一国出现经济膨胀时必须出现国际收支盈余，也就是说，一国出现经济衰退时，别的国家必须出现经济膨胀，而一国出现经济膨胀时，别的国家必须出现经济衰退，并且一国经济衰退的程度恰好等于其他国家的通货膨胀程度。只有在这种情况下，蒙代尔的调节方式才能使各国达到国内经济和国际经济的同时均衡。如果事实与此相反，比如，两国同时处于经济衰退的境地，则甲国对乙国的出口只能将乙国经济推向进一步的衰退，为了防止这种情况发生，就可能发生贸易战。③即使这种调节能够进行，一国走出经济衰退是通过牺牲他国利益实现的，一国的出口扩张可能导致世界性的经济衰退。

### 3. 对争论的分析

该问题的争论实际上集中于两个焦点问题：①在固定汇率制度下，一国能否通过动用储备或融资来使冲击外溢；②这种外溢是否会带来世界经济的损失和不均衡。

对于第一个问题，要区分冲击的性质是暂时性的还是持久性的，是货币性的还是实体性的。如果是暂时的、货币性的冲击，依靠货币储备或是对外融资可以迅速地走出危机，固定汇率是一种很好的选择；如果冲击是持久的、实际经济发生的变动，需要经济结构的长期调整，要通过储备或融资来将冲击溢出，肯定会出现储备不足或清偿力缺乏。

对于第二个问题，要区分该国的大小国特性，即是对世界经济具有相当影响力的大国，还是微不足道的小国，还要区分当时的国际经济环境，即是处于良好的经济发展时期，还是处于世界经济不景气或世界通货膨胀时期。如果该国是一个小国，对世界价格和景气状况没有大的影响，则一个小国的经济困难由无数个国家来分担，对每一个国家的影响都不会很大，也不会引起世界经济的不均衡。但如果是一个大国，其进出口的扩张对世界贸易产生很大的影响，该国经济冲击的外溢会产生很大的影响，其他国家需要做出足够的牺牲，会对整个世界经济带来巨大影响。如果是世界经济处于良好的发展时期，分担一个国家经济冲击的能力就会强，如果世界经济处于衰退或通货膨胀，世界经济分担一国冲击的能力会很弱，一国冲击的外溢会产生国际摩擦，加剧世界经济困境。

所以，固定汇率制度这种分散国内经济冲击并促进世界经济一体化的作用有一定的条件：暂时性或货币性的冲击、小国假设、世界经济平稳发展。

### (二) 固定汇率与充分就业

#### 1. 固定汇率制度学派的观点

主张固定汇率制度的学者认为，通过货币供给量和国际收支的密切联系，固定汇率的国际收支效应能迅速弥补货币供给变动的影响，减少失业和衰退。他们做了一个假设来分析上述观点。假设在均衡条件下，政府减少货币存量，使利率上升，但是投资下降，引起产量和就业下降。根据凯恩斯的收入支出模型分析，产量下降导致进口需求降低，在浮动汇率下，进口需求的降低会使本币升值，本币升值又降低出口竞争力，出口减少引致国内产出和就业进一步降低。而在固定汇率下，进口需求降低会改善国际收支，增加国际储备，国际储备是货币基数(monetary base)的重要组成部分，储备增加使货币基数增大，货币供给会恢复到以前的均衡水平。

#### 2. 浮动汇率制度学派的观点

主张浮动汇率的学者则提出三点批评意见。

首先，既然假定经济初始时处于均衡状态，政府就没有必要减少货币供给；而如果政府目的在于减少货币供给，它就不会对增加的外汇储备无动于衷，而是会采取进一步的手段。

其次，如果出口减少是由国外需求下降引起的，那么在固定汇率下，出口减少使储备减少，进而使货币存量减少，导致利率上升，投资下降，产出和就业肯定会下降。

最后，如果货币供给增加了，那么将引起价格上升，出口减少，进口增加，国际收支出现逆差。同时，由于出口减少，国内产出也会下降。货币供给增加造成固定汇率无法解决的双重困难：要恢复国际收支平衡，必须减少储备，这会进一步减少货币供给，加剧国内的失业；如果要提高就业水平，就必须增加货币供给，这将引起进口进一步增加，出口进一步下降，加剧国际收支困境。而在浮动汇率下，只要是汇率贬值，就可以完全解决这些问题。本币贬值，抑制进口，刺激出口，需求通过进口减少转移到国内，出口扩张带动国内经济增长，就业增加。

### 3. 对争论的分析

实际上，上述争论研究的是不同汇率制度对出口冲击的调节能力。显然，不同汇率制度调节的机制不同。浮动汇率制度是通过改变两国贸易品的相对价格水平来调节冲击，而固定汇率制度是通过调节储备水平，从而调节货币供给，进而调节价格水平的途径来调节冲击。正因为调节方式不同，所以对不同性质的冲击的调节能力也不同。最重要的是，判别出口冲击的来源和性质。

如果出口冲击产生于实际经济因素，如消费需求结构的变迁、生产结构的变迁、技术的变迁，使本国出口品的竞争力大大下降，出口减少，引起产出下降，就业减少，此时，采用浮动汇率可以部分地解决这些问题。例如，由于其他国家生产技术的改进，生产率提高，出口品的成本下降，价格降低，国际竞争力提高，吸收国际需求，引起对本国出口产品需求的降低，浮动汇率制度通过本币贬值，降低本国出口产品的价格，可以部分地抵补其他国家价格下降所带来的竞争力的提高，缓解对本国出口产业的冲击。当然，如果这些冲击是巨大的，导致对本国出口产品需求的巨大缩减甚至消失，本币贬值也难以解决问题，此时应对经济进行结构性调整。

如果冲击产生于国内货币因素，例如国内价格的变动或利率的变动，固定汇率可以较好地缓解这种冲击。假如国内利率上升，有效需求下降，产出和就业下降。在固定汇率制度下，利率上升，资本流入，进口减少，国际收支出现盈余，外汇储备增加，货币基数增大，货币供给提高，使利率恢复到原来的均衡水平，产出和就业也恢复到原来的均衡水平。如果是浮动汇率，国际收支产生盈余后，本币升值，就会限制出口，增加进口，从而使国内失业和衰退的现象更加严重。

### (三) 固定汇率与经济内外均衡

传统上政府有 4 个宏观经济政策目标：充分就业、物价稳定、经济增长和国际收支平衡。前三个属于对内均衡目标，后一个是对外均衡目标。采取哪一种汇率制度，很大程度上要看哪一种汇率制度更有利于内部均衡和外部均衡的实现。浮动汇率的支持者米德曾经指出，实行固定汇率等于放弃了汇率这样一个政策工具。因为根据丁伯根法则(Tinbergen's Rule，是由荷兰经济学家、首届诺贝尔经济学奖得主简·丁伯根提出的一种经济政策理论，该理论认为，要想实现几个经济目标，就至少需要相互独立的几种有效的政策工具)，经济内外均衡需要两种政策工具，即汇率政策和财政货币政策。然而，固定汇率制度放弃了一个政策工具，就无法实现内外两个均衡。

针对上述观点，蒙代尔指出，财政、货币政策事实上可以拆分为两个独立的政策，根据货币和财政政策在解决对内和对外均衡中不同的作用程度，可以用货币政策对付外部均衡，称为"国际收支平衡工具"，用财政政策对付内部均衡，称为"内部收支平衡工具"，这样即使放弃汇率工具，仍然可以实现"两个工具，两种目标"的模式。蒙代尔用图阐明了这个观点。这个被称为"政策指派法则"(Policy Assignment Rule)的创见对于蒙代尔成为后来的诺贝尔经济学奖得主起了关键的作用。

在图 3-1 中，*EB* 线是国际收支均衡线，*IB* 线是国内均衡线，*EB* 线的右上方，是国际收支顺差区域，左下方是国际收支逆差区域，*IB* 线的右上方是经济衰退区域，左下方是通货膨胀区域，*EB* 线和 *IB* 线将整个平面分割为 4 块区域：经济衰退和国际收支顺差并存区域、通货膨胀和国际收支顺差并存区域、通货膨胀和国际收支逆差并存区域、经济衰退和国际收支逆差并存区域。

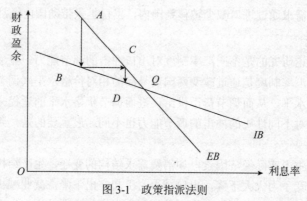

图 3-1 政策指派法则

假设经济处于 *A* 点，在 *EB* 线上，经济对外均衡，但是处于内部经济衰退状态，此时，蒙代尔的政策处方是先采取扩张性财政政策，降低财政盈余，使经济从 *A* 点移到 *B* 点。在 *B* 点，经济对内均衡，但处于国际收支逆差状态，使用紧缩性的货币政策，提高利息率，使经济从 *B* 点过渡到 *C* 点。在 *C* 点，经济处于对外均衡状态，但内部经济处于衰退状态，继续使用扩张性的财政政策，使经济从 *C* 点移到 *D* 点。在 *D* 点，经济处于对内均衡状态，但国际收支处于逆差状态，继续采取紧缩性货币政策。这样，蒙代尔指出，使用货币政策和财政政策的有机配合，使经济从不均衡状态向均衡状态过渡，经过一段时期的调整，必然会同时实现经济的内外均衡。

浮动汇率的支持者弗莱明(Fleming)指出了货币政策和财政政策在不同的汇率制度下有不同的效力。在浮动汇率制度下，扩张性货币政策所引起的经济扩张效应比固定汇率下要大得多。他指出，货币存量增加，使货币流通速度和利率下降，会刺激私人消费和投资等支出增长，并且会有凯恩斯的乘数效应。支出增长使国民收入和产出增长，并对国际收支中的贸易项目有减少作用；而利率下降又对资本项目有减少作用。在浮动汇率制度下，最初的国际收支逆差会使汇率贬值，一直到恢复国际收支平衡时为止。这样，弗莱明认为，货币贬值会刺激出口并通过乘数效应使国内收入和产出进一步增长。但在固定汇率下，由于汇率不变，国际收支逆差必须依赖国际储备来解决，不能通过扩大出口使产出和国民收入进一步增长。

## 四、固定汇率与资本流动及货币政策自主性

蒙代尔的"政策指派法则"能否解决固定汇率下的内外均衡问题，在经济学界引起广泛的争论。其中涉及的一个问题是在固定汇率和资本高度流动的情况下，政府是否具有货币和财政政策的独立性。

在 20 世纪 50 年代，詹姆斯·米德已经发现国际资本流动和固定汇率制度之间存在"二元冲突"，即资本的完全自由流动会冲垮固定汇率制度，或者说固定汇率制度的前提条件之一是资

本管制。"二元冲突"在不同的国家表现程度大不相同。在货币政策自主性强的国家表现比较激烈，在货币政策自主性弱的国家比较缓和。加入货币政策之后，"二元冲突"演化为国际资本流动、固定汇率和货币政策之间的"三元冲突"。1998年奥伯斯特菲尔德(M. Obstfeld)指出，当一国参与国际经济活动时，便面临着如何安排汇率制度、管理资本市场和实现国内宏观经济目标的"三难选择"。政府只能在利用国际资本市场吸引外部资本、实现固定汇率的稳定效益和实施独立的货币政策实现内部经济的稳定之间选择其二。"三元冲突"可以用蒙代尔—弗莱明模型(Mundell-Fleming Model)来说明。

蒙代尔—弗莱明模型研究了开放经济条件下一国商品市场、货币市场和外汇市场的均衡关系。该模型假设，经济处于有闲置资源的状态，供给弹性高，汇率变化为静态预期(当事人预期汇率的现在值在未来保持不变)，资本完全自由流动。模型分析了商品市场、货币市场和外汇市场平衡的6个条件方程式，构成图3-2中的蒙代尔—弗莱明模型。

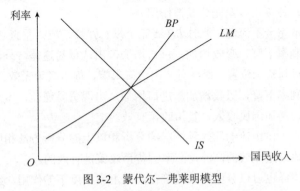

图 3-2 蒙代尔—弗莱明模型

(1) 在国际资本完全自由流动情况下，国内利率水平 $i$ 与国外利率水平 $i^*$ 一致，表达式为

$$i = i^* \tag{3-1}$$

(2) 货币市场上的实际货币需求为

$$M_d = L = L(i, Y) \tag{3-2}$$

其中，$Y$ 表示国民收入。

(3) 名义货币供给 $M$ 等于国内信贷 $D$ 和国外净资产 $F$ 相加的和，表达式为

$$M = D + F \tag{3-3}$$

(4) 货币供求均衡，表达式为

$$L = M / P \tag{3-4}$$

(5) 商品市场均衡，表达式为

$$Y = A(i, Y) + T(q, Y) + G \tag{3-5}$$

其中，$A$ 为国内吸收(即私人消费与投资之和)，$T$ 为进出口贸易净额，$G$ 为政府支出，$q$ 为实际汇率。

(6) 国际收支平衡，表达式为

$$B = T(q, Y) + C(i) \tag{3-6}$$

其中，$C$ 为资本流动。

图 3-2 中，IS 曲线是商品市场均衡线，LM 曲线是货币市场均衡线，BP 曲线是外汇市场均衡线。资本流动的状况(完全自由流动、半自由流动和完全不流动)决定了 BP 线的斜率。现在按资本流动的三种情况研究汇率制度和需求管理政策(即财政政策和货币政策)提高国民收入的有效性之间的关系。

第一种情况：资本完全自由流动。资本完全自由流动是指由于某国利率的微小变动而导致的资本在各国间没有限制地流动。在此情况下，BP 线成为水平线；如果是固定汇率，LM 线也是水平的。这是因为，巨量的国际资本流动消除了该国货币供应量的任何影响。本国利率的微小变动会导致资本的大量流入或流出，资本的完全流动使该国必须保持与国际市场相同的利率水平，本国任何改变货币供应量从而影响利率的努力都将是徒劳的。固定汇率制度下的货币政策完全失效。如果是浮动汇率，货币供应量的变化在导致资本流动的同时，国际收支发生变化，这会导致汇率的变化，汇率的变化对进出口产生直接影响，恢复国际收支的平衡，从而恢复货币供应量变化的影响，使货币政策充分发挥作用。

第二种情况：资本完全不流动。此时 BP 线完全没有弹性，成为垂直状态。在固定汇率下，扩张性货币政策促使利率下降，吸收增加，进口增加，出现贸易逆差，外汇储备下降，货币供应减少，收入和利率回到初始位置，最终对产出没有影响，货币政策无效。在浮动汇率制度下，扩张性货币政策促使利率下降，吸收增加，进口增加，出现贸易逆差，本币汇率贬值，刺激国外对本国的出口需求，增加国民收入，货币政策有效。

第三种情况：资本半自由流动。这种情况的分析和以上的分析方法相同。结论也很明确，即固定汇率下的货币政策是无效的，浮动汇率的货币政策是有效的。

利用以上方法，同样也可以分析财政政策在不同汇率制度下的作用。结论是：资本完全自由流动时，固定汇率下的财政政策十分有效，浮动汇率下的财政政策无效；在资本完全不流动时，固定汇率下的财政政策无效，浮动汇率下的财政政策十分有效；在资本半自由流动时，固定汇率下的财政政策有效，浮动汇率下的财政政策同样有效。表 3-2 对这三种情况和不同汇率制度下的有效政策做了总结。

表 3-2 有效政策

| 有效的政策 | | 汇率制度类型 | |
| --- | --- | --- | --- |
| | | 固定汇率制度 | 浮动汇率制度 |
| 资本流动情况 | 资本完全自由流动 | 财政政策 | 货币政策 |
| | 资本完全不流动 | | 财政政策、货币政策 |
| | 资本半自由流动 | 财政政策 | 财政政策、货币政策 |

利用蒙代尔—弗莱明模型分析资本流动、汇率制度及需求管理政策有效性之间的关系，可以得出以下几个结论。

第一，在存在严格资本管制(资本不流动)的条件下，固定汇率制度下的财政政策和货币政策根本无效；而浮动汇率制度下这两种政策都有效。

第二，在存在不严格的资本管制(有限资本流动)的情况下，固定汇率制度下的货币政策是无效的而财政政策是有效的，故政府只有一个政策工具；浮动汇率下，两种政策都有效。

第三，在资本完全自由流动的条件下，固定汇率下的货币政策无效而财政政策十分有效；浮动汇率下的货币政策非常有效而财政政策无效。

第四，无论在哪一种情况下，固定汇率制度下的需求管理政策都无法被分解为两个独立有效的政策工具，蒙代尔把政策工具分解为两个工具，并分配以不同的政策目标，得出的"政策指派法则"就失去了存在的基础。事实上,蒙代尔政策指派法则中,有一种政策工具,即财政政策,实现的是两个政策目标,即对外均衡和对内均衡。蒙代尔恰恰用自己的模型推翻了自己的政策结论。

第五,蒙代尔—弗莱明模型清楚地表明,在资本自由或有限流动的世界经济条件下,存在货币政策自主性、资本自由流动和固定汇率制度之间的"三元冲突"。

## 五、固定汇率与货币投机冲击

现代货币投机攻击模型的研究表明,国际投机资金选择上述"三元冲突"激化的时候冲击固定汇率制度,导致货币危机和金融危机,直至固定汇率崩溃。

以多元化的汇率制度为特征的牙买加体系替代布雷顿森林体系以来,很多国家仍然采取了可调整的钉住汇率制度,包括欧洲货币联盟的联合浮动和很多发展中国家的钉住浮动。20 世纪70 年代以来国际环境的一个重要变化是国际资本流动有了巨大的发展。很多国家放弃资本管制政策,实行资本的自由流动。国际贸易也有了巨大的发展,贸易与投资的自由化浪潮遍及世界。20 世纪 80 年代中期以后,这一运动进入高潮,尤其是发展中国家的加入,更使贸易和资本的自由化具有全球性。短期资本的流动以大大高于贸易和长期资本流动的速度发展。国际金融市场上的投机资本日益增多。在新的环境下,货币政策自主和固定汇率制度之间的"二元冲突"依然存在,如果该国同时实行资本自由流动政策,"二元冲突"发展为"三元冲突"。而且,国际投机资本大量存在,随时可能冲击固定汇率制度,加剧了固定汇率制度的不稳定和危机。

20 世纪 70 年代,特别是 80 年代以来,国际投机资本不断冲击欧洲货币联盟和许多发展中国家的固定汇率制度。20 世纪 70 年代投机资本冲击法国法郎,80 年代冲击意大利里拉,90 年代冲击西班牙比塞塔、意大利里拉和英国英镑,90 年代的墨西哥金融危机和东亚金融危机,都是投机资本冲击固定汇率制度的结果。

固定汇率制度下的货币投机是单向的、不对称的,投机者只赚不赔。这诱使国际投机资本对固定汇率的攻击无孔不入。20 世纪 70 年代末以来投机攻击理论的研究表明,对于一个实行固定汇率制度的国家,在追求国际资本自由流动的同时还要实施自主的货币政策,投机分子往往暗中准备,伺机发起攻击;投机资本选择"三元冲突"最激烈、矛盾最深刻的时候攻击软通货,促使固定汇率解体。

投机攻击模型研究得出如下结论:一国初始储备越多,攻击时刻越晚;国内信贷在货币供给中的比例越大,攻击时刻越早;投机商通过对基本面的分析,估算出汇率的理论值,国内信贷不断扩张,外汇储备不断下降,一旦估算的汇率值超过固定汇率,投机商便发起攻击,外汇储备迅速下降,直到固定汇率崩溃;资产替代性越差,国际资金流动程度越低,攻击时刻越晚;国际借款、外汇管制等可以延缓攻击的时刻。该研究还表明,决定攻击时刻的主要因素是国内信贷的增长率,即货币政策自主性的高低。货币政策自主性越大,攻击的时刻来得越快,货币政策的自主性越差,攻击的时刻来得越晚。极端的情况是,一国放弃货币政策自主权,可以无限期推迟攻击的时刻。但是,现实情况是,一国很难放弃货币政策的自主权。因为资本自由流动,固定汇率制度下仍然存在着用一种政策工具实现两种目标的难题,这一难题要靠高度的国际经济政策合作来解决。在主权独立、民族利益相当重要的今天,实现世界各国高度统一的经济政策协调是不可能的。此时,各国在遭遇内外经济的严重不平衡时,就会产生运用货币政策的冲动。因此,资本自由流动条件下,必然产生对固定汇率的投机攻击,也必然导致固定汇率的动荡和危机。

# 第四节 浮动汇率制度理论

## 一、浮动汇率制度的含义

浮动汇率制度(floating/flexible exchange rate regime)是固定汇率制度于 1973 年春季崩溃以后，西方发达国家开始普遍实行的一种汇率制度。在浮动汇率制度下，政府对汇率不加以固定，也不规定波动幅度，而是根据市场的外汇供求情况，任其自由涨落。当外币供过于求时，外币汇率下浮；当外币供不应求时，外币汇率上浮。

浮动汇率制度的历史可追溯到金本位制时期。当时一些殖民地附属国，尤其是实行银本位制国家的货币汇率，就曾出现长期的不稳定，这实际上是浮动汇率制度。第一次世界大战后，法国、意大利、加拿大等国和亚非拉的一些发展中国家也曾实行浮动汇率制度。在实行固定汇率制度期间，当固定汇率无法维持时，有的国家也实行浮动汇率制度。例如，加拿大于 1950年 9 月实行浮动汇率制度，直至 1962 年 5 月才恢复固定汇率制度，但 1970 年 5 月又实行浮动汇率制度。因此，浮动汇率制度并非新的汇率制度，而是一种权宜之计。

## 二、浮动汇率制度的类型

### 1. 按政府是否进行干预分类

按政府是否进行干预，浮动汇率制度可分为自由浮动和管理浮动制度。

(1) 自由浮动(free floating)，或称清洁浮动(clean floating)，是指一国货币当局对汇率的波动不采取任何干预措施，而完全任由汇率依外汇市场的供求变化而自由涨落。实际上，纯粹的自由浮动是不存在的。各国为了自身的利益，或明或暗地对外汇市场进行干预。

(2) 管理浮动(managed floating)，或称肮脏浮动(dirty floating)，是指一国货币当局在外汇市场上直接或间接地进行干预，以操纵本国货币的汇率，使其保持在对本国有利的水平上，目前实行浮动汇率制度的国家大都属于管理浮动。

### 2. 按浮动的形式分类

按浮动的形式，浮动汇率制度可分为单独浮动和联合浮动制度。

(1) 单独浮动(single floating)，是指一国货币不同任何外国货币发生固定联系，其汇率根据外汇市场的供求变化而自动调整。如美元、日元、英镑等货币属于单独浮动。单独浮动可能较好地反映一国外汇供求状况及货币关系的变化。

(2) 联合浮动(joint floating)，或称共同浮动，是指国家集团在成员之间实行固定汇率制，对非成员则实行共升共降的浮动汇率。如欧洲货币体系为了建立稳定的货币区，实行了联合浮动。联合浮动的意义在于可以在集团内部创造一个稳定的汇率环境，减少汇率风险，促进集团内部经济贸易的发展，同时可形成与个别发达国家相抗衡的货币干预力量。

## 三、浮动汇率下的经济政策自主性和经济稳定

### (一) 浮动汇率学派的观点

在上一节对固定汇率制度"三元冲突"的研究中，我们可以得出一个明显的结论，即浮动汇率制度下经济政策更加自主和有效。在此基础上，浮动汇率的支持者们进一步指出，浮动汇

率可以保证经济稳定增长。

他们的理由主要有以下两点。

(1) 浮动汇率可以使国际收支始终处于均衡状态，所以政府当局可以不受汇率和国际收支条件的任何限制，把需求管理政策直接放在使国内经济稳定的目标上，这样就可以提高需求管理的效率，提高货币供给的控制能力。

(2) 浮动汇率可以使本国经济活动免受外国经济扩张和收缩的影响。当外国经济扩张或收缩时，本国的物价水平会随之上升或下降，从而使本国贸易项目出现顺差或逆差。在这种情况下，本国货币也会随之升值或贬值，以此补偿外国经济扩张或收缩对相对价格水平的影响，恢复贸易项目的平衡。结果，外国经济的扩张和收缩对本国经济就不能产生影响。

### (二) 固定汇率学派的观点

固定汇率的支持者反驳了上述观点。蒙代尔从宏观经济调整的角度，说明外部利率的变动会通过浮动汇率对物价和就业产生重大影响。他指出，国外利率的上升引起国内资本外流，资本项目出现逆差，本国货币贬值；贬值一方面使出口扩大，可以用贸易项目盈余补偿资本项目的赤字，另一方面出口扩大，需求增加，物价上升，消费减少，产出和就业减少。如果政府采取紧缩性货币政策阻止物价上升，将引起投资需求的下降，也会导致产出和就业水平的下降(即经济不稳定)。

### (三) 对争论的分析

此处争论的问题焦点集中于两个：一是浮动汇率是否可以隔离一切外部冲击，二是浮动汇率是否带来经济稳定。如果外部冲击是实际经济因素的变化，例如消费结构、需求结构、生产结构、生产技术等，浮动汇率也不可能完全隔离这些冲击。而浮动汇率能否带来经济稳定，则是 20 世纪 70 年代以来一直争论不休的问题。自普遍实行浮动汇率制度以来，汇率的巨幅波动和投机的确给世界经济带来了不稳定。

## 四、汇率制度选择理论评述

汇率制度的选择(choice of exchange rate regime)，是指一个国家在浮动汇率制度、固定汇率制度及各种形式的中间汇率制度之中做出选择(而无论是主动选择还是被动接受)。汇率制度选择理论的核心内容是对固定汇率制度和浮动汇率制度孰优孰劣的比较。有关的两派经济学家的争论我们在前面已经做了详细论述。下面对汇率制度选择理论做简要评述。

"没有任何汇率制度在所有国家或在任何时候都适用" (弗兰克尔，1999)。固定汇率制度和浮动汇率制度孰优孰劣的争论，反映了不同的理论基础和不同的经济调节观。

固定汇率理论的基础实际上是金本位汇率理论。这种理论认为，贸易流量和资本流量具有反向对流关系，当贸易顺差时，由于货币存量增加，利率下降，所以会有等量的资本外流。这样，国际收支总能处于平衡状态。固定汇率对国际收支的调节效应是通过外汇储备和货币基数的变动来实现的。在固定汇率制度下，通过外汇储备的变动，可以将各国经济联系在一起，共同分担一国的经济困难，实现经济稳定增长和充分就业。

浮动汇率论者的理论基础是购买力平价学说。购买力平价学说认为，货币的价值是由货币的购买力决定的，而购买力又体现在一国的物价水平上，所以两国的相对物价水平决定汇率。浮动汇率对国际收支的调整也是通过相对价格的变动来调整的。汇率成为一国隔离来自其他国家的外部冲击的屏障，因为任何冲击都通过汇率的变动抵消掉了。在这种情况下，汇率解决了对外均衡，隔离了外部冲击，政府可以充分地使用宏观经济政策来解决对内均衡问题。

作为固定汇率制度的理论基础，金本位的汇率理论事实上已经失去了存在的基础。在金本位制度下，货币就是黄金，影响一国货币存量的因素只是外汇收支状况，外部冲击直接作用于货币存量，从而调节价格和利率，实现新的价格和利率水平上的均衡。当纸币替代黄金成为主导的流通手段以后，一国货币存量的内容就广泛化了，尤其是一国的货币和财政政策直接决定一国货币存量，外汇储备只是货币基数很小的一部分，对货币存量的影响很小，固定汇率通过调节货币存量来调节价格和利率，从而调节投资和消费的能力就很有限了。固定汇率制度的调节功能就消失了。这种调节机制的消失很大程度上是由于一国独立的货币和财政政策的使用。在可调整的钉住汇率制度下，独立的宏观经济政策的使用引起投机性冲击，最终使固定汇率制度崩溃。

作为浮动汇率论的理论基础，购买力平价理论也存在很多问题。首先购买力平价理论是一种货币数量理论，忽视了货币现象背后实际经济因素的研究；购买力平价理论强调了影响汇率的一种因素，即价格因素，而汇率是由利率、国民收入等多种因素，包括预期因素共同决定的一种变量。价格因素只是汇率决定因素之一，而价格的粘性更难反映出汇率的剧烈波动性。汇率的变动，就不是外部冲击的准确反映，不是超调，就是低调。无论是哪一种情况，浮动汇率通过相对价格调整，隔离外部冲击的效应就大大弱化，甚至是消失了。所以，浮动汇率的实践表明，浮动汇率带来外汇市场的极度不稳定，增加了交易成本，使实际经济处于严重不稳定的状态。

固定汇率制度由于各国宏观经济政策的自主使用而难以存在，浮动汇率制度给外汇市场，进而给世界经济带来不稳定，这是当前国际货币体系中主要的问题所在。于是，人们开始探讨其他的汇率制度选择，爬行钉住就是其中之一。爬行钉住汇率制度属于介于纯粹的固定汇率制度和纯粹的浮动汇率制度之间的一种中间汇率制度。但是，在实践中，爬行钉住汇率制度并不是很成功。

# 第五节　人民币汇率制度及其改革

## 一、人民币汇率制度及其演变

1948 年 12 月 1 日，中国人民银行成立，并发行了统一的货币——人民币。由于历史的原因，人民币在发行时未规定其金平价。人民币对西方国家货币的汇率于 1949 年 1 月 18 日率先在天津产生。全国各地区以天津口岸的汇率为标准，根据当地具体情况，公布各自的人民币汇率。1950 年全国财经工作会议以后，于同年 7 月 8 日开始实行全国统一的人民币汇率，由中国人民银行公布。1979 年 3 月 13 日，国务院批准设立国家外汇管理总局，统一管理国家外汇，公布人民币汇率。1994 年 1 月 1 日起，改由中国人民银行根据银行间外汇市场形成的价格，公布人民币汇率。人民币对西方国家货币的汇率，按演变过程，大体可分为 7 个阶段。

### (一) 1949 年 1 月—1952 年 12 月，国民经济恢复时期

这是国民经济恢复时期。在该阶段，我国的外汇牌价是依据人民币对内、对外购买力的变化情况，参照进出口商品理论比价和国内外的生活物价指数确定的。当时的汇价方针是"奖励出口，兼顾进口，照顾侨汇"，即汇价要照顾出口商经营 75%～80%的出口商品获得 5%～15%

的利润，并保证华侨汇款兑取的人民币的实际购买力。

当时的人民币汇率能比较真实地反映人民币的对外价值，因为人民币的对外购买力的确定是以贸易和非贸易的国内外商品和劳务价格的对比为基础的。

在此阶段的人民币汇率调整频繁，变动幅度较大，造成这一现象的主要原因是我国正处于国民经济恢复时期及抗美援朝阶段，当时存在着严重的通货膨胀，随着国内物价的上涨，根据物价对比法而计算出的人民币对美元的汇率不断调整。

### (二) 1953—1972 年，人民币实质上实行固定汇率制度

自 1953 年起，我国进入全面社会主义建设时期，国民经济实行计划化，物价由国家规定且基本稳定。

鉴于我国对私人资本主义进出口业的社会主义改造已完成，对外贸易由外贸部所属的外贸专业公司按照国家规定的计划统一经营，外贸系统采取了进出统算、以进补出的办法。这一时期的人民币汇率主要是用于非贸易外汇兑换的结算，按国内外消费物价对比而制定的汇率已适当照顾了侨汇和其他非贸易外汇收入，亦无调整的必要。人民币汇率坚持稳定的方针，在原定汇率的基础上，参照各国政府公布的汇率，只有在资本主义国家的货币发生升(贬)值时，才做相应调整。由于在此阶段资本主义国家的货币实行固定汇率制度，汇率不常变动，因此人民币汇率亦保持稳定，实质上实行固定汇率制度。

### (三) 1973—1980 年，人民币实行"一篮子货币"钉住汇率制度

1973 年 3 月，西方国家货币纷纷实行浮动汇率制度，汇率波动频繁。人民币对外比价要保持相对合理，就必须根据国际市场汇率的波动，相应地上调或下调。人民币汇率在固定汇率时期已确定的汇价水平的基础上，按"一篮子货币"原则，确定对西方国家货币的汇价，即选择我国在对外经济贸易往来中经常使用的若干种货币，按其重要程度和政策上的需要确定权重，根据这些货币在国际市场的升降幅度，加权计算出人民币汇率。从 1973 年到 1984 年，选用的货币和权重曾做过 7 次调整。由于我国对外推行人民币计价结算的目的是保值，所以在制定人民币汇价的指导思想上要求人民币定值偏高一些。

为适应改革开放的需要，调动各企事业单位的创汇积极性，我国从 1979 年开始实行外汇留成制度，国家给予创汇单位一定的使用外汇的权利，即外汇额度留成，按规定可用于进口。随着外汇留成办法的实施，有些单位保有留成外汇，但其本身暂不需要进口，从而留成外汇处于闲置状态；而另外某些单位，急需进口，而又缺少外汇。为调剂外汇额度的余缺，中国银行于 1980 年 10 月开办了外汇调剂与额度借贷业务，从而形成了外汇调剂市场与外汇调剂价。外汇调剂价高于官方牌价。

### (四) 1981—1984 年，实行贸易内部结算价

为了鼓励出口、限制进口，加强外贸的经济核算和适应我国对外贸易体制的改革，从 1981 年起，我国实行两种汇价：一种是适用于非贸易外汇收支的对外公布的汇价；另一种是适用于贸易外汇收支的贸易外汇内部结算价。贸易外汇结算价定为 1 美元=2.53 元人民币另加 10%的利润，即 1 美元=2.8 元人民币左右，直至 1984 年底停止使用，中间未进行过调整。

在此期间，我国实际存在三种汇率：一是对外的，并适用于非贸易收支的官方牌价；二是适用于贸易收支的贸易内部结价；三是外汇调剂市场的外汇调剂价。

### (五) 1985—1993 年，实行以美元为基准的有限弹性汇率制

1985 年 1 月 1 日，我国停止贸易内部结算价的使用，贸易收支与非贸易收支均按官方牌价结算。贸易内部结算价虽然与官方牌价并轨，但调剂外汇市场仍然存在，实际上除官方牌价外，仍存在一个调剂外汇价。

在此期间，官方牌价实际根据全国出口商品平均换汇成本的变化而不断调整，随着国内物价的逐步放开，出口商品换汇成本的逐步提高，人民币对外汇价也不断下调。官方牌价 1985 年 1 月为 1 美元=2.8 元人民币；1986 年 7 月 5 日调至 3.7 元；1989 年 12 月 16 日调到 4.7 元；1990 年 11 月 17 日调至 5.2 元；1991 年 4 月以后外汇管理局根据国内物价上涨水平与美元汇率的涨落情况，经常进行微调，在 1992 年到 1993 年期间，保持在 1 美元=5.8 元左右的水平。

在此期间，基本上受供求关系决定的外汇调剂价也不断变化，从最初与官方牌价相差 1 元，曾一度下降到仅差 0.4 元，但是，由于需求的加大与其他因素的影响，到 1993 年底，官方牌价与外汇调剂价相差 3 元，即官方牌价 1 美元=5.8 元左右，调剂外汇价 1 美元=8.7 元左右。

### (六) 1994 年 1 月—2005 年 7 月，实行以供求为基础、单一的有管理的浮动汇率制度

1994 年 1 月 1 日，我国对人民币汇率制度进行重大改革，实施以市场供求为基础的、单一的、有管理的浮动汇率制度。人民币汇率一步并轨到 1 美元兑换 8.70 元人民币，国家外汇储备大幅度上升。我国实行新的外汇管理体制。在这种新的体制下，人民币汇率有以下几个特点。

(1) 人民币汇率不再由官方行政当局直接制定，而是由中国人民银行根据前一日银行间外汇市场形成的价格公布当日人民币汇率，各外汇指定银行根据中国人民银行公布的汇率和规定的浮动范围，自行确定和调整对客户的买卖价格。

(2) 由外汇指定银行制定出的汇率是以市场供求为基础的。这是因为：①新体制实行外汇收入结汇制，取消了外汇留成和上缴，一般企业在通常情况下不能开立外汇账户，所有经营项下的外汇供给均进入外汇市场；②实行银行售汇制，取消经常项目支付用汇的经常性计划审批，同时取消外汇收支的指令性计划，这意味着经常项目的绝大部分外汇需求必须通过外汇市场来满足。

(3) 以市场供求为基础所形成的汇率是统一的。新的体制实施后，官方汇率自然不复存在，同时在结汇制和售汇制下，外汇的供求均以外汇指定银行为中介，企业之间不得直接相互买卖外汇，外汇调剂市场也就完成了历史使命，外汇调剂价也相应地演变成市场汇率，此即所谓的"汇率并轨"。由于汇率是各外汇指定银行自行确定的，但外汇供求在各银行的业务范围内的分布又是不一致的，人民币汇率的全国统一性就必须通过建立全国银行同行业间的外汇交易市场来实现。

在 1994 年到 1996 年期间，我国曾出现严重通货膨胀和大量资本内流，1997 年又遭遇亚洲金融危机，人民币汇率承受巨大压力。1997 年以后，人民币汇率始终保持在较窄范围内浮动，波幅不超过 120 个基本点，并没有随宏观经济基本面变动而波动。此时的人民币汇率实际上是单一的钉住美元的汇率制度。自 2003 年起，国际社会强烈呼吁人民币升值，国内外关于人民币升值与否的论战不断升级。

### (七) 2005 年 7 月至今，实行参考"一篮子货币"进行调节的有管理的浮动汇率制度

自 2005 年 7 月 21 日起，我国开始实行以市场供求为基础、参考"一篮子货币"进行调节的、有管理的浮动汇率制度。人民币汇率不再钉住单一美元。详情参见本节后面的介绍。

## 二、人民币汇率制度改革的相关问题

与其他国家一样，我国的汇率政策及其改革面临两方面的基本问题：一是汇率制度的选择，即根据什么准则确定和调整汇率；二是汇率水平的确定，即如何根据已确定的汇率制度来具体确定和调整汇率水平。在汇率制度方面，一国有单一汇率制与复合汇率制、弹性汇率制与钉住汇率制之间的选择。国内学术界对此较为一致的看法是人民币应实行单一的、有弹性的汇率制度。至于汇率水平，通常认为中央银行应该根据国内物价水平、国际收支，尤其是进出口状况等因素，与财政政策、贸易政策协调配合，灵活调整目标汇率。

进一步来看，这两方面问题又都与一国的外汇管制状况密不可分。在西方发达国家和一些有条件的发展中国家，外汇管制取消或管制程度较轻，其货币成为自由兑换货币。在充分的自由兑换条件下，国内外居民可自由地将手中持有的该国货币在公开的外汇市场上兑换为所需要的任何其他货币。在这种情形下，汇率是一种在自由的、公开的外汇市场上由外汇银行根据供求状况来确定的使市场出清的汇率。不管是实行可调整的钉住汇率制，还是实行各类弹性汇率制，一国中央银行要改变汇率水平，必须通过参与外汇市场，增加外汇的供给或需求，即通过干预外汇市场来实现。而在众多的发展中国家，由于实行较严格的外汇管制，由官方对外汇进行统一配给，其货币自然是非自由兑换货币，故不存在自由的、公开的外汇市场。由此，汇率的形成不是以市场供求为基础的，汇率水平的高低，汇率调整的时机、幅度和频率均是由官方行政当局根据政策需要主观决定的。因此，对人民币汇率的改革问题，我们着重叙述人民币的自由兑换问题。

1996 年 12 月 1 日，我国实施人民币经常项目可兑换，人民币汇率小幅升值为 8.3 元兑换 1 美元。在此之后的相当长的一段时间内，汇价固定在 8.28 元兑换 1 美元，上下浮动的幅度很小。

一般而言，自由兑换主要有经常项目的自由兑换和完全的自由兑换两种形式。完全的自由兑换意味着一国取消对一切外汇收支的管制：居民不仅可通过经常项目交易，也可自由地通过资本项目交易获得外汇；所获外汇既可在外汇市场上出售给银行，也可自行在国内和在国外持有；经常项目和资本项目交易所需的外汇可自由在外汇市场上购得；国内外居民也可以自由将本币换成外币满足在国内外持有资产的需求。这种形式的自由兑换实际上只在少数发达国家存在或接近存在。通常人们所谈的自由兑换，是指经常项目的自由兑换，即对经常项目下的对外支付不加以限制。《国际货币基金协定》第八条规定成员有义务实行经常项目的自由兑换。符合这条规定的国家称为"第八条款国"，但不排除对贸易的限制和对资本流动及其支付的限制。由此，我国的人民币是一种在经常项目下可兑换的货币。我国已经成为国际货币基金组织"第八条款国"。

从长远来看，市场经济运行机制要求我国建立自由的、开放的外汇市场来满足外汇资源的有效配置，取消外汇管制，实现人民币的自由兑换。然而，货币自由兑换将本国经济融入世界经济体系，一方面固然有利于扩大开放，在国际范围内更合理地配置资源，促进本国的经济增长；但另一方面也使外部冲击更容易给国内经济带来不利的震荡，不利于本国经济的稳定，尤其是在初期，出现震荡的可能性和程度更高。一国实行货币自由兑换，需要权衡利害得失和经济条件。条件越成熟，货币自由兑换所带来的弊端就越小。一般来看，实行经常项目自由兑换，至少需要具备以下几个条件。

(1) 进出口弹性满足马歇尔—勒纳条件。实行自由兑换后，本币汇率初期的贬值是难以避免的。如果条件不具备，贬值反而会带来国际收支的恶化，由此可能陷入恶性循环。同样，在正常时期，一旦汇率偏离均衡水平，这一条件不具备，汇率的偏离度将可能越来越大，由此造成汇率的剧烈波动。研究表明，马歇尔—勒纳条件是外汇市场稳定的条件，是一国开放外汇市场、放开汇率的前提。

(2) 充足的外汇储备。在短期内投机性外汇冲击带来汇率剧烈波动时，中央银行进入外汇市场进行干预，需要动用外汇储备来缓和本币的贬值势头，避免给国内物价和进口要素密集型行业带来难以承受的冲击。

(3) 健全的货币管理机制。一国的货币政策是影响或稳定本币汇率的重要手段。健全的货币管理机制至少有两层含义：一是中央银行具有制定货币政策的权威性或独立性，这要求理顺中央银行与政府之间的关系，尤其是财政赤字融资不应成为有效货币控制的钳制；二是中央银行必须持有有效的货币政策工具来控制货币供应量。中央银行没有能力控制货币和物价，就不可能具有有效的汇率管理。

(4) 完善的金融市场，尤其是发达的货币市场为货币和汇率管理所必需。这不仅是中央银行进行公开市场操作，通过改变货币供应量操纵汇率，或在外汇市场干预后进行"冲销性操作"抵消储备变动对货币基数影响的前提，也是直接、灵活调节外汇供求和汇率的场所。当外汇市场出现超额需求时，中央银行可通过提高短期利率，把资金从外汇市场吸引到货币市场上来；反之亦然。

### 三、人民币汇率制度改革的新进展

中国人民银行在 2005 年 7 月 21 日发布公告称，为建立和完善我国社会主义市场经济体制，充分发挥市场在资源配置中的基础性作用，建立健全以市场供求为基础的、有管理的浮动汇率制度，对人民币汇率形成机制进行改革。经过这次改革，人民币汇率具有以下特点。

(1) 自 2005 年 7 月 21 日起，我国开始实行以市场供求为基础、参考"一篮子货币"进行调节的、有管理的浮动汇率制度。人民币汇率不再钉住单一美元，形成更富弹性的人民币汇率机制。

(2) 中国人民银行于每个工作日闭市后公布当日银行间外汇市场美元等交易货币对人民币汇率的收盘价，作为下一个工作日该货币对人民币交易的中间价格。

(3) 2005 年 7 月 21 日 19 时，美元对人民币交易价格调整为 1 美元兑换 8.11 元人民币，作为次日银行间外汇市场上外汇指定银行之间交易的中间价，外汇指定银行可自此时起调整对客户的挂牌汇价。

(4) 现阶段，每日银行间外汇市场美元对人民币的交易价仍在人民银行公布的美元交易中间价上下千分之三的幅度内浮动，非美元货币对人民币的交易价在人民银行公布的该货币交易中间价上下一定幅度内浮动。

为进一步完善以市场供求为基础、参考"一篮子货币"进行调节、有管理的浮动汇率制度，促进外汇市场发展，丰富外汇交易方式，提高金融机构自主定价能力，中国人民银行决定进一步完善银行间即期外汇市场，改进人民币汇率中间价形成方式。中国人民银行就有关事宜发布了公告，主要内容如下。

第一，自 2006 年 1 月 4 日起，在银行间即期外汇市场上引入询价交易方式(以下简称 OTC 方式)，同时保留撮合方式。银行间外汇市场交易主体既可选择以集中授信、集中竞价的方式交易，也可选择以双边授信、双边清算的方式进行询价交易。同时在银行间外汇市场引入做市商制度，为市场提供流动性。第二，自 2006 年 1 月 4 日起，中国人民银行授权中国外汇交易中心于每个工作日上午 9 时 15 分对外公布当日人民币对美元、欧元、日元和港币汇率中间价，作为当日银行间即期外汇市场(含 OTC 方式和撮合方式)及银行柜台交易汇率的中间价。第三，引入

OTC 方式后，人民币对美元汇率中间价的形成方式将由此前根据银行间外汇市场以撮合方式产生的收盘价确定的方式改进为：中国外汇交易中心于每日银行间外汇市场开盘前向所有银行间外汇市场做市商询价，并将全部做市商报价作为人民币对美元汇率中间价的计算样本，去掉最高和最低报价后，将剩余做市商报价加权平均，得到当日人民币对美元汇率中间价，权重由中国外汇交易中心根据报价方在银行间外汇市场的交易量及报价情况等指标综合确定。第四，人民币对欧元、日元和港币汇率中间价由中国外汇交易中心分别根据当日人民币对美元汇率中间价与上午 9 时国际外汇市场欧元、日元和港币对美元汇率套算确定。第五，公告公布后，银行间即期外汇市场人民币对美元等货币交易价的浮动幅度和银行对客户美元挂牌汇价价差幅度仍按现行规定执行。即每日银行间即期外汇市场美元对人民币交易价在中国外汇交易中心公布的美元交易中间价上下千分之三的幅度内浮动，欧元、日元、港币等非美元货币对人民币交易价在中国外汇交易中心公布的非美元货币交易中间价上下 3% 的幅度内浮动。银行对客户美元现汇挂牌汇价实行最大买卖价差不得超过中国外汇交易中心公布交易中间价的 1% 的非对称性管理，只要现汇卖出价与买入价之差不超过当日交易中间价的 1%，且卖出价与买入价形成的区间包含当日交易中间价即可；银行对客户美元现钞卖出价与买入价之差不得超过交易中间价的 4%。银行可在规定价差幅度内自行调整当日美元挂牌价格。

为增强中间价的市场化程度和基准性，2015 年 8 月 11 日人民银行完善人民币对美元汇率中间价报价机制。按照这一机制，做市商在每日银行间外汇市场开盘前，参考上日银行间外汇市场收盘汇率，综合考虑外汇供求情况及国际主要货币汇率变化向中国外汇交易中心提供中间价报价。中间价报价机制的完善使得人民币对美元汇率中间价更能反映外汇市场供求力量变化，参照一篮子货币进行调节，提高了中间价报价的合理性。

## 复习思考题

1. 国际货币基金组织是如何对成员的汇率制度进行分类的？
2. 何谓固定汇率制度？维持固定汇率的措施有哪些？
3. 简要分析对固定汇率制度的学术争议。
4. 何谓浮动汇率制度？简要评述浮动汇率下的经济政策自主性和经济稳定的有关学术观点。
5. 简要评述汇率制度选择理论。
6. 要实行一国货币在经常项目下的自由兑换，至少需要具备哪些条件？

## 练习题

### 1. 判断题

(1) 实行浮动汇率制度的国家政府完全不干涉外汇市场。　　　　　　　　（　）

(2) 爬行钉住汇率制度属于介于纯粹的固定汇率制度和纯粹的浮动汇率制度之间的一种中间汇率制度。　　　　　　　　　　　　　　　　　　　　　　　　　（　）

(3) 马歇尔—勒纳条件是外汇市场稳定的条件，是一国开放外汇市场、放开汇率的前提。
　　　　　　　　　　　　　　　　　　　　　　　　　　　　　　　　（　）

(4) 引入 OTC 方式后，人民币对美元汇率中间价的形成方式是根据银行间外汇市场以撮合方式产生的收盘价确定的。　　　　　　　　　　　　　　　　　　（　）

(5) 布雷顿森林体系下的固定汇率制度实质上是"可调整的钉住"汇率制度。　（　）

**2. 选择题**

(1) 目前世界上主要的货币联盟有(　　)。

    A. 非洲金融共同体法郎区

    B. 东加勒比美元区

    C. 北美自由贸易区

    D. 东南亚国家联盟

    E. 欧元区

(2) 维持固定汇率的主要调节措施有(　　)。

    A. 调整国际储备

    B. 实行货币的法定升值或贬值

    C. 向国际金融机构借款

    D. 通过公开市场操作干预外汇市场

    E. 运用贴现政策

(3) 中央银行据以调整目标汇率的因素包括(　　)。

    A. 国内物价水平

    B. 本国国际收支状况

    C. 本国对外贸易状况

    D. 本国资本收益率

(4) 蒙代尔—弗莱明模型的结论主要有(　　)。

    A. 在有资本严格管制的固定汇率制度下，财政政策和货币政策都无效

    B. 在有资本严格管制的浮动汇率制度下，财政政策和货币政策都无效

    C. 在资本完全自由流动的固定汇率制度下，财政政策无效

    D. 在资本完全自由流动的固定汇率制度下，货币政策无效

    E. 固定汇率制度下的需求管理政策无法分解为两个独立有效的政策工具

(5) 投机攻击模型的结论主要有(　　)。

    A. 国际储备初始额越大，攻击时刻越晚

    B. 资产替代性越差，攻击时刻越晚

    C. 货币政策自主性越大，攻击时刻越晚

    D. 国际资金流动程度越低，攻击时刻越晚

    E. 外汇管制可以延缓攻击时刻的到来

# 第四章

# 国际收支理论

## 第一节　开放经济下的国民收入账户

**开放经济**(open economy)是一个与封闭经济(closed economy)相对的概念，它是指商品和资本、劳动力等生产要素跨越国界流动的经济。通过商品与生产要素的国际流动，一国与国际市场紧紧联系在一起，一国经济与他国经济之间就有了深刻的相互依存性，这样就产生了国际贸易和国际金融活动。因此，开放经济是作为开放经济宏观经济学(open-economy macroeconomics)的主要分支之一的国际金融学研究的出发点。

研究开放经济，首先就要掌握国民收入账户这个对宏观经济状况进行描述的工具。我们在其他课程的学习中已经知道，国民收入是反映一国在一定时期内(通常为一年)投入的生产资源所产出的最终产品和服务的市场价值或由此形成的收入的一个数量指标。国民收入是一个流量概念，它的衡量方法有支出法与收入法两种。

### 一、开放经济下的国民收入恒等式

商品的跨国流动是开放经济首要的特征。在开放条件下，一国的产品和服务可以销售给外国居民，这意味着该国通过出口增加了本国的国民收入。同时，该国也可能购买外国产品或服务，也就是除私人消费、私人投资、政府购买所构成的国内支出之外，还有一部分支出用于进口外国的产品和服务，这一部分支出不形成本国的国民收入，因此应该将其扣除。如果用 $Y$ 代表国民收入，$C$ 代表私人消费，$I$ 代表私人投资，$G$ 代表政府购买，$X$ 代表出口，$M$ 代表进口，那么，用支出法计算的开放经济下的国民收入恒等式可表示为

$$Y = C + I + G + X - M \qquad (4\text{-}1)$$

产品和服务的出口与进口之间的差额通常称为贸易余额(trade balance)或净出口(net export)，记为 TB，即

$$TB = X - M \qquad (4\text{-}2)$$

贸易余额同私人消费、私人投资、政府购买一样，是开放经济下国民收入的重要组成部分。

## 二、开放经济下的国民收入

当存在生产要素的国际流动时，进行国民收入统计时势必遇到一个问题，即计算一国国民收入时应该以一国领土为标准，还是以一国居民为标准。这一问题导致了开放经济下的国民收入分为两种，即国内生产总值(gross domestic products，GDP)与国内生产总值(gross national products，GNP)。GDP 是以一国领土为标准，指的是在一定时期内，在一国境内所生产的全部最终产品与服务的市场价值；后者则是以一国居民为标准，指的是在一定时期内一国居民生产的全部最终产品与服务的市场价值。

在统计开放经济下的国民收入时，必须区分 GDP 与 GNP，否则会造成一定的重复计算。例如，一家日本企业在中国投资所取得的收入会被计入中国的 GDP，同时会被计入日本的 GNP。对于一国来说，GDP 的数值加上本国居民在外国境内生产的产品和服务的价值，再减去外国居民在本国境内生产的产品与服务的价值，就可以得出该国的 GNP 数值。当采用收入法计算国民收入时，GNP 等于 GDP 加上本国居民在外国取得的收入，再减去外国居民在本国取得的收入。本国居民在外国取得的收入与外国居民在本国取得的收入的差额称为本国从外国取得的净要素收入，用 NFP 表示，则有

$$GNP=GDP+NFP \tag{4-3}$$

具体来说，净要素收入包括付给工人的净报酬、净投资收入(包括直接投资与间接投资)。当存在着一国向另一国无偿捐献现金或其他实际资源时，这一单方面转移也应包括在其中。

当我们考虑了要素的国际流动而采用 GNP 计算国民收入时，国民收入除国内总支出与贸易余额外，还应当包括从外国取得的净要素收入。国民收入中因为经济开放而从外国获得的部分由贸易余额与从外国取得的净要素收入两者之和构成，这两者之和称为经常项目余额(current account balance，CA，国际收支中的"account"可译为"项目"或"账户")。CA>0，称为经常项目顺差(或经常项目盈余)，CA<0，称为经常项目逆差(或经常项目赤字)。显然，下列关系式成立：

$$CA=TB+NFP \tag{4-4}$$

## 三、经常项目与其他宏观经济变量的关系分析

在开放经济条件下，经常项目进入了国民收入账户这个宏观经济的基本分析框架之中，它和原有的宏观经济变量之间存在重要的联系，对宏观经济运行发挥深刻的影响。下面我们从不同角度分析经常项目的宏观经济含义。

### (一) 经常项目与国内吸收

私人消费、私人投资、政府购买构成国内居民的总支出，称为国内吸收(domestic absorption)，用 $A$ 表示，则有如下形式的开放经济下的国民收入等式(当 NFP=0 时)：

$$Y = C + I + G + X - M = A + CA \tag{4-5}$$

继续变形，得到

$$CA = Y - A \tag{4-6}$$

因此，经常项目余额是国民收入与国内吸收之间的差额。式(4-6)的含义在于，在开放经济

条件下，一国的国民收入与国内支出可以不必相等。当一国的支出超出其产出的产品与服务总值时，必须通过进口外国产品与服务来满足这一支出。因此，经常项目顺差表明国民收入超出国内支出，逆差表明国民收入小于国内支出。从这一角度来说，经常项目余额反映的是国民收入与国内吸收之间的关系。

### (二) 经常项目与投资和储蓄

用支出法计算的国民收入恒等式为式(4-1)，用收入法计算的国民收入恒等式为

$$Y = C + S + T \tag{4-7}$$

其中：$S$ 为私人储蓄；$T$ 为政府收入。

将两个恒等式整理在一起，得到

$$X - M = S - I + T - G \tag{4-8}$$

即

$$CA = (S - I) + (T - G) \tag{4-9}$$

这一等式表明，在开放经济条件下，当一国经济可以划分为私营部门与政府部门两部分时，考察经常项目的变化就可以从私营部门与政府部门的不同行为特征的角度进行。如果认为私营部门的投资和储蓄行为比较稳定，那么政府收支因素就直接导致了经常项目的相应变动。美国20世纪80年代上半期的经常项目逆差与预算赤字都很突出，有的研究者就从这一角度分析"双赤字问题"，认为是预算赤字导致了经常项目逆差。

以上是从不同角度对经常项目的宏观经济含义进行的分析，在此有必要指出以下几个方面。

(1) 上述分析中所利用的都是会计恒等式，只能说明这些变量之间存在的联系，而不能从这些关系式本身推出各种经济变量之间必然的因果关系。在理论研究中，根据研究者不同的分析角度，可以利用上述某些关系式，在赋予式中各种变量之间具有某种逻辑关系的基础上而得出结论。

(2) 上述分析中的不同的会计恒等式是相互联系而不是相互对立的。尽管不同的研究者会根据研究角度的不同而强调不同的因素，但这些分析本身具有内在的一致性。只要对研究方法进行恰当界定，我们会从不同角度得出相近的结论。

从本节的分析中我们可以看出，经常项目作为反映经济开放性的重要经济变量，它与其他变量之间存在着密切的关系，它可以通过自身调整使宏观经济具有许多封闭经济条件下不具有的特征，使经济运行得更好，从而体现出经济开放的合理性。

## 第二节　国际收支和国际收支平衡表

### 一、国际收支产生的原因

随着人类社会生产力的发展，出现了商品生产和商品交换。当商品交换超越了国界，就形成了国际贸易。国家间的经济贸易往来，会发生诸如商品、劳务、资本等的输出和输入，这必

然会产生国与国之间的债权债务关系，即输出国获得一定的对外债权，输入国则负有一定的对外债务。国家间的这种债权债务关系的总和称为国际借贷(balance of international indebtedness)。国际债权债务关系是有一定期限的，即它们必须要在一定时期内结清。债权国收入货币，了结其对外债权，债务国则支付货币，清偿其对外债务，这就必然引起国家间的货币收付，亦即引起国际收支(balance of payments)的产生。因此，国际借贷是产生国际收支的直接原因。

## 二、国际收支概念的发展

国际收支的概念有广义和狭义之分。狭义的国际收支是指一个国家在一定时期内(通常为一年)必须同其他国家立即结清的各种到期支付的差额，它只包括各种收支中必须立即结清和支付的那一部分款项，对于国际贸易和国际借贷中尚未到期，并不需要用现金结算的部分，则不列入，其强调的是现金交易基础。但随着国际经济关系的发展，国际收支不仅包括商品、劳务和资本项目的收支，还包括海外军事开支、战争赔款、各种经济援助、军事援助及教育、文化、科学往来方面的收支。另一方面，它既包括涉及外汇收支的交易活动，也包括易货贸易、补偿贸易等不涉及外汇收支的经济活动，这就形成了广义的国际收支概念。根据《新帕尔格雷夫货币金融大辞典》，广义的国际收支是指在一段时间内一国居民与外国居民发生的国际经济交易活动的全部记录，是一国对外政治、经济等关系的缩影。

国际收支概念由狭义向广义的发展，是伴随着商品经济的发展，国际经济往来的内容不断扩大而发生的。17世纪初期，重商主义学派认为经常维持出口超过进口是国家致富的永恒原则，贸易顺差可以聚集金银。那时国家间的经济交往十分注重贸易收支。于是，国际收支只简单地被解释为一个国家的对外贸易差额(balance of trade)。在以后很长的一段时期内，一直流行这种概念。后来，随着资本主义国际经济交易的内容、范围不断扩大，原来的国际收支概念已不适用。随着形势的发展，国际收支的含义有所改变。在国际金本位制度崩溃以后，国际收支是指一个国家的外汇收支。各种国际经济交易，只要涉及外汇收支就都属于国际收支范畴。这就是目前所称的狭义的国际收支。第二次世界大战以后，国际收支概念又有新的发展，它包括一个国家一定时期内的全部国际经济交易。这一含义很广，把不涉及外汇收支的各种经济交易，如清算支付协定下的记账贸易、易货贸易等包括在内。这就是目前所称的广义的国际收支。它强调的是经济交易基础。

第二次世界大战以后，成立了国际货币基金组织。世界上大部分国家都加入了基金组织。按照基金组织章程的规定，各成员均需要按期向基金组织报送本国的国际收支资料。为此，基金组织根据广义的国际收支概念，对国际收支下了定义。这个定义的含义是，国际收支是一种一定时期的统计报告，用以反映：①一个经济体同世界其他经济之间的商品、劳务(指商品进出口、运输、保险、旅游等劳务)收益及投资收益等；②这个经济体对世界上其他经济体的债权债务(指国家间资本流动所产生的债权债务及由于各种原因而造成的官方储备资产增减)；③不偿还的转移和各种对应分录，这些分录是会计用来平衡上述尚未相互抵消的交易和变动的任何分录(指侨民汇款、赠与、援助及应收未收、应付未付，尚未结清的国际经济交易等)。这个定义概括了国际收支的全部内容，使各成员报送国际收支情况时有了明确的依据。

在上述定义中，所谓"经济体"，应视为在某一特定领土上，具有较密切联系的若干经济实体组成的"国家或地区"，实质是指一个国家或地区的居民(residents)，包括以下实体。

(1) 居民官方，即坐落在该国领土上的各级政府机构及该国派驻国外的政府机构。凡在该国领土上的外国使领馆和国际组织机构，应被视为该国的非居民(non-residents)。

(2) 居民企业,即在该国领土上生产货物或提供劳务的企业。

(3) 个人,即一切在该国居住期限达一年以上的个人,而不论其国籍是否属于该国,但外交官、驻外军事人员除外。

(4) 非营利团体,即一切在该国领土上从事非营利活动的民间团体。与居民相对应的则是非居民。国际收支是指居民与非居民之间的全部经济交易。居民间的交易属于国内经济交易,不属于国际收支的范畴。

由此可见,国际收支反映了在一定时期内一个国家或地区对外政治、经济、文化教育、科技往来等的全部国际经济交易。

### 三、国际收支与国际借贷的关系

在国际收支分析中,常常出现国际收支与国际借贷,在此我们应着重指出,这是两个不同的概念,二者既有联系又有区别。

国际收支与国际借贷的联系是,在非现金结算条件下,国家之间的经济交往总是先形成债权债务关系,如商品、劳务和资本的输出输入等。两国在未进行结算之前,输出国形成对外债权,输入国形成对外债务,这必然产生两国之间的债权债务关系,而这种国家间的债权债务关系就称为国际借贷。当国家间进行结算时,债权国必然会得到外汇收入,债务国必然会引起外汇支出,这就分别形成两个国家的国际收支。可见,国际借贷的产生必然引起国际收支的发生。

国际收支与国际借贷二者的主要区别具体如下。

(1) 国际借贷表示一个国家在一定日期对外债权债务的综合情况;而国际收支则表示在一定时期内一个国家(通常为一年)对外货币收支情况。

(2) 国际借贷着重计算一个国家在某一日期以前所有对外债权债务冲抵后的余额,表示的是一个存量;而国际收支着重计算在一定时期内一个国家对外货币收付的发生额,表示的是一个流量。

(3) 国际借贷包括范围较小,它只包括能形成债权债务的那些经济交易的价值,不含无偿转移的价值;而国际收支则包括一切经济交易的价值,既包括商品、劳务和资本输出输入,同时也包括国际援助、赠与、战争赔款等无偿转移价值。

### 四、国际收支平衡表

国际收支平衡表(balance of payments statement)又称国际收支差额表,它是系统地记录一国在一定时期内发生的国际经济交易项目及其金额的一种统计报表。它综合反映了一国国际收支的具体构成及其全貌。

#### (一) 国际收支平衡表的编制原则

国际收支平衡表是按照复式簿记的原理编制的。国际经济交易中的一切外汇收入项目、资产减少项目、负债增加项目都应记入国际收支平衡表的贷方项目(credit items),或称正号项目(plus items);一切外汇支出项目、资产增加项目、负债减少项目则应记入国际收支平衡表的借方项目(debit items),或称负号项目(minus items)。对国际收支平衡表中的每一笔经济交易,都以相等的金额同时记在贷方和借方的账目上。对于在国际经济交易中的单方面转移,所记的账目只有一方,这时要人为地设立一个账目,用于抵消前者。当其抵消的是借方账目时,就以贷方账目出现;反之,则以借方账目出现。因此,原则上,国际收支平衡表中全部项目的借方总额与贷方总额总是相等的,其净差额为零。

但国际收支平衡表每一具体项目的贷方和借方(即收入和支出)却是经常不平衡，收支相抵后总是会出现一定的差额，如贸易差额、劳务收支差额等。这种差额称为局部差额。如果收入大于支出，出现盈余时称为顺差(surplus)，可在顺差之前冠以"+"号(国际收支平衡表一般都不填"+"号)；如果支出大于收入，出现亏损时，就称为逆差(deficit)，应在逆差之前，冠以"-"号。各项局部差额的合计就是国际收支总差额，称为国际收支顺差或国际收支逆差，也可称为国际收支盈余或国际收支赤字。

### (二) 国际收支平衡表的记录原则

由于在一项国际经济交易中，可能存在若干个日期，如签约日期，商品、劳务和金融资产所有权变更的日期，支付日期等。那么，国际收支平衡表究竟应根据什么日期来记录有关的经济交易呢？为此，IMF 进行了明确的规定，其基本原则是：记录日期以商品、劳务和金融所有权变更的日期为准。所以，若一笔经济交易在国际收支平衡表编制时期内能完全结清，则毫无疑问应如实记录；若一笔经济交易涉及贸易信用，例如发生预付货款或延期付款，情况就复杂一些。在预付货款贸易方式下，应在付款时记录，在借方记录货物债权，贷方记录支付的货款。在延期付款贸易方式下，应在收到货物时记录，借方应记录获得的货物，贷方记录货款负债。待收到货物或支付货款时，再冲转货物债权或货物负债；若在编表时期内有应支付的利息但实际未付时，则应在其到期日将未支付的利息作为新的负债记入贷方；再者，若某种劳务已经提供，但在编表时尚未获得收入，则也应按劳务提供日期记录，而将未获得的收入作为债权记为借方。

由此可见，按照国际货币基金组织的规定，国际收支平衡表中按记录日期分类的各种经济交易，应包括：①在编表时期内全部结清部分；②在这一时期内已经到期必须结清部分(不管实际上是否结清，如利息)；③在这一时期内已经发生(指所有权已变更)但需要跨期结清部分(如延期付款、预付货款)。

## 五、国际收支平衡表的主要内容

国际收支平衡表所包括的内容比较广泛，国际货币基金组织把这些内容分为经常项目(current account)、资本项目(capital account)、金融项目(financial account)及净误差与遗漏项目(net errors and omissions)4 大类，每类又有它的特定细目(sub-accounts)。国际收支平衡表的基本格式如表 4-1 所示。

表 4-1 国际收支平衡表的基本格式

| 项目 | 贷方 | 借方 |
| --- | --- | --- |
| 1. 经常项目 | | |
|   1.1 货物和服务 | | |
|     1.1.1 货物 | | |
|     1.1.2 服务 | | |
|   1.2 初次收入 | | |
|     1.2.1 雇员报酬 | | |
|     1.2.2 利息 | | |
|     1.2.3 企业分配收益 | | |
|     1.2.4 再投资收益 | | |
|     1.2.5 租金 | | |

(续表)

| 项目 | 贷方 | 借方 |
|---|---|---|
| 　1.3　二次收入 | | |
| 　　1.3.1　对所得和财富等征收的经常性税收 | | |
| 　　1.3.2　非寿险保费净额 | | |
| 　　1.3.3　非寿险理赔额 | | |
| 　　1.3.4　经常性国际合作 | | |
| 　　1.3.5　其他经常转移 | | |
| 　　1.3.6　养老金权益变动调整 | | |
| 　2.　资本项目 | | |
| 　2.1　非生产、非金融资产的取得或处置 | | |
| 　2.2　资本转移 | | |
| 　3.　金融项目 | | |
| 　3.1　直接投资 | | |
| 　3.2　证券投资 | | |
| 　3.3　(除储备资产外的)金融衍生品和雇员股票期权 | | |
| 　3.4　其他投资 | | |
| 　3.5　储备资产 | | |
| 　4.　净误差与遗漏项目 | | |

资料来源：《国际收支和国际投资头寸手册》(第六版)。

## (一) 经常项目

经常项目是国际收支平衡表中最基本和最重要的项目之一，它反映一国在一定时期内真实的外汇收支状况。经常项目包括货物和服务(goods and services)、初次收入(primary income)和二次收入(secondary income)三部分。

### 1. 货物和服务

(1) 货物。货物包括一般商品、转手买卖货物及非货币黄金的输出入。它是国际收支中一个最重要的项目，进口记入借方，出口记入贷方。

按照国际货币基金组织的规定，商品的进出口以各国的海关统计为准，而且都应按离岸价格(FOB)计算。有些国家的统计，出口商品以离岸价格计算，进口商品则以到岸价格(CIF)计算，离岸价格加上保险费和运费等于到岸价格。按照国际货币基金组织的规定，这些国家在编制国际收支平衡表时，应将进口商品的运费和保险费从进口支出中剔除，分别将它们列入服务项下。

(2) 服务。服务又称无形贸易(invisible trade)，主要包括以下几个项目：加工服务；维护和维修服务；运输；旅行；建设；保险和养老金服务；金融服务；知识产权使用费；电信、计算机和信息服务；其他商业服务；个人、文化和娱乐服务；别处未提及的政府服务。其中，运输，即货运、客运、港口、仓储、邮电、租金等费用的收入和支出，称为贸易从属费用；旅游，指旅游者在外国旅游时，获得货物和服务所支付的费用，如食宿、交通运输和娱乐费用等。

### 2. 初次收入

初次收入包括居民与非居民之间的两大类交易。

(1) 与生产过程相关的收入。其包括雇员报酬和对产品和生产的税收和补贴。其中，雇员报酬是向生产过程投入劳务的收入。

(2) 与金融资产和其他非生产资产所有权相关的收入。其包括：股息；利息；租金；再投资收益；归属于保险、标准化担保和养老基金保单持有人的投资收益。

### 3. 二次收入

二次收入表示居民与非居民之间的经常转移，包括个人转移和其他经常转移。其中，个人转移包括居民住户向非居民住户提供的或从其获取的所有现金或实物的经常转移；其他经常转移包括对所得和财富等征收的经常性税收、社保缴款、社会福利、非寿险和标准化担保保费净额、非寿险索赔和标准化担保下的偿付要求、经常性国际合作、各类杂项经常转移等。

二次收入必须排除以下三项所有权转移：①固定资产所有权的转移；②与固定资产的取得或处置相联系的，或以其为条件的资产转移；③债权人不索取任何回报而取消的债务。

上述三个子项目差额的总和就是经常项目差额。正号为顺差，负号为逆差。经常项目顺差是一国外汇收入的主要来源。

### (二) 资本项目

资本项目是对非生产、非金融资产和资本转移的记录，包括资本转移和非生产、非金融资产的取得或处置。资本转移就是前面二次收入部分所排除的三项所有权转移。非生产、非金融资产的取得或处置是指各种无形资产如专利、版权、商标、经销权及租赁和其他可转让合同的交易。

### (三) 金融项目

金融项目是对金融资产和负债的获得和处置净额的记录。金融项目根据投资类型或功能，可以分为直接投资、证券投资、金融衍生产品 (储备除外)和雇员股票期权、其他投资及储备资产 5 类。与经常项目不同，金融项目的各个项目并不按借贷方总额来记录，而是按净额计入相应的借方或贷方。

(1) 直接投资。直接投资的主要特征是投资者对另一经济体的企业拥有永久利益。这一永久利益意味着直接投资和企业之间存在着长期关系，并且投资者对企业经营管理有相当大的影响。直接投资可以采取在国外直接建立分支企业的形式，也可以采用购买国外企业一定比例以上股票的形式。在后一种情况下，国际货币基金组织规定这一比例最低为10%。

(2) 证券投资。证券投资的主要对象是股本证券和债务证券。对于债务证券而言，它可以进一步细分为期限在一年以上的中长期债券、货币市场工具和其他衍生金融工具。

(3) 金融衍生产品(储备除外)和雇员股票期权。金融衍生产品和雇员股票期权是具有类似特征的(例如，履约价格、某些相同的风险因素)金融资产和负债。金融衍生产品合约是一种金融工具，该金融工具与另一个特定的金融工具、指标或商品挂钩，通过这种挂钩，可以在金融市场上对特定金融风险本身(例如，利率风险、外汇风险、股权和商品价格风险、信用风险等)进行交易。雇员股票期权作为一种报酬形式，是向公司雇员提供的一种购买公司股权的期权。

(4) 其他投资。它包括各类金融交易，其中有长短期的贸易信贷、贷款(利用国际货币基金组织的信贷和同金融租赁联系在一起的贷款)、货币和存款(可转让的和其他类型的，如储蓄存款和定期存款、入股形式的存款和贷款及在信贷合作社的股份等)，以及应收款项和应付款项。不同于直接投资和证券投资，其他投资要考虑长短期的期限划分。长期投资的定义是原始合同期限为一年以上或无期限的投资；短期投资包括货币，是随时可能支付或期限为一年或一年以下的投资。

(5) 储备资产。它包括一个经济体的货币当局认为可以用来满足国际收支和在某些情况下满足其他交易目的的各类资产。这些目的包括：为收支失衡提供直接融资，通过干预外汇市场影响汇率从而间接地调整收支失衡，以及维持对某种货币及其经济的信心或作为一国向国外借款的基础。储备资产包括货币化黄金、特别提款权、在国际货币基金组织的储备头寸(又称普通提款权)、外汇资产(包括货币、存款和有价证券)和其他债权。需要指出的是，储备资产永远是指实际存在的资产，各项有效协议下产生的债权，如互换和信贷额度下可得到的外汇都不构成现有的债权。

**(四) 净误差与遗漏项目**

净误差与遗漏是一个人为的平衡项目，用于轧平国际收支平衡表中的借贷方总额。国际收支平衡表中的统计数字出现错漏是不可避免的，原因如下。

(1) 资料来源不一，即商业部、财政部、海关、税务和银行等各部门的统计口径不一致。

(2) 资料不全，如资本外逃，即资本通过地下渠道秘密地流出流入、走私及私自携带现钞出入国境等(这些也属于国际收支范畴)难以掌握和统计。

(3) 资料本身错漏，有关单位提供的统计数字也不是100%准确无误，有的仅仅是估算数字，也有错漏。

原则上，国际收支平衡表的借贷方总额应该相等，但由于上述原因，借贷方总额总是出现差额。为此，设立这个项目用于轧平差额，其数目与上述的差额相等，而方向相反。虽然不精确或遗漏的统计数字可以平衡，但是净差额的大小不应视为反映国际收支平衡表相对准确性的指标。然而，数目大且长时间得不到扭转的差额，则应引起人们的注意。这类差额妨碍对国际收支统计值的分析或解释，并且削弱分析与解释的可信度。目前，人们越来越重视对净误差与遗漏项目的分析。

# 第三节 国际收支平衡表的分析

## 一、进行国际收支平衡表分析的意义

由于国际收支平衡表记录了一国在一定时期内的全部国际经济交易情况，因此通过对本国国际收支平衡表的分析，可掌握本国国际收支的变化规律，制定相应的对策，使国际收支状况朝着有利于本国经济发展的方向变化。通过对外国国际收支平衡表的分析，不仅有助于预测编表国家的国际收支、货币汇率及其对外经济动向，还有助于了解各国经济实力和预测世界经济与贸易的发展趋势。所以，掌握正确的国际收支平衡表的分析方法并对其做出恰当的分析，具有重要的意义和作用。

## 二、国际收支平衡表的分析方法

对国际收支平衡表的分析，国际上通常采用的是静态分析、动态分析和比较分析三种方法。

### (一) 静态分析

静态分析是分析某国在某一特定时期(某年或某季)的国际收支平衡表。通过计算和分析表中的各个项目及其差额、差额形成的原因及对国际收支的影响,最终找出国际收支总差额形成的原因。在利用国际收支平衡表进行静态分析时,往往还不足以了解资本和金融项目收支的数字,因而还必须学会利用 IMF 公布的各国国际收支统计资料,进行补充分析,并结合日常掌握的文字及数据资料,综合研究。

静态分析的方法和应注意的问题具体如下。

(1) 贸易收支。一国贸易收支出现逆差或顺差,是多方面因素作用的结果,主要有:经济周期的更替;财政与货币政策的变化;气候与自然条件的变化;国际商品市场的供求关系;本国出口商品的质量和生产成本的高低;本国货币汇率水平与通货膨胀的程度。结合这些资料进行分析,有助于了解编表国家贸易收支差额形成的原因。

(2) 非贸易收支中,反映着编表国家有关行业发达程度与消长状况,其中投资收益除决定于其输出入资本的多寡以外,还受有关国家经济形势和金融政策等方面的影响。因此,分析编表国家的非贸易收支,还应搜集和利用这些方面的辅助性材料。

(3) 经常转移收支中,较为复杂的是政府转移收支。政府转移收支包括经援与军援收支。但是,有些国家对军援和经援并未明确划分,甚至出于种种原因有意把军援与经援混淆,因此在分析时就不能直接从国际收支平衡表上得到正确的数字,而必须借助于其他参考资料,这无疑就增加了分析的难度。另外,分析援助收支,除应考察数额,还应考察援助收支的方向、影响和效果,以便把握实质。

(4) 资本项目和金融项目。资本项目和金融项目在一国国际收支平衡表中,是相对复杂的项目。从资本在国家间流动的时间区分,有长期资本与短期资本两种。长期资本包括直接投资、证券投资、贷款和延期付款信用。一般说来,前三项处于重要地位。直接投资的分析,对分析研究跨国公司有重要意义。分析长期资本,除应注意流量和构成之外,还应从经济、金融与政治的角度分析其影响与后果。至于短期资本,因其在国家间流动的规模越来越大且越来越频繁,对国际收支与货币汇率变化的影响也越来越大,因而在分析短期资本时应注重它在国家间移动的流量、方向与方式,这对一国制定适宜的货币政策与汇率政策均有重要意义。

(5) 对储备资产项目的分析,主要是分析国际储备资产的结构状况及外汇储备的变化。因为在一般情况下黄金、普通提款权和特别提款权是不会经常变动的,所以分析时应侧重外汇储备的增减情况,并结合相关的资料,分析储备的规模是否适当、储备的结构是否合理等。

(6) 净误差与遗漏。由于经常项目与资本和金融项目的差额往往与储备资产项目的增减额不符,因此必须通过净误差与遗漏项目予以轧平。虽然造成上述不符有技术上的原因,但最主要的是短期资本的大量和频繁移动。同时,也有某些国家出于某种考虑,有意扩大误差与遗漏的发生额,来掩盖它们在国际金融关系中的许多真实情况。因此,对该项目分析时,要特别注意编表国家的金融政策和国际金融形势的变化。

### (二) 动态分析

动态分析是按时间序列连续分析一国不同时期的国际收支平衡表。与静态分析所不同的是,它不是将国际收支视作孤立存在的单一事件,而是认为与以前发展过程有紧密联系。通过各项目纵向时间序列的分析对各项目及其差额和总差额的研究,得出动态结论。

### (三) 比较分析

比较分析是利用财务分析原理中横向分析和纵向分析思想，既对一国若干连续时期的国际收支平衡表进行比较分析，其中包括每一项目的连续分析和项目与项目间的对比分析；又要对不同国家在同一时期的国际收支平衡表进行比较分析。但做此种分析困难较多，要学会利用国际货币基金组织的资料，这样会有助于克服困难。

## 第四节 国际收支失衡及其调节

### 一、国际收支的平衡与失衡

我们知道，国际收支平衡表是根据会计学的借方与贷方相互平衡的复式簿记原理编制的，因而借方总额与贷方总额总是相等的，其差额必为零。但这是人为形成的、账面上的平衡，并非真实的平衡。那么，如何判断一国的国际收支是否平衡呢？

西方经济学家按照交易的性质，把国际收支平衡表中所记录的交易划分为两种类型：一种是自主性交易(autonomous transactions)或称事前交易(ex-ante transactions)，是指经济实体或个人基于商业(利润)动机或其他的考虑而独立发生的交易。由于自主性交易具有自发性，因而这些交易所产生的货币收支并不必然相抵，由此可能导致对外汇的超额需求或超额供给，引起汇率的波动，从而带来一系列的经济影响。一国当局如不愿接受这样的结果，就需运用另一种交易来弥补自主性交易不平衡所造成的外汇供求缺口。这另一种交易就是调节性/补偿性交易(accommodating or compensatory transactions)，是指在自主性交易收支不平衡之后进行的弥补性交易，因而亦称为事后交易(ex-post transactions)。因而从理论上说，判断一国国际收支是否平衡，实际上是看自主性交易所产生的借贷金额是否相等。由此，如果我们在国际收支平衡表上划出一条水平线，在这一水平线上放上所有的自主性交易项目，在此线之下放上一切的调节性交易项目，那么当线上差额为零时，则称国际收支处于平衡。否则当线上项目借方金额大于贷方金额时，称国际收支出现逆差；借方金额小于贷方金额时，称国际收支出现顺差。国际收支无论逆差还是顺差均称为国际收支失衡。

究竟哪些项目属于自主性交易和调节性交易呢？人们普遍认为，经常项目和长期资本项目属于自主性交易，而官方储备项目属于调节性交易。但对于短期资本项目究竟是属于自主性交易还是调节性交易，则难以做出明确的回答：从一国货币当局角度看，短期资本流动是为了弥补自主性交易收支不平衡，而向国外借贷或采取某种经济政策作用的结果，因而属于调节性交易；从短期资本交易的主体角度看，它是出自为追逐利润等而自主进行的交易，因而是属于自主性交易。由于区分短期资本交易的性质在技术上较为困难，也就没有一个统一的衡量国际收支是否平衡的标准，人们往往根据所要分析的问题，采取不同的差额，如经常项目差额、基本差额(即经常项目差额与长期资本项目差额之和)和总差额等。

### 二、国际收支失衡的原因

一国国际收支失衡的原因是多种多样的，概括起来，有如下 6 种。

## (一) 周期性失衡

市场经济国家，由于受到商业周期的影响，周而复始地出现繁荣、衰退、萧条、复苏 4 个阶段。处于不同阶段，对国际收支的影响是不同的。当处于繁荣阶段时，国内经济活跃，需求旺盛，使进口需求相应扩大，经常转移中汇出款项增加，同时较高的通货膨胀率又会使出口日渐困难，这往往会造成该国经常项目逆差。而在衰退、萧条阶段则相反。由于生产与资本国际化的发展，主要发达国家经济周期阶段的更替会影响其他国家经济，致使各国发生国际收支失衡。这种由经济周期阶段的更替而造成的国际收支失衡，称为周期性失衡。

## (二) 收入性失衡

一国国民收入的变化，可能是由于经济周期阶段的更替，也可能是由于经济增长率变化所造成。一国国民收入的增减，会对其国际收支发生影响：国民收入增加，贸易支出和非贸易支出都会增加；国民收入减少，则贸易支出与非贸易支出会减少。由此而产生的国际收支失衡，称为收入性失衡。

## (三) 货币性失衡

货币价值的变动会影响商品成本和物价水平的变动。一国在一定的汇率水平下，如果货币数量发行过多，该国的物价和商品成本高于其他国家，必然对其出口不利而对进口有利，导致出口减少，进口增加；另外，该国利率也会下降，造成资本流出增加，流入减少，致使国际收支出现逆差；反之亦然。这种由货币对内价值的高低所引致的国际收支失衡，称为货币性失衡。

## (四) 结构性失衡

一般来说，一国的国际收支状况往往取决于其贸易状况。当国际市场的供求发生变化时，一国进出口商品的结构如能随之调整，该国的贸易收支将不会受到影响；相反，如该国不能按照国际市场供求的变化来调整自己进出口商品的结构，该国的贸易收支和国际收支就会失衡。因此而产生的国际收支失衡，称为结构性失衡。

## (五) 资本性失衡

这是由于实行浮动汇率制后汇率变动的风险所带来的国际收支失衡。国际金融市场上存在巨额的游资，一有风吹草动，这些资金就会在各国之间频繁移动，以追求投机利润。这种变化莫测的短期资本流动常常造成一国国际收支的失衡。

## (六) 偶发性失衡

除上述各种经济因素外，政局动荡和自然灾害等偶发性因素，也会导致一国贸易条件的恶化，造成出口供给减少，进口需求增加，从而导致该国的国际收支逆差。这种由偶发性因素造成的国际收支失衡，称为偶发性失衡。

就上述各个因素而言，经济结构性因素和经济增长率变化所引起的国际收支失衡，具有长期、持久的性质，被称为根本性失衡；其他因素所引起的国际收支失衡，仅具有临时性，被称为暂时性失衡。

### 三、国际收支失衡的影响

#### (一) 国际收支逆差的影响

一国的国际收支发生逆差，一般会引起本币汇率下浮；如果逆差严重，则会使本币汇率过度下跌。该国政府如不愿其发生，就需对外汇市场进行干预，即抛售外汇和购买本币，以弥补外汇供求缺口。这一方面会消耗外汇储备，甚至会造成外汇储备的枯竭，从而严重削弱其对外支付能力，损害其在国际上的信誉；另一方面则会形成国内货币的紧缩形势，促使利率水平上升，抑制本国经济的增长，从而导致失业的增加和国民收入增长率的相对与绝对下降。从国际收支逆差形成的具体原因来说，如果是贸易收支逆差所致，失业就会增加；如果是资本流出大于资本流入，国内资金就会紧张，经济增长将会受到抑制。

#### (二) 国际收支顺差的影响

一国的国际收支出现顺差，当然可增加其外汇储备，增强其对外支付能力，但也会给国内经济带来以下的不良影响：①将会造成本币供应量增加，引发通货膨胀；②一般会促使本币汇率上浮，而不利于其出口贸易的发展，从而加重国内的失业程度；③会引起国际摩擦，因为一国的国际收支的顺差，是由别国国际收支发生逆差所致。国际收支顺差若是由于出口过多造成的，则意味着该国在这期间可供使用的生产资源会减少，因而不利于经济的发展。

一般来说，一国的国际收支失衡程度越大，对其国内经济不利影响也越大。虽然国际收支逆差和顺差都会产生种种不利影响，但是，逆差相比之下所产生的影响更大，因为它会造成国内经济的萎缩、失业的增加、外汇储备的大量流失，因而对逆差采取调节措施更为紧迫。对顺差的调节虽不如逆差紧迫，但从长期来看也不能忽视调节的作用。

### 四、国际收支自动调节机制

国际收支失衡后，有时并不需要政府当局立即采取措施来加以消除。经济体系中存在着某些机制，往往能够使国际收支失衡至少在某种程度上得到缓和，乃至自动恢复平衡。这种功效在不同的国际货币制度下是不同的。下面我们分别介绍在各种货币制度下的国际收支自动调节机制。

#### (一) 国际金本位制度下的国际收支自动调节机制

金本位制度下的国际收支自动调节机制就是英国经济学家大卫·休谟(David Hume)在 1752 年所揭示的物价与现金流动机制。在金本位制度下，由于黄金可以自由输出入，如果一国国际收支发生逆差，就意味着该国黄金的净输出，由于黄金外流，国内黄金存量下降，货币供给量就会减少，从而引起国内物价水平下跌。物价水平下跌后，该国商品在国外市场上的竞争力就会提高，外国商品在该国市场上的竞争力就会下降，于是出口增加、进口减少，使国际收支逆差减少或消除。同样，国际收支顺差也是不能持久的，因为顺差造成的黄金内流会增加国内的货币供给，造成物价上涨，对出口不利，对进口有利，从而使顺差趋于消失(见图 4-1)。

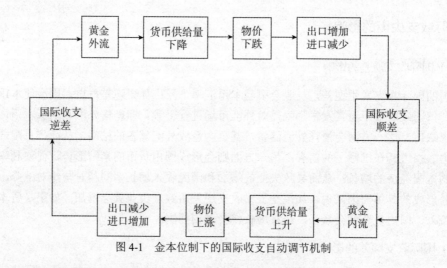

图 4-1　金本位制下的国际收支自动调节机制

**(二) 纸币本位的固定汇率制度下的国际收支自动调节机制**

　　纸币本位的固定汇率制度是指一国当局通过外汇储备变动干预外汇市场来维持汇率不变。在这种汇率制度下，一国国际收支发生失衡时，仍有自动调节机制发生作用，但自动调节的过程较为复杂些。国际收支失衡后，外汇储备、货币供应量发生变化，而影响国民收入、物价和利率等变量，使国际收支趋于平衡(见图 4-2)。

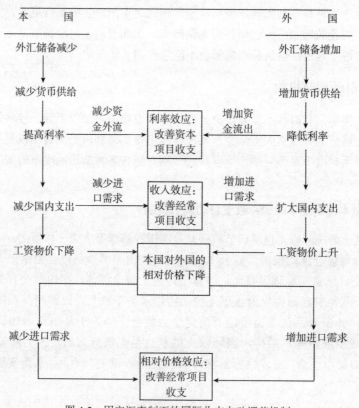

图 4-2　固定汇率制下的国际收支自动调节机制

　　(1) 一国国际收支发生逆差时，为了维持固定汇率，该国政府就必须动用外汇储备，造成货币供应量减少。这首先会带来市场银根紧张、利率上升，利率上升会减少该国资本外流、增加外国资本流入，从而使资本项目收支改善；反之，国际收支顺差则会通过利率下降促使该国资本流出的增加、抑制外国资本流入，从而使顺差减少或消除。这是国际收支失衡的利率效应。

(2) 国际收支出现逆差时，货币供给减少，人们为了恢复现金余额的水平，就会直接减少国内支出；同时，利率上升也会进一步减少国内支出。而国内支出的一部分是用于进口消费的，这样，随着国内支出的下降，进口需求也会减少。这是现金余额效应或者收入效应。同样，顺差也可以通过国内支出的增加引起进口需求增加而得到自动消除。

(3) 物价变动在国际收支自动调节中也发挥作用。国际收支为逆差时，货币供给的下降通过现金余额效应或收入效应会引起价格水平的下降，本国产品相对价格下降，会增加出口需求，减少进口需求，这便是相对价格效应。同样，顺差通过价格水平的上升也得以自动减少。

### (三) 浮动汇率制度下的国际收支自动调节机制

在浮动汇率制度下，一国当局不对外汇市场进行干预，即不通过外汇储备增减来影响外汇供给或需求，而任由市场的外汇供求来决定汇率的上升和下降。在这种货币制度下，如果一国国际收支逆差，外汇需求就会大于外汇供给，外币的价格即外汇汇率就会上升。反之，如果一国国际收支出现顺差，外汇需求就会小于外汇供给，外币的价格就会下跌。通过汇率随外汇供求变动而变动，国际收支失衡就会在一定程度上得以消除。根据弹性论的分析，外汇汇率的上升即本币贬值造成了本国商品相对价格下降，外国商品相对价格上升，这将带来出口数量的增加，进口数量的减少，因此，只要本国进出口需求弹性满足马歇尔—勒纳条件，国际收支逆差就可减少甚至消除。同样，国际收支顺差通过本币升值也会自动减少或消除。

## 五、调节国际收支的政策措施

国际收支的自动调节机制虽然有其优点，但它们只能在某些特定条件下才会发生作用，而且作用的程度和效果难以保证，所需要的时间也比较长。因此，当国际收支发生失衡时，一国政府当局往往不能完全依靠经济体系的自动调节机制来平衡国际收支，而需要主动采取适当的政策措施进行调节。下面我们分别介绍常采用的各种政策措施。

### (一) 外汇缓冲政策

外汇缓冲政策是指一国政府为对付国际收支失衡，把其黄金外汇储备作为缓冲体，通过中央银行在外汇市场进行外汇买卖，来抵消超额外汇需求或供给，从而使收支失衡所产生的影响仅限于外汇储备的增减，而不会导致汇率的急剧变动而影响本国经济。外汇缓冲政策的优点是简便易行，但其也有局限性：不适用于对付长期、巨额的国际收支逆差，因为一国的外汇储备的规模毕竟是有限的。这时，如完全依靠外汇缓冲政策，就会导致该国外汇储备的枯竭；如该国为填补外汇储备的不足，而向国外借款，又会大量积累外债。最典型的例子是 1967 年英镑被迫贬值前的情况。

### (二) 财政与货币政策

#### 1. 财政政策

所谓财政政策，是指一个国家通过扩大或缩小政府财政开支，提高或降低税率的办法来平衡国际收支。其原理是：当国际收支出现逆差时，一国政府就实行紧缩性的财政政策，以抑制公共支出和私人支出，从而抑制总需求和物价上涨。总需求和物价上涨受到抑制，有利于改善贸易收支和国际收支。反之，当国际收支出现顺差时，政府则实行膨胀性的财政政策以扩大总需求，从而有利于消除贸易收支和国际收支的顺差。需要指出的是，一国实行怎样的财政政策，一般取决于国内经济的需要。

### 2. 货币政策

货币政策是西方国家普遍、经常采用的调节国际收支的政策措施。调节国际收支的货币政策主要有贴现政策和改变存款准备金比率的政策。

(1) 贴现政策。贴现政策是中央银行通过改变再贴现率，借以影响金融市场利率的政策。金融市场利率的升降，既影响国际资本流动的方向，也影响国内的投资、消费需求和贸易收支，从而影响国际收支。

(2) 改变存款准备金比率的政策。按照法律规定，商业银行等金融机构都要依法按其吸收存款的一定比率，向中央银行缴存保证存户提现和中央银行控制货币量的特定基金，即存款准备金。这样，存款准备金比率的高低，决定着商业银行等金融机构可用于贷款资金规模的大小，因而决定着信用的规模与货币流通量，从而影响总需求和国际收支。

### 3. 财政政策与货币政策的配合运用

一定的财政货币政策虽有助于扭转国际收支失衡，但也有明显的局限性，即往往同国内经济目标发生冲突：为消除国际收支逆差，而实行紧缩性财政货币政策，会导致经济增长放慢甚至出现负增长，以及失业增加；为消除国际收支顺差，而实行扩张性财政货币政策，又会引发通货膨胀。因此，通过调整财政货币政策而实现国际收支的平衡，是以损害国内的经济增长与人们生活水平为代价的，这就涉及对内均衡和对外均衡问题。对内均衡意味着稳定国内物价，实现充分就业并能促进经济增长。对外均衡是指国际收支的均衡和汇率的稳定。因此，财政政策与货币政策的配合运用，就是要达到对内均衡与对外均衡的双重目的。一般来说，货币政策多半会对国际收支产生较大的影响，因为它倾向于扩大国内外的利率差距，从而引起大量资本流动，而财政政策通常是对国内经济活动的作用大，对国际收支的作用小。所以只有将货币政策与财政政策进行适当配合，才能调节外部和内部的共同平衡(详见表 4-2)。

表 4-2　财政政策和货币政策的配合运用

| 经济情况 | 财政政策 | 货币政策 |
|---|---|---|
| 经济衰退和国际收支逆差 | 扩张性的 | 紧缩性的 |
| 经济衰退和国际收支顺差 | 扩张性的 | 扩张性的 |
| 通货膨胀和国际收支逆差 | 紧缩性的 | 紧缩性的 |
| 通货膨胀和国际收支顺差 | 紧缩性的 | 扩张性的 |

### (三) 汇率政策

汇率政策，是指通过汇率的调整来实现国际收支平衡的政策措施：当国际收支发生严重逆差时，采取货币法定贬值，以改善国际收支；当国际收支出现巨额顺差时，则在他国压力下实行货币法定升值，以减少和消除国际收支顺差。

一国实行货币贬值改善国际收支的效果，主要取决于以下两个方面：①进出口需求弹性之和是否大于 1(此即为马歇尔—勒纳条件)；②本国现有生产能力是否获得充分的利用。另外，货币贬值，一般具有加剧国内通货膨胀与物价上涨的作用，因而结合紧缩性财政货币政策来实现货币贬值，才能起到既改善国际收支，又不加重国内通货膨胀的作用。

### (四) 直接管制

实行贬值政策和紧缩性财政货币政策来纠正国际收支的长期性失衡，必须通过市场机制才能发挥作用，而且还需要经过一段较长的时间。对于结构性失衡，上述政策的实施也都难以收到良好的效果。因此，尤其在出现国际收支结构性逆差的情况下，许多发展中国家都对国际经济交易采取直接干预的办法，即实行直接管制。

直接管制包括外汇管制和贸易管制。从实施的性质来看，直接管制的措施有数量性管制措施和价格性管制措施之分。前者主要针对进口来实施，包括进口配额、进口许可证制度、外汇管制等各种非关税壁垒。后者既可用于减少进口支出，主要指进口关税；也可用来增加出口收入，如出口补贴、出口退税、外汇留成、出口信贷优惠等。从实际的效果来看，直接管制通常能起到迅速改善国际收支的效果，能按照本国的不同需要，对进出口贸易和资本流动区别对待。但是，它并不能真正解决国际收支失衡问题，只是将显性国际收支逆差变为隐性国际收支逆差；一旦取消管制，国际收支逆差仍会重新出现。此外，实施管制政策，既为国际经济组织所反对，又会引起别国的反抗和报复。因此西方国家对采用这项措施一般比较谨慎。

### (五) 加强国际经济金融合作

上述措施，是针对一国而言的。它的特点是每个措施都以本国的利益为出发点，也以本国的利益得到保证而结束。因此，会引发各国之间的各种摩擦与冲突等博弈行为，爆发贸易战、利率战、汇率战等，其结果既损害了各国彼此的利益，也破坏了正常的国际经济秩序。因此，要在世界范围内解决各国的国际收支不平衡，并取得较为显著的效果，各个国家之间必须相互谅解，加强国际经济金融合作。具体措施主要包括：谋求恢复贸易自由，促使生产要素自由流动；加强信贷合作；协调各国的经济政策。

## 第五节　国际储备理论

### 一、国际储备的概念

国际储备(international reserves)是指一国政府为了弥补国际收支逆差和维持本国货币汇率稳定而持有的、能被世界各国所普遍接受的一切资产。国际储备具有以下三个特点。

(1) 官方持有性。官方持有性是指国际储备必须在一国政府或货币当局的直接有效控制之下。因此，未在官方机构控制之下的资产(如工业部门用的黄金、个人持有的外币或黄金等)均不能算作国际储备。

(2) 可接受性。可接受性是指国际储备资产必须是世界各国普遍赞同和愿意接受的，而且是实际存在的。因此，记账贸易协议项下的记账外汇余额不能算作国际储备，因为它不能在国家间互相转让或兑换。

(3) 使用的无条件性。使用的无条件性是指国际储备资产不仅要为政府所拥有，而且需要时能够被政府无条件地安排使用。因此，不能无条件使用的资产，如联合国的农业专项贷款，不能算作国际储备，因为联合国的农业专项贷款是属于长期开发项目，一国政府不能将其挪作他用。

## 二、国际储备的构成

国际储备的构成，随着历史的发展而有所变动。第二次世界大战前，黄金和可兑换黄金的外汇构成了各国的储备资产；第二次世界大战后，国际货币基金组织先后给成员提供储备头寸和特别提款权这两类资产，用以补充成员的国际储备。目前，国际货币基金组织成员的国际储备，一般可分为4种类型：黄金储备、外汇储备、在IMF的储备头寸和特别提款权(special drawing right，SDR)。

### (一) 黄金储备

**黄金储备**是指一国货币当局作为金融资产持有的黄金，即货币性黄金，而非货币用途的黄金(如私人窖藏、工业与艺术用途的黄金)不包括在内。在典型的国际金本位制度下，黄金是最重要的国际储备形式之一。在第二次世界大战后的布雷顿森林体系下，黄金仍是很重要的国际储备形式。在20世纪70年代IMF实行黄金非货币化政策以后，由于黄金不再作为干预汇价和货币发行的保证，货币黄金的地位和作用受到削弱，黄金在国际储备中的比重开始迅速下降(见表4-3)。然而，由于黄金是具有价值的实体，世界上并没有一个国家完全放弃和废除其黄金储备，甚至世界黄金储备的实物量近几十年也未有明显变化，一直维持在10亿盎司(1盎司等于31.103 5克)左右的水平上，1970年为10.579亿盎司，1980年为9.556亿盎司，1990年为9.392亿盎司，2000年为9.521亿盎司，2010年为9.918亿盎司，2020年为11.222亿盎司。因此，黄金储备至今仍是各国国际储备的一个重要组成部分。但是需要指出，目前各国货币当局在动用黄金储备时，并不能直接以黄金实物对外支付，而只能在黄金市场上出售黄金，换成可兑换的货币，所以黄金在各国的国际储备中已降为二线储备的地位。

表4-3　世界国际储备资产结构表

单位：亿特别提款权

| 年份<br>资产结构 | 1970 | | 1980 | | 1990 | | 2000 | | 2010 | | 2020 | |
|---|---|---|---|---|---|---|---|---|---|---|---|---|
| | 金额 | 所占比重(%) | 金额 | 所占比重(%) | 金额 | 所占比重(%) | 金额 | 所占比重(%) | 金额 | 所占比重(%) | 金额 | 所占比重(%) |
| 1. 黄金储备总量(亿盎司) | 10.579 | | 9.556 | | 9.392 | | 9.521 | | 9.918 | | 11.222 | |
| 每盎司按35SDR计算 | 370.90 | 39.7 | 334.46 | 9.4 | 328.72 | 4.78 | 2 006 | 11.42 | 9 006 | 12.56 | 13 866 | 13.42 |
| 2. 外汇(储备货币) | 453.33 | 48.6 | 2 928.49 | 82.5 | 6 110.49 | 88.81 | 14 902 | 84.83 | 60 165 | 83.90 | 86 657 | 83.90 |
| 3. 在IMF的储备头寸 | 76.97 | 8.3 | 168.36 | 4.8 | 237.49 | 3.45 | 474 | 2.70 | 546 | 0.76 | 965 | 0.93 |
| 4. 特别提款权 | 31.24 | 3.4 | 118.08 | 3.3 | 203.54 | 2.96 | 185 | 1.05 | 2 040 | 2.84 | 2 042 | 1.98 |
| 非黄金储备部分 | 561.54 | 60.3 | 3 214.93 | 90.6 | 6 551.52 | 95.22 | 15 561 | 88.58 | 62 705 | 87.44 | 89 424 | 86.58 |
| 世界储备总额 | 932.44 | 100 | 3 549.39 | 100 | 6 880.24 | 100 | 17 566 | 100 | 71 711 | 100 | 103 290 | 100 |

注：2000年以后的黄金储备总量的价值按照伦敦市场价格计算；除2020年数据为2020年4月的数据之外，其余数据皆为各年年末数据。

资料来源：国际货币基金组织，《年度报告》。

### (二) 外汇储备

**外汇储备**是一国货币当局持有的对外流动性资产，其主要形式为国外银行存款和外国国库券。第二次世界大战后，外汇储备增长很快，在IMF成员国际储备总额中所占的比重越来越大，1950年仅占27.5%，到1970年已达48.6%。进入20世纪80年代以来一直维持在80%以上。

外汇储备由各种能充当储备货币的资产构成。一种货币能充当储备货币，必须具备三个基本特征：①必须是可兑换货币，即不受任何限制而随时可与其他货币(或黄金)兑换的货币；②必须为各国普遍接受，能随时转换成其他国家的购买力，或偿付国际债务；③内在价值相对稳定。在第一次世界大战前，英镑代替黄金执行国际货币的各种职能，成为各国最主要的储备货币。在20世纪30年代，美元崛起，与英镑共享主要储备货币的地位。第二次世界大战后，美元由于是唯一在一定条件下可兑换为黄金的货币，处于"等同"黄金的地位，而成为各国外汇储备的实体。从20世纪60年代开始，由于美元频频发生危机，美元作为储备货币的功能逐渐削弱。20世纪70年代布雷顿森林体系崩溃后，国际储备货币出现了多元化的局面。然而，直至目前美元仍作为最主要的国际储备货币，处于多元化储备体系的中心，但其比重在不断下降(从1973年的84.6%下降到2020年的58.9%)，其他货币如德国马克和后来的欧元的地位却不断上升(见表4-4)。

储备货币多元化的局面主要是世界各国(尤其是美国与其他主要国家之间)经济发展不平衡，相对经济地位发生变化的体现。20世纪50年代末以来，美国经济实力相对下降，国际收支持续出现赤字，这就给以美元为主要储备资产的国家带来了遭受美元贬值的风险。1971年12月和1973年2月美元两次贬值也确实给许多国家外汇储备的购买力造成重大的损失，而同期马克、日元等其他货币已逐渐成为硬通货。因此，许多国家就减少美元，增加马克、日元等其他硬通货币的资产持有量，力图保持外汇储备的购买力。实行浮动汇率制后，各主要货币之间汇率变动频繁，尤其是美元频频下浮，使外汇储备多元化、分散化的步伐加大加快了。在可预见的将来，储备货币多元化的趋势还会继续下去，构成今后国际货币体系的一个重要特征。

表4-4 各国货币在全球官方外汇储备总额中的比重

%

| 年份 | 1973 | 1980 | 1990 | 2000 | 2010 | 2016 | 2020 |
|---|---|---|---|---|---|---|---|
| 美元 | 84.6 | 68.6 | 50.1 | 71.1 | 62.3 | 65.4 | 58.9 |
| 人民币 | — | — | — | — | — | 1.1 | 2.3 |
| 英镑 | 7.0 | 2.9 | 3.1 | 2.8 | 3.9 | 4.4 | 4.7 |
| 马克 | 5.8 | 14.9 | 17.3 | — | — | — | — |
| 法国法郎 | 1.0 | 1.7 | 2.3 | — | — | — | — |
| 瑞士法郎 | 1.2 | 3.2 | 1.0 | 0.3 | 0.1 | 0.2 | 0.2 |
| 荷兰盾 | 0.3 | 1.3 | 1.3 | — | — | — | — |
| 日元 | 0.0 | 4.4 | 8.1 | 6.1 | 3.7 | 4.0 | 6.0 |
| 欧元 | 0.0 | 3.1 | 10.7 | 18.3 | 25.8 | 19.1 | 21.3 |
| 澳大利亚元 | — | — | — | — | — | 1.7 | 1.8 |
| 加拿大元 | — | — | — | — | — | 1.9 | 2.1 |
| 其他货币 | 0.1 | 0.0 | 5.1 | 1.5 | 4.3 | 2.3 | 2.7 |

注：2000年以后欧洲货币单位为欧元，表中数据2000年(含)及以后为欧元数据，2000年以前为欧洲货币单位数据；同理，2000年(含)及以后没有德国马克、法国法郎和荷兰盾数据；2012年起公布澳大利亚元和加拿大元数据；2016年起公布人民币数据；表中数据为各年年末数据。

资料来源：国际货币基金组织，《年度报告》和《国际金融统计》。

### (三) 在 IMF 的储备头寸

**在 IMF 的储备头寸**，亦称普通提款权，是指成员在 IMF 的普通账户中可自由提取和使用的资产。一国在 IMF 的储备头寸如下。

(1) 成员向 IMF 认缴份额中 25%的黄金或可兑换货币部分。按照 IMF 的规定，成员可自由提用这部分资金，无须经特殊批准，因此它是一国的国际储备资产。

(2) IMF 为满足成员借款需要而使用掉的本国货币。按照 IMF 的规定,成员认缴份额的 75% 可用本国货币缴纳。IMF 向其他成员提供本国货币的贷款,会产生该成员对 IMF 的债权。一国对 IMF 的债权,该国可无条件地提取并用于支付国际收支逆差。

(3) IMF 向该国借款的净额,也构成该成员对 IMF 的债权。

普通提款权在 IMF 成员国际储备资产总额中所占比重较小。到 2020 年底,成员的普通提款权总额为 965 亿特别提款权,仅占成员国际储备资产总额的 0.93%。

### (四) 特别提款权

**特别提款权**是 IMF 对成员根据其份额分配的,可用以归还 IMF 贷款和成员政府之间偿付国际收支逆差的一种账面资产。IMF 已分配而尚未使用完的特别提款权,就构成一国国际储备资产的一部分。特别提款权作为使用资金的权利,与其他储备资产相比,有以下 4 个特点。

(1) 特别提款权是 IMF 人为创造的无物质基础的一种记账单位,它本身不具有内在价值,不是真正意义上的货币。

(2) 特别提款权不像黄金和外汇那样通过贸易或非贸易交往获得,也不像储备头寸那样以所缴纳的份额作为基础,而是由 IMF 按份额比例无偿分配给各成员的。

(3) 特别提款权只能在 IMF 及成员政府之间发挥作用,任何私人企业不得持有和运用,也不能直接用于贸易或非贸易的支付,因此它具有严格限定的用途。

(4) 特别提款权不受任何一国政府的影响而贬值,是一种价值比较稳定的资产。

特别提款权自 1970 年首次发行以来,特别提款权的发行和使用范围并未获得重大进展。到 2020 年底,各成员的特别提款权持有额占国际储备总额的 1.98%。

## 三、国际储备与国际清偿力

国际清偿力(international liquidity)是与国际储备很相近而又不同的一个概念。国际清偿力的内涵比国际储备要广泛一些,可定义为一个国家为平衡国际收支逆差而融通资金的能力。它不仅包括货币当局持有的各种国际储备,而且包括该国从国际金融机构和国际资本市场融通资金的能力,该国商业银行所持有的外汇,其他国家希望持有该国资产的愿望,以及该国提高利率时可以引起资金流入的程度等。实际上,**国际清偿力**是指一国弥补国际收支逆差而无须采取调整措施的能力。比较来看,一国国际储备概念只限于无条件的国际清偿能力,而不包括有条件的国际清偿能力(即一国潜在的借款能力)。如果我们以圆 $L$ 代表一国的国际清偿能力,那么该国的国际储备只是 $L$ 圆中的小圆 $R$(见图 4-3)。一国的国际清偿能力越强,该国调节国际收支逆差的能力越强,国际收支对国内经济的影响力越小。由于一国的国际储备和向外借款的潜在能力共同构成该国的国际清偿力,所以如果一国向外借款的潜在能力很强,它所需要的国际储备就相对少些;如果一国向外借款的潜在能力非常有限,则它必须保持相对大量的国际储备。这就是目前西方国家国际储备对进口额的比率普遍低于发展中国家的主要原因。

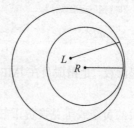

图 4-3　国际储备与国际清偿力的关系

## 四、国际储备的作用

各国持有一定数量的国际储备，具有不同的目的，其主要作用如下。

### (一) 弥补国际收支逆差

国际储备的首要用途是在一国国际收支发生困难时起缓冲作用。这种缓冲作用，既可在国际收支出现暂时性逆差时避免采取调节措施，也可在国际收支长期恶化而不可避免地采取调节措施时，缓和调节过程，从而减少因采取紧急措施而付出的巨大代价。例如，一国因价格波动或季节性因素等原因而导致出口减少，出现临时性国际收支逆差，此时就可动用国际储备来平衡国际收支，而无须采取压缩进口等限制性措施，以避免影响国内经济发展目标。再如，当一国发生结构性的国际收支失衡，出现长期逆差时，在调整过程中，除逐步调整国内产业结构和利用外资外，可动用国际储备来缓和调整过程，从而避免采取紧急措施而影响国内经济目标的实现。

### (二) 干预外汇市场，维持汇率稳定

各国政府所持有的国际储备可以表明一国干预外汇市场和维持汇率的能力，所以它对稳定汇率有一定的作用。一国政府可以动用其手中的国际储备干预外汇市场，从而将汇率维持在一国政府所希望的水平上。如一国货币供过于求，在国际金融市场上汇率下跌；或在国内金融市场上贬值过快时，中央银行可以出售储备中的外汇、黄金，以收紧银根，减少货币供应，支持本国的货币汇率。另外，在国际游资冲击本币的情况下，政府也可以通过调节储备资产的构成来抵制这种冲击。但是需要指出的是，在目前全球汇率浮动化及外汇市场规模迅速膨胀的情况下，政府对外汇市场的干预只能在短期内对汇率产生有限的影响，决定汇率的根本因素仍然是相关的经济状况。

### (三) 作为对外举债与偿债能力的保证

国际储备充足与否，反映了一国的支付能力，是一国经济实力的硬指标。国际储备充裕，说明支付能力强，经济实力雄厚，可以加强一国的资信，吸引外资流入，促进经济发展。一国持有的国际储备的多少，是国际银行评估国家风险的指标之一。无论是国际金融机构还是政府在对外贷款时，首先考虑的是借款国的偿债能力，而国际储备正是债务国偿债的物质基础与可靠保证。因此，一国能否借到外债、举借多少，在很大程度上取决于一国国际储备的多少。

## 五、国际储备的管理

### (一) 国际储备的需求

对国际储备的管理，首先在于确定最适度的国际储备量。所谓**适度国际储备量**，是指一国货币当局直接持有的，既能满足对外支付与干预外汇市场的需要，又不过分、过多而造成储备浪费的国际储备总量。

国际储备的职能是弥补国际收支逆差和维持本国汇率，因此，每个国家都必须持有一定数量的国际储备。因为若一国货币当局持有足够的储备资产，当出口收入下降或进口支出上升造成国际收支逆差时，就可以动用国际储备弥补国际收支逆差，避免紧缩政策带来的国民收入下降、失业率高的后果。但是，也并非持有越多的国际储备就越好。这是因为持有储备具有机会成本。过量持有的那一部分储备，如果不是作为储备资产搁置起来，而是投资于国内的生产建

设，必然创造出新的国民收入。所以，国际储备量超过国家的需要，就意味着一部分实际投资和经济增长的牺牲。另一方面，一国在购进外汇或外汇资产的同时，也就释放了等量的国内货币。持有过量的储备，等于增加本国的基础货币，基础货币的增加将通过乘数效应大大增加本国的货币存量，又会造成通货膨胀的压力，有损于本国经济的正常运行。

一国应保持多大的国际储备量为好，即如何确定最适度的国际储备量，应主要结合以下几个因素综合考虑。

### 1. 持有国际储备的成本

我们知道，国际储备实际是对国外实际资源的购买力，若得到利用，就可以增加国内投资和加快经济的发展。因此，一国持有国际储备，实际是将这部分国外资源储备起来，牺牲和放弃利用它们来加快本国经济发展的机会。这是一种经济效益的损失，是持有国际储备的机会成本，亦即使用国外实际资源的投资收益率的损失。它表明一国持有国际储备所付出的代价。但是，一国持有的国际储备中的生息资产(在国外的银行存款和外国政府债券)还会有一定的利息收益。这样，一国持有国际储备的成本，便等于投资收益率与利息收益率之差。这个差额大，表明持有国际储备的成本高；差额小，则表明持有国际储备的成本低。受经济利益的制约，一国需要国际储备的数量，会同其持有国际储备的成本呈反方向变化：持有国际储备的成本越高，所需的国际储备量就越少；反之亦然。

### 2. 进出口规模

由于国际储备最基本的用途之一是弥补国际收支逆差，所以需要同一国对外贸易水平保持一定的比例关系，显然，进出口规模不同的国家所需要保持的储备水平是不一样的。对外贸易数量大，需要的国际储备就多；反之亦然。习惯上，人们常用进口额来代表对外贸易规模，并将储备需求函数中的这一变量从方程的右边移到左边，使储备与进口的比率作为一个因变量。储备与进口的比率现已成为人们衡量一国储备充足与否的粗略指标。这一指标简明易行，最初由美国著名国际金融学家特里芬于 1947 年提出，并在 1960 年出版《黄金与美元危机》一书后为人们普遍沿用。特里芬总结了 60 多个国家的历史经验，认为一国的国际储备应与其进口额保持一定的比例关系，这个比例关系应以 40%为最高限，20%为最低限。一般认为，国际储备应能满足三个月的进口需要，这个数额按全年储备对进口额的比率来计算，约为 25%。世界银行的《1985 年世界发展报告》在分析发展中国家的储备管理时写道："足以抵付三个月进口额的储备水平有时被认为是发展中国家的理想定额。"但储备与进口额的比率并不是金科玉律。首先在理论上，国际储备需求是一个包括许多变量的函数，仅仅用进口贸易这一项变量来决定储备需求，难免有所偏颇；其次，各国具体情况不同，所需要的储备水平也不一样，这是因为各国保持储备的代价和利益的差异是很大的。

### 3. 进入国际金融市场筹借应急资金的能力

当一国出现国际收支逆差而需要进行弥补时，当局可以动用国际储备，也可以向国际金融市场和国际金融机构筹借资金。原则上说，如果一国能够确保随时从国外筹借到应急资金，就不需要持有任何国际储备。因此，一国筹借应急资金的能力越强，所需要持有的国际储备就可以越少；相反，所需要持有的国际储备就应该越多。

### 4. 应对各种因素对国际收支冲击的需要

一国在考虑其对国际储备的需要量时，必须注意到各种可能出现的因素对本国未来国际收支的冲击，否则，必将陷入困境。为了避免陷入困境，一国应该对这些冲击的类型和程度有正确的预测。关于冲击的类型，若是短期性冲击，即发生暂时性国际收支逆差，可运用外汇储备资产来弥补；若是长期性冲击，发生根本性国际收支逆差，则只能依靠经济调整，即政府运用财政与货币政策和采用汇率变动措施，来实现国际收支的平衡。关于冲击的程度，即各种因素对一国国际收支冲击的概率和程度，会影响该国国际收支的稳定性，从而决定其对国际储备的需求量：各种因素对国际收支冲击的概率和程度越大，国际收支越不稳定，从而需要的储备就越多；相反，则需要较少的储备。

### 5. 经济调整的强度与速度

一国实施经济调整来解决根本性国际收支逆差，会导致国内经济的震荡。这种震荡的剧烈强度，同经济调整的强度与速度成正相关关系，即经济调整的强度与速度越高，经济震荡就越剧烈；反之亦然。但是，一国如在进行经济调整时也动用国际储备，则可降低经济调整的强度与速度，从而能减轻经济震荡。这样，一国需要国际储备的数量，便同其进行经济调整的强度与速度之间存在一定的替代关系：经济调整的强度与速度越低，需要的国际储备就越多；反之，则需要的国际储备就越少。

### 6. 对外贸和外汇的管制程度

当一国发生国际收支逆差时，既不靠外汇资金来融通，也不靠实施经济调整来扭转，而是通过外贸与外汇的直接管制来扩大外汇收入和限制外汇支出，从而实现国际收支的平衡。这些管制越严格，需要的储备就越少；管制越松，需要的储备就越多。当然，一国实行的管制越严格，就说明该国国际储备越短缺。

### 7. 汇率制度与外汇政策

在实行固定汇率制度和稳定汇率的外汇政策条件下，为干预外汇市场与平抑汇率，需要的国际储备数量较大；反之，则需要的国际储备数量较小。

### 8. 货币的国际地位

一国货币如果处于储备货币地位，可以通过增加本国货币的对外负债来弥补国际收支逆差，而不需要较多的储备；相反，则需要较多的储备。

除上述因素外，影响储备最适度需求量的因素还有很多，如各国政策的协调状况、进出口商品的供求弹性等。实际上，最适度国际储备量是一个很难确定的变量，因而最好将其视为一个区域值：以保证该国最低限度进口贸易总量所必需的储备资产量(经常储备量)为下限，以该国经济发展最快时可能出现的进口量与其他金融支付所需要的储备资产量(亦称保险储备量)为上限。上限与下限之间，构成一国最适度的国际储备区间。

以上对国际储备最适度需求量从定性的角度进行了分析，如果从定量的角度来讨论，问题则更为复杂。怎样将影响国际储备适度量的诸因素加以量化，建立起一个合理的国际储备变量模型，是摆在各国储备管理者和经济学家面前的一道难题。鉴于确定一国国际储备最适度需求量的复杂性，IMF 曾采用几项客观标志来反映一国国际储备不足和对国际储备需求量增加的情况。一是持续高利率政策。这表明该国抑制资本外流和吸引外资内流，以增加储备和满足对储备的需要。二是对国际经济交易加强限制。这主要是由于储备不足，而加强对国际贸易与国际资本流动的限制。三是实施以增加储备为目标的经济政策，如奖励出口和限制进口、紧缩银根的政策等。四是汇率的持续性不稳定。五是储备增加的结构变化，如一国储备的增加，主要来自向国外的借款，则表明该国储备不足。

### (二) 国际储备的供应及其总量管理

一国对国际储备总量的管理，从根本上说，就是使国际储备的供应保持在最适度国际储备量的水平上。如前所述，IMF 成员的国际储备是由黄金储备、外汇储备、特别提款权和在 IMF 的储备头寸所组成的，其中特别提款权、储备头寸是 IMF 根据各国份额予以分配的，一国无法主动增减其持有额。因此，一国国际储备的增减，便主要取决于其黄金储备与外汇储备的增减。

### 1. 黄金储备

一国黄金储备的增加，是通过黄金的国内外交易实现的。就黄金的国际交易而言，储备货币发行国若用本国货币在国际黄金市场上购买黄金，则可以增加国际储备量，但对于占绝大多数的非储备货币发行国，由于本国货币在国际支付不为人们接受，在国际市场购买黄金只能使用国家间可接受的货币，即储备货币，其结果只能改变外汇储备与黄金储备之间的比例，而不能增加其国际储备。可是，若从黄金的国内交易而言，无论是储备货币发行国，还是非储备货币发行国，中央银行用本国货币在国内收购黄金时，都可增加它们的黄金储备，这一做法称为"黄金的货币化"，即将黄金从非货币用途转至货币用途。黄金的非货币化则正好相反。然而，通过黄金货币化来增加国际储备量毕竟是有限的，因为一国私人持有的黄金量是有限的，而且黄金产量也受到自然条件的限制。而一国政府若想减少其黄金储备，则可以通过在国内出售政府持有的黄金来实现。事实上，世界各国的黄金储备基本上是保持稳定不变的。

### 2. 外汇储备

一国增加其外汇储备的渠道，第一是该国中央银行针对本国货币升值所进行的抛售本国货币和收进外汇的市场干预；第二是一国政府或中央银行向国外金融机构、国际金融组织和外国政府借款；第三是国际收支顺差，这是增加外汇储备最稳定、最可靠的来源之一。由于经常项目顺差往往是形成一国国际收支顺差的主要因素，经常项目顺差便成为一国外汇储备的最主要来源之一。当然，资本项目顺差也是一国外汇储备的一个来源。但是，资本项目顺差并不是一国外汇储备最稳定、最可靠的来源。无论是长期资本项目顺差，还是短期资本项目顺差，都具有不稳定性和暂时性，因为长期资本项目顺差，如果没有新资本流入，发生外国资本抽回投资，这种收支顺差带来的好处就将消失；至于短期资本项目顺差就更不稳定了，因为短期资本具有转移不定的特性。

一国减少其外汇储备的途径主要有国际收支逆差尤其是经常项目逆差、中央银行针对本币贬值所进行的抛售外汇和收进本币的市场干预及国际信贷。

### (三) 国际储备的结构管理

一国对国际储备的管理，除了在数量上将国际储备保持在最适度水平上外，在结构上也要保持合理，以使储备资产符合流动性(亦称变现性)、安全性和营利性原则。**合理的国际储备结构**，是指国际储备资产最佳的分布格局，即使黄金储备、外汇储备、在 IMF 的储备头寸和特别提款权之间，以及使外汇储备的各种储备货币之间保持适当的比例关系。

### 1. 黄金储备、外汇储备、在 IMF 的储备头寸和特别提款权的结构管理

黄金储备、外汇储备、在 IMF 的储备头寸和特别提款权结构管理的目标，是确保流动性和营利性的恰当结合。然而，经济活动中的情况却是流动性与营利性互相排斥，成反向关系。流动性高的资产，营利性往往就低；而营利性高的资产，其流动性往往就低。因此，对储备资产的营运就需要在流动性与营利性之间进行权衡，二者兼顾。由于国际储备的首要作用是弥补国际收支逆差，因而在流动性与营利性二者中，各国货币当局更重视流动性。按照流动性的高低，西方经济学家和一些货币当局(如英格兰银行)把储备资产划分为三个档次。

(1) 一级储备资产或流动储备资产。其指流动性非常高的资产，即活期存款和短期票据(如

90 天国库券)，平均期限为三个月。

(2) 二级储备资产。其指收益率高于一级储备，而流动性低于一级储备但仍然很高的储备，如中期国库券，平均期限为 2～5 年。

(3) 三级储备资产。其指收益率高于二级储备，而流动性低于二级储备的储备资产，如长期公债券，平均期限为 4～10 年。

从流动性程度来看，在 IMF 的储备头寸由于成员可以随时动用，故其类似于一级储备。特别提款权，由于它只能用于成员政府对 IMF 与成员政府之间的支付，成员若需将它用于其他方面的支付，需向 IMF 提出申请，并由 IMF 指定相关国家，提供申请国所需货币。显然，这个过程需要一定时间才能完成。因此，特别提款权可视为二级储备。至于黄金储备，由于黄金的投机性强，各国货币当局一般只在黄金市价对其有利时，才肯卖为储备货币。因此，黄金储备应列为三级储备。

至于这流动性的三个档次在储备资产中如何具体安排，则视各国的具体情况而定。大体来说，一国应当拥有足够的一级储备来满足储备的交易性需求。这部分储备随时可以动用，充当日常干预外汇市场的手段。一旦满足这种交易性需要，货币当局就可以将剩余的储备资产主要在各种二级储备与三级储备之间进行组合投资，以期在保持一定的流动性条件下获取尽可能高的预期收益率。

### 2. 各种储备货币的结构管理

各种储备货币的结构管理是指确定各种储备货币在一国外汇储备额中各自所占的比重，它是随着布雷顿森林体系的崩溃和浮动汇率制度取代固定汇率制度之后出现的。这是因为，在浮动汇率制下，由于汇率波动没有上下界限的规定，某种储备货币汇率急剧升跌，会使以该种储备货币表示的外汇储备资产的实际价值增加或减少，从而使这些储备资产的持有者增加收益或受到损失。另外持有各种外汇储备资产还有利息收益，这样，一种储备货币的外汇资产收益的大小，便取决于汇率变化率和利率这两个因素，其计算公式为

$$\text{一种储备货币外汇资产的收益率} = \text{汇率变化率} + \text{名义利率}$$

根据这个公式计算所得收益率，是各国货币当局调整储备货币结构的经济依据。由于影响储备资产收益的利率与汇率这两个因素经常变化，一国货币当局需不断调整其储备结构，以使其储备资产的分布始终处于最佳状态。

在决定一种储备货币资产总收益率的因素中，名义利率容易确定，而汇率的变化率则难于事先确定。这就使总收益率具有了不确定性。所以，降低或避免某种储备货币贬值所造成的外汇储备价值减少的风险损失，是储备货币结构管理的困难所在。下述办法有助于解决这个困难。

(1) 使各种储备货币的结构同贸易赤字的货币结构、清偿外债本息支出外汇净额的货币结构和干预外汇市场所需要的货币结构一致。

(2) 实行储备货币的多元化，以使一部分储备货币贬值所造成的汇率风险损失，由另一部分储备货币升值所带来的收益来抵消，从而使整个储备资产的购买力保持稳定。

通常认为，一国国际储备可分为两个部分。一部分基于日常弥补赤字和干预外汇市场的需要，称为交易性储备；另一部分基于不可预测的、突发的内外冲击，称为预防性储备。总体来看，交易性储备的货币构成应与弥补赤字和干预市场所需要的货币构成保持一致，而预防性储备则应按照分散原理进行投资。

# 第六节 国际收支理论

## 一、"物价—现金流动机制"理论

早在 1752 年，英国经济学家大卫·休谟就论述了"物价—现金流动机制"(Price-Specie Flow Mechanism)理论。该理论认为，一国国际收支逆差，会引起黄金外流。黄金外流又会引起货币供给减少和物价下跌。物价下跌，有利于出口，不利于进口，从而恢复国际收支平衡。一国国际收支顺差，则会引起黄金内流。黄金内流会引起货币供给增加和物价上涨。物价上涨不利于出口，有利于进口，从而使顺差趋于消失。

## 二、弹性分析理论

弹性分析理论(the theory of elasticities approach)产生于 20 世纪 30 年代，是一种适用于纸币流通制度的国际收支理论。最初是由英国经济学家琼·罗宾逊(J. Robinson)于 1937 年提出的。由于该理论紧紧围绕进出口商品的供求弹性来论述国际收支问题，因而得名为弹性分析理论。它实质上是马歇尔的弹性理论在外汇市场的延伸。

弹性分析理论主要研究货币贬值对贸易收支的影响。它舍弃了国家间的资本流动与劳务的进出口，此外，还假定进出口商品的供给有完全的弹性。众所周知，贸易收支是出口值与进口值的对比，而出口值=出口商品价格×出口商品数量，进口值=进口商品价格×进口商品数量。进、出口值均以外币表示。所谓进出口商品的供求弹性，是进出口商品的供求数量对进出口价格变化反应的程度：弹性大，表明进出口商品价格能在较大程度上影响进出口商品的供求数量；弹性小，表明进出口商品价格变化对进出口商品供求数量的影响较小。一国货币贬值，会使出口价格下降而增加出口，进口商品价格提高而减少进口。但这并不意味着贸易收支逆差会减小，因为贸易逆差的减少取决于贸易值，即出口值增加并大于进口值。然而，出口值增大，只发生在出口商品数量的增长率大于出口价格下降的比率时，亦即国外需求弹性大于 1 时；进口值减少，只会发生在进口需求有弹性而大于零时。这样，出口值大于进口值，贸易收支便得到改善。

现假定，出口需求弹性为 $D_x$，进口需求弹性为 $D_i$，当 $D_x+D_i>1$ 时，货币贬值有利于改善贸易收支。这就是著名的"马歇尔—勒纳条件"(Marshall-Lerner Condition)。这是货币贬值能改善贸易收支所必须具备的条件。此外，弹性分析理论还认为：当 $D_x+D_i=1$ 时，货币贬值对贸易收支不发生作用；当 $D_x+D_i<1$ 时，货币贬值会使贸易收支逆差扩大。这就是弹性分析理论。

弹性分析理论的主要贡献在于它纠正了货币贬值一定会改善贸易收支的片面看法，而正确地指出了：只有在一定的进出口供求弹性条件下，货币贬值才能改善国际贸易收支。但是，也存在以下缺陷。①这个理论把国际收支仅限于贸易收支，而未考虑国际收支的其他项目，尤其是国家间的资本流动。这显然是一个重大缺陷，因为国际资本流动在当代国际收支中的地位与作用已日益重要。②弹性分析理论以小于"充分就业"(即国内外都有大量闲置资源未被充分利用)为条件，因而做出了供给有完全弹性的假定。这种假定使这个理论有很大的局限性，即只适用于经济周期的衰退和萧条阶段，而不适用于经济周期的复苏与繁荣阶段。③弹性分析理论忽视了汇率变动效应的"时滞"(time lag)问题，实际上，汇率贬值在贸易收支上的效应并不是"立竿见影"的，而是呈"J 形曲线"(J curve)的。这是因为，在货币贬值后的初期，以本币表示的进口价格会立即提高，但以外币表示的出口价格却降低较慢。同时出口量要经过一段时间才能增加，而进口量要经过一段时间才能减少。这样，在货币贬值后的初期，出口值会小于进口值，贸易收支仍会恶化。只有过一段时间之后，贸易收支才会逐渐好转。④弹性分析理论分析了货币贬值后初期阶段的价格，而未考察继发的通货膨胀。⑤弹性分析理论采用"局部均衡"方法分析国际收支问题也增强了它的局限性。所谓"局部均衡"，就是假定"其他条件不变"。然而，实际上其他条件并非不变，如继发性通货膨胀及国民收入与利率都会变化。

## 三、吸收分析理论

吸收分析理论(the theory of absorption approach)形成于 20 世纪 40 年代后期，是美国经济学家亚历山大(S. Alexander)提出的理论。这个理论产生的历史背景之一是，西欧国家经济正在恢复，国际收支危机严重。第二个背景则是，凯恩斯主义理论已成为西方经济学的主流思想。吸收分析理论实际上是凯恩斯主义理论在国际收支上的具体运用，它是以凯恩斯的国民收入方程式为基础的。按照凯恩斯的国民收入方程式，$Y=C+I+G$，式中 $Y$ 为国民收入，$C$ 为私人消费，$I$ 为私人投资，$G$ 为政府支出。这原是凯恩斯对封闭经济进行考察和分析的均衡方程式。后来凯恩斯的追随者又对开放型经济进行考察和分析，把对外贸易也包括在方程式之内，因而，上述均衡方程式便成为

$$Y=C+I+G+(X-M)$$

式中：$X$ 为出口收入；$M$ 为进口支出；$X-M$ 为贸易收支差额。假定支出(亚历山大称为吸收，吸收理论因此而得名)即($C+I+G$)为 $A$，并把国际收支 $B$ 抽象为贸易收支，则 $Y=C+I+G+(X-M)$式变为 $Y=A+B$，移项得 $B=Y-A$。

此式表明：

(1) 国际收支=总收入－总吸收。

(2) 总吸收如与总收入相等，为国际收支平衡；总收入如大于总吸收，为国际收支顺差；总收入如小于总吸收，则为国际收支逆差。

(3) 方程式的左端 $B$ 为果，右端 $Y-A$ 为因。

在亚历山大看来，国际收支顺差是总吸收相对于总收入不足的表现，而国际收支逆差则是总吸收相对过大的反映。由 $B=Y-A$ 可知，消除国际收支逆差的方法是：增加总收入，或减少总吸收，或二者兼用。

吸收分析理论的重要贡献在于把国际收支同国内经济联系起来，说明通过对国内经济的调整可达到调节国际收支的目的，从而为利用宏观经济政策调节国际收支提供了理论基础。但是，该理论也有明显的缺点，就是没有考虑到在国际收支中处于重要地位的国际资本流动。

## 四、收入分析理论

收入分析理论(the theory of income approach)，分析的是在汇率和价格不变的条件下收入变动在国际收支调节中的作用。它同样不考虑国际资本流动，将国际收支等同于贸易收支，其基本精神是，进口支出是国民收入的函数，自主性支出的变动通过乘数效应引起国民收入变动，从而影响进口支出。

这个理论认为，一国可以通过需求管理政策来调整国际收支。当一国国际收支出现逆差时，当局可以实施紧缩性财政货币政策，降低国民收入，以减少进口支出，改善国际收支；当一国国际收支出现顺差时，当局则可以实施扩张性财政货币政策，提高国民收入，以增加进口支出，减少国际收支顺差。这种通过收入变动来调节国际收支的效果，取决于本国边际进口倾向($M$)

的大小，即取决于进口需求收入弹性和开放程度的高低，因为边际进口倾向 $\left(\dfrac{\Delta M}{\Delta Y}\right)$ 为进口需求

收入弹性 $\left(\dfrac{\Delta M}{M} \Big/ \dfrac{\Delta Y}{Y}\right)$ 与开放程度 $\left(\dfrac{M}{Y}\right)$ 之积。这表明，一国开放程度越大，进口需求收入弹

性越大，一定规模的紧缩政策所带来的国际收支改善程度就越大。收入分析理论阐述了对外贸易与国民收入之间的关系，以及各国经济通过进出口途径相互影响的原理，在一定程度上对于我们理解现实经济状况有一定的启发意义。但它也有明显的缺陷：①建立在凯恩斯乘数原理的基础之上，模型中没有考虑货币量和价格因素的作用；②同样没有考虑国际资本流动，因此关于收入对国际收支的影响分析并不全面。

## 五、货币分析理论

货币分析理论(the theory of monetary approach)是随着现代货币主义的兴起，在 20 世纪 70 年代中后期流行的一种国际收支理论，其代表人物是美国经济学家蒙代尔(R. A. Mundell)和约翰逊(H. G. Johnson)。该理论认为国际收支是一种货币现象，因而强调货币供给与货币需求之间的状况在形成国际收支失衡及其调节过程中的作用：货币需求大于货币供给，会使国际收支发生顺差；货币需求小于货币供给，将使国际收支发生逆差；货币需求与货币供给处于平衡状态，将使国际收支平衡。货币分析理论认为，一国的货币供给有两个来源：国内银行体系创造的信用；由经常项目顺差与资本项目顺差所形成的国外资金流入。货币需求只能从这两个方面得到满足。如果国内货币供给不能满足货币需求，只能靠从国外取得资金来满足。这时，国外资金会流入，直到货币供给与货币需求恢复平衡，而使国际收支平衡。随着国外资金流入和货币供给增加，国际收支则会出现顺差。此时，人们就会扩大商品进口和对外投资，以把资金转移到国外，国内的货币供给便会减少。随着这些活动的增加，国际收支将出现逆差。由此，货币分析理论得出结论：国际收支是一种货币现象；货币政策是调节国际收支的主要手段和工具。

从上述货币分析理论的主要论点，我们可以看出：①它实质上是休谟的"物价—现金流动机制"理论在现代条件下的进一步发展，是新的国际收支自动平衡理论；②同其他理论相比，其进步之处在于考虑到了国际资本流动对国际收支的影响；③研究的是长期货币供求均衡对国际收支的平衡效果，即长期的国际收支调节问题，但却忽视了短期国际收支失衡所带来的影响，这是货币分析理论的主要缺陷。

## 六、新剑桥学派的国际收支理论

新剑桥学派的国际收支理论是新剑桥学派的一些学者于 20 世纪 80 年代初提出的。该理论根据国民收入均衡条件，即

$$C+S+T=C+I+G+(X-M)$$

其中，$C$ 为消费，$S$ 为私人储蓄，$T$ 为政府税收，$I$ 为私人投资，$G$ 为政府支出，$X$ 为出口，$M$ 为进口。

得出

$$(I-S)+(G-T)+(X-M)=0$$

他们认为，由于私人部门持有的金融资产净获得额与可支配收入保持固定比率，因而$(I-S)$很稳定。这样贸易收支差额$(X-M)$主要受政府收支$(G-T)$的影响，由此主张利用财政政策来调整国际收支。

新剑桥学派的国际收支理论阐述了财政收支与对外贸易收支乃至国际收支的关系，为运用财政政策调节国际收支提供了理论依据。然而，国际收支平衡并不完全取决于国家财政状况，而且财政政策的运用也还存在许多困难，因为政府不论是减少财政支出还是增加税收都会遇到重重阻力。这说明运用财政政策调节国际收支有较大局限性。

想要深入学习和研究国际收支理论的读者，建议参考下列文献：

(1) Crockett, A. D. Control over International Reserves[R]. Washington, D.C.: IMF Staff Papers, 1978.

(2) Heller, H. R, Khan, M. S. The Demand for International Reserves under Fixed and Floating Exchange Rates[R]. Washington, D.C.: IMF Staff Papers, 1978.

(3) Williamson, J. International Liquidity: A Survey[J]. Economic Journal, 1978, 83: 685-746.

(4) Howard, D. H. Implications of the U.S. Current Account Deficit[J]. Journal of Economic Perspectives, 1989, 3(3): 153-165.

(5) Kindleberger, C P. Measuring Equilibrium in the Balance of Payments[J]. Journal of Political Economy, 1969, 77: 873-891.

(6) Stern, R M. The Balance of Payments[M]. Chicago: Aldine, 1973.

**专题阅读材料4-1** 我国的国际收支与国际储备

**一、我国的国际收支平衡表**

中华人民共和国成立以来相当长的时期内，我国没有编制国际收支平衡表，只是编制外汇收支平衡表。外汇收支平衡表仅仅反映对外贸易和非贸易的收支状况，而没有反映与国外资金往来的情况。原因很简单，过去我国与西方国家间的资金借贷关系很少。虽然我国也有对发展中国家提供一定数量的经济援助，但这些援外开支都被作为财政开支处理，没有单独编制对国外资金收支的报表。

改革开放以来，我国对外经济交往的范围越来越广，内容也越来越复杂。因此，这种单纯依靠外汇收支统计已不能全面、综合地反映我国对外经济交往的情况。为了加强宏观管理，便于国际金融组织和国外投资者了解我国的国际收支情况，需要建立一套适合我国实际需要的国际收支统计制度。另外，我国于1980年恢复在国际货币基金组织和世界银行中的合法席位以后，按照成员的义务，也需要向上述国际组织报送国际收支平衡表等有关资料。为此，1980年我国开始试编国际收支平衡表，1981年制定了国际收支统计制度。1984年10月，我国对原有的国际收支统计制度进行了修正，使得我国的国际收支平衡表在项目的设置、分类等方面更为合理，并具有国际可比性，从1985年起国家外汇管理局陆续公布我国的国际收支平衡表。

目前，我国的国际收支平衡表是根据国际货币基金组织的《国际收支和国际投资头寸手册》(第六版)编制的，2021年我国的国际收支平衡表见表4-5。

**二、对我国国际收支平衡表的分析**

(一) 国际收支概况

1. 国际收支主要特点

(1) 经常账户延续顺差，非储备性质的金融账户小幅顺差。2021年，我国经常账户顺差3 173亿美元，较2020年增长28%；非储备性质的金融账户顺差382亿美元，而2020年为小幅逆差(见表4-6)。

表 4-5  2021 年中国国际收支平衡表

单位：亿美元

| 项目 | 差额 | 贷方 | 借方 |
|---|---|---|---|
| 一、经常项目 | 3 173 | 38 780 | −35 607 |
| A. 货物和服务 | 4 628 | 35 543 | −30 915 |
| a. 货物 | 5 627 | 32 159 | −26 531 |
| b. 服务 | −999 | 3 384 | −4 384 |
| 1. 加工服务 | 135 | 142 | −7 |
| 2. 维护和维修服务 | 40 | 79 | −38 |
| 3. 运输 | −206 | 1 273 | −1 479 |
| 4. 旅行 | −944 | 113 | −1 057 |
| 5. 建设 | 56 | 154 | −97 |
| 6. 保险和养老金服务 | −144 | 49 | −193 |
| 7. 金融服务 | 4 | 52 | −47 |
| 8. 知识产权使用费 | −351 | 117 | −468 |
| 9. 电信、计算机和信息服务 | 106 | 507 | −401 |
| 10. 其他商业服务 | 339 | 869 | −531 |
| 11. 个人、文化和娱乐服务 | −18 | 14 | −33 |
| 12. 别处未提及的政府服务 | −17 | 16 | −32 |
| B. 初次收入 | −1 620 | 2 745 | −4 365 |
| 1. 雇员报酬 | −13 | 171 | −184 |
| 2. 投资收益 | −1 638 | 2 536 | −4 174 |
| 3. 其他初次收入 | 31 | 38 | −7 |
| C. 二次收入 | 165 | 492 | −327 |
| 1. 个人转移 | 9 | 54 | −45 |
| 2. 其他二次收入 | 156 | 438 | −282 |
| 二、资本和金融项目 | −1 499 | | |
| A. 资本项目 | 1 | 3 | −2 |
| B. 金融项目 | −1 500 | 6 616 | −8 116 |
| 1. 非储备性质的金融项目 | 382 | 6 616 | −6 234 |
| 1.1 直接投资 | 2 059 | 3 340 | −1 280 |
| 1.2 证券投资 | 510 | 1 769 | −1 259 |
| 1.3 金融衍生工具 | 111 | 179 | −68 |
| 1.4 其他投资 | −2 298 | 1 576 | −3 873 |
| 2. 储备资产 | −1 882 | | |
| 2.1 货币黄金 | 0 | | |
| 3.2 特别提款权 | −416 | | |
| 3.3 在基金组织的储备头寸 | 1 | | |
| 3.4 外汇储备 | −1 467 | | |
| 3.5 其他储备资产 | 0 | | |
| 三、净误差与遗漏 | −1 674 | | |

注：1. 本表根据《国际收支和国际投资头寸手册》(第六版)编制，统计的是中国居民与非居民之间发生的一切经济交易。遵循经济体原则，中国居民不包括中国香港特别行政区、中国澳门特别行政区、中国台湾地区的机构和个人等。因此，上述三个地区与境内的贸易和投资往来属于非居民与我国居民的交易。

2. "贷方"按正值列示，"借方"按负值列示，差额等于"贷方"加上"借方"。本表除标注"贷方"和"借方"的项目外，其他项目均指差额。

3. 本表计数采用四舍五入原则。

资料来源：国家外汇管理局国际收支分析小组. 2021 年中国国际收支报告 [R/OL]. (2022-03-25)[2024-08-05]. https://www.gov.cn/xinwen/2022-03/25/5681503/files/23d8bc8aaf2347ddb0639de76ea3a11f.pdf.

表 4-6  2017—2021 年国际收支顺差结构

| 项目 | 2017 年 | 2018 年 | 2019 年 | 2020 年 | 2021 年 |
|---|---|---|---|---|---|
| 经常项目差额(亿美元) | 1 887 | 241 | 1 029 | 2488 | 3 173 |
| 占 GDP 比例 | 1.5% | 0.2% | 0.7% | 1.7% | 1.8% |
| 非储备性质的金融项目差额(亿美元) | 1 095 | 1 727 | 73 | −611 | 382 |
| 占 GDP 比例 | 0.5% | 1.2% | 0.1% | −0.4% | 0.2% |

(2) 货物贸易顺差扩大。按国际收支统计口径,2021 年我国货物贸易出口 32 159 亿美元,较 2020 年增长 28%;进口 26 531 亿美元, 增长 33%;贸易顺差 5 627 亿美元, 延续增长态势。

(3) 服务贸易逆差收窄。2021 年, 服务贸易收入 3 384 亿美元, 较 2020 年增长 48%;支出 4 384 亿美元, 增长 15%;逆差 999 亿美元, 下降 34%。其中, 运输逆差 206 亿美元, 收窄 46%, 主要是运输收入较快增长;旅行项目逆差 944 亿美元, 下降 22%, 体现全球新冠感染疫情对我国居民跨境出行的持续影响。

(4) 初次收入呈现逆差。2021 年初次收入项下收入 2 745 亿美元, 较 2020 年增长 12%;支出 4 365 亿美元, 增长 20%;逆差 1 620 亿美元。其中, 雇员报酬逆差 13 亿美元, 投资收益逆差 1 638 亿美元。从投资收益看, 外商来华各类投资的收益合计 4 174 亿美元, 我国对外投资的收益合计 2 536 亿美元。

(5) 二次收入延续小幅顺差。2021 年二次收入项下收入 492 亿美元, 较 2020 年增长 37%;支出 327 亿美元, 增长 19%;顺差 165 亿美元, 增长 95%。

(6) 直接投资顺差增加。按国际收支统计口径, 2021 年直接投资顺差 2 059 亿美元, 2020 年顺差 994 亿美元。我国对外直接投资(资产净增加)1 280 亿美元, 较 2020 年减少 17%, 新冠感染疫情背景下境内企业跨境投资并购总体合理有序;外商来华直接投资(负债净增加)3 340 亿美元, 增长 32%, 说明我国经济增长保持全球领先优势, 对外资吸引力增强。

(7) 证券投资保持顺差。2021 年证券投资顺差 510 亿美元。其中, 我国对外证券投资(资产净增加)1 259 亿美元, 较 2020 年下降 17%;境外对我国证券投资(负债净增加)1 769 亿美元, 下降 28%。

(8) 其他投资延续逆差。2021 年存贷款、贸易应收应付等其他投资逆差 2 298 亿美元。其中, 我国对境外的其他投资净流出(资产净增加)3 873 亿美元, 较 2020 年增长 15%;境外对我国的其他投资净流入(负债净增加)1 576 亿美元, 增长 73%。

(9) 储备资产稳中有增。2021 年因交易形成的储备资产(剔除汇率、价格等非交易价值变动影响)增加 1 882 亿美元, 其中外汇储备增加 1 467 亿美元。2021 年末, 我国外汇储备余额 32 502 亿美元, 较 2020 年末增加 336 亿美元, 余额变动主要受交易、汇率折算、资产价格变动等因素的影响。

2. 国际收支运行评价

我国经济持续稳定恢复, 国际收支延续基本平衡格局。2021 年新冠感染疫情持续扰动全球经济复苏, 主要发达经济体货币政策开始转向, 面对复杂严峻的国际金融形势, 我国经济发展和疫情防控保持领先地位, 为国际收支基本平衡奠定了坚实基础。我国经常账户顺差有所增加, 并继续处于合理均衡区间;非储备性质的金融账户下跨境双向投资保持活跃, 呈现小幅顺差、总体均衡的态势;外汇储备规模稳定在 3.2 万亿美元左右。

经常账户保持合理均衡的顺差格局。2021 年经常账户顺差 3 173 亿美元, 与 GDP 之比为 1.8%, 仍处于合理均衡区间。我国经常账户运行稳健主要得益于两方面因素。一是国内产业链供应链优势继续发挥作用, 外贸提质增效成果显现。当前我国贸易伙伴日趋多元化、出口商品结构不断优化、外贸经营主体活力增强, 是推动货物贸易平稳增长的内在动力。二是全球新冠感染疫情对服务贸易进口的抑制作用仍在持续。2021 年境外疫情反复，跨境人员流动受阻，决定服务贸易状况的旅行等消费支出继续下降，服务贸易逆差维持低位。

跨境双向投融资持续活跃。从来华各类投资看，2021 年合计净增加 6 616 亿美元，主要源自外商来华直接投资和外资购买人民币资产。其中，来华直接投资较 2020 年增长 32%，创历史新高，说明我国良好的经济发展前景对境外长期资本具有较强吸引力；来华证券投资虽低于 2020 年但仍显著高于新冠感染疫情前 2019 年的水平，体现了我国金融市场对外开放不断推进、人民币币值相对稳定及国内股票和债券投资价值较高的相对优势。从对外各类投资看，2021 年合计净增加 6 234 亿美元，主要是在境内外汇流动性较充裕的情况下，境内主体增加了在境外的投资和存款、贷款等活动，这也说明经常账户顺差及来华各类投资主要形成了我国民间部门对外资产，国际收支实现自主平衡。

(二) 国际收支主要项目分析

1. 货物贸易

货物贸易进出口规模再上新台阶。2021 年我国经济高质量发展取得新成效，主要经济指标保持较快增长，国内生产和消费需求回升，同时全球经济复苏提振外需，我国外贸进出口较快增长，规模创新高。据海关统计，2021 年我国进出口总额为 6.05 万亿美元，较 2020 年增长 30%，年内跨越 5 万亿、6 万亿美元两大台阶。

贸易方式结构持续优化。2021 年我国一般贸易进出口 3.72 万亿美元，较 2020 年增长 34%，高出整体进出口增速近 4 个百分点；加工贸易进出口 1.32 万亿美元，增长 19%。随着国内产业转型升级，近年来一般贸易在进出口总额中的占比持续提升，加工贸易在进出口中的占比逐年下降。

民营企业进出口更加活跃。2021 年民营企业进出口总额为 28 650 亿美元，较 2020 年增长 36%，占全部进出口总额的比重为 47%，占比较 2020 年提高 2 个百分点；外商投资企业货物进出口总额为 21 717 亿美元，占 36%；国有企业货物进出口总额为 9 190 亿美元，占 15%。从差额看，2021 年，国有企业进出口逆差为 3 811 亿美元；外商投资企业、民营企业进出口顺差分别为 1 343 亿和 9 055 亿美元，对货物贸易顺差增长的贡献度分别为 44% 和 133%。

出口商品结构持续优化。2021 年我国高附加值产品出口表现突出，高新技术产品出口合计 9 796 亿美元，较 2020 年增长 26%，约占我国出口总值的三成；机电产品出口 19 857 亿美元，增长 29%，占出口总值的 59%，对我国出口贡献显著。其中，计算机、手机、家电产品等传统重点产品出口稳定增长；电动汽车、锂电池、光伏等新能源产品出口保持较快增长，如锂离子蓄电池出口 284 亿美元，增长 78%。

量价齐升推动进口增长。根据海关统计，2021 年我国进口数量指数月均上升 8%，以人民币计价的进口价格指数月均上升 12%，量价齐升共同推动进口规模快速增长。一方面，大宗商品价格上涨使得铁矿砂和原油进口金额较 2020 年分别增长 49% 和 44%，对进口增长的贡献度分别为 11% 和 13%，是拉动我国进口上升的重要因素；另一方面，机电产品进口增长 20%，其中全球芯片短缺及价格上涨，叠加 5G、智能汽车、物联网等新兴产业快速发展，使得集成电路的进口增长 24%，占我国机电产品进口的 38%。

贸易伙伴多元化拓展成效进一步显现。2021 年我国对前三大贸易伙伴东盟、欧盟、美国的进出口规模分别为 8 782 亿、8 281 亿和 7 556 亿美元，较 2020 年分别扩大 28%、27% 和 29%；顺差分别为 892 亿、2 084 亿和 3 966 亿美元。同时，我国企业开拓多元化市场成效显著，2021 年我国对拉丁美洲、非洲及 "一带一路" 共建国家进出口规模较 2020 年分别上涨 43%、36% 和 33%，均高于整体增速。

2. 服务贸易

服务贸易规模较快增长。2021 年我国服务贸易收支总额 7 768 亿美元，较 2020 年增长 27%，收支规模总体恢复至新冠感染疫情前 2019 年的水平；服务贸易与货物贸易总额的比例为 13%，与 2020 年基本持平。从主要项目看，受我国出口率先恢复、出口航线运力增强及国际运费上涨等因素影响，运输服务收支规模达 2 751 亿美元，增长 82%，规模和增幅均居服务贸易各项之首；其他商业服务收支规模 1 400 亿美元，超过旅行服务成为第二大项。

服务贸易收入创历史新高。2021 年服务贸易收入 3 384 亿美元，较 2020 年增长 48%。主要项目中，运输收入 1 273 亿美元，增长 125%，占 38%；其他商业服务收入 869 亿美元，增长 24%，占 26%；电信、计算机和信息服务收入 507 亿美元，增长 30%，占 15%。

服务贸易支出较 2020 年有所回升。2021 年服务贸易支出 4 384 亿美元，较 2020 年增长 15%。主要项目中，运输支出 1 479 亿美元，增长 56%，占比 34%；旅行支出 1 057 亿美元，下降 19%，占 24%；知识产权使用费支出 468 亿美元，增长 24%，占 11%。

服务贸易逆差继续收窄。2021 年服务贸易逆差 999 亿美元，较 2020 年下降 34%。其中旅行逆差仍为服务贸易逆差的主要来源，逆差规模为 944 亿美元，下降 22%，主要是居民跨境旅行支出保持低位。服务贸易逆差中排名第二和第三的是知识产权使用费和运输，其中知识产权使用费逆差 351 亿美元，增长 20%，主要是知识产权使用费支出增加；运输逆差 206 亿美元，下降 46%。

服务贸易区域分布集中度延续稳定。2021 年我国服务贸易前十大伙伴国(或地区)依次为中国香港地区、美国、新加坡、日本、德国、英国、韩国、爱尔兰、加拿大和中国台湾地区，与 2020 年基本一致，合计规模达 5 714 亿美元，占总服务贸易规模的 74%。对中国香港地区服务贸易差额由逆转顺，对新加坡继续保持小幅顺差，对其余 8 个主要贸易伙伴的服务贸易均呈逆差，逆差规模普遍收窄。

### 3. 直接投资

直接投资净流入明显增长。2021 年我国国际收支口径的直接投资净流入 2 059 亿美元，较 2020 年增长 1.1 倍。

对外直接投资稳中有降。2021 年我国对外直接投资(资产净增加)1 280 亿美元，较 2020 年下降 17%，新冠感染疫情背景下，市场主体对外直接投资总体保持平稳有序。

从投资形式看，以对外股权投资为主，对境外关联企业贷款为辅。一是对外股权投资 992 亿美元，较 2020 年下降 26%。二是对境外关联公司贷款净流出 288 亿美元，增长 51%，其中上半年和下半年分别净流出 123 亿美元和 165 亿美元，境内主体对境外关联公司贷款保持平稳。

分部门看，我国非金融部门是对外直接投资的主体，金融部门对外直接投资增长较快。一是非金融部门对外直接投资 910 亿美元，较 2020 年下降 30%。境内企业"走出去"的首站目的地仍为中国香港地区；制造业占比 38%，保持首位。二是金融部门对外直接投资 370 亿美元，增长 56%，对境外子公司的注资和利润再投资均有增长。

来华直接投资创历史新高。2021 年来华直接投资(负债净增加)3 340 亿美元，较 2020 年增长 32%。我国经济发展前景广阔、新冠感染疫情防控卓有成效、对外开放不断扩大、营商环境持续优化，对境外长期资本形成较强吸引力。根据联合国贸发会议报告，2021 年我国为全球第二大外资流入国。

从投资形式看，来华股权投资和吸收关联企业贷款均有增长。一是来华股权投资净流入 2 772 亿美元，较 2020 年增长 26%。我国经济持续稳定恢复，外商投资企业盈利不断改善，吸收资本金投资和利润再投资均增长。二是吸收境外关联公司贷款 568 亿美元，增长 76%。

分部门看，超九成来华直接投资投向我国非金融部门。一是我国非金融部门吸收来华直接投资 3 105 亿美元，较 2020 年增长 32%，外商投资质量不断提升。其中，租赁和商务服务业吸收资金最多，占比 24%；信息传输、软件和信息技术服务业其次，占比 22%，较 2020 年增长 5 个百分点；批发和零售业占比 15%。二是我国金融部门吸收来华直接投资 235 亿美元，增长 37%。

#### 4. 证券投资

证券项下双向投资流量均达历史较高水平。2021 年我国证券投资项下净流入 510 亿美元。其中，对外证券投资净流出 1 259 亿美元，来华证券投资净流入 1 769 亿美元，均仅次于 2020 年。近年来，随着我国证券市场高水平对外开放持续推进，股市和债市逐步被纳入国际主流指数，跨境证券投资双向流动更加活跃、运行总体平稳。

对外证券投资以股权投资为主。2021 年我国对外证券投资净流出(资产净增加)1 259 亿美元，较 2020 年下降 17%。其中，股权投资 856 亿美元，下降 35%；债券投资 403 亿美元，增长约 1 倍。2021 年上半年，在主要发达经济体宽松货币政策背景下，全球主要的股票市场表现普遍较好，我国对外证券投资净流出 996 亿美元，其中一季度达到季度历史最高值；下半年对外证券投资有所趋稳。

从对外证券投资的渠道看，一是境内非银行机构和个人通过"港股通"和"基金互认"等渠道净购买境外证券 587 亿美元，下降 32%；二是境内银行等净购买境外债券 442 亿美元，增长 1.5 倍；三是合格境内机构投资者(QDII 及 RQDII)投资非居民发行的股票和债券合计 128 亿美元，增长 43%。

来华证券投资以债券投资为主。2021 年，境外对我国证券投资净流入(负债净增加)1 769 亿美元，较 2020 年下降 28%，主要体现了高基数的影响。其中，境外对我国债券投资净流入 938 亿美元，股权投资净流入 831 亿美元。分季度看，4 个季度来华证券投资净流入虽有波动，但基本维持在较高水平，分别为净流入 597 亿美元、291 亿美元、260 亿美元和 620 亿美元。

从境外对我国证券投资的主要渠道看，一是境外机构投资境内债券市场(包含"债券通"和银行间债券市场直接入市)及我国机构境外发行的债券(包括央行在香港地区发行的人民币央行票据)744 亿美元，以境外央行、银行等投资者为主；二是通过"沪股通"和"深股通"渠道净流入资金 671 亿美元，增长 1.2 倍；三是通过合格境外机构投资者(QFII 及 RQFII)渠道净流入 265 亿美元，增长 1.4 倍。在我国经济发展保持全球领先地位、人民币币值相对稳定、税收优惠政策延期、我国国债纳入富时罗素世界国债指数等多重利好因素下，我国证券市场保持对外资的吸引力。

#### 5. 其他投资

其他投资逆差略有下降。2021 年我国其他投资项下净流出(净资产增加)2 298 亿美元，较 2020 年下降 6%。其中，货币和存款净流出 869 亿美元，贷款净流出 1 154 亿美元，贸易信贷净流出 282 亿美元，其他应收应付净流出 394 亿美元。

对境外其他投资增加。2021 年我国对境外其他投资净流出(资产净增加)3 873 亿美元。其中，货币和存款净流出 1 525 亿美元，较 2020 年增长 4%，主要是境内金融机构在境外的资金运用增加；贷款资产净增加 1 205 亿美元，下降 11%；出口增加带动出口应收等贸易信贷资产净流出 616 亿美元，增长 66%；其他应收资产净流出 478 亿美元，增长 2.4 倍。

表 4-7　中国历年外汇储备总表(1950—2021 年)

单位：亿美元

| 年末 | 外汇储备 | 年末 | 外汇储备 | 年末 | 外汇储备 |
| --- | --- | --- | --- | --- | --- |
| 1950 | 1.57 | 1974 | 0.00 | 1998 | 1 449.59 |
| 1951 | 0.45 | 1975 | 1.83 | 1999 | 1 546.75 |
| 1952 | 1.08 | 1976 | 5.81 | 2000 | 1 655.74 |
| 1953 | 0.90 | 1977 | 9.52 | 2001 | 2 121.65 |
| 1954 | 0.88 | 1978 | 1.67 | 2002 | 2 864.07 |
| 1955 | 1.80 | 1979 | 8.40 | 2003 | 4 032.51 |
| 1956 | 1.17 | 1980 | -12.96 | 2004 | 6 099.32 |

(续表)

| 年末 | 外汇储备 | 年末 | 外汇储备 | 年末 | 外汇储备 |
|---|---|---|---|---|---|
| 1957 | 1.23 | 1981 | 27.08 | 2005 | 8 188.72 |
| 1958 | 0.70 | 1982 | 69.86 | 2006 | 10 663.44 |
| 1959 | 1.05 | 1983 | 89.01 | 2007 | 15 282.49 |
| 1960 | 0.46 | 1984 | 82.20 | 2008 | 19 460.30 |
| 1961 | 0.89 | 1985 | 26.44 | 2009 | 23 991.52 |
| 1962 | 0.81 | 1986 | 20.72 | 2010 | 28 473.38 |
| 1963 | 1.19 | 1987 | 29.23 | 2011 | 31 811.48 |
| 1964 | 1.66 | 1988 | 33.72 | 2012 | 33 115.89 |
| 1965 | 1.05 | 1989 | 55.50 | 2013 | 38 213.15 |
| 1966 | 2.11 | 1990 | 110.93 | 2014 | 38 430.18 |
| 1967 | 2.15 | 1991 | 217.12 | 2015 | 33 303.62 |
| 1968 | 2.46 | 1992 | 194.43 | 2016 | 30 105.17 |
| 1969 | 4.83 | 1993 | 211.99 | 2017 | 31 399.49 |
| 1970 | 0.88 | 1994 | 516.20 | 2018 | 30 727.12 |
| 1971 | 0.37 | 1995 | 735.97 | 2019 | 31 079.24 |
| 1972 | 2.36 | 1996 | 1 050.29 | 2020 | 32 165.22 |
| 1973 | -0.81 | 1997 | 1 398.90 | 2021 | 32 501.66 |

资料来源：国家外汇管理局网站，http://www.safe.gov.cn。

吸收其他投资净流入增长。2021年我国吸收其他投资净流入(负债净增加)1 576亿美元，较2020年增长73%。其中，非居民存款净流入656亿美元，下降29%；我国获得境外贷款净流入51亿美元，2020年为净流出183亿美元；进口增加带动企业进口应付等贸易信贷负债净流入335亿美元，增长3.3倍；其他应付负债净流入85亿美元，增长37%；2021年8月，国际货币基金组织(IMF)向成员分配特别提款权(SDR)，我国特别提款权负债相应增加416亿美元。

三、我国的国际储备

2021年末，我国国际储备资产为34 269亿美元，比2020年末增加1 882亿美元(此为剔除汇率、价格等非交易价值变动影响后的数值，如不考虑该影响，则为704亿美元)。其中，外汇储备增加1 467亿美元(此为剔除汇率、价格等非交易价值变动影响后的数值，如不考虑该影响，则为336亿美元)，特别提款权增加416亿美元，在国际货币基金组织的储备头寸基本保持不变。2021年末我国外汇储备余额达到32 502亿美元(见表4-7)，为世界上拥有外汇储备最多的国家。我国的外汇储备数量在很长一段时间内变化不大，但自1994年1月1日我国外汇管理体制改革以后，我国的外汇储备数量增幅越来越大，而且我国的国际储备的作用正在日益全面化，我国国际储备的作用除了可用于弥补国际收支逆差和充作偿还外债的保证之外，还具有充当干预资产的作用，用来保持人民币汇率的基本稳定。

# 复习思考题

1. 试述国际收支平衡表的编制原理。
2. 何谓国际收支？何谓国际收支平衡与失衡？如何判断一国的国际收支失衡？
3. 一国国际收支失衡的原因是什么？

4. 简述国际收支自动调节机制。

5. 试述一国国际收支调节的政策措施。

6. 国际储备与国际清偿力有何联系与区别？

7. 一国如何确定适度的国际储备量？

8. 简述一国国际储备管理的主要内容。

# 练习题

**1. 判断题**

(1) 国际收支平衡表是一国在一定时期内全部外汇收支的系统记录。　　　　　　( )

(2) 从长期来看，国际收支逆差必须调节，国际收支顺差则无须调节。　　　　( )

(3) 根据货币主义的观点，国际收支失衡是一种货币现象。　　　　　　　　　( )

(4) 一国的国际储备数量就是一国所拥有的全部外汇资产总额。　　　　　　　( )

(5) 由经济增长率变化和经济结构性因素所引起的国际收支失衡，属于暂时性失衡。

　　　　　　　　　　　　　　　　　　　　　　　　　　　　　　　　　　( )

**2. 选择题**

(1) 国际收支平衡表的分析方法有( )。

　　A. 动态分析法　　　　　　　　B. 静态分析法

　　C. 局部均衡分析法　　　　　　D. 一般均衡分析法

　　E. 比较分析法

(2) 国际收支经常项目的子项目包括( )。

　　A. 货物　　　　　　　　B. 服务　　　　　　　　C. 收益

　　D. 净误差与遗漏　　　　E. 经常转移

(3) 导致国际收支失衡的非偶发性原因有( )。

　　A. 国际游资的冲击　　　　B. 经济结构的变化　　　C. 国民收入的变化

　　D. 经济的周期性变化　　　E. 货币价值的变化

(4) 调解国际收支的政策措施主要有( )。

　　A. 财政政策　　　　　　B. 货币政策　　　　　　C. 外汇管制

　　D. 汇率政策　　　　　　E. 单独行动，拒绝与其他国家妥协和合作

(5) 一国所持有的国际储备主要包括( )。

　　A. IMF 分配的特别提款权　　B. 外汇储备　　　　　C. 在 IMF 的储备头寸

　　D. IMF 的贷款　　　　　　　E. 黄金储备

# 第五章

# 国际金融危机理论

金融学研究的一个最为传统的主题就是金融危机。回首国际金融发展史，金融危机始终贯穿其中，可以说，国际金融的历史同时也是一部金融危机的历史，特别是从金本位制度在第一次世界大战期间崩溃以来，世界经济就始终不时地受到金融危机的困扰，而且汇率制度的崩溃往往与反复无常的投机攻击联系在一起。20 世纪 90 年代以来，接连爆发了几次金融危机：1992年的欧洲货币体系危机及芬兰马克、瑞典克朗危机；1994 年的墨西哥比索危机和 1997 年的亚洲金融危机；2007—2008 年的美国次贷危机；2010 年的欧洲主权债务危机。这几次危机的规模都很大，对世界经济造成了巨大的危害。

不同时期、不同流派、不同背景的专家学者对金融危机的解释不尽相同，他们从形成原因、传导机制及扩散途径等方面对金融危机做出解释，并提出一系列可供参考的防范措施。

## 第一节  国际金融危机的界定

### 一、金融危机的含义

由于金融危机是一个复杂的经济现象，所以很难对金融危机下一个准确的定义。尽管如此，仍然有许多经济学家做出了有益的尝试。概括起来，目前比较有影响力的金融危机定义有以下几种。

(1) 著名国际经济学家查尔斯·金德尔伯格(Charles P. Kindelberger)和雷蒙德·戈德史密斯(Raymond W. Goldsmith)的定义。金德尔伯格在《新帕尔格雷夫货币金融大辞典》中给出了由戈德史密斯提出的金融危机的定义是：金融危机是全部或者大部分金融指标——短期利率、资产价格、企业破产数和金融机构倒闭数的急剧、短暂和超周期的恶化。金融危机是与金融景气相对的一个概念。金融危机的特征是基于预期资产价格下降而大量抛出不动产或长期金融资产，换成货币，而金融景气的特征则是基于预期资产价格上涨而大量抛出货币，购置不动产或长期金融资产。在金融景气和金融危机之间有一个"困难时期"，在这个时期，对资产价格上涨的预期已渐消退，但尚未逆转。困难时期也许很短，也许很长，它可能造成危机，也可能不会。

(2) 货币主义学者迈克尔·博多(Michael Bordo)的定义。博多将金融危机定义为十大因素或十大关系：预期的变动，对某些金融机构资不抵债的担心，试图将不动产或流动性较差的资产转化为货币等。其中，货币供应量的下降排在第 6 位。

(3) 布拉德福特·德龙(J. Bradford DeLong)的定义。德龙的定义是：金融危机是指大量的银行和公司破产或即将破产，当一个正在运营中的银行或公司资不抵债或无力完成各项支付时，危机就爆发了。当金融危机来临时，银行不愿意再向正在运营的公司发放贷款，也可能公司已经破产或即将破产，无法再偿还贷款；而当金融危机发生时，公司不能再对某个项目进行投资，因为银行随时会来催收贷款或者贷款已经延期了。

(4) 迈克尔·楚苏多夫斯基(Michael Chossudovsky)的定义。他认为：现代金融危机以一个国家的货币贬值为特征，而货币贬值是在投机者大规模的投机活动冲击下造成的，并且在资本市场和外汇市场同时展开。机构投资者不仅能控制股票价格，还能占有中央银行的大量外汇储备，威胁政府的霸权地位，给整个经济造成极大的不稳定。

(5) 其他学者的定义。所谓金融危机是指在金融市场上，由于金融秩序不完善、交易风险管理水平差、市场机制不健全及国际游资的冲击等原因而引起的动荡现象。其表现为货币市场银根奇紧、资本市场价格暴跌、企业信用破产、银行发生挤兑或停兑、金融机构倒闭等。

## 二、金融危机的分类

根据不同的分类标准，金融危机主要有以下几种分类方式。

(1) 根据金融危机影响所波及的区域范围，金融危机可以划分为国内金融危机和国际金融危机、区域性金融危机和全球性金融危机。

(2) 根据金融危机所研究的对象不同，金融危机可以划分为货币危机、银行危机和债务危机等类型。

(3) 根据引起金融危机的原因不同，金融危机可以划分为投机引致的金融危机、货币扩张引致的金融危机、预期引致的金融危机和流动性不足引致的金融危机等类型。

此外，还有其他的分类方式，在此不再赘述。有必要指出的是，现代金融危机往往是综合性的金融危机，货币危机、银行危机和债务危机常常叠加在一起，导致对整个经济和金融体系的破坏是全方位的、持久的和深入的。伴随着经济的全球化、自由化和国际金融市场一体化程度的不断加深，金融危机所涉及的一系列关键因素——投机、货币扩张、资产价格上升和随后泡沫的破灭及对流动性的争夺，往往会跨越一国的地理疆界，在国家间发生作用。再加上金融危机所具有的传染性效应或"多米诺骨牌"效应，金融危机的影响往往是全球性的，所以本章主要探讨国际金融危机。

## 三、金融危机的特点

通过阅读金融史中有关金融危机的文献，我们可以发现，金融危机主要有如下特点。

(1) 金融危机往往始于"外部冲击"，即对宏观经济体系的外部冲击。外部冲击可能是突发的政治事件、总需求或总供给的巨幅波动、大规模的技术变迁或未被预期到的货币政策的变动。

(2) 金融危机是经济周期运行中出现的一种金融动荡，并且这种动荡在经济生活中会引起不同程度的带有蔓延性的金融恐慌。这种金融恐慌表现为：资本外逃、外汇市场上出现抛售本币的狂潮、本币大幅贬值、国际储备枯竭等造成国际清偿力严重不足；国内金融市场银根紧缩、金融机构流动性严重缺乏、人们对金融机构丧失信心、大量金融机构因挤兑而接连倒闭；股市和房地产价格狂跌等。

(3) 金融危机产生的原因是多方面的，有可能是由经济的周期性波动造成的，也有可能是由于贸易逆差和财政赤字、外债规模超过一国承受能力、金融体系和金融监管制度不完善、国际投机资本恶意冲击等原因造成的。

(4) 金融危机对经济会造成巨大的危害。金融危机可以严重破坏一个国家的银行信用体系、货币和资本市场、对外贸易、国际收支，使整个国民经济陷于瘫痪，甚至导致国际货币体系的崩溃和国际金融市场的动荡。

# 第二节　重大国际金融危机的历史回顾

在世界经济发展的历史中，曾发生多次重大的国际金融危机。这些危机除了具有金融危机的一般性特征外，更具有各自的特殊性。在深入考察国际金融危机理论之前，我们有必要先对这些重大国际金融危机有所了解。本节将概括介绍这些重大国际金融危机的情况。

## 一、1929—1933 年资本主义世界金融危机

1929—1933 年，席卷资本主义世界的经济大萧条给世界经济带来了史无前例的冲击。在此期间，伴随着大萧条而出现的世界性金融危机造成了国际金本位制度的崩溃，严重动摇了整个国际信用体系。

1929 年，美国证券交易所的破产拉开了这场货币金融危机的序幕。1931 年 5 月，奥地利信贷银行的破产触发了主要资本主义国家的银行危机。危机迅速蔓延，导致全球股市暴跌，从而引起银行信贷市场的混乱。银行信用危机加剧了世界经济危机，德国是首当其冲的受害者。当时德国存在严重的国际收支危机，作为第一次世界大战的战败国，德国每年要支付大量的战争赔款和利息。为偿还外债，德国不得不从英美等国借入大量短期银行贷款。银行危机爆发后，美英等债权国担心资金安全，纷纷从德国提取短期资金，在该年 5 月到 7 月不足 3 个月的期间内，德国黄金储备骤然减少 48%，德国 4 家最大银行中的两家先后宣布破产。同年 9 月德国宣布停止支付外债，实行黄金禁运，停止黄金输出入。德国中止偿付外债后，英国在德国的资金不能够抽回，加之大量资金从英国外逃，同年 9 月底，英国宣布停止黄金支付，放弃金本位制度，宣布英镑法定贬值 31%。与此同时，许多国家的银行大批破产倒闭。1931—1932 年，美国共有 5 096 家银行倒闭。在 1933 年春季，美国又有 4 000 家银行倒闭。鉴于发生"挤兑"风潮，存款被大量提取，银行资金周转不灵，资金大量外逃，联邦储备银行黄金储备锐减，美国也被迫放弃金本位制度。截至 1933 年底，全世界有 25 个国家停止偿付政府债务，一系列政府宣布破产。这次危机对世界经济的破坏程度，在世界经济史上是绝无仅有的。

## 二、1992 年欧洲货币体系危机

### (一) 危机概况

欧洲货币体系是布雷顿森林体系崩溃后国际货币一体化与国际金融合作的成功典范。但是，它的成功却不是一帆风顺的。1992 年爆发的"九月危机"是欧洲货币体系成立以来遭遇的最大一次危机。

德国是欧洲货币体系中经济实力最强大的国家之一，在欧洲货币体系中有着举足轻重的地位，其政策在很大程度上会影响欧洲货币体系的运行。20 世纪 90 年代初，联邦德国政府为实现德国统一和复兴原民主德国地区的经济，投入了巨额资金，实施扩张性的财政政策，财政赤字和货币发行明显增加，国内通货膨胀压力明显增强。德国政府历来把通货膨胀作为头号敌人，

因此，为了抑制通货膨胀压力，德国中央银行不顾其他国家的强烈反对，决定采取高度紧缩的货币政策，经过几次调整，再贴现率从 1990 年底的 6%上调到 1991 年 6 月底的 8.8%，从而给其他西欧国家造成很大的升息压力。当时，西欧其他国家为摆脱经济萧条，刺激本国经济复苏，先后调低利率，但结果却使资金从这些国家流向利率相对较高的德国，形成马克坚挺的局面。这样，这些西欧国家便面临一种两难选择：如果想维持其货币与马克和欧洲货币单位的固定比价，进而维持欧洲货币体系的汇率稳定机制，它们就必须调高利率，也实行紧缩性货币政策；如果想通过降低利率来刺激本国经济复苏，它们又被迫使其货币对马克贬值。外汇市场参与者普遍预测英镑等货币将贬值。强烈的贬值预期推动着英国等国家的利率水平不断攀升，从而使维持固定汇率的代价进一步加大。1992 年 9 月 16 日，英格兰银行不得不在这一天两次大幅度提高利率，第一次由 10%提高到 12%，第二次由 12%提高到 15%。但是如此之高的利率显然是衰退中的英国经济无法承受的，没有人相信它能够维持下去。因此投机者不断冲击英镑和意大利里拉。经过一段时期的挣扎、协商及协调干预，英国和意大利终于首先抵挡不住外汇市场的强大压力，不得不宣布英镑和里拉"暂时"退出欧洲货币体系的汇率机制。英国和意大利退出欧洲货币体系降低了瑞典放弃钉住汇率的声誉成本，因此在 9 月初竭尽全力抵御投机冲击的瑞典，在 11 月中旬再一次受到冲击时，几乎未做什么抵抗就宣布脱离与欧洲货币单位的钉住汇率(芬兰马克与欧洲货币单位之间的钉住汇率已于 9 月 8 日失守)。这场危机因德国高利率的延续而一直持续到 1993 年夏天，西班牙比塞塔和法国法郎也先后遭到冲击，被迫"暂时"退出欧洲货币体系的汇率机制和宣布对马克大幅度贬值，从而使欧洲货币体系的汇率机制遭受沉重打击。值得一提的是，国际金融投机家者乔治·索罗斯(George Soros)正是利用欧洲各国在同一汇率机制问题上步调不一致的漏洞，发动了抛售英镑的投机风潮，迫使具有 300 年历史的英国中央银行(英格兰银行)放弃对外汇市场的干预，从而使索罗斯及他旗下的对冲基金，即量子基金一夜成名。

### (二) 原因解析

纵观这次危机的全过程，可以对危机发生的原因做出如下解释：首先，德国不顾其他国家的经济状况而单方面提高利率的举措使得德国与其他成员之间无法进行有效的政策协调，使得欧洲货币体系的汇率稳定机制难以维系，这是这次危机产生的直接原因；其次，国际外汇市场上的投机炒家不失时机的炒作，是这次危机爆发的催化剂；最后，欧洲货币体系中的各个成员在经济实力方面极不均衡，而经济不均衡的市场自发调整特别容易引发危机，这是这次危机发生的深层次原因。

## 三、1994 年墨西哥金融危机

### (一) 危机概况

1988 年，墨西哥开始实行"爬行钉住汇率制"，即把墨西哥比索钉住美元，在一个很小的幅度范围内波动。这项政策的初衷是通过稳定的汇率来促进墨西哥和美国之间的贸易，并借此降低国内通货膨胀率。这项政策确实获得了一定的效果，墨西哥经济快速增长，不仅洗刷了 20 世纪 80 年代债务危机的耻辱，而且成为拉美国家中的明星，通货膨胀率也从 20 世纪 80 年代末期的高于 100%降至 1993 年的 10%左右。

但是，这项政策也存在一个致命的缺点：由于墨美两国通货膨胀率差异依然很大(美国该时期通货膨胀率一直在 3%左右)，比索对美元的汇率长时间没有调整，致使币值高估，抑制出口，墨西哥便出现了国际收支经常项目逆差。例如，在 1994 年逆差额达 280 亿美元，占其国内生产总值的 8%。为平衡经常项目逆差，墨西哥不得不大举借债，一方面以政府名义发行了大量债券，尤其是以美元计值的短期债券，另一方面大力发展国内股票市场，提高利率水平，吸引国外投资者。据统计，到 1994 年底，外国投资者投放在墨西哥股票市场的资产总额达 750 亿美元。墨西哥新政府上台后，于 1994 年 12 月 20 日宣布比索贬值，企图借助货币贬值来解决经常项目逆差问题，不料由此引发投资者信心危机和恐慌，大量外国资金闻风而逃，势不可挡，为了维持比索与美元之间的固定比价，墨西哥政府进入外汇市场干预汇率，在两天之内就失去了 40 亿~50 亿美元的外汇储备。外汇储备濒于枯竭，迫使墨西哥比索不得不自由浮动，贬值达 50%以上，股票市场价格指数暴跌 50%以上，银行出现严重亏损和破产，墨西哥对外支付出现严重问题，不得不求助于美国和国际金融机构。在美国、国际货币基金组织和国际清算银行提供总计 500 亿美元的贷款担保下，墨西哥的这场货币金融危机才逐步平息下来。

### (二) 原因解析

墨西哥金融危机发生的原因可以概括如下。第一，墨西哥过度依赖外资。高利率吸引外资的政策使整个经济过分依赖外资。但当出现经常项目逆差等不良经济基本状况时，会引发投资者信心危机，外资流入减缓，外国投资者开始把投资于墨西哥金融市场的资金撤走，由此触发了危机。第二，进入墨西哥的外资大部分是短期资本。短期资本的大量流入，使比索的币值被过度高估，一旦外资流入速度减缓，或者外资不能被用来提高国内生产率以促进出口，长期存在的经常项目逆差就会引发外资大规模抽逃，汇率的大幅度调整就难以避免。

## 四、1997 年亚洲金融危机

### (一) 危机概况

亚洲金融危机是在经济全球化、区域经济一体化、金融贸易自由化向纵深发展的情况下发生的。这次危机发端于泰国。1996 年底，泰国的经常贸易逆差已经高达国内生产总值的 8%，由于房地产市场不景气导致大量房地产不良贷款，泰国金融机构出现了严重的资金周转问题，金融业陷入困境。1997 年 3 月初，泰国发生银行挤兑和金融公司股价暴跌的事件。泰国中央银行被迫向 10 家因挤兑影响而资金短缺的金融公司提供无抵押担保的贷款。在这种情况下，国际投机资金向泰国货币泰铢发起攻击，泰国中央银行为支持泰铢的币值，动用了大量的外汇储备资金。但是，泰国政府在与国际投机者的较量中失败了。1997 年 7 月 2 日，泰国中央银行宣布泰铢实行浮动汇率，取代泰铢对"一篮子货币"的钉住汇率。当天，泰铢就贬值20%。接着其他东南亚国家货币纷纷贬值。1997 年 7 月 11 日，在投机冲击的压力下，菲律宾不得不任其货币比索自由浮动，浮动汇率实行几小时内比索贬值了近 6%。之后缅甸、马来西亚、印度尼西亚和新加坡等国货币也大幅度贬值。而这次危机并未就此结束，1998 年，曾被亚洲各国称为亚洲最后一道防火墙的经济大国日本发生了剧烈的货币动荡，日元对美元的汇率达到自 1990 年以来近 8 年的历史最低点。韩国也同样未能幸免。

亚洲金融危机波及了几乎所有的东亚国家和地区，给这一地区带来了数千亿美元的直接经济损失。亚洲金融危机不仅使本地区的经济受到重创，而且对整个世界经济带来了深刻影响。其主要表现如下。①东亚国家和地区的外汇市场和股票市场剧烈动荡，各国货币对美元的汇率跌幅巨大。其中，受打击最大的泰铢、韩元、印尼盾和新加坡元分别贬值 39%、36%、72%和61%(以 1998 年 3 月底与 1997 年 7 月初的汇价相比较得出)。②危机导致大批企业、金融机构破产和倒闭。例如，泰国和印尼分别关闭了 56 家和 17 家金融机构，韩国排名前 20 位的企业集团中有 4 家破产，日本则有包括山一证券在内的多家全国性金融机构出现大幅亏损和破产倒闭，信用等级普遍下降。③国际资本大量外逃。据估计，泰国、菲律宾、马来西亚、印度尼西亚和韩国等国的私人资本由 1996 年的 938 亿美元净流入变为 1998 年的 246 亿美元净流出，仅私人资本一项的资金逆转就超过 1 000 亿美元。④日元汇率的剧烈动荡，造成国际外汇市场的动荡。⑤危机扩散蔓延到区外，为后来其他国家和地区发生的金融动荡埋下伏笔。在此之后，俄罗斯、巴西等国相继发生金融危机。1998 年 9 月，美国长期资本管理公司(Long-Term Capital Management，LTCM)在这场危机中出现巨额亏损，后由美联储出面组织大商业银行出资相救，才免于倒闭。⑥亚洲金融危机引发了全球一半以上的地区出现经济衰退，并在一些地区激起了政治动荡和安全危机。

### (二) 原因解析

由于这次亚洲金融危机的影响程度过于严重，引发了大量对危机爆发原因的探讨，概括起来主要如下。①这些国家经济基本状况存在比较严重的问题。贸易条件恶化和经常项目出现高额逆差。1996 年底，印度尼西亚经常项目逆差占其国内生产总值的比例达 3%，韩国为 5%，马来西亚为 6%，泰国为 9% 左右。②过早推行资本项目下的货币可兑换，使这一地区聚集了大量的流动性强的短期资本，它们极容易受到市场预期和信心变化的影响而出现急剧的逆转，中小规模的东亚经济难以承受如此巨大的资金流入、流出的逆转。③东亚各国金融体系的脆弱性使它们抵御外来影响的能力很差，一有风吹草动，就会危机四伏。④东亚各国经济模式的相似性使危机具有较强的传染性，导致"多米诺骨牌"效应，一国出现危机，就迅速蔓延到其他国家。⑤对国际投机性资本的危险性估计不足。国际金融市场的一体化、投机技术的多样化和巨额短期投机资本的存在，都为投机者的炒作提供了条件，而东亚国家缺乏金融监管的经验更是使投机者屡屡得手。

## 五、2007—2008 年美国次贷危机

### (一) 危机概况

次级贷款(subprime loan)是银行或贷款机构提供给那些不具备资格享受优惠利率(prime rate)贷款的客户的一种贷款。次贷危机(subprime crisis)是指次级住房抵押贷款的借款人大量违约而引起的信贷市场上的信用危机及以次级贷款为基础资产发行的证券(subprime mortgage-backed securities)价值大幅缩水而导致的资本市场上的次级债危机。次贷危机爆发之后，迅速蔓延，形成席卷全球的金融风暴。回顾起来，从次贷危机到全球性的金融危机，共经历了 4 个阶段的演化过程。

2007 年 2—5 月为次贷危机的初步爆发阶段。2 月汇丰控股在美国的次级房贷业务增加了 18 亿美元坏账拨备，3 月，美国新世纪金融公司濒临破产，美国次级抵押贷款风险浮出水面；之后，30 多家次级抵押贷款公司被迫停业，演变成了次级抵押贷款的系统性危机。这一阶段的危机对金融体系和金融市场都没有产生太大的冲击，人们对危机的严重性未能给予足够的重视，美国政府并没有采取相应措施。

2007 年 6—9 月为次贷危机的扩散阶段。金融市场(尤其是股票市场)开始出现剧烈的反应。6 月美国贝尔斯登公司旗下两只对冲基金出现巨额次级抵押贷款投资损失。7 月穆迪公司降低对总价值约 52 亿美元的 399 种次级抵押贷款支持证券信用评级。8 月初，法国、德国和日本等国

金融机构开始披露次贷相关损失，次贷危机开始向全球金融体系扩散。全球股票市场开始出现强烈反应，但投资者的信心并未根本动摇。由于担心次贷危机引起信贷紧缩和金融体系流动性的枯竭，美国联邦储备银行、欧洲中央银行、英格兰银行和日本银行开始向金融体系注入流动性，美国联邦储备银行在 8 月中旬开始降低再贴现率，9 月开始下调联邦基金利率，增多了金融机构从美国联邦储备银行获取贷款的抵押资产的品种。

2008 年 1—5 月为危机的深化阶段，卷入危机当中的金融机构规模越来越大，公告的损失也常常出人意料。2008 年 1 月中旬，花旗集团和美林证券分别公告，因次贷净亏损 98.3 亿美元和 98 亿美元，摩根大通 2007 年度财务报告显示第四季度亏损 35.88 亿元，1 月底，瑞士银行预计其 2007 年第四季度亏损约 114 亿美元。3 月中旬，贝尔斯登因流动性不足和资产损失，被摩根大通以 2.4 亿美元的价格收购。投资者的恐慌情绪开始蔓延，股票市场的波动性扩大，对经济前景预期越来越悲观。为了应对可能的经济衰退，美国政府还实施了总额达 1 680 亿美元的经济刺激计划，美国联邦储备银行在 1 月下旬的一周之内两次大幅下调联邦基金利率的目标值。

自 2008 年 7 月起，危机进入恶化与全球化阶段。不仅股票市场反应强烈，许多非美元货币开始大幅贬值，投资者陷入极度的恐慌之中。2008 年 7 月中旬，房利美和房地美(美国最大的两家非银行住房抵押贷款公司)因陷入财务困境和投资者的担忧，其股价双双大跌 50% 以上，次贷危机进一步升级。9 月中旬，雷曼兄弟申请破产保护，美国保险巨头 AIG 陷入困境，美林证券被美国银行以 503 亿美元的价格收购。至此，华尔街的最大五家投资银行，在次贷危机中消失了三家，另外两家(高盛和摩根士坦利)转变为银行控股公司。雷曼兄弟的破产，彻底摧垮了全球投资者的信心，即便在美国国会通过了 7 000 亿美元的救市计划、各国中央银行采取了协调一致的救市措施之后，投资者的恐慌情绪依然十分严重，全球股票市场出现了持续暴跌。最终，次贷危机演变为全球性金融危机，欧洲尤为突出，不仅股市大幅下跌，欧洲的货币对美元汇率也大幅下挫，银行体系的流动性迅速紧张和恶化，东欧国家也遭到了危机的冲击，股价大跌、货币贬值、银行信贷紧缩是其危机的典型特征。

### (二) 原因解析

(1) 低利率政策推动了房地产市场的繁荣和消费者负债消费。自 2000 年网络泡沫破灭开始，美国实行了低利率政策，再配合减税措施，鼓励消费者购房以拉动经济，从 2002 年起，美国房价以每年 10% 的速度上涨，房价的不断上涨和利率的持续走低，也刺激了消费者负债消费，在房价不断走高的情况下，即使借款人现金流不足以偿还贷款，也可以通过房产增值获得贷款来填补缺口，进而增加了次贷需求，截至 2007 年，美国新增 GDP 有 50% 来自房地产业，居民消费增长的 70% 依赖于房地产增值的财富效应。

(2) 次贷机构降低标准，大力营销，造成房地产交易剧增。经营次贷的公司大力扩张住房贷款，推出了很多新的贷款政策和品种，在政策方面，一是购房无须提供首付，全部资金皆可从银行借款，前几年还可只付息而不用偿还本金，以此吸引借款人，二是对借款人不做任何信用审核，在降低贷款门槛的同时，还推出很多贷款品种(如无本金贷款、选择性可调利率贷款等)，这些都刺激了美国居民负债买房。

(3) 猎杀放贷大行其道。所谓猎杀放贷(predatory lending)是指贷款机构或其代理没有依照美国法律的有关规定向消费者真实、详尽地披露有关贷款条款和利率风险的复杂信息，在巨大利益的驱动下，部分次贷专业人士为了多挣佣金，通过种种欺诈手段，诱骗消费者上当，受害者往往是弱势群体。

(4) 资产证券化的兴起为次贷市场的发展提供了良机。次贷的迅速成长得益于二级市场的承认，投资银行将这些贷款包装成为债务抵押凭证(collateralized debt obligation，CDO)，到 2005 年，至少 60%的次贷已被证券化，经过评级机构的评级后，由投资银行承销，卖给对冲基金、退休基金、保险基金、教育基金甚至各种政府托管基金，因其年收益率比相同信用等级债券高出 30%左右受到很多投资机构追捧。更有甚者，一些投资银行旗下的避险(或私募)基金专门投资这种债券，再以这些债券抵押，投资新的债券。

(5) 金融监管反应滞后，存在缺位现象。2004 年初，一是美国金融监管部门开始关注贷款机构放松贷款标准，与此同时，美国联邦储备银行一面持续加息，另一面却继续鼓励贷款机构开发并销售可调整利率的房贷。正是这种自相矛盾的行为造就了金融风暴。二是随着美国房地产市场逐步出现降温，直到 2005 年 12 月，金融监管部门才开始拟议推出监管指引，直到 9 个月后，这份监管指引才定稿，但监管部门的反应仍是不全面的。

## 六、2010 年欧洲主权债务危机

### (一) 危机概况

2010 年初，主权债务危机开始在一些欧洲国家蔓延，包括欧盟成员葡萄牙、爱尔兰、意大利、希腊和西班牙等。

欧洲主权债务危机以希腊为中心开始扩散。下面是一些关于希腊发生的事情的简单描述。

希腊经济是 21 世纪最初 10 年欧元区增长最快的经济体之一：从 2000 年到 2007 年，它以每年 4.2%的速度增长。结果，外国资本涌入该国。强劲的经济和不断下降的债券收益率使希腊政府得以维持巨大的结构性赤字。政府通过巨额财政赤字来维持公共部门就业、养老金和其他社会福利。

希腊能够以较低的利率发行政府债券来给这些巨额赤字融资。自 1993 年以来，债务与 GDP 之比一直保持在 100%以上。2008 年开始的全球金融危机对希腊产生了特别大的影响。该国最大的两个行业是旅游业和航运业，这两个行业都受到经济衰退的严重影响，2009 年收入下降了 15%。

2010 年 5 月，希腊政府赤字估计为 13.6%，相对于 GDP 而言，这是世界上最高的赤字之一。2010 年 1 月，希腊政府债务估计为 2 160 亿欧元。2010 年累计政府债务达到 GDP 的 120%。希腊政府债券市场严重依赖外国投资者，70%的希腊政府债券由外部投资者持有。

2010 年 4 月，标准普尔将希腊债务评级降至"垃圾"级。希腊政府债券收益率在降级后上涨。其债务再融资能力受到质疑。根据标准普尔的数据，如果发生违约，投资者将损失 30%～50%的资金。

2011 年，由于大批债务集中到期而无力偿还，希腊债务危机再度升级，希腊主权债务危机在欧元区范围内引发了多米诺效应。在希腊政府被迫宣布向国际社会求援，要求启动救助机制的 4 天之后，国际评级机构标准普尔相继下调葡萄牙和西班牙的信用评级。随后，爱尔兰、葡萄牙先后向国际社会寻求救助，意大利、西班牙陷入债务旋涡。

爱尔兰是继希腊之后第二个寻求国际救助的国家。2008 年国际金融危机后，爱尔兰经济衰退严重，房地产泡沫破裂，严重影响财政收入，对银行业救助及失业率攀升带来支出的增加进一步恶化了爱尔兰的财政状况。2010 年 8 月标准普尔宣布将爱尔兰的主权信用评级下调，且评级前景为"负面"。同年 9 月底，爱尔兰政府宣布，预计今年财政赤字会骤升至 GDP 的 32%。在希腊危机远未得到控制的情况下，市场非理性恐慌情绪蔓延，投资者开始抛售爱尔兰国债，2011 年 11 月 10 日，爱尔兰国债收益率上升至历史最高水平，债务形势急剧恶化。11 月 21 日，爱尔兰政府最终正式请求欧盟和国际货币基金组织提供援助，欧元区主权债务陷入第二波高潮。

爱尔兰危机爆发之后不到半年的时间里，葡萄牙成为欧债中第三个倒下的国家。2011 年初，"欧猪五国"都曾相继成功从市场筹到资金，欧洲主权债务似乎走向稳定。但是，随着欧盟和成员层面纷纷出现不利因素，欧洲主权债务市场陷入持续动荡。成员层面，2011 年 3 月 23 日葡萄牙议会意外拒绝通过政府提出的财政紧缩计划，导致政府垮台。随后，穆迪、惠誉和标准普尔三大评级机构相继宣布下调葡萄牙的债信评级。欧盟层面，尽管峰会通过了一系列短期应对措施和长期改革方案，但市场对其救助措施仍持怀疑态度。面对不断攀升的借贷成本，葡萄牙政府 2011 年 4 月 6 日宣布需要欧盟救助应对融资挑战，这标志着债务危机的进一步蔓延。

在希腊、爱尔兰和葡萄牙相继请求救助之后，意大利和西班牙也陷入主权债务危机的旋涡。至此，欧元区主权债务危机出现了根本性变化，由边缘国家向核心欧洲蔓延。2011 年 5 月以后，欧盟内部围绕希腊债务重组、破产甚至退出欧元区出现各种不同声音，德国、法国和欧洲中央银行之间围绕私人部门参与救助问题的争论久拖不决，这进一步加剧了危机蔓延的恐慌。7 月 21 日欧元区峰会希望通过对希腊的第二轮救助计划来平息市场恐慌，但市场对欧盟政策的效力和执行力已显著失去信心。在峰会后不到一周的时间里，西班牙、意大利国债收益率再次上升，至 8 月 2 日，两国的 10 年期国债收益率分别已达不可持续的 6.26% 和 6.16% 水平，随后国际评级机构接连降低两国债务评级，并明确"将其归于不再是受到希腊影响的核心国家，将是下一个需要救助的国家"。对此，欧央行不得不出手大量购买重债国国债，平息市场。尽管如此，出于对欧元区系统性风险的担忧，标准普尔于 12 月 5 日将欧元区 15 国列入负面观察名单，并于次日表示考虑调降欧洲金融稳定基金(European Financial Stability Facility，EFSF)的评级。

2011 年底欧盟多数国家达成财政契约，一定程度上稳定了市场，但未能根本解决市场的担忧和恐慌。就在欧洲国家领导人乐观认为危机已经结束时，2012 年，随着欧元区偿债高峰的到来、希腊选举诱发市场对希腊退出预期的上升及疲弱的经济前景，债务危机再次发酵。意大利和西班牙国债风险溢价从 4 月开始一路飙升，到 7 月底，西班牙的国债收益率已上升到 7.6%，表明了市场对欧元垮台的担忧。对此，欧央行不得不出重拳，宣布直接货币交易计划，即无限量在市场上购买重债国的短期国债，从而平息了市场恐慌情绪的蔓延，也最终成为欧洲主权债务危机的转折点。2013 年 12 月 16 日，爱尔兰宣布退出欧洲主权债务危机纾困机制，成为首个摆脱危机的国家。

### (二) 原因解析

(1) 政府存在巨大的结构性财政赤字。为了遵守货币联盟的指导方针，政府被发现一贯故意歪曲国家的官方经济统计数据。大部分债务由外部投资者持有，此外，逃税每年给政府带来巨额损失。

(2) 华尔街的帮助掩盖助长了欧洲主权债务的过度膨胀。华尔街的策略类似于在美国培育次级抵押贷款的策略，通过让欧元区成员政府隐藏其不断增加的债务，加剧了债务危机。例如，希腊为规避欧洲债务限额进行了长达十年的努力。据发现，希腊向高盛等华尔街投资银行支付了数亿美元的费用，用于安排隐藏实际借款水平的交易。2001 年，高盛帮助政府悄悄地借款数十亿美元；这项交易被隐藏在公众视线之外，因为它被视为一种货币交易而不是贷款，这帮助雅典满足了欧元区的赤字规则，同时继续超出其能力范围的支出。

(3) 金融衍生品的滥用。意大利和希腊等国加入欧元区时，其财政赤字超过了允许的赤字规模。这些政府非但没有提高税收或减少支出，反而用金融衍生品为赤字融资。多年来，这类衍生品交易在政府界一直存在争议。早在 2000 年，欧洲各国财政部部长就激烈争论是否应披露这类衍生交易，结果遭到了否定。

(4) 评级机构的不当行为。与次贷危机中的情况类似，评级机构也受到了诟病。由于利益冲突，这些机构被指控给予过于慷慨的不切实际的评级。

(5) 英文媒体的恶意宣传。一些英文媒体在主权债务危机中的作用，存在着相当大的争议。它们的宣传促使国际资本离开欧元区，以便给美国等国的巨额外部赤字提供资金，这进一步恶化了欧元区资金的紧张局面。

(6) 金融投机者和对冲基金的推波助澜也加剧了危机。

# 第三节　国际债务危机

## 一、国际债务与国际债务危机

根据国际货币基金组织、国际清算银行、世界银行和经济合作与发展组织的有关资料，一个国家的国际债务可定义为"对非本国居民以外国货币或本国货币承担的具有契约性偿还义务的全部债务"。一国的国际债务也即该国的外债。但判断一笔债务是否属于国际债务或外债还应具体分析这笔债务的偿还是否直接影响一国的外汇储备。这一定义对国际债务有两个基本的判断：一是债权方必须是非本国居民；二是债务必须具有契约性偿还义务，按此定义国际债务不包括外国直接投资，因为它不是"具有契约性偿还义务"的债务。

国际货币基金组织和经济合作与发展组织计算国际债务的口径大致分为以下几项：

(1) 官方发展援助，即经合组织成员提供的政府贷款和其他政府贷款；

(2) 多边贷款(包括国际金融机构，如世界银行、亚洲开发银行等机构的贷款)；

(3) 国际货币基金组织的贷款；

(4) 债券和其他私人贷款；

(5) 对方政府担保的非银行贸易信贷(卖方信贷)；

(6) 对方政府担保的银行信贷(如买方信贷等)；

(7) 无政府担保的银行信贷(如银行同业拆借等)；

(8) 外国使领馆、外国企业和个人在一国银行中的存款；

(9) 公司、企业等从国外非银行机构借入的贸易性贷款。

根据《新帕尔格雷夫货币金融大辞典》，债务危机(debt crisis)是指任何不能按计划还本和(或)付息并由此损害其他债权人财务健康的情况。通常，债权人会接着切断进一步的贷款，从而使最初的情况加剧。如果无力偿还是一个长期情况，它通常会被归结为"无力偿付"(insolvency)问题。如果它是由暂时的现金短缺造成的(如由于罢工、自然现象或价格的暂时下降等引起的)，那么可以将它看成"流动性不足"(illiquidity)问题。在高利率的条件下，流动性不足问题可以迅速变为无力偿付问题。国际债务危机是指由于国际债务负担日趋加重，债务人无力偿付到期国际债务的本金和利息的状况。

## 二、国际债务危机的基本状况

自 20 世纪 70 年代以来，发展中国家的外债急剧增长，债务负担日趋严重，并出现了两次国际债务危机的高潮。到 1985 年，发展中国家的外债总额为 10 410 亿美元，偿债额高达 1 363 亿美元，分别为 1970 年的 1 237.81% 和 1 531.46%，年平均增长率高达 18.26% 与 19.95%，远远超过其经济增长率；当年的外债余额占出口收入的比重为 212.10%，外债余额占国内生产总值的比重为 45.60%。偿债率高达 30.40%，大大超出国际通用的适度外债规模的衡量标准。1983 年底，约有 40 多个债务国因无法支付到期的借款本息而被迫请求债权国予以延期偿付，个别国家甚至出现赖债不还的现象，造成债权国银行出现大量的"呆账"。债务危机不仅扰乱了国际金融秩序，也对世界经济，特别是发展中国家经济产生了严重的影响，受债务危机困扰特别严重的拉丁美洲国家，其人均国内生产总值倒退了十年以上，有些非洲国家人均国内生产总值倒退至 20 世纪 60 年代的水平。国际债务危机爆发以来，国际金融组织和西方债权国家虽然制订了一系列金融挽救计划，对债务做了重新安排，使债务危机得到一定程度的缓解，但危机的阴影远未消除，债务数额也越滚越大。1990 年发展中国家的债务总额已达 13 900 亿美元，偿债额达 1 630 亿美元，分别为 1985 年的 126.7%和 199.59%，其年平均增长率分别为 4.84%和 3.64%。到 1994 年底发展中国家的外债总额更高达 16 754 亿美元，其中短期债务占 17.8%，长期债务占 82.2%。如何从根本上解决发展中国家的债务危机，成为国际金融领域一个非常现实而迫切的重大问题。

### 三、国际债务危机的历史成因

国际债务危机从根本上说是由于现存国际经济关系不合理，资本输出对发展中国家的经济剥削及殖民主义时代给发展中国家遗留的问题(畸形的经济结构、僵化的政治体制、社会经济落后等)所造成的，具体而言，存在如下客观的诱发因素。

**1. 西方国家为转嫁本国的经济危机，强化贸易保护主义，减少从发展中国家的进口，致使发展中国家主要出口的初级产品价格大幅度下降**

1975 年 4 月与 1974 年同期相比，国际初级产品的综合价格指数下跌 56%，同期伦敦国际市场铜价下降 44.24%，可可价格下降 37.6%；20 世纪 80 年代以后，初级产品价格下跌的幅度仍然很大，据世界银行统计，1980—1986 年非能源初级产品的实际价格综合下降了 35%。另外，20 世纪 70 年代两次石油价格的暴升，增加了非产油发展中国家的进口外汇支出，而 20 世纪 80 年代的石油降价，又减少了"资源出口型"发展中国家的外汇收入。初级产品价格下跌和石油价格因素导致发展中国家国际收支恶化和外债剧增。1982 年发展中国家国际收支逆差累计 5 500 多亿美元，外债也由 1970 年的 841 亿美元猛增至 7 000 多亿美元。

**2. 国际债务条件对发展中国家不利**

这主要表现为以下几个方面。

(1) 优惠贷款和国际援助减少，私人贷款比重上升。据统计，1970—1980 年，在发展中国家全部对外负债中，所借优惠贷款的比重从 37%降至 23%，官方发展援助由 40%下降至 24%，而私人商业银行提供的贷款由 50%上升至 67%。私人债务比重的上升，加重了发展中国家的利息负担。

(2) 偿债期缩短，外债使用效益降低。发展中国家借债平均偿还期由 1970 年的 19 年 4 个月缩短到 1981 年的 14 年，宽限期也从 1970 年的 5 年 2 个月下降至 1981 年的 4 年 3 个月。偿债期缩短，使发展中国家所借贷款主要用于应付临时性需要，难以转化成长期生产资本，使外债使用的长期效益下降。

(3) 20 世纪 70 年代以后，通行浮动汇率制度和美国等西方国家实行紧缩性的货币政策以抑制通货膨胀，使国际信贷市场的利率不断上扬，1981 年高达 20%，1982 年以后利率虽有所回落，但实际利率水平仍高于 20 世纪 70 年代，这自然导致了债务国借债成本大幅度增加。

### 3. 大环境为世界资金市场的供求调节创造了极好的条件

20 世纪 70 年代以来，欧洲货币市场的发展，国际金融中心的兴起，国际私人银行的大规模扩展及国际资金的迅速增多，为世界资金市场的供求调节创造了极好的条件，这在一定程度上助长了发展中国家的举债之风。

发展中国家债务危机诚然受上述客观因素的影响，但更为重要的还是由于债务国的主观因素所致。

(1) 多数债务国的发展计划庞大，建设规模超出国力承受限度，为缓解资金短缺的矛盾，只好实行依靠外债来发展经济的战略。以巴西为例，1974—1981 年，用于发展基础工业、材料工业、能源工业和水力发电等大型工程的投资总额达 520 亿美元，远超出其承受能力，只得大量举债，因而导致国际收支经常项目出现大幅度逆差，1980 年和 1981 年国际收支逆差分别为 128 亿美元和 117 亿美元。在这种严峻的形势下，巴西政府却制订了规模更为庞大的"卡拉加斯计划"，进一步导致了国际收支逆差增大和外债增加。墨西哥从 20 世纪 60 年代就开始实行"债务工业化"战略，这种战略在 20 世纪 70 年代以后得到进一步加强。自 20 世纪 60 年代以后拉美经济也确实有了较大的增长，巴西等国还出现了所谓高速发展的"经济奇迹"，这又使一些国家高估了自己的经济实力而盲目扩大借债规模，却对举债过多的负面影响未给予足够的重视。

(2) 债务国缺乏有效的外债宏观调控，管理混乱。首先表现为多头借债，这在发展中国家中相当普遍，有的国家甚至每个企业都可对外借债；多头举债亦造成了各借债机构、借债单位在国际资金市场上相互竞争、盲目借债的矛盾现象，从而抬高了借债的利率成本；其次是政府缺乏对外债的宏观指导政策，对由何部门举债、怎样举债、如何避免外债风险、如何控制借债成本和提高外债的使用效益等问题缺乏统一的研究和对策。除此之外，政府也缺乏统一有力的外债管理机构，不能对举债过程中发生的盲目性及各种矛盾实行有效的协调与控制；再次是对外债缺乏明确的概念、分类和统一口径，没有形成统一的报表报告制度和监测统计指标体系，从而不能对外债进行有效的统计和监测。

(3) 外债投向不当，投资效益和创汇率较低。外债主要投向周期长、见效慢的生产性建设项目，而对这些项目又缺乏良好的经营管理，致使迟迟不能形成生产能力，有的项目甚至出现了严重的亏损。部分外债用于生产和进口消费品、奢侈品。这一方面扩大了国家的外汇支出，另一方面国内消费品生产由于产品质量不好，在国际市场缺乏竞争能力，又影响了国家的出口创汇能力。还有不少国家实行"债务军事化"政策，把大量的外债用于军事设备、技术的进口和生产，这必然影响外债的使用效益并加剧了国家的债务负担。

## 四、缓解国际债务危机的措施

国际债务危机爆发后，国际金融机构、工业发达国家政府、债权银行和债务国政府从各自的利益出发，相继采取了一系列挽救措施，对债务危机的缓解起到了一定的积极作用。

### (一) 国际金融机构采取的措施

国际货币基金组织过去处理债务问题的方法是：当发展中国家出现国际收支危机时，提供紧急贷款。贷款的条件是，债务国必须执行由基金组织核准的经济调整政策。近几年，债务国为了调整经济所采取的紧缩政策影响了长期经济开发和经济增长。因此，基金组织改变了以往的做法，随时修改政策，除紧急贷款外还提供中长期经济结构调整贷款。国际货币基金组织提供的贷款中，有些贷款条件非常宽松，如石油贷款、出口波动补偿贷款等；有些贷款则以严格的经济调整为前提。这些贷款对一国经济调整有一定的作用。1987 年 12 月建立的国际货币基金组织结构性调整基金,有大约 60 亿特别提款权的新增优惠贷款来帮助贫困的成员进行为期三年的宏观经济结构调整,以改进它们的国际收支状况,促进经济增长,缓解债务危机。

世界银行也通过快速拨付政策性贷款对债务沉重的中等收入发展中国家给予资金支持。1988—1990 年,世界银行执行了一项"特别援助计划",即向债务沉重的国家提供优惠的资金和采取减免债务的措施,以帮助这些国家调整经济结构,促进经济增长。1990—1992 年,世界银行增加了 60 亿美元的投资性贷款,以帮助恢复重债国的经济。

### (二) 发展中国家缓解债务危机的对策

国际债务危机自 20 世纪 80 年代以来已成为影响发展中国家经济发展、国际收支平衡和人民生活的重大问题,成了债务国面临的中心经济问题。为此,发展中国家为缓解债务危机做出了很多努力,积极寻找对策。

#### 1. 进行债务再谈判(debt renegotiation),促使债务重新安排

债务再谈判通过双边或多边协商的方式来实行,较多的情形是以债务国为一方,以它的主要债权国为另一方的多边协商,主要方式有重新安排偿还期、重新提供资金、债务延缓偿付(debt moratorium)和债务豁免(debt forgiveness)等。1981—1985 年,债务重新安排共达 119 起,金额达 1 640 亿美元,而 1975—1981 年重新安排债务仅 25 起,金额仅为 195 亿美元。1984 年以来拉丁美洲国家所欠的大笔债务均通过谈判达成了重新安排偿还期的协议,使国际债务危机得到一定程度的缓解。当然债务重新安排给了债务国喘息的时间,并使债务国有可能将大量短期债务转为中长期债务,起到解一时之危的功效,但不能从根本上解决债务危机。

#### 2. 债转股(debt-equity swap)

将债务转换为投资股权,使债务资本化,以具有吸引力的折扣向感兴趣的投资者出售债务股票,从而既削减了债务国的债务规模,又促进了债务国的生产投资,其对债务国的利益是显而易见的。但在债务资本化的过程中,债务转换会产生货币供给和利率上涨的负效应,导致外汇流入减少和债务国居民的投机行为增加等。发展中国家应根据本国的实际情况,对债务资本化进行有效的管理。例如债务国政府对跨国公司和本国居民从债务转化而来的资本使用做出有关规定,旨在保证这些资金用来促进生产发展;授权中央银行对债务转换股权过程实行管理和监督;为防止资本外流,限制或禁止债务转换的资金转移到国外等。

#### 3. 债务回购(debt repurchase)

债务国按折扣价格从债权人手中购回其到期未偿债务的本息,赚取等于折扣大小的一笔资金并取消其债务的本息。在这一交易中,一般使用债权国和国际金融机构提供的资金来进行,且仅限于债权债务的当事方,回购部分不能进入二级市场。

#### 4. 限制偿债

秘鲁在 1985 年 7 月提出偿债不能超过其出口收入的 10%,1986 年 7 月又重申将 10%的偿债限额延长一年。尼日利亚在 1985 年底提出要将偿债额限制在 30%以内。巴西也声称只能将每年国内生产总值的 2%～2.5%用以偿还外债本息。墨西哥、委内瑞拉等都有类似限制偿债的规定,但由于各种原因,除秘鲁外,并未真正付诸实施。

上述发展中国家缓解债务危机的努力虽取得一定的效果,但债务问题的严峻状况使发展中国家不得不提出解决债务问题的新建议。在 1987 年 7 月召开的联合国第七届贸易和发展大会上,发展中国家代表提出了解决债务危机的 4 种方法:缓、减、免、转。

所谓"缓",就是债权人不逼债。债权国、国际金融机构、商业银行与债务国协调,妥善安

排，延长还债期限，在促进债务国经济发展基础上逐步偿债。

所谓"减"，主要指降低贷款利率，减轻发展中国家的偿债负担。据统计，20世纪80年代初以来，发展中国家所增加的外债，有一半是由于利率提高造成的，因此，债务国迫切要求西方债权国采取有效措施，降低利率。

所谓"免"，就是豁免最不发达国家所欠的全部或部分债务。最不发达国家约有40个，所欠外债超过400亿美元，大部分是欠官方债权者的。

所谓"转"，就是将债务转换为直接投资等，如推行债务资本化，将到期应付而未付的一部分利息转入未偿还贷款总额上的利息资本化等。

发展中国家认为债务危机归根结底是现存的极不平等、不公平、不合理的国际经济秩序造成的，只有建立新的国际经济秩序，恢复债务国的经济增长和发展，才能从根本上解决债务危机。

发展中国家还推行积极的经济调整以缓解国际债务危机的冲击。20世纪80年代中期以来，这种经济调整主要表现在发展战略重定、宏观政策协调、经济结构调整和经济体制改革等方面。

(1) 重新制定经济发展战略。不少发展中国家根据本国国情，调整各自的经济发展战略，以期将进口替代与出口导向这两种战略更好地结合起来，并积极推行全方位的开放政策，以减少对少数发达国家传统性的经济依赖。

(2) 积极协调宏观经济政策，促使经济的稳定增长。多数发展中国家经过债务危机的冲击后，认为在宏观指导思想上需要协调经济增长、物价稳定和改善国际收支三者之间的关系。20世纪80年代中期以来，不少拉丁美洲国家提出和实施了一些调整计划，如哥伦比亚的"1985年经济计划"，墨西哥的"1987年经济互济协定"等都试图协调这三者之间的关系。

(3) 积极调整经济结构，促进经济多样化发展。一是坚持工农业均衡发展，在发展制造业的同时，将农业视为优先发展的部门；二是促使产业结构升级换代，发展技术、知识密集型产业。

(4) 进行经济体制改革，减少政府对经济生活的过度干预，放松价格管制，更多地发挥市场机制的作用，以提高经济效益。

### (三) 债权国政府缓解国际债务危机的方案

发达国家对国际债务危机的形成负有不可推卸的责任，且债务危机的加深势必影响发达国家的经济增长，为此，作为债权国，几个主要的发达国家均对国际债务危机采取了有关的措施，提出了解决危机的各种方案。

#### 1. 贝克计划

1985年10月，在国际货币基金组织和世界银行第40届年会上，美国财政部长詹姆斯·贝克(James A. Baker)提出了一个解决国际债务问题的方案，国际上称之为"贝克计划"，其主要内容如下。

(1) 债务国应在国际金融机构的监督和支持下，采取综合的宏观管理和结构调整政策，促进经济增长，平衡国际收支，降低通货膨胀。

(2) 国际货币基金组织继续发挥中心作用，与多边开发银行协力提供更多更有效的结构性和部门调整贷款，对采取"以市场为导向"的债务国给予金融上的支持。

(3) 以美国商业银行为主，联合其他发达国家的商业银行，在今后三年内对15个主要债务国提供 200 亿美元的贷款。

贝克计划的目标是试图将债务国的偿债负担降到其经济增长能够承担的水平。贝克计划得到了国际金融机构和部分商业银行的支持，成为发达国家在债务问题上的共同立场，但由于这个计划缺少实质性的具体措施，且计划提出的贷款金额过低，对发展中国家不断增长的债务来说，犹如杯水车薪，实际上商业银行对重债国的贷款也未按贝克计划的要求在 1986—1988 年净增 60～70 亿美元，所以贝克计划并未收到预期的效果。

### 2. 布雷迪计划

该计划是于 1989 年 3 月，美国财政部长尼古拉斯·布雷迪(Nicholas A. Brady)在华盛顿举行的国际经济研讨会上提出的减债方案。计划的核心内容是削减债务国的债务积累余额和减轻债务国支付利息的负担。具体内容如下。

(1) 商业银行削减发展中国家的债务，债权与债务双方根据市场原理，就削减累积债务余额和减轻利息负担达成协议，并付诸实施。

(2) 加强国际金融机构的作用，将来自国际货币基金组织和世界银行等国际金融机构的、旨在促进债务国经济调整的贷款的一部分用于削减债务和减轻债息。

(3) 债权国政府应在制度上为商业银行削减债务做出保证，并从资金方面给予支援。

(4) 债务国政府在根据与商业银行达成的协议削减债务的同时，还应根据国际货币基金组织和世界银行所规定的经济调整计划，采取促进本国外逃资本回流，促进国内储蓄的政策，并奖励债务的股权化。

布雷迪计划在墨西哥、菲律宾、哥斯达黎加、委内瑞拉等国进行试验，所有这些国家经过一段时间，国内经济调整都取得显著进展，但具体的实施过程和减债协议因各国不同的国内经济环境而有所不同，但总体来说，布雷迪计划的初步尝试是成功的。但布雷迪计划的全面实现面临不少困难。首先，债权银行自愿减免的程度和数量是实现该计划的关键，债权银行是不会轻易让步的；其次减免主要集中于本金减免，而近几年来发展中国家每年的应偿本金和应付利息差不多，这在一定程度上削弱了该计划的作用；最后，减免债务的途径受债务国证券市场发育等条件的制约，一些债务国还不具备这些条件。

### 3. 密特朗方案

这是时任法国总统的密特朗在 1988 年 6 月多伦多七国首脑会议上和同年 9 月联合国大会上提出的一个缓解国际债务危机的方案。该方案要求债权国大量放宽对最贫穷国家的偿债条件，对中等收入的债务国，主张分配一笔专门的特别提款权，以资助建立一笔由国际货币基金组织负责管理的担保基金，保证对转换成债券的商业贷款支付利息。

### 4. 日本大藏省方案

这是 1988 年夏，日本大藏大臣宫泽提出的一个减债方案，该方案主张允许债权银行把债务国所欠债务部分转换成有担保的债券。债务国再向国际货币基金组织存入相当于担保的一笔存款，债务的余额可以重新安排，有长达 5 年的宽限期，在此期间，利息支付可以降低、中止甚至免除。在这种情况下，双边和多边机构增加对债务国的贷款。

纵观多年来国际债务危机的演变，透视其本质，应当着重指出的是，国际债务危机的根源是现存的极不平等、不公平、不合理的国际经济秩序造成的。根治国际债务危机需要国际上各方的共同努力，以促进发展中国家的经济发展，提高其偿债能力，建立起平等合理的国际经济新秩序。

# 第四节　国际银行危机

## 一、银行危机的界定

### (一) 银行危机的定义

银行系统有两大特征：一是银行的负债是短期存款，也就是说，银行的存款者可随时提取债权；二是银行系统的资产缺乏流动性，换句话说，如果存款者同时要求将存款兑换成现金，那么该系统从总体上无法满足所有存款者的兑现要求。这两个特征可以被总称为部分准备金制度。我们可以根据这两个特征来定义银行危机。

虽然人们经常听到或看到银行危机(banking crises)的发生，但由于银行的特殊性，要真正对银行危机下一个简单明了、切中要害的定义却不太容易。研究人员定义银行危机的方法通常是基于多种事件的组合。下面列举一些有代表性的定义。

(1) 1997 年 11 月，国际货币基金组织在其出版物《国际资本市场》中的定义是：银行危机是许多银行面临严重的流动性或清偿力问题或两种问题兼而有之的情况。

(2) 1998 年 3 月，德米尔古斯-肯特(Asli Demirgüç-Kunt)和德特拉吉亚彻(Enrica Detragiache)认为，只要符合下列 4 个条件之一的就可定义为银行危机：①银行系统的不良贷款比率超过10%；②援救成本至少超过国内生产总值的 2%；③银行部门的问题导致银行系统被大规模国有化；④发生银行挤兑(bank runs)，或政府采取紧急措施如存款冻结，延长银行假期，以及采取对所有存款进行担保的措施等。

(3) 1998 年 5 月，国际货币基金组织在其出版物《世界经济展望》中的定义是：银行危机是由于实际或潜在的银行运行障碍或违约导致银行中止其负债的内部转换，或迫使政府提供大规模援助进行干预以阻止这种局势发生。

(4) 1999 年 6 月，卡明斯基(Graciel L. Kaminsky)和雷因哈特(Carmen M. Reinhart)是这样定义银行危机的：①发生了银行挤兑，并导致银行被关闭、合并或接管；②没有发生挤兑、关闭、合并或接管，但是出现了政府对某家或某些重要金融机构(这里指的是银行)的大规模援救。

综合以上观点，可以认为，银行危机的实质是，由于各种原因导致银行的流动性或清偿力的过度丧失所带来的市场失灵，其界定标准是：①依靠自身的资源难以支付到期债务；②出现了大规模的银行挤兑；③大量银行倒闭；④政府大规模强制性救助。只要这 4 种情况中的任何一种出现了，就应该认定发生了银行危机。

### (二) 银行危机的种类

比较有认识价值和现实指导意义的银行危机分类主要有以下几种。

#### 1. 从危机的范围来看

从危机的范围来看，银行危机可以分为单个银行危机和银行业危机。单个银行危机是指某个特定银行的危机，又称非系统性危机；银行业危机则是指整个银行体系的危机，又称系统性危机。显然，由于银行危机的高度传染性，如果控制不好，单个银行危机具有演变为银行业危机的可能。一般情况下，我们所说的危机都是指银行业危机。

#### 2. 从危机的程度来看

从危机的程度来看，银行危机可以分为流动性危机和清偿力危机。流动性危机是指虽然银行资可抵债，但却无法以合理的价格从外部获得资金以支付到期债务的情况。清偿力危机是指银行已陷入资不抵债的境地，已濒临破产清算的边缘。流动性危机和清偿力危机的区分是很重要的，这是各国中央银行行使最后贷款人职能的标准。大多数国家中央银行只对暂时陷入流动性危机的银行予以救助，对已经陷入清偿力危机的银行则一般放弃支持。

### 3. 从危机的表现形态来看

从危机的表现形态来看，银行危机可以分为财务危机和非财务危机。财务危机主要是由于财务状况极度恶化所导致的危机；非财务危机则主要是由于财务之外的因素而导致的危机，如参与跨国洗钱等犯罪活动所带来的信誉危机等。但同样，财务危机和非财务危机也没有绝对的划分标准。一家银行信誉的丧失，往往会招致存款者的大规模挤兑，最终可能演变成财务危机。

### 4. 从危机与经济周期的关系来看

从危机与经济周期的关系来看，银行危机可以分为周期性危机和非周期性危机。前者是指伴随着经济周期性的扩张和收缩而形成的银行危机，这种危机多带有系统性危机的特点，其解决办法也必须具有系统性的思路，如进行系统性的银行重组。后者是指不具备经济周期性质的银行危机，多表现为非系统性的银行危机。

### 5. 从危机产生的原因来看

从危机产生的原因来看，银行危机可以分为制度性危机和市场性危机。制度性危机产生的主因是制度的不合理，如 20 世纪 80 年代末至 90 年代初在东欧转轨经济国家发生的银行危机，就是典型的制度性危机。而市场性危机产生的主因是市场变化、市场竞争的加剧，目前西方国家所发生的大多数银行危机都是这种类型。

### 6. 从引致危机的因素来源看

从引致危机的因素来源看，银行危机可以分为内生性危机和外生性危机。内生性危机是主要由银行自身因素导致银行经营失败所产生的危机。外生性危机是指主要不是由于自身的原因，而是由于外生性因素所导致的危机，例如战争、经济危机、公众信心及其他不可抗力等因素所带来的危机。

### (三) 银行危机的特征

由于银行有着与一般的企业极其不同的特征和银行在社会经济中所处的特殊地位，所以，银行危机也有着与一般企业的财务危机差异显著的特征。银行危机是以货币信用的极度混乱为特征的危机，具体表现如下。

### 1. 突发性

从表面上看，银行危机的形成是一个银行风险逐步累积的过程。受内外因素的影响，银行面临的各种风险逐步加大，盈利受损、资本金亏蚀、流动性问题逐步显现，最后超过了银行的承受力，酿成危机。但是从各国银行危机的发生来看，又确实具有突发性特点。这是因为：第一，银行业信息的不对称和不透明，往往容易掩盖事实的真相，从而延缓了问题的暴露；二是危机银行的所有者、管理者在问题出现时，往往存在道德风险增加的情况，为了挽回损失，其有可能极力掩盖真相或提供虚假的信息；三是银行业是一个高度依赖于公众信心生存的行业，在信息不对称的情况下，个人的理性博弈行为——取出存款，会很快演变成群体的非理性行为——挤兑，从而带来银行恐慌。银行危机形成的累积性和爆发的突然性往往使得监管当局措手不及，以致延误最佳的处理时机，带来重大的损失。

### 2. 传染性

传染性是银行危机最突出的特点。首先，现代金融业的发展，使得各家金融机构紧密联系，互为依存，金融机构之间存在密切而复杂的债权债务联系，一旦某个金融机构的金融资产价格发生贬损以致其不能保证正常的流动性头寸，则单个或局部的金融困难往往会通过现代的支付清算系统、金融市场、存款者的行为等各种渠道广泛传播，很快演变成全局性的金融动荡，因此，银行危机具有很强的传染性和破坏力；其次，银行业信息不对称的存在，使存款人无法分辨好银行与差银行，结果是一起挤兑，加大了传染性；再次，金融自由化、全球化、电子化和金融创新等进程的深入，客观上为银行危机更大范围、更快速度地传播提供了便利。

### 3. 周期性

经济决定金融，金融是经济的反映。受经济周期性因素的影响，银行的竞争程度、盈利水平、资产质量、生存环境也会产生周期性变化，从而导致银行危机也带有一定的周期性特点。当经济处于上升时期，银行资金来源与运用的矛盾相对缓和，盈利上升，抗御风险的能力提升，金融风险被暂时的景气所掩盖，公众的心态平稳，银行危机发生的概率也相对较小。在经济处于下降时期，各种矛盾逐步显现和加剧，影响金融机构安全性的因素逐渐增强，金融风险加大，银行危机出现的概率增大。银行在繁荣期内常常发放一些风险很大的贷款，而这些风险大的贷款到了萧条期就极易变成呆账。

### 4. 危害性

现代市场经济不同于传统意义上的实物经济，而更多地体现为一种价值经济。在价值经济的体制下，现代市场经济的货币化、信用化、金融化程度不断提高，金融业在经济发展中的作用明显加大，在经济的发展中处于核心地位。银行作为金融体系中最重要的金融中介之一，在现代经济中主要发挥四大功能：一是实现资金从盈余部门向赤字部门的转移，从而完成储蓄向投资的转换(信用中介功能)；二是为整个社会提供支付服务，从而保证经济的正常运转(支付中介功能)；三是吸收活期存款，并以一定的乘数效应创造信用(信用创造功能)；四是对企业实行监督，从而保证一个企业合理的治理结构(监督功能)。虽然银行服务的特点与纯粹的公共产品的特点不相符，但是某些银行服务，例如集中金融资源，提供支付服务，确实具有一定的公共产品的性质，即银行在现代经济中提供的服务是"准公共产品"。银行发生危机，整个社会的信用体系就会遭到破坏，无异于从中枢地带对经济造成冲击，其危害性可想而知。

### 5. 自我强化性

在没有采取适当干预措施的条件下，银行危机会呈自我强化的态势而愈演愈烈。一是金融资产随着时间推移加速贬值；二是公众信心加速受损；三是在现代支付清算制度下，危机随着时间推移加速向同业扩散；四是危机银行的管理层"挽回损失"的冒险心态加速膨胀，更加倾向于从事风险活动，道德风险加速积累。

### (四) 银行危机历史大事年表

- 1346—1347 年，英国银行危机，英王爱德华三世拒绝偿付银行债务。
- 1522 年，意大利银行危机，意大利银行业走向衰落。
- 1557 年，法国和西班牙银行危机，两国国王拒绝还债。
- 1636 年，荷兰郁金香球茎狂热。
- 1667 年，英国银行危机，发生对金匠银行的挤兑事件。
- 1720 年，"密西西比泡沫"与"南海泡沫"破裂。

- 1772 年，英国、荷兰银行危机。
- 1836 年，英国、美国银行危机。
- 1873 年，美国、德国、奥地利银行危机。
- 1890 年，英国巴林银行危机。
- 1929—1933 年，世界经济大萧条。
- 1973—1974 年，英国次级银行危机。
- 1974 年 6 月，德国赫斯塔持银行倒闭。
- 1974 年 10 月，美国富兰克林银行倒闭。
- 1977—1983 年，西班牙银行危机，109 家银行中 48 家倒闭。
- 1980—1982 年，阿根廷银行危机，1980 年不良贷款比率为 9%，关闭 168 家金融机构。
- 1981—1987 年，智利银行危机，1983 年底，19%的贷款为银行不良贷款。
- 1982—1987 年，菲律宾银行危机，1986 年的不良贷款比率为 19%。
- 1982 年，墨西哥债务危机，政府接管私人银行。
- 1980—1992 年，美国有 1 142 家储贷协会和 1 395 家银行破产。
- 1983—1987 年，泰国银行危机，不良资产比率为 15%，15 家金融公司破产。
- 1987—1994 年，北欧的挪威、丹麦、瑞典、芬兰出现银行危机。
- 1989—1990 年，阿根廷银行体系的不良资产比重为 27%，已倒闭的银行拥有金融体系总资产的 40%。
- 1990—2000 年，日本有 35 家以上金融机构破产，不良贷款数额超过 100 万亿日元。
- 1992 年，欧洲货币体系危机。
- 1994—1995 年，墨西哥金融危机，1995 年 12 月不良贷款的比率为 12%。
- 1995 年 1—9 月，阿根廷银行危机，205 家金融机构中的 45 家被关闭或合并。
- 1995 年，英国巴林银行倒闭。
- 1997—1998 年，亚洲金融危机；泰国银行的不良资产比率约为 46%，关闭 56 家金融机构；菲律宾关闭 4 家商业银行、5 家储蓄银行；韩国关闭 5 家商业银行、10 家商人银行，政府接管韩国第一银行、汉城银行，银行系统的不良贷款比率达 25%以上；印度尼西亚的不良贷款比率在 30%以上，关闭 15 家以上金融机构；马来西亚的不良贷款比率为 15%左右。
- 2007 年 1 月—2009 年 5 月，次贷危机期间，美国有近 50 家银行倒闭。2008 年 9 月 15 日，拥有 158 年历史的美国第四大投资银行雷曼兄弟申请破产保护，第三大投资银行美林证券被美国银行收购。同年 9 月 21 日，美联储宣布已批准高盛和摩根士丹利提出的转为银行控股公司的请求。除了投资银行，美国的商业银行也受到了很大的拖累。其中，2008 年 9 月 25 日，美国华盛顿互惠银行倒闭，成为美国历史上规模最大的一次银行倒闭。
- 2008 年 10 月 6 日，冰岛第二大银行 Landsbanki 银行被政府接管。
- 2012 年 5 月 9 日，西班牙最大的抵押贷款银行 Bankia 被国有化。
- 2023 年 3 月，美国硅谷银行(Silicon Valley Bank)和签名银行(Signature Bank)相继倒闭。
- 2023 年 6 月，瑞士银行(Union Bank of Switzerland)宣布正式完成了对瑞士信贷银行(Credit Suisse)的收购，瑞士信贷银行成为全球金融危机以来首家倒闭的全球系统重要性银行。

## 二、银行危机成因的理论解释——金融脆弱性理论

　　从上面的银行危机历史大事年表可以看到，自 20 世纪 70 年代以来，银行危机爆发愈加频繁且规模越来越大。传统的经济理论对银行危机发生原因的解释越来越缺乏说服力，在这一背

景下金融脆弱性理论应运而生。金融脆弱性理论(theory of financial fragility)是建立在信息经济学和制度经济学等一系列新兴经济学理论基础之上的，从内因的角度即从金融制度自身来解释金融危机发生的原因。

### (一) 早期的金融脆弱性理论

金融脆弱性理论的最早期版本是货币脆弱性理论。马克思认为，货币在产生的时候就已经具有了特定的脆弱性。在商品经济中，货币的脆弱性表现在三方面：一是商品的价格经常背离其价值；二是货币的购买力总是处于不断的波动之中；三是货币支付手段的职能有可能导致债务链的断裂。因而，货币的脆弱性是与生俱来的。针对1873年前后经济危机中银行大量倒闭的现象，马克思又提出银行体系内在脆弱性假说，从信用制度的角度来分析银行的脆弱性，认为银行体系加速了私人资本转化为社会资本的进程，为银行信用崩溃创造了条件。

索尔斯坦·凡勃伦(Thorstein Veblan)在1904年出版了《工商企业理论》(*The Theory of Business Enterprise*)一书，在该书中提出金融不稳定的概念。他认为：一方面，证券交易的周期性崩溃在于市场对企业的估价依赖于并逐渐脱离企业的盈利能力；另一方面，资本主义的经济发展最终导致社会资本所有者的缺位，结果其本身存在周期性动荡因素，这些因素主要集中在银行体系中。

凯恩斯从货币职能和特征的角度也分析了货币的脆弱性。在货币需求理论中，凯恩斯认为，货币可以作为现时交易之用，也可以作为贮藏财富之用。人们愿意用不生息或生息很少的方式而不用产生利息的方式持有财富，是因为货币能够用于现货交易，在一定限度内，值得为它所具有的流动性牺牲利息。此外，相信未来利率将高于现在市场利率的货币持有者，愿意保持现金。上述原因会使一部分人保存货币，持币待购或持币不购，这将打破货币收入和货币支出的平衡关系，造成买卖脱节，供求失衡，供给不能自动创造需求，最终将导致有效需求不足，工人失业，经济危机便不可避免，金融危机也随之发生。

费雪(Fisher)是最早开始对金融脆弱性机制进行较深入研究的经济学家，通过总结前人的研究成果，他认为金融体系的脆弱性与宏观经济周期密切相关，尤其与债务的清偿紧密相关，是由过度负债产生债务—通货紧缩过程而引起的。他指出银行体系脆弱性很大程度上源于经济基础的恶化，这是从经济周期角度来解释银行体系脆弱性的问题。债务—通货紧缩理论对1873—1879年美国经济不景气、1929—1933年经济大萧条具有很强的解释意义。

### (二) 现代金融脆弱性理论

现代金融脆弱性理论的代表人物是海曼·明斯基(Hyman Minsky)和克瑞格(J. A. Kregel)。他们研究的是银行信贷市场上的脆弱性，所不同的是前者是从企业角度研究，而后者是从银行角度研究。此外，还有人从信息不对称角度研究金融脆弱性。

#### 1. 企业角度的金融脆弱性理论

1982年，明斯基在"金融不稳定性假说——资本主义过程与经济行为"(*The Financial Instability Hypothesis: Capitalist Process and the Behavior of the Economy*)一文中最先对金融脆弱性问题做了比较系统的解释，形成了"金融不稳定性假说"，即"金融脆弱性假说"。他对资本主义繁荣和衰退的长期(半个世纪)波动情况进行了分析，他认为在延长了的繁荣期中就已播下了金融危机的种子。这个50年的长周期以20年或30年的相对繁荣期开始，在繁荣期，贷款人受经济形势驱使而使信贷越来越容易获得，而工商企业必然利用这一宽松的环境积极借款。明斯基把借款公司按其金融状况分为三类。第一类是保值性融资企业(hedge-financed firm)。这类企业的预期收入不仅在总量上大于债务额，而且在每一时期内，其预期的收入流也大于到期债务本息。企业在安排借款计划时，使其现期收入能完全满足现金支付要求。显然，这些公司在金融上是最安全的。第二类是投机性融资企业(speculative-financed firm)。这类企业的预期收入现金流量在长期内大于债务总额，但在借款后的前一段时间内，预期收入现金流量小于到期债务本金。因此，投机类企业存在债务敞口(debt exposure)，在前一段时间内，其为偿还债务，要么重组债务结构，要么变卖资产。由于这时的市场条件可能与借款时不同，该企业因此而承担不确定风险。因而也可认为投机性的企业就是那些一期又一期地滚转其债务，或用其债务进行资金再融通的公司。第三类是庞齐融资企业(Ponzi financed firms，庞齐是美国波士顿的一位金融从业者，他发现，只要借入的现金总量增加额大于应该支付的利息，银行就可能通过增加债务来维持其业务)。这类企业在金融上是最脆弱的，其将借款用于投资回收期很长的项目，在短期内没有足够的收入来支付应付的利息，而长期收益也是建立在假想的基础上，预期在将来某个较远的日期有高利润能偿还其累积的债务。为了支付到期的本息，其必须采用滚动融资的方式，并且不断地增加借款。这种企业的预计收益是基于那些需要很长时间酝酿才能成功的投资。在短期内，其现期收入甚至不能满足利息支付的要求。在经济出现繁荣形势的诱导和追求更高利润的驱动下，金融机构逐渐放松了贷款条件，而借款企业受宽松的信贷环境的鼓励，倾向于采取更高的负债比率。越来越多的企业显现出风险较高的两种金融状况，即投机性和庞齐性，而保值性企业的数量减少。经历了一个长波经济周期的持续繁荣阶段之后，经济形势开始走向反面。此时，经济已为衰退做好准备，任何引起生产企业信贷中断的事件，都将引发生产企业拖欠债务和破产，企业反过来又影响金融部门，导致银行破产。一旦经济中出现引起信贷中断的不利事件，银行就会不愿向经济中的生产部门提供新贷款，并产生从金融部门开始的多米诺骨牌效应。经济由此开始处于长期的周期性下降阶段，并且只有再过约50年，才能完全恢复。

　　明斯基给出解释这种金融脆弱性的两个主要原因。一个是代际遗忘解释(generational ignorance argument)，是指由于上一次金融危机已经过去很久，一些利好事件推动着金融业的繁荣，贷款人对眼下利益的贪欲战胜了对过去危机的恐惧。因为人们认为当前资产价格的上涨趋势将持续下去，于是推动了更多的购买。此外，银行的道德风险将代际遗忘的时间大大缩短。另一个是竞争压力解释(rivalrous pressure argument)，是指银行出于竞争的压力而做出许多不审慎的贷款决策。在经济高涨期，借款需求巨大，如果个别银行不能提供充足的贷款，就会失去顾客。很少有银行能承受这种损失，因此每家银行都向其顾客提供大量贷款，而不顾及最终的累积性影响。由于从借款开始高涨到最终的结账日，期间的间隔可能很长，以至于发放贷款的银行从来不会因为自己的行为后果而直接遭受损失。

### 2. 银行角度的金融脆弱性理论——安全边际说

　　为了更好地解释明斯基的金融脆弱性理论，克瑞格引用了"安全边际"(margins of safety)的概念。格雷厄姆(B. Graham)和多德(D. L. Dodd)认为，利息承诺的收益保障是安全边际的最全面衡量手段。安全边际的作用在于，提供一种保护，以防不测事件使得未来不能有良好记录。对于贷款人和借款人来说，认真地研究预期现金收入说明书和计划投资项目承诺书，是确定双方都可以接受的安全边际的关键一环。与借款企业比较，商业银行对整体市场环境和潜在竞争对手更为熟悉。虽然商业银行不缺乏理性，但对未来市场状况的把握仍是不确定的，贷款风险仍然存在。因此，商业银行的信贷决定还主要是遵守所谓的摩根规则(JP Morgan rule)，即是否贷款主要看借款人过去的信贷记录，而不用过多关注未来预期。但凯恩斯认为，人们极其缺乏决定长期投资项目收益的知识，因此借款人过去的信用记录没有太大意义。他认为商业银行的贷与不贷偏好依照惯例或其他金融机构的普遍看法，以及参照其他银行正在贷款给什么项目。

经济扩张、安全边际与信用记录权重的相互配合，使其都变得很自信，没有发现信用风险敞口正在扩大，于是产生了金融脆弱性。

借款人与商业银行的经历类似，只是有个假设条件，即企业所投资的项目将会产生足够的利润来还本付息。在向银行借款时，企业的这个假设条件并没有基础。然而随着时间的推移，实际情况越来越多地验证甚至超过预期，使借款人对自己当初的投资充满信心。但这种实际情况有时并不是真实的，正如凯恩斯所指出的，这种繁荣并不是企业的真实能力，仅仅是由于投资在一个扩张的环境中而已。明斯基认为，人们生活在一个不确定的世界里，当前对未来的看法影响着资本性资产的价格，所以融资条件的形成机制常常是由正的、失衡的反馈所控制。由于扩张期的投资预测错误很难被发现，借款人和银行都变得非常有信心，安全边际就被不断地降低。金融脆弱性正是建立在安全边际的变化上，即那些缓慢的、不易察觉的行为对安全边际进行侵蚀，由此产生金融脆弱性。当安全边际降到最低程度时，即经济现实略微偏离预期时，借款企业为了兑现固定现金收入流量承诺，也不得不改变已经计划好了的投资行为。这意味着企业将拖延支付，或另找贷款，若不能实现，就只能推迟投资计划，或变卖投资资产。随之，将开始经历费雪提出的债务—通货紧缩过程。凯恩斯认为，在不能准确预测未来的情形下，假定未来会重复过去，也是一个好的选择。因此，注重以前信贷记录的摩根规则有其合理性，也可认为金融脆弱性具有内在性。克瑞格认为，即使银行和借款人都是非常努力的，但这种努力也是非理性的，对于金融脆弱性也无能为力，这是资本主义制度理性运作的自然结果。

### 3. 信息不对称角度的金融脆弱性理论

近年来由于博弈论和信息经济学的发展，经济学家们对金融市场的微观行为基础有了深刻的理解，对金融机构的脆弱性也有了更深刻的认识。米什金(Mishkin)认为，由于存在信息不对称所导致的逆向选择(adverse selection)和道德风险(moral hazard)，以及存款者的"囚徒困境"可能引起的存款市场上的银行挤兑，银行等金融机构具有内在的脆弱性。

(1) 借款人与金融机构间的信息不对称。斯蒂格利茨(Stiglitz)和韦斯(Weiss)的研究表明，在信贷市场上，逆向选择和不当激励总是存在的。从历史经验来看，最容易诱使金融机构陷入困境的是那些在经济繁荣的环境下可能产生丰厚收益，但一旦经济形势逆转便会出现严重问题的投资项目，而这些项目很难用通常的统计方法来做出准确预测。米什金用债务契约的道德风险解释了这一现象。他认为，约束借款人和贷款人之间的契约即债务契约，是一种规定借款人必须定期向贷款人支付固定利息的合约，当企业有较多的利润时，贷款者收到契约性偿付款而不需要知道公司的利润。只有当企业不能偿还债务时，才需要合约贷款者来审查企业的盈利状况。虽然贷款人可以通过限制性契约等手段来约束借款者，但并不能预防所有的风险活动，借款者总能找到使限制性契约无法生效的漏洞。

(2) 存款人与金融机构间信息不对称。由于存款者对银行资产质量信息缺乏充分了解，存款者无法辨别其存款银行究竟是否功能健全。在存款基础稳定的条件下，金融机构可以保证足够的流动性以应付日常提款，但是一旦发生意外事件，由于金融机构要根据"顺序服务原则"行事，存款者便有强烈的冲动首先要去银行加入挤兑的行列。如果在他们提款时，金融机构资金耗尽，无力支付，他们便不能及时收回全部存款。由此，存款者个体行为理性的结果是导致集体的非理性，这正是博弈论的经典例证"囚徒困境"(the prisoner's dilemma)所说明的结论。这意味着在市场信心崩溃面前，金融机构是非常脆弱的。戴蒙德(Diamond)和帝伯维格(Dybvig)提出的银行挤兑模型也很好地说明了这个问题。

戴蒙德和帝伯维格在 1983 年发表的 "银行挤兑、存款保险与流动性"(bank runs, deposit

insurance, and liquidity)一文中提出了著名的 D-D 模型，并论述在金融市场上有可能存在多重均衡。他们指出对银行的高度信心是银行部门稳定性的源泉，银行系统的脆弱性主要源于存款者对流动性要求的不确定性，以及银行资产流动性的缺乏。在此研究基础上，杰克林(Jacklin)和巴塔查亚(Bhattacharya)研究了由于生产回报不确定性带来的银行体系的脆弱性，明确提出了可能引起挤兑的因素。

## 三、银行危机的传染性效应

### (一) 银行危机传染性的概念

银行危机的传染性是指银行危机是可以互相传染的，通常是指一家银行的危机传染给别的银行甚至整个银行体系。银行危机可以在一家银行内部传染，也可以在银行与银行之间、银行与非银行金融机构之间传染。银行危机既可以在商业银行与商业银行之间传染，也可以在商业银行、投资银行、政策性银行之间相互传染。银行危机传染还包括恐慌心理在存款者之间蔓延，导致存款者纷纷挤兑存款。当一家或几家银行倒闭导致银行体系发生多米诺骨牌式的崩溃时，系统性银行危机就爆发了，银行危机传染的破坏性就充分表现出来了。

### (二) 银行危机传染性的原因分析

银行危机之所以具有传染性，主要有三个原因：一是银行资产与负债的流动性难以相互匹配；二是存在信息不对称；三是当事人个体理性与集体理性的冲突。资产与负债的流动性难以匹配是银行危机传染性的客观根源，信息不对称及个体理性与集体理性的冲突是银行危机传染性的主观根源。由于银行资产与负债在流动性方面存在不一致，所以客观上有可能出现二者难以匹配的情况，从而使银行处于两难处境：一方面，要是设法立刻满足存款者纷纷提出的兑现要求，那么必须提前清算资产，但是银行的资产不易市场化，这就意味着必须廉价出售资产，导致发生损失，甚至可能还不足以满足需要；另一方面，若是无视存款者提出的兑现要求，那么，就可能造成进一步的恐慌，导致更大规模的兑现要求，造成更大规模的损失。由于信息不对称，存款者不能区分好银行和坏银行，不知道自己的利益是否受到忽视甚至损害，他只能凭借所观察到的市场信号做出判断和反应。因为无法分辨各种信号的真伪，所以很容易受错误信号的误导。而且，相信错误信号的人越多，就越会被误认为是真实的信号，因而就越可能得到更多人的相信，并基于这种判断做出对银行不利的反应。即使没有错误信号，由于存款者个体理性与集体理性的冲突，每个人都按照自身当前利益最大化的原则行事，只要银行无法充分保证未来的流动性需求总能顺利得到满足，就有可能导致银行挤兑发生。

## 四、危机银行的救助

银行危机处置主要包括两方面的内容：一是对危机银行如何做出合理安排，即一国金融监管机构是对危机银行进行救助还是对危机银行做出市场退出安排；二是对危机银行的债权债务如何处置。这里重点讨论对危机银行的救助。

### (一) 救助与市场退出的利弊分析

救助与市场退出是银行危机处置的两种基本方式。救助方式，一般倾向于在维持原有银行法人资格不变的条件下，采取各种流量和存量的办法支持其走出危机；市场退出倾向于取消危机机构的法人资格，具体方式包括关闭、并购、破产清算等。在实践中，两种方式各有利弊，也各有不同的适用条件和经济后果，要求金融监管当局进行权衡。表 5-1 列出了两种处置方式的优缺点对比。

表 5-1    救助与市场退出的优缺点对比

| 方式 | 优点 | 缺点 |
|---|---|---|
| 救助 | ①救助的交易成本低于关闭银行的成本。如果能通过救助使银行走出危机，所需的成本往往低于破产成本，为存款保险基金节省资金；②救助方式提供了一种机制，将贷款和其他资产保持在原银行系统内，因为原有的借款人仍与原银行保持交易关系，而不是与破产清算人打交道；③救助方式可以保持银行服务的连续性，将银行危机的不良影响降到最低程度 | ①救助方式允许较弱的机构继续经营，并与其他没有接受救助的银行展开竞争，破坏了公平竞争的市场法则；②救助方式对危机银行的股东及债权人(包括接受存款保险和没有接受存款保险的存款者)提供了较多的保护，加大了其道德风险，削弱了市场纪律；③受救助的对象多为规模较大的银行，具有不公平性，容易招致中小银行的反感；④在一些救助交易中，兼并者享受到税收优惠，损害了纳税人的利益 |
| 市场退出 | ①有利于优化资源配置和金融结构的调整；②有利于维护公平竞争；③有助于彻底解决道德风险问题；④有利于提高风险意识，加强市场纪律和防止道德风险 | ①市场退出的直接成本和间接成本一般较大；②容易伤害公众对银行体系的信心；③金融中介功能消失，不利于经济增长 |

注：本表中的市场退出不包括并购方式的市场退出，而只包括关闭和破产清算方式的市场退出。

## (二) 救助的资金安排

银行危机，不管形成的原因如何，最终大多表现为流动性或清偿力的丧失，因此，对于危机银行的处理，救助资金的安排(即救助所需资金由谁提供、如何提供等)是个现实问题。纵观世界各国的情况，一般有以下几种安排。

(1) **银行自筹资金**。对于盈利机制没有受到根本破坏的危机银行而言，可以通过改善银行管理，依靠自身未来的现金流，逐步弥补损失，充实资本，恢复实力。如 1998 年初，泰国中央银行规定，从 1998 年 7 月 1 日起，银行必须提取 50%的呆账准备金和 20%的不合格贷款准备金，并宣布各银行必须在 8 月提交增资计划，否则中央银行将介入干预，因此大城银行、盘古银行、泰华农民银行等纷纷增资扩股。这种做法一般适用于本身经营状况较好，但是受到传染而导致银行危机的情况。但在绝大多数的情况下，这种做法的空间较小。

(2) **中央银行出资**。中央银行一个重要的职能是充当最后贷款人，面对陷入流动性危机的金融机构，不少国家的银行法都规定，中央银行有权利或义务提供紧急的资金援助。中央银行一般通过抵押贷款、票据贴现、短期透支等方式帮助危机银行解决暂时流动性困难。但中央银行的救助是有限度的，一般只针对陷入临时的流动性危机的银行，但对于那些陷入清算、破产境地的银行则不能给予支持。

(3) **政府出资**。政府筹措大批资金，向支付困难的银行注资，以解燃眉之急。例如，1993年法国政府注资 35 亿法国法郎救助里昂信贷银行。政府筹集资金有两种渠道：一是直接动用现有财政资金；二是发行国债。

(4) **股东出资**。一是要求原有的股东出资。例如，1996 年 4 月，日本太平洋银行由于经营不善而发生危机。大藏省和日本银行决定由它的四大股东——日本樱花银行、富士银行、东海银行、三和银行予以资助。二是面向国内外吸纳新的股东，通过增资扩股解决。东亚金融危机之后，为了解决银行危机所带来的不良资产问题，一些国家如日本、韩国都开放了长期以来封闭的金融市场，允许国外的投资者参股、收购国内的金融机构。开放市场有助于增加解决银行危机的资金来源，也有助于通过合理的竞争，改善国内银行的治理结构。

(5) **银行同业出资**。例如，奥地利所有储蓄银行合资建立了储蓄银行中央机构，一旦某家储蓄银行陷入困境，中央机构会要求所有成员银行对其提供资金帮助。

(6) **存款保险体系的支持。** 对于建立了存款保险体系的国家，存款保险公司也对金融机构流动性问题负责。如美国联邦存款保险公司只要认定直接的资金救助能够避免该银行倒闭的危险，该银行在社会上有举足轻重的地位和作用且这种资金支持能够减少保险公司的损失时，就可以直接对那些陷入困境的银行提供资金支持。

# 第五节 国际货币危机

在众多的文献中，关于货币危机的定义很多，我们这里主要介绍两种：一种是《新帕尔格雷夫货币金融大辞典》的定义，货币危机(currency crisis)是指某一国家或几个国家的货币要兑换为其他国家的货币时，遇到迫使货币贬值的巨大压力，最终这些国家货币大幅度贬值。另一种是国际货币基金组织在 1998 年《世界经济展望》中的定义，货币危机是指这样一种情况，在外汇市场上针对一国货币汇率的投机性冲击导致货币大幅贬值，并且投机行为迫使该国中央银行通过大量动用外汇储备或提高借贷利率的方法来维护货币的汇率。

货币危机理论的发展是一个历史过程。克鲁格曼在 1979 年研究了固定汇率制度下国际收支危机(balance of payments crisis)的模型，认为危机的主要原因是和固定汇率制不相容的财政政策、货币政策。克鲁格曼指出，国内信贷超过货币需求的过度增长，将导致中央银行外汇储备的损失，在投机攻击下，货币当局不得不放弃固定汇率。投机攻击总是出现在中央银行耗尽其外汇储备之前。20 世纪 80 年代中期以后，出现了以茅里斯·奥布斯菲尔德(Maurice Obstfeld)模型为代表的第二代货币危机的模型，即预期自我实现的货币危机模型。第二代货币危机模型强调危机的出现与基本经济因素无关，而是由预期因素导致的，危机本身导致政策变动，促使危机自动实现。下面将对主要的货币危机模型加以介绍。

## 一、第一代货币危机模型

1979 年，克鲁格曼提出国际收支危机模型，后经弗拉德(Robert Flood)和加勃(Peter Garber)扩展，该模型被称为货币危机的第一代理论模型。国际收支危机模型的结构以汇率决定理论中的货币分析方法为基础，以投机者的理性预期为前提。该模型假定政府为解决财政赤字问题会无限制地发行纸币，不顾外汇储备，而同时中央银行为维持固定汇率制度会无限制地抛出外汇直至外汇储备消耗殆尽。政府试图用增发货币的方式为财政赤字融资，但是在固定汇率制度下，政府所能够增发的货币受公众资产选择的制约，超出公众实际货币需求的那部分货币会转化为对政府外汇储备的购买。因此，只要政府持续地为赤字融资，外汇储备迟早有一天会枯竭，从而导致固定汇率制度的崩溃。

国际收支危机模型认为一国宏观经济基本因素决定了货币危机何时爆发。当一国的外汇储备不足以支持其固定汇率长期稳定，政府在对内均衡与对外均衡发生冲突时，为维持内部均衡而干预外汇市场的必然结果是外汇影子汇率与目标汇率发生持续偏差，而这又为外汇投机者提供了牟取暴利的机会。国际收支危机模型认为一国政府部门的赤字"货币化"、利率平价条件会诱使资本外流，致使本国外汇储备不断减少。在外汇储备减少到某一个临界点时，投机者出于规避资本损失或是获得资本收益的考虑，会向该国货币发起投机攻击。由于一国的外汇储备是可耗尽的(exhaustible)，政府所剩余的外汇储备在极短的一段时间内将被投机者全部购入，政府被迫放弃固定汇率制度，货币危机就此爆发。事实上，由于投机者的攻击，政府被迫放弃固定汇率的时间将早于政府主动放弃的时间。

### (一) 模型的假设

(1) 一个小型开放经济国家，该国的居民只消费单一的可贸易商品，其汇率钉住其主要贸易伙伴国货币，汇率由购买力平价决定。

(2) 经济主体是完全预期的，并且可供本国居民选择的资产有本币、外币、本国债券和外国债券 4 种，各种资产间是完全可替代的。

(3) 没有私人银行，货币创造源自为政府财政赤字融资，货币供给总量等于基础货币，包括国内信贷和中央银行所持有的外汇储备两部分。

(4) 国内信贷增长率为外生变量，是一个固定的常数 $\lambda$。

(5) 本国货币当局利用其持有的外汇储备维护固定汇率制。

### (二) 模型的框架

国际收支危机模型的理论认为，如果名义汇率政策像政府所宣称的那样，当外汇储备降至一定的底线之前将有义务维持固定汇率，因此，分析的重点将放在国内货币市场私人和政府的行为上。

(1) 国内货币市场的均衡条件可以表示为

$$M(t) / P(t) = \alpha_0 - \alpha_1 i(t) \tag{6-1}$$

其中，$M(t)$、$P(t)$、$i(t)$ 分别代表 $t$ 时刻国内货币存量、国内价格和利率，$\alpha_0$、$\alpha_1$ 是常数，且 $\alpha_1 > 0$。等式左边是实际货币供给，右边是实际货币需求。

(2) 国内基础货币的构成方程为

$$M(t) = D(t) + R(t) \tag{6-2}$$

即本币的供给等于国内信贷总量与货币当局持有的外汇储备之和。

(3) 国内信贷以固定的非负的增长率 $\lambda$ 增加，即

$$\dot{D} = \lambda \tag{6-3}$$

(4) 购买力平价成立，用 $P^1(t)$ 和 $e(t)$ 分别代表国外价格和单位外币的本币价格，则

$$P(t) = P^1(t)e(t) \tag{6-4}$$

(5) 无抛补的利率平价成立，表达式为

$$i(t) = i^1(t) + [\dot{e}(t)^r / e(t)] \tag{6-5}$$

其中，$i(t)$、$i^1(t)$ 分别表示本国和外国的利率，$[\dot{e}(t)^r / e(t)]$ 表示本币的贬值率。

(6) 将式(6-4)、式(6-5)代入式(6-1)，得到

$$M(t) = \beta e(t) - \alpha \dot{e}(t) \tag{6-6}$$

其中，$\beta = \alpha_0 P^1 - \alpha_1 P^1 i^1$，$\alpha = \alpha_1 P^1$。

当本币汇率固定时有

$$e = \overline{e}，\quad \dot{e} = 0，\quad i = i^1$$

而 $t$ 时刻的外汇储备为

$$R(t) = M(t) - D(t) = \beta\overline{e} - D(t) \tag{6-7}$$

储备变动率与国内信贷变动率的绝对值相等，即 $\dot{R}(t) = -\dot{D}(t) = -\lambda$，这说明实施固定汇率的货币当局必须适时调节本国的货币供给以维持固定汇率 $\overline{e}$，即相应地调整 $R$ 与 $D$ 之间的比例。假定政府为了实现经济增长目标而实施扩张性货币政策，$D$ 以固定速率 $\lambda$ 增加，则外汇储备 $R$ 必须以同样的速率减少才能保持汇率不变。直到外汇储备耗尽（即 $R=0$）为止，货币当局无力继续维持固定汇率时，要么本币大幅度贬值到新的钉住汇率水平，要么允许汇率自由浮动。假定这一固定汇率崩溃的时刻（即投机攻击成功的时刻）为 $T$，则根据 (6-6) 式，$T$ 时刻以后的货币市场均衡条件为

$$M(T_+) = \beta e(T_-) - \alpha\dot{e}(T_+) \tag{6-8}$$

由于 $T$ 时刻以后货币当局持有的外汇储备已经耗尽，基础货币就等于国内信贷，即 $M(T_+)=D(T_+)$。注意，上式中的符号 $T_+$、$T_-$ 分别表示极其接近 $T$ 的 $T$ 之后和 $T$ 之前的时刻。

### (三) 投机攻击的时机确定

投机者发动投机攻击 (speculative attack) 的时间取决于其对投机利润的估计，而投机利润在很大程度上又取决于攻击成功后的汇率水平——影子汇率 (shadow exchange rate)。这一汇率是指投机攻击耗尽了货币当局的所有储备并且无法进行其他方式的干预时，由外汇市场自由供求所决定的本币的浮动汇率水平，它体现了本币的真实价值。设影子汇率为 $\hat{e}(t) = \mu_0 + \mu_1 t$（即影子汇率是时间的线性函数），与 $\dot{M}(t) = \dot{D}(t) = \lambda$ 一起代入式 (6-6)，化简得到影子汇率为

$$\hat{e}(t) = [\alpha\lambda / \beta^2] + M(t) / \beta \tag{6-9}$$

假设 $T$ 时刻以后的影子汇率大于固定汇率（即本币贬值），那么投机者对本币发动攻击（即抛出本币，并从中央银行手中购入等量外汇储备）成功后（即固定汇率崩溃后），将能获得总额为 $[\hat{e}(t) - e(t)]R(t_-)$ 的投机利润，其中 $R(t_-)$ 为此前购入的外汇储备。当每一个交易主体都充分预期到这一点时，他们就会竭尽所能购买外汇储备并抛售本币，不断地提前发动投机攻击，直至影子汇率等于固定汇率（即 $\hat{e} = \overline{e}$）的那一时刻发动攻击，这时的投机收益就会从零变为正值，而此时刻也就是固定汇率崩溃的 $T$ 时刻。

根据上述判断，令 $\hat{e}(t) = \overline{e}$，将 (6-9) 式和 (6-6) 式联立（注意 $\overline{e}$ 的 $\dot{e}(t) = 0$，$\overline{e} = [D(0) + R(0)] / \beta$），解得

$$T = [R(0) / \lambda] - (\alpha / \beta) \tag{6-10}$$

式 (6-10) 决定了投机攻击使固定汇率崩溃的时刻，它说明两个问题：①货币当局所拥有的初始外汇储备 $R(0)$ 越少，固定汇率崩溃的时间就越早，投机攻击就越容易得逞；②国内信贷增长速度越快，即 $\lambda$ 越大，投机冲击发生的时间就越早，会加速固定汇率的崩溃。图 5-1 描述了该模型的观点。

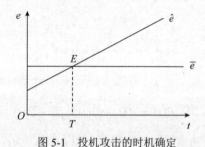

图 5-1 投机攻击的时机确定

图 5-1 中横轴 $t$ 代表时间，纵轴 $e$ 代表汇率水平。向上倾斜的直线代表影子汇率的轨迹，水平直线代表固定汇率水平，$E$ 点是影子汇率与固定汇率的交点。显然，当 $t < T$ 时，影子汇率小于固定汇率，进行投机攻击的利润为负，投机者将遭受损失，因此此时不会发动攻击；当 $t > T$ 时，投机者按照固定汇率向货币当局买入外汇并按本币贬值后的影子汇率抛出，可得投机利润为 $[\hat{e}(t) - e(t)]R(t_-)$，投机者之间的利润竞争会驱使其提前发动攻击(以期赚取最大化投机利润)，其结果是投机攻击在 $t = T$ 时刻发生。

### (四) 投机攻击过程中基础货币的变化

由式(6-7)，可以将固定汇率崩溃前的汇率水平表示为

$$\overline{e} = [D(T_-) + R(T_-)] / \beta \tag{6-11}$$

由式(6-10)和式(6-11)及固定汇率崩溃前的国内信贷 $D(T_-) = D(0) + \lambda T$，可以推导出在固定汇率崩溃前，货币当局所持有的外汇储备为

$$R(T_-) = \alpha\lambda / \beta \tag{6-12}$$

图 5-2 描绘了固定汇率崩溃前后外汇储备、国内信贷及其加总(基础货币)的变化路径。

图 5-2 中，纵轴 $M$ 代表基础货币，横轴 $t$ 代表时间，$T$ 时刻是固定汇率崩溃的时刻。$T$ 时刻之前的基础货币为水平线 $M$，表明货币供给保持不变，但其构成却发生了变化：国内信贷的变动轨迹是向右上倾斜的线 $D$，其斜率等于固定增长率 $\lambda$；中央银行外汇储备的变动轨迹是向右下方倾斜的线 $R$，其斜率等于 $-\lambda$，意味着为了保持固定的货币供给，外汇储备的消耗速度与国内信贷的扩展速度是一致的。$T$ 时刻投机攻击导致固定汇率崩溃，外汇储备从崩溃前的 $\alpha\lambda / \beta$ 突然降至零，基础货币 $M$ 也随之降低 $\alpha\lambda / \beta$ 幅度，并且从 $T$ 时刻起就等于国内信贷 $D$。

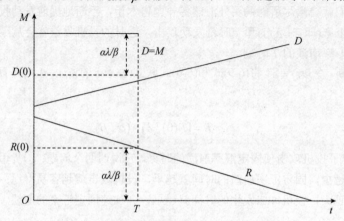

图 5-2 固定汇率崩溃前后的基础货币变动情况

### (五) 模型的结论

克鲁格曼提出的国际收支危机模型的结论可以总结为：与固定汇率制度相矛盾的宏观经济政策，主要是扩张性的财政政策，最终将不可避免地导致外汇储备耗尽，从而导致固定汇率制度崩溃。但是外汇储备耗尽并不是一个平稳的、渐进的过程，而是有一个临界点，在这个临界点上，投机者会突然将政府手中的所有的外汇储备全部买光，从而使固定汇率制提前崩溃。换句话说，在外汇储备自然减少到零之前，固定汇率制度将会因遭遇一个突发的投机攻击而提前崩溃。

### (六) 国际收支危机模型的实证检验

爱德华兹(Edwards)在 1995 年对 1954 年到 1975 年的 87 次货币危机进行了实证研究。他发现这些危机的爆发正如国际收支危机模型所预示的那样，其共同特点是危机的发生都伴随着巨额的财政赤字，而且这些财政赤字往往都是通过中央银行对政府的扩张性信贷政策来加以弥补的。但是，从 20 世纪 80 年代以后，货币危机呈现出另外一些不为国际收支危机模型所描述和预示的特征。例如，1994 年墨西哥比索危机出现时，墨西哥的财政还略有盈余。这表明，货币危机还可能由其他的、未曾被国际收支模型所考虑的因素而引发。而这些因素将在第二代货币危机的理论和模型中做分析和介绍。

### (七) 对国际收支危机理论的评价

作为第一代货币危机理论，国际收支危机理论是一种较为简单而直观的学说，关注的重点是经济基本因素。该理论最根本的一点就是：货币危机的根源在于一国经济政策与汇率制度的不协调，特别是扩张性货币、财政政策与维持固定汇率制度之间不可调和的冲突终将导致本币影子汇率与名义汇率之间的差距，进而被投机者所利用。其次，该理论认为对本币的投机攻击并不是投资人非理性行为或者市场操纵者作用的结果，相反，它恰恰是投资者在经济基本因素与汇率制度发生尖锐冲突时理性选择的结果，因此，第一代模型也被称为"理性攻击模型"(rational attack model)。

但是，国际收支危机理论也有许多不足之处，其中最重要的一点是它关注的是政府的政策而并非市场的反应，并且对政府行为的假设条件太多，不太符合现实。首先，它假设政府的行为是单一线性的，即政府以一种机械的方式制定政策，不论外部环境如何，都固执地坚持以增发信贷来弥补财政赤字，导致外汇储备耗尽，外部经济失衡。而事实上，政府必须兼顾经济的内外均衡，必要时还得调整财政政策以适应国际收支的状况。这一点显然与假设不相符。其次，政府对固定汇率的承诺是僵化不变的，并且维持固定汇率的手段也只是出售外汇储备。事实上，对固定汇率的维护是有成本的，它应该是一种相机抉择的产物而不只是简单地出售外汇储备。另外，即使是维护固定汇率，除了出售储备之外也有多种方法，例如提高利率、紧缩货币供给等。

## 二、第二代货币危机模型

1992 年爆发了欧洲货币体系危机，1994 年墨西哥又爆发了货币危机。这些货币危机的爆发更大程度上与政府的政策选择、投资者的心理预期及市场传导机制相联系，而不像以往的危机那样与经济基本因素关系密切。人们逐渐认识到国际收支危机模型还不是很完善，它们只能解释危机爆发的某些层面。这样，自我实现的(self-fulfilling)货币危机理论诞生了，这个理论被称为第二代货币危机模型。

奥布斯菲尔德是第二代货币危机模型的主要代表人物之一,他发表了一系列有影响的论文,从政府行为和私人投资者行为间相互影响和相互决定的关系入手,强调了投机攻击的"自我实现"特征,即人们对汇率贬值的预期变化会影响政府的反应函数,并使得顺应该预期的贬值行为成为政府的最优政策选择。也就是说,是人们的贬值预期自发决定了实际上的汇率贬值,而经济基本因素的恶化已经不是诱发危机的主要原因。在他的模型中,投资者的预期因素是包含在一些经济变量的决定式中,如通货膨胀率、利率和工资水平等,一旦人们预期本币贬值,这些变量就会发生相应变化,如利率提高、工资水平上升等,从而对国民经济产生不利影响。在这种情况下,政府的决策顺应人们的预期实施贬值,将有助于缓解由利率或工资水平提高而带来的经济调节成本的上升,使得公共债务和劳动力部门的压力得以释放。

1994 年,奥布斯菲尔德发表了"货币危机的逻辑(*The Logic of Currency Crises*)"一文。在该文中,他建立了两个模型。在第一个模型中,利率是公共债务的决定因素,而贬值预期导致政府公共债务负担加重,促使货币当局放弃固定汇率;在第二个模型中,劳动者的工资合同受到汇率预期的影响,而工资水平又是决定产出的成本因素之一,因此当贬值预期上升时,高工资和低就业、低产出就会促使政府放弃固定汇率。下面简要介绍这两个模型。

### (一) 利率冲击模型

#### 1. 模型的假设

将时间分为两个时期,即 1 期和 2 期。在初始时刻,政府负有分别应在 1 期和 2 期支付给债权人的本币债务 $_0D_1$ 和 $_0D_2$,分别应在 1 期和 2 期得到的外汇收入为 $_0f_1$ 和 $_0f_2$,政府 1 期和 2 期的实际消费支出分别为 $g_1$ 和 $g_2$,并且只在 2 期征税,税率为 $\tau$,$i$ 为国内的利率,$i^*$ 为国外的利率,1 期汇率固定为 $e_1$,2 期汇率变为 $e_2$。假设购买力平价和无抛补的利率平价成立且各期汇率等于各期的价格水平。

公共部门的现金流量约束就是政府受到的财政约束。令 $_1D_2$ 为 1 期发生的到 2 期应偿还的本币公共债务,1 期政府受到的财政约束为

$$_1D_2 = (1+i)[_0D_1 + e_1g_1 - e_1(_0f_1) + \frac{e_1(_1f_2)}{1+i^*}] \tag{6-13}$$

可见,利率 $i$ 是公共债务的重要决定因素。

$t$ 期货币需求函数为 $M_t = ke_ty$,$t = 1,\ 2$。

同理,2 期的现金流量约束,即财政约束为

$$_0D_2 + {}_1D_2 - e_2(_0f_2 + {}_1f_2) + e_2g_2 = e_2\tau y + M_2 - M_1 \tag{6-14}$$

#### 2. 政府相机抉择的经济政策所决定的预期贬值率

由于政府只关心贬值预期变化时税率和通货膨胀的扭曲效应,因此政府的损失函数可以设为

$$L = \frac{1}{2}\tau^2 + \frac{\omega}{2}\theta^2 \tag{6-15}$$

其中,$\theta = (e_2 - e_1)/e_2$,是 2 期本币汇率的贬值率,$\omega$ 是贬值相对于税收的权重。

综合式(6-13)和式(6-14)两期财政约束,并令 $_sd_s$ 代表相应的 $_sD_s$ 以 1 期的价格水平计算的真实值,可得到总的财政约束为

$$\theta(_0d_2 + {}_1d_2 + ky) + \tau y = {}_0d_2 + {}_1d_2 + g_2 - {}_0f_2 - {}_1f_2 \tag{6-16}$$

其中，$_1d_2 = (1+i)[\,_0d_1 + g_1 - \,_0f_1 + \frac{_1f_2}{1+i^*}\,]$。

政府的目标是在式(6-16)的财政约束下使式(6-15)表示的损失函数取最小值，由此可以得到的关系式为

$$\frac{\omega\theta}{_0d_2 + \,_1d_2 + ky} = \frac{\tau}{y} \tag{6-17}$$

此式说明，在最优条件成立时，每单位本币贬值带来的边际成本等于提高税率的边际成本。将式(6-17)代入式(6-16)，得到政府的意愿贬值率 $\theta$ 的决定式为

$$\theta = \frac{(_0d_2 + \,_1d_2 + ky)(_0d_2 + \,_1d_2 + g_2 - \,_0f_2 - \,_1f_2)}{(_0d_2 + \,_1d_2 + ky)^2 + \omega y^2} \tag{6-18}$$

由 $_1d_2 = (1+i)[\,_0d_1 + g_1 - \,_0f_1 + \frac{_1f_2}{1+i^*}\,]$ 式可知，本国利率 $i$ 是公共债务 $_1d_2$ 的决定因素，而 $_1d_2$ 又决定了政府的意愿贬值率 $\theta$，因此利率水平也成为决定贬值率的因素。金融市场上的投资人是理性预期的个体，会对政府的目标行为进行理性的预测，当人们普遍预期本币贬值时，这种预期就会反映在本国利率 $i$ 的提高上，即公共债务的成本上升，通过式(6-18)所给出的机制使得政府的意愿贬值率增大。

为了确定政府意愿贬值率的值，可以将式(6-18)和利率平价条件 $\theta = (1+i^*)/(1+i)$ 联立得到两个均衡点：一个是对应较低利率水平和贬值率的$(i_1, \theta_1)$，另一个是对应较高利率水平和贬值率的$(i_2, \theta_2)$。对政府的政策选择而言，这是一个相机抉择的问题。事实上，尽管在低贬值率的均衡中政府损失比较小，但债券市场上投资者所预期的利率却不一定与较低的利率相符，因为人们往往在预期贬值时宁愿相信更大的贬值率，于是实际的均衡点往往是$(i_2, \theta_2)$。

### 3. 固定汇率下的政府政策

固定汇率的调整是需要很大成本的，假定这一调整成本为 $C$，则固定汇率下政府的损失函数可以改写为

$$L = \frac{1}{2}\tau^2 + \frac{\omega}{2}\theta^2 + C \tag{6-19}$$

与(6-15)式相比可知，固定汇率下的损失要大于相机抉择下的损失，且维持固定汇率的成本随着本国利率 $i$ 的提高而上升。一旦这两个损失的差额超过了 $C$，即维持固定汇率的成本太高时，政府的最优政策就改为实行相机抉择的汇率政策。

由上述分析可知，在相机抉择的条件下，人们的预期往往迫使经济均衡点位于较高利率和较大贬值率的组合$(i_2, \theta_2)$处，迫使政府顺应这一预期，促成本币的贬值率为 $\theta_2$。于是人们的预期成为现实，这就形成了自我实现式的投机攻击。

### (二) 总需求冲击模型

#### 1. 模型的假设

奥布斯菲尔德在其第二个模型中，将利率上升带来的公共债务负担改为因劳动力工资水平上升而带来的总需求压力。假设工资水平 $w_t$ 是当期汇率水平 $e_t$ 的期望值函数，则

$$w_t = E_{t-1}(e_t) \tag{6-20}$$

其中，$E_{t-1}$ 代表取数学期望值。

工资水平又决定着产出 $y_t$，其表达式为

$$y_t = \alpha(e_t - w_t) - u_t \tag{6-21}$$

其中，$u_t$ 代表来自外国利率、政府和私人需求变动的冲击变量。

### 2. 均衡贬值率的确定

令政府的流量损失函数为

$$L_t = \frac{\omega}{2}(e_t - e_{t-1})^2 + \frac{1}{2}[\alpha(e_t - w_t) - u_t - y^*]^2 \tag{6-22}$$

其中，$y^*$ 为政府意图达到的产出水平。

将上式对汇率 $e_t$ 求导得

$$\frac{\partial L_t}{\partial e_t} = \omega(e_t - e_{t-1}) + \alpha[\alpha(e_t - w_t) - u_t - y^*] = 0 \tag{6-23}$$

定义 $\lambda = \alpha^2 / (\omega + \alpha^2)$，得到政府的反应函数为

$$e_t - e_{t-1} = \lambda(u_t / \alpha) + \lambda(w_t - e_{t-1}) + \lambda(y^* / \alpha) \tag{6-24}$$

可见，政府可以通过变动汇率的方法来抵消需求扰动 $u_t$ 对产出的影响，并且由于工资 $w_t$ 是在 $t$-1 期决定的，当高工资带来的通货膨胀风险可能削弱本国的竞争力时，政府的最优选择就是贬值。同理，政府可以通过贬值使产出水平超过自然水平。

同样地，私人部门也会根据其掌握的信息来预期政府的政策，并采取相应的对策，例如根据式(6-24)的政府反应函数来决定自身所要求的工资水平，其表达式为

$$w_t = e_{t-1} + \lambda E_{t-1}(u_t / \alpha) + \lambda(w_t - e_{t-1}) + \lambda(y^* / \alpha) \tag{6-25}$$

由 $E_{t-1}(u_t) = 0$ 可得

$$w_t = e_{t-1} + \frac{\lambda}{1 - \lambda}(y^* / \alpha) \tag{6-26}$$

综合式(6-26)和式(6-24)，由政府行为和私人行为所产生的均衡贬值率为

$$e_t - e_{t-1} = \lambda(u_t / \alpha) + \frac{\lambda}{1 - \lambda}(y^* / \alpha) \tag{6-27}$$

可见，如果政府坚持固定汇率，一方面能够消除通货膨胀倾向，但另一方面也排除了政府对不可预测的产出冲击 $u_t$ 做出反应的可能性。而在实际中，政府通常是在大部分时间里维持固定汇率，只有当扰动具有足够大的冲击力时才实施贬值。

### 3. 贬值的时机确定

假定固定汇率的调整成本为 $C$，政府损失函数可再次修正为

$$L_t = \frac{\omega}{2}(e_t - e_{t-1})^2 + \frac{1}{2}[\alpha(e_t - w_t) - u_t - y^*]^2 + CZ \tag{6-28}$$

其中，$Z$ 为指示变量，当 $e_t - e_{t-1} \neq 0$ 时，$Z=1$，否则，$Z=0$。

设预期通货膨胀率 $\pi_t = w_t - e_{t-1} = E_{t-1}(e_t) - e_{t-1}$，如果政府维持固定汇率，则损失函数为

$$L_t^F = \frac{1}{2}(\alpha\pi_t + u_t + y^*)^2 \tag{6-29}$$

如果政府调整固定汇率为浮动汇率，则损失函数变为

$$L_t^V = \frac{1}{2}(1-\lambda)(\alpha\pi_t + u_t + y^*)^2 + C \tag{6-30}$$

一旦维持固定汇率的损失大于调整为浮动汇率的损失，政府就会选择贬值，即贬值应满足如下条件：

$$L_t^F - L_t^V = \frac{1}{2}\lambda(\alpha\pi_t + u_t + y^*)^2 - C > 0$$

即

$$\frac{1}{2}\lambda(\alpha\pi_t + u_t + y^*)^2 > C$$

由此可见，人们对汇率的预期决定了工资水平，工资水平又决定了产出，而产出和需求扰动因素又联合决定了政府的损失函数。因此当人们普遍预期贬值时，为了避免更大的损失，政府的最优决策就是促成贬值的自我实现。

### (三) 对第二代货币危机理论的评价

第二代货币危机理论是在第一代货币危机理论的基础上提出的，其关注的重点不再是政府的线性行为，而是政府与市场交易主体之间的行为博弈。在这里，多重均衡取代了单一均衡，本币贬值与否取决于政府对于市场预期的反应，于是市场对贬值的预期往往造成了自我实现式的汇率贬值。从本质上看，第二代货币危机理论回答了三个问题。①政府为何要放弃固定汇率。由奥布斯菲尔德的模型可以得出结论，本币汇率贬值一方面可以减少以本币计价的债务负担，另一方面，由于工资刚性而受到失业困扰的国家可以通过贬值促成扩张性货币政策，以此刺激国内经济。②政府为何要维持固定汇率。固定汇率有利于国际贸易和投资的计价和结算，对有通货膨胀倾向的国家而言是政策可信度的标志，对于区域经济一体化而言是成员对国际经济政策协调的承诺。③强调了公众预期在政府决策过程中的重要性。因为维持固定汇率是需要成本的，当公众预期汇率将贬值时，债权人会要求提高债权利率，工人会要求提高工资，此时政府坚持不贬值将付出更大的代价。对政府而言，与其在付出这些代价之后不得不贬值，还不如及早顺应预期主动放弃固定汇率，其结果就是本币在宏观经济基本因素恶化到必须贬值之前就已经贬值了。

因此，第二代货币危机理论强调的是货币危机的自我实现性质，公众的预期及政府对该预期的反应等主观因素起了决定作用。但是它的不足之处也恰在于此。首先，它没有说明是否任何一种货币都可能遭受投机攻击，或者是否所有的投机攻击都与基本经济因素无关。事实上，往往是那些经济基本因素有恶化迹象的国家，更容易遭受投机者的攻击。相比之下，那些经济基本因素良好，并且宣称将坚定维护固定汇率的国家一般不会首先遭受投机者的攻击。这说明，不能否认危机的发生与经济基本因素的恶化是有关系的，虽然这种关系的程度尚有待研究，但至少我们不能绝对地认为货币危机就是一种主观预期因素的产物而与经济的客观表现无关。其

次，第二代货币危机模型暗含着一个中间地带的存在，在这个地带中既有可能发生投机攻击，也有可能不发生。但是这个中间地带究竟有多宽，在现实中如何确定这一地带？这些问题都尚无定论，因为这涉及公众的汇率预期函数、效用函数和政府的反应函数的确定。这不仅仅是简单的理论假设，还需要更多的实证研究。最后，第二代货币危机理论还忽视了另一种情况，即纵然是在危机可能发生的区间内，投资人也未必只有发起投机攻击这一种行为选择。这是因为，公众可以从卖出本币和买入外币中获得资本利得，但同时也必须支付交易成本。理论上这些成本可以忽略不计，但现实中的投机攻击都是在很短的时间里完成的，其间任何很小的交易成本都有可能抵消投机收益，从而大大削减人们进行投机攻击的动力。

### (四) 对两代货币危机理论模型的比较

两代货币危机理论模型之间存在很多差异。通过比较分析，我们可以更加准确地从本质上了解这些理论。

#### 1. 从危机发生的根源来看

从危机发生的根源来看，第一代货币危机理论模型强调引发货币危机的根本原因是一国经济基本因素的恶化与固定汇率制度间的冲突。特别是持续扩张的国内财政、货币政策导致本币的真实价值受到削减，而政府对固定汇率的承诺却使得名义汇率和影子汇率之间的差距越来越大，投机者可以利用这一偏差发动投机攻击以赚取差价。第二代货币危机理论模型认为，政府和投机者是一对对立统一的行为主体，政府的主动行为及其对投机者反应行为的相机抉择性政策是导致投机攻击的原因。宏观经济政策与市场预期之间的相互影响和作用可能造成自我实现式的投机攻击，而此时宏观经济基本因素并不一定出现恶化，政府政策目标之间也未必存在彼此冲突的情况。

#### 2. 从两代模型对政府行为的假设来看

从两代模型对政府行为的假设来看，第一代理论模型强调政府行为的线性特征，它假设危机发生前政府的财政、货币政策是外生变量，是不受外部因素影响的既定值，尤其是国内信贷按照一个固定的比率增长，并且对固定汇率的承诺也是一成不变的。第二代理论模型却假定，政府行为是非线性的，政府的经济政策是内生变量，是随着经济环境的变化而不断调整变化的，随时对市场预期的变动做出反应。政府的决策是最大化效用函数或最小化损失函数的结果，因此，对固定汇率的承诺也是取决于状态的，取决于政府在维持和放弃之间的利弊权衡。

#### 3. 从货币当局的干预手段来看

从货币当局的干预手段来看，第一代理论认为中央银行在面对国内信贷供给增加、外汇市场上投机压力增大的情况下，只能通过出售外汇储备这一种方式来维持固定汇率，直至储备耗尽时为止。而在第二代理论中，没有提及具体的干预措施，甚至不再强调中央银行对外汇市场的强力干预，因为维持固定汇率的任何努力都是要付出成本的，只要实施贬值的成本低于维持固定汇率的成本，货币当局就可以选择贬值。

#### 4. 从投机冲击发生的临界点来看

从投机冲击发生的临界点来看，第一代模型认为爆发危机时的经济处于单一均衡中，投机攻击的时间是可以准确预期的，就是影子汇率等于固定汇率时的唯一时刻。而在第二代模型中，危机的发生时间就不那么确定了。由于引入了动态博弈过程，中央银行和市场投机者的行为互相影响、互相决定，双方都根据对方的行为及相关信息来不断修正自身的行为，从而使经济处于一个多重均衡的状态中。多重均衡意味着一个中间地带的存在，在此地带之外，经济基本因素决定了绝对发生或是不发生危机的可能性；在此地带之内，发生与不发生危机的可能性同时存在，最终起决定作用的因素是投机者的预期及中央银行对投机者预期的反应。这时投机冲击发生的临界点已经不是唯一的了，它可能是中间地带中的任何一点。

### 5. 从投机冲击成功时的各经济变量来看

从投机冲击成功时的各经济变量来看，第一代理论认为在大规模的投机攻击下，外汇储备将骤然降为零，本币汇率贬值，本国名义利率突然大幅跳升。但在第二代模型中，投机攻击成功后外汇储备不一定会陡然减少，名义利率在投机攻击发生之前就有可能因投机者对贬值的预期等原因而上升。

---

**专题阅读材料5-1**　国际金融史上著名的三大投机泡沫事件

#### 一、荷兰郁金香球茎泡沫

**(一) 荷兰郁金香球茎泡沫的概况**

荷兰的郁金香球茎投机是有据可查的人类历史上最早的投机泡沫案例。很少有人想到在距今大约370年前的1636年，郁金香居然给欧洲经济带来一场轩然大波。

据考证，郁金香的原产地是中国。据说在很久以前，骑在骆驼背上的商人们通过丝绸之路把郁金香带到了土耳其。根据文献记载，郁金香在16世纪中叶从土耳其传入奥地利，然后从这里逐步传向西欧。由于荷兰独特的气候和土壤条件，该国很快就成了郁金香的主要栽培国之一。

1630年前后，荷兰人培育出了一些新奇的郁金香品种，其颜色和花型深受人们的欢迎。典雅高贵的新品种郁金香很快就风靡了欧洲上层社会。在礼服上别上一支郁金香成为最时髦的事。贵夫人在晚礼服上佩戴郁金香珍品成为地位和身份的象征，王室贵族及达官显贵们纷纷趋之若鹜，争相购买最稀有的郁金香品种，特别是在法国盛行的奢侈之风把郁金香的价格逐渐抬高起来。在1635年秋季，名贵品种郁金香的价格节节上升。在巴黎，一株最好的郁金香球茎的价钱相当于110盎司的黄金。

到1634年以后郁金香的市场需求量逐渐上升。在1636年10月之后，不仅珍贵品种的价格被抬高，几乎所有的郁金香的价格都不断飞涨。从1637年1月2日到2月5日短短的一个多月期间，郁金香的价格被抬高了十几倍，甚至几十倍。郁金香花达到了空前绝后的辉煌。可是，好景不长，郁金香泡沫只维持了一个冬天，在开春之前，郁金香泡沫崩溃了。郁金香市场一片混乱，价格急剧下降。到1739年，有些品种郁金香的价格狂跌到最高价位的0.005%。在西方比较流行的花卉还有玫瑰、菊花等许多花，为什么唯独郁金香会引起这样大的一场风波呢？

**(二) 荷兰郁金香球茎泡沫形成的原因分析**

**1. 郁金香球茎的供给价格弹性极低**

表面上看，在17世纪欧洲市场上对郁金香的需求迅速上升，这是促成郁金香泡沫的必要条件之一，可是，许多商品在一段时间内都出现过供不应求的现象，却并没有因此而出现泡沫经济。所以，郁金香泡沫的形成必然有其特殊的原因。

郁金香可以大致上分为普通品种和特殊品种两类。普通品种以重量(磅)为计价单位，名贵品种以株为计价单位。普通品种与名贵品种之间的价格有时相差上千倍。

郁金香有两种繁殖方法：一种是通过种子繁殖，另一种是通过郁金香的根茎繁殖。郁金香的根茎就像大蒜一样，栽到地里每年四五月间就会开花，花期不过10天左右，到了9月根部又会长出新的球茎，新的球茎的重量比原来种下去的球茎只能增加一倍左右。如果通过种子繁殖，要经过7到12年才能得到比较理想的球茎。郁金香市场上交易的并不是花，而是球茎。园艺家们在郁金香的栽培过程中发现，利用一些自然开裂的球茎往往可以培育出特殊的新品种，开出非常鲜艳的花朵。这实际上是那些开裂的球茎受到某种花叶病毒的感染之后产生的变异，这种变异只能通过球茎繁殖来传承，而不能通过种子来传承。如果郁金香的球茎不能自然开裂，也就不一定能够保证受到这种病毒的感染。因为当时的科学技术很难控制球茎开裂的概率，再加上这种花叶病毒会把球茎的产量降低 10%～15%，使得郁金香球茎难以在短期内增加供给，名贵品种的郁金香球茎更是十分难得。"物以稀为贵"，郁金香的稀缺使之身价百倍。出现郁金香泡沫的第一个重要原因是：在短时期内，郁金香球茎的供应量几乎是一个常数。它不会因为需求量的增加而发生变化。即使郁金香的价格上升，生产者也没有办法迅速增加供给。

2. 郁金香球茎的交易方式——期货交易

如果在商品市场上供不应求，难免会有些奸商们囤积居奇，抬高物价。例如，在棉花、铜等市场上都曾经出现过程度不同的投机活动。可是，这些商品市场的波动都没有像郁金香那样大。其中原因之一是和郁金香市场的交易方式有关。

在 1634 年以前，郁金香和其他花卉一样是由花农种植并直接经销的，价格波动的幅度并不大。在 1634 年底，荷兰的郁金香商人们组成了一种类似产业行会的组织，基本上控制了郁金香的交易市场。这个行会强行规定：任何郁金香买卖都必须要向行会缴纳费用。每达成一个荷兰盾的合同要交给行会 1/40 荷兰盾；对每一个合同来说，其费用最多不超过 3 荷兰盾。

由于郁金香的需求上升，推动其价格上升，人们普遍看好郁金香的交易前景，纷纷投资购入郁金香合同。郁金香球茎的收获期是每年的 9 月。在 1636 年底的荷兰郁金香市场上，人们不仅买卖已经收获的郁金香球茎，而且还提前买卖在 1637 年将要收获的球茎。郁金香的交易被相对集中起来之后，买卖双方的信息得以迅速流通，交易成本被大大降低。在这个期货市场上没有很明确的规则，对买卖双方都没有什么具体约束。郁金香合同很容易被买进再卖出，在很短的时间内几经易手。这就使得商人们有可能在期货市场上买空卖空。在多次转手过程中其价格也被节节拔高。

3. 投机行为促使郁金香泡沫的最终形成

在行会的控制和操纵之下，郁金香的价格被迅速抬了起来。买卖郁金香使得一些人赢得暴利。郁金香价格暴涨吸引了许多人从欧洲各地赶到荷兰，他们带来了大量资金。外国资本大量流入荷兰，给郁金香交易"火上浇油"。

1636 年 12 月到 1637 年 1 月，所有品种的郁金香价格全线上升。例如，一种稀有品种 Gouda，其价格在 1634 年底仅为每盎司 1.5 荷兰盾，到 1636 年底也只不过上升到每盎司 2 荷兰盾。随着郁金香投机市场的形成，Gouda 的价格像云霄飞车一样上下冲刺。在 1636 年 11 月价格猛升到 7 荷兰盾，随后跌回到 1.5 荷兰盾。在 12 月 12 日其价格再度强烈反弹，直上 11 荷兰盾。过了新年之后，再猛跌到 5.5 荷兰盾。由于新投机者的加入，价格再次急剧上升，到 1 月 29 日已经突破了 14 荷兰盾的大关。这三次大起大落，每一次的振荡幅度都超过 400%。以 12 月 9 日最低点(1.5 荷兰盾)与 12 月 12 日的最高点(11 荷兰盾)相比，三天之内其价格上升将近 10 倍。超额利润招来了四面八方的投机者。也许有人早就怀疑郁金香的价格已经完全背离了作为一种花卉的常规，但是倒买倒卖所获取的暴利使得许多投机者丧失了理智。到了 1637 年 1 月，连普通品种的郁金香价格也被抬高了 25 倍多。

4. 信心动摇导致郁金香泡沫的崩溃

1637 年新年前后，郁金香的期货合同在荷兰小酒店中被炒得热火朝天。到了 1637 年 2 月，倒买倒卖的人逐渐意识到郁金香交货的时间就快要到了：一旦把郁金香的球茎种到地里，也就很难再转手买卖了。人们开始怀疑，花这么大的价钱买来的郁金香球茎就是开出花来到底能值多少钱？前不久还奇货可居的郁金香合同一下子就变成了烫手的山芋。持有郁金香合同的人宁肯少要点钱也要抛给别人。在人们信心动摇之后，郁金香价格立刻就开始下降，价格下降导致人们进一步丧失对郁金香市场的信心。持有郁金香合同的人迫不及待地要脱手，可是，在这个关头很难找到"傻瓜"。恶性循环的结果导致郁金香市场全线崩溃。

郁金香泡沫的高峰期仅仅维持一个多月。由于许多郁金香合同在短时间内已经多次转手买卖尚未交割完毕，最后一个持有郁金香合同的人开始向前面一个卖主追讨货款。这个人又向前面的人索债。荷兰的郁金香市场从昔日喜气洋洋、大家发财的天堂，顿时变成了凄风苦雨、逼债逃债的地狱。

1637 年 2 月 24 日花商们在荷兰首都阿姆斯特丹开会决定，在 1636 年 12 月以前签订的郁金香合同必须交货，而在此之后签订的合同，买主有权少付 10%的货款。这个决定不仅没有解决问题，反而加剧了郁金香市场的混乱。荷兰政府不得不出面干预，拒绝批准这个提议。在 1637 年 4 月 27日，荷兰政府决定中止所有的合同。一年之后，荷兰政府通过一项规定，允许郁金香的最终买主在支付合同价格的 3.5%之后中止合同。按照这一规定，如果郁金香的最终持有者已经付清了货款，那么他的损失可能要超过当初投资数量的 96.5%。如果还没有支付货款的话，他很侥幸，只需要支付合同货款的 3.5%，那么卖给他这个合同的人就要遭受非常严重的损失了。

在这个打击之下，荷兰的郁金香投机市场一蹶不振，再也没有恢复元气。不过郁金香的一度辉煌刺激了花农们的积极性，他们不断改进郁金香的种植技术，增加产量，开发新品种。郁金香的栽培技术逐渐被广大民众所掌握，产量大幅度增加，价格也稳定在一个合理的范围之内。美丽的郁金香终于从充满铜臭味的投机市场又回到百花园内，并且成为荷兰的国花。

## 二、法国密西西比股市泡沫

### (一) 密西西比股市泡沫的特征

在荷兰郁金香球茎泡沫破裂 80 年后，在 1719 年又出现了著名的法国密西西比股市泡沫。这两个泡沫的相同之处是：法国股票市场的价格和当年郁金香的价格一样在很短的时间内大起大落。从 1719 年 5 月开始，法国股票价格连续上升了 13 个月，股票价格从 500 利弗尔涨到 10 000 多利弗尔，涨幅超过 20 倍。法国股市从 1720 年 5 月开始崩溃，连续下跌 13 个月，跌幅为 95%。密西西比股市泡沫和郁金香泡沫不同之处在于：荷兰郁金香球茎泡沫基本上是民间的投机炒作，但是法国密西西比股市泡沫却有着明显的官方背景。郁金香球茎泡沫炒作的只不过是一种商品，牵涉到的人数有限，而法国密西西比股市泡沫却发生在股票和债券市场，把法国广大的中下阶层老百姓都卷了进去。从这一点来说，法国密西西比股市泡沫更具有现代特色。

### (二) 密西西比股市泡沫的始作俑者——约翰·劳和他的金融理论

在 18 世纪初，由于法国国王路易十四连年发动战争，法国国民经济陷于极度困难之中，经济萧条，通货紧缩。当时法国的税制极不健全，不仅对法国王室贵族豁免税收，而且其他地方的漏洞也很多。尽管法国政府不断提高税率，依然入不敷出，债台高筑，老百姓怨声载道，国家危机重重。就在这个关头，货币理论的一代怪杰约翰·劳(John Law)出现了。约翰·劳出生于英国爱丁堡，青年时代接受了良好的政治经济学教育。年轻时的约翰·劳血气方刚，他在 1694 年的一场决斗中杀了人而不得不逃亡他乡。在欧洲流浪时期，约翰·劳仔细观察了欧洲各国的银行、金融和保险业，从而提出了他独特的金融理论。和许多 18 世纪的经济学家一样，他认为在就业不足的情况下，增加货币供给可以在不提高物价水平的前提下增加就业机会并增加国民产出。一旦产出增加之后，对货币的需求也会相应跟上来。在实现了充分就业之后，货币扩张能够吸引外部资源，进一步增加产出。他认为纸币本位制度要比贵金属本位制度更好，纸币本位制度具有更大的灵活性，给了发行货币的银行更多的运转空间和控制宏观经济的能力。简而言之，采用贵金属本位制度，发行货币要看手上有多少金子银子。之所以被称为贵金属，是因为金银在世界上的储量有限，几乎不可能在短时间内增加金银的供给量。纸币本位制度就没有这个限制。如果金融当局愿意，启动银行的印钞机，要印多少就可以印多少。纸币本位制的这个特点使之像一把双刃剑，在增强金融货币政策影响力的同时也带来了导致通货膨胀的危险。约翰·劳认为拥有货币发行权的银行应当提供生产信贷和足够的通货来保证经济繁荣。他所说的货币供给中包括了政府法定货币、银行发行的纸币、股票和各种有价证券。不难看出在约翰·劳的理论中已经蕴涵了当代供给学派和货币学派的一些基本观点。著名的经济学家约瑟夫·熊彼得(Joseph Schumpeter)曾经高度赞扬说，约翰·劳的金融理论使他在任何时候都可以跻身于第一流货币理论家的行列之中。

天赐良机，使约翰·劳获得了用武之地。1715 年，法国摄政王奥尔良(Orleans)公爵正在为法国的财政窘态犯愁。约翰·劳的理论好像是向他抛出的一个救生圈，似乎法国只要建立一个能够充分供给货币的银行就可以摆脱困境，解决国债的资金融通问题。对于手握大权的奥尔良公爵来说，只要能够搞到钱，就是建立 10 个银行也不成问题。于是，在法国政府的特许下，1716 年约翰·劳在巴黎建立了一家私人银行——通用银行(Banque Genarale)。这家银行拥有发行货币的特权，其货币可以用来兑换硬币和付税。通用银行建立后经营得非常成功，资产总额迅速增加。约翰·劳在 1717 年8 月取得了在路易斯安那(当时的路易斯安那是属于法国的殖民地，由于路易斯安那位于密西西比河流域，人们便把由约翰·劳一手导演的泡沫经济称为密西西比泡沫)的贸易特许权和在加拿大的皮货贸易垄断权。随后，约翰·劳建立了西方公司，该公司在 1718 年取得了烟草专卖权。1718 年 11 月，其成立了塞内加尔公司负责对非洲贸易。1719 年约翰·劳兼并了东印度公司和中国公司，改名为印度公司，垄断了法国所有的欧洲以外的贸易。约翰·劳所主持的垄断性的海外贸易为他的公司源源不断带来超额利润。

1718 年 12 月 4 日，通用银行被国有化，更名为皇家银行(Banque Royale)，约翰·劳仍然担任该银行的主管。皇家银行在 1719 年开始发行以利弗尔为单位的纸币。约翰·劳在贸易和金融两条战线上同时出击，节节取胜，声名鹊起。约翰·劳希望能够通过货币发行来刺激经济，解除法国沉重的国债负担，实践他的金融理论的时刻终于到了。

(三) 密西西比股市泡沫的发展和崩溃过程

法国密西西比股市泡沫的发展和崩溃过程中的一些关键事件如下。

(1) 1719 年 7 月 25 日，约翰·劳向法国政府支付了 5 000 万利弗尔取得了皇家造币厂的承包权。为了取得铸造新币的权力，印度公司发行 5 万股股票，每股 1 000 利弗尔。约翰·劳的股票在市场上非常受欢迎，股票价格很快就上升到 1 800 利弗尔。

(2) 1719 年 8 月，约翰·劳取得农田间接税的征收权。约翰·劳认为法国的税收体制弊病很严重，征税成本太高，漏洞太多，直接影响到了法国政府的财政收入。约翰·劳向政府建议由他来承包法国的农田间接税，实行大包干，每年向政府支付 5 300 万利弗尔。如果征的税赋收入大于这个数字则归印度公司所有。由于这个数字大大高于法国政府的税收岁入总额，奥尔良公爵接受了该建议。在约翰·劳的主持之下，印度公司简化征税机构，降低征税成本，尽力扩大税基，取消了对皇室贵族的免税待遇。为此，约翰·劳得罪了不少贵族豪强。印度公司在法国声名大噪，促使其股票价格节节上涨，在 1719 年 10 月，约翰·劳的印度公司又接管了法国的直接税征税事务，其股票价格突破了 3 000 利弗尔。

(3) 1719 年，约翰·劳决定通过印度公司发行股票来偿还 15 亿利弗尔的国债。为此印度公司连续三次大规模增发股票。第一次是在 1719 年 9 月 12 日增发 10 万股，每股 5 000 利弗尔。股票一上市就被抢购一空，股票价格直线上升。

(4) 1719 年 9 月 28 日和 1719 年 10 月 2 日，印度公司两度增发各 10 万股股票，每股 5 000 利弗尔。股票价格一涨再涨，持续上升。印度公司的股票的面值在 1719 年 4 月间只不过 500 英镑，在半年之内被炒作到 18 000 英镑。

(5) 1720 年初，约翰·劳攀上了他一生的顶峰。1720 年 1 月，约翰·劳被任命为法国的主计长和监督长。他一手掌管政府财政和皇家银行的货币发行，另一手控制法国海外贸易与殖民地发展。他和他的印度公司负责替法国征收税赋，持有大量的国债。随后，印度公司干脆接管皇家银行的经营权。在人类历史上还从来没有任何一个经济学家有如此好的机会来实践他的理论。

印度公司的股票价格猛涨不落，吸引了欧洲各国的资金流入法国。约翰·劳为了抬高印度公司股市行情，宣布其股票的红利与公司的真实前景无关。他这种高深莫测的说法进一步鼓励了民间的投机活动。

空前盛行的投机活动极大地促进了对货币的需求。于是，只要印度公司发行股票，皇家银行就跟着发行货币。每次增发股票都伴随着增发货币。约翰·劳坚信存在这样的可能性：增发银行纸币换成股票，最终可以抵消国债。1719 年 7 月 25 日，皇家银行发行 2.4 亿利弗尔钞票，用以支付印度公司以前发行的 1.59 亿利弗尔的股票。1719 年 9 月和 10 月皇家银行又发行了 2.4 亿利弗尔钞票。

(6) 正如弗里德曼所指出的那样，通货膨胀说到底是一个货币现象。在大量增发货币之后，经过了一个很短的滞后期，通货膨胀终于光临法国。在 1719 年，法国的通货膨胀率为 4%，到 1720 年 1月，就上升为 23%。如果说，在 1720 年之前，只有一些经济学者们对约翰·劳的政策表示怀疑，通货膨胀则直接给广大民众敲响了警钟。随着民众信心的动摇，在 1720 年 1 月，印度公司的股票价格开始暴跌。

(7) 为了维持印度公司的股票价位，约翰·劳动用了手中所掌握的财经大权。他把股票价格强行固定在 9 000 利弗尔，并且维持在这个价位上两个多月。约翰·劳的政策使得股票货币化，进而推动了迅速的纸币膨胀。1720 年 3 月 25 日货币发行扩张 3 亿利弗尔，1720 年 4 月 5 日扩张 3.9 亿利弗尔，1720 年 5 月 1 日扩张 4.38 亿利弗尔。在一个多月的时间内货币流通量增加了一倍。

(8) 到了 1720 年 5 月，约翰·劳实在支持不下去了。他发布了股票贬值令，计划分 7 个阶段将股票的价格从 9 000 利弗尔降到 5 000 利弗尔，同时也降低纸币的面值。约翰·劳和他的印度公司制造经济奇迹的神话突然破灭了。约翰·劳的指令马上就导致了民众的恐慌，他们为了保住自己的资产，争先恐后地抛售股票。股价在 1720 年 9 月跌到 2 000 利弗尔，到 12 月 2 日跌到 1 000 利弗尔，1721 年 9 月跌到 500 利弗尔，重新回到了 1719 年 5 月的水平。

约翰·劳使出了浑身解数希望能够恢复民众的信心，但是，他的声音很快就被淹没在民众的怒吼声中。在股票崩盘中倾家荡产的法国人认定约翰·劳是个头号骗子。1720 年约翰·劳犹如过街老鼠，人人喊打。在四面楚歌中，他重施当年的逃亡故伎，连夜出走比利时。法国的支付方法又恢复到以硬币为基础的旧体制。密西西比泡沫的破产连累"银行"这个名词在法国被诅咒了一个多世纪。9 年之后，约翰·劳在无穷追悔之中客死他乡。

(四) 对密西西比股市泡沫的简单评价

尽管约翰·劳的大胆实践彻底失败了，但是，不能以人废言。约翰·劳的经济理论中包含不少合理的因素，他在金融理论上所做出的贡献是不可磨灭的。在约翰·劳的时代，他不可能对泡沫经济及相关的理性预期学说有所了解。在他扩大货币供给的时候，没有料到会导致金融投机的热潮。他非但没有能够及时制止这种金融投机，反而在相当程度上推波助澜，导致一发而不可收拾。密西西比泡沫从此成为金融学研究中的一个反面教材。

三、英国南海股票泡沫

(一) 英国南海股票泡沫的概况

当法国的股票市场在约翰·劳的鼓动下疯狂上扬，并且在 1720 年 1 月登峰造极的时候，海峡另一边的英国人再也按捺不住冲动，马上开始效仿。尽管英国和法国在争夺欧洲霸主时明争暗斗，互不相让，但是在巨额国债方面两国政府是五十步笑百步，相差无几。既然约翰·劳能够通过发行股票来弥补巨额国债，那么，英国也有充分的理由如法炮制。

英国南海股票泡沫的兴起与发展过程和法国密西西比泡沫非常相似，其主要的区别是英国南海泡沫中没有一个像约翰·劳那样著名的悲剧性的经济学家。南海泡沫的主角是南海公司(South Sea Company)，该公司从来没有取得过像法国印度公司和皇家银行那样巨大的财政金融权力，英国南海公司的海外贸易也远远不如法国印度公司。这家公司仅仅拥有英国在南海(即南美洲)的贸易垄断权。由于当时拉丁美洲主要是西班牙的殖民地，英国在这个地区的贸易受到了西班牙的阻碍而进展不大。英国南海公司股票泡沫持续了 8 个月，股票价格由 100 英镑上升到 1 000 英镑，然后迅速崩溃，在下跌了 6 个月之后，股票价格回到了 100 英镑水平。股市跌幅为 84%。因此，无论是在规模上和泡沫持续的时间上，英国南海泡沫都比密西西比泡沫逊色一筹。英国的南海股票泡沫实际上是密西西比泡沫在英吉利海峡对面的一个倒影。

(二) 英国南海股票泡沫的形成和崩溃过程

1. 用贿赂取得的特权

在 1720 年，英国的国债总额为 5 000 万英镑，其中持有国债最多的三家公司分别为南海公司，1 170 万英镑；英格兰银行(Bank of England)，340 万英镑；东印度公司(East India Company)，320 万英镑。南海公司是英国国债的最大债权人。

1720 年 1 月，南海公司向英国政府提出，他们打算利用发行股票的方法来减缓国债的压力，愿意向英国政府支付 750 万英镑来换取管理英国国债的特权。很明显，这个想法的发明权应当属于约翰·劳。当时，受到约翰·劳在法国成功的鼓励，英国银行也试图获得这个特权。在激烈的竞争中，南海公司向英国国会的主要议员们和英国皇室支付了 120 万英镑的贿赂，终于使英国国会把管理非南海公司持有的 3 100 万英镑的国债的特权判给了南海公司。

2. 南海泡沫的猛烈膨胀

在 1720 年 3 月，英国国会开始辩论是否给予南海公司经营国债的法案。就在这个时候，南海公司的股票价格就逐步上升，从每股 120 英镑开始，渐渐增加到每股 200 英镑。英国国会在 3 月 21 日通过了这项法案，南海公司的股票趁势一跃，翻了一番，超过 400 英镑。在 4 月初，在人们的疑惑中，南海股票价格略有下降。但是，南海公司股票很快就恢复了增长的势头。为了取得现金，融通债务，南海公司于 1720 年 4 月 14 日和 4 月 29 日，分两次向公众提供股票预约认购。第一次发行 22 500 股，每股的价格为 300 英镑，认购者需要立即支付股价五分之一的现金。第二次发行 15 000 股，每股的价格为 400 英镑，认购者需要立即支付股价十分之一的现金。这两个举动给南海公司的股票投机打开了大门。人们期待着南海股票再度出现飞涨的奇迹，纷纷抢购。南海公司很容易就从这两次认购中筹集到了一大笔资金。它的第一笔支出就是向贵族、议员和政府官员兑现大约 200 万英镑已经许诺了的贿赂。

在 4 月下旬，南海公司承诺，所有持有国债的人都可以把尚未兑换的国债年金转换为南海公司的股票。为了确定需要转换的股票数目，债券持有者可以在 4 月 28 日到 5 月 19 日之间，向南海公司预约。当时，对于持有英国国债的人来说，与其按照国债的面值领取固定的年金，还不如转换成南海公司价格不断飞涨的股票。结果，有 52%的短期年金和 64%的长期年金被转换成了南海公司的股票。在南海泡沫膨胀过程中，英国国会议员和政府大员们和南海公司相互勾结，狼狈为奸。达官显贵们从南海公司获得大量贷款来购买其股票。在第一次股票发行中，有 128 位议员购买了南海股票；在第二次发行中，有 190 位议员；在第三次发行中，有 352 位议员被卷进了股票交易。有 58 位贵族，在第一次发行时购买了南海股票，有 73 位参与了第二次股票发行，在第三次股票发行时，增加到 119 位。议员持有的股份总额为 110 万英镑，贵族持有的股份总额为 54.8 万英镑。政府高官、议员和贵族们的积极参与和大肆鼓吹给南海公司股票披上了一层色彩斑斓的外衣，促使南海公司的股票价格再次上扬，突破了 700 英镑。

南海公司在 1720 年 6 月 17 日进行了第三次股票的现金认购，共发行了 50 000 股，每股价格 1 000 英镑，认购者需要支付十分之一现金。其余部分可以按照每半年一次，分 9 次付清。股民们再度蜂拥而上，股市空前活跃。投机活动把南海公司股票价格越炒越高，由 745 英镑直冲 950 英镑。在约翰·劳的理论的影响之下，许多英国的经济学家也站出来证明，扩充货币供给具有超级杠杆作用，它有可能创造新的工作机会，在提高社会需求的同时提高社会生产能力，从而把国民经济带到一个更高的均衡点。可惜，他们的论述都没能讲清楚：这个新的均衡点究竟在哪里，达到这个均衡的基本机制是什么。

### 3. 南海泡沫突然崩溃

股票市场的狂热使得英国朝野上下都丧失了理智。既然南海公司的股票上涨得如此之快，为什么别的公司不可以如法炮制呢？在英国马上就冒出来许多泡沫公司(bubble companies)，纷纷发行股票，进行投机活动。为了禁止没有取得经营许可证的公司效仿，英国国会在 1720 年 6 月通过了一个《泡沫法案》(*Bubble Act*)，并且决定在 8 月 18 日付诸实施。而就在 1720 年 6 月，法国密西西比泡沫破裂了。法国股市一落千丈，坏消息震撼了伦敦：参与投机的人都不知所措。南海公司不得不宣布暂时关闭转移账目。8 月 18 日，《泡沫法案》正式执行。这个法案打击了那些泡沫公司。持有这些公司股票的股民们不得不抛售他们手中的股票。几乎没有人愿意在这个关头接收这些股票。垃圾股票价格暴跌，连累了南海公司股票价格，严重地影响了英国人对股市的信心。在 8 月 24 日，南海公司再度发行股票，每股 1 000 英镑，总值 125 万英镑。要求认购者支付五分之一的现金，其余部分在九个月内分四次付清。可是在法国股市崩盘以后，英国的股民已经像惊弓之鸟，人心惶惶。认购股票的人还没有抛出股票的人多。

1720 年 9 月，约翰·劳和他的印度公司垂死挣扎，用各种优惠来争取流动资金，不少资金从英国流向法国和荷兰，使得南海公司的处境雪上加霜。尽管南海公司在 8 月上旬连续采取了一系列措施，试图挽救民众的信心，但是，英国股市终于像雪崩一样，彻底瓦解了。南海公司的股票价格从 1720 年 8 月 31 日的 775 英镑一个跟斗栽下来，到了 10 月 1 日只剩下 290 英镑，在一个月内跌幅为 63%。南海公司的资产总值从 1.64 亿英镑跌得只剩下 6 100 万英镑。议会的权贵们见南海公司大势已去，马上翻脸不认人，强逼南海公司把部分债权出让给英国银行。随后，议会对南海公司落井下石，没收了南海公司总管和某些政府官员的家产，强令南海公司资产改组。南海公司股票泡沫在轰轰烈烈地折腾了一年之后彻底破灭了。

### (三) 对英国南海泡沫脆弱性的分析

根据史实，直到南海公司泡沫破裂之际，它的筹资活动尚未完成。从其账目上来看，一般人还很难发现南海股票的败迹，为什么具有雄厚实力并且得到了英国王室和议会支持的公司竟然如此脆弱、不堪一击呢？

促使大量资金迅速向南海股票汇集的原因是英国朝野的投机心理。促使南海股市飞涨的动力来自民众的乐观预期。摧毁南海泡沫的直接因素是人们对股市预期的改变。成也萧何，败也萧何。社会大众的心理因素和非理性预期促成了南海股票泡沫的形成和破灭。在南海泡沫事件中导致人们改变预期的主要原因是法国约翰·劳的失败。这说明金融投机泡沫的形成和破灭在国际上具有相当强的传染性。

如果英国政府和议会的达官显贵们没有直接参与南海股票的投机活动，如果英国政府还能够对金融市场保持一定的监督和管理，南海泡沫未必会闹到这个程度。因此，和法国密西西比泡沫的教训一样，保持一个与政府行政部门相对独立的金融机构，防止金融部门的腐败，时刻保持着对金融体制的有效监管，都是避免发生投机泡沫的必要条件。

# 复习思考题

1. 简述金融危机的性质。
2. 简要分析发生在 20 世纪 90 年代末的亚洲金融危机产生的原因。
3. 简要分析国际债务危机的历史成因。
4. 简述发展中国家应对债务危机的对策。
5. 比较分析两代货币危机理论模型。

# 练习题

## 1. 判断题

(1) 国际金融危机就是指货币危机。 （  ）

(2) 债务负担沉重是可能引致金融危机的重要因素。 （  ）

(3) 由于技术进步和监管手段的现代化，自 20 世纪 70 年代以来，银行危机爆发频率越来越低且规模越来越小。 （  ）

(4) 美国联邦存款保险公司对所有的危机银行都进行救助。 （  ）

(5) 第一代货币危机理论强调的是货币危机的自我实现性质，投资人的预期及政府对该预期的反应等主观因素起了决定作用。 （  ）

## 2. 选择题

(1) 导致 1998 年俄罗斯金融危机的原因有(    )。

    A. 金融投机活动频繁         B. 债务负担过于沉重

    C. 大量资本外逃             D. 交易手段落后

    E. 休克疗法

(2) 债权国政府缓解国际债务危机的方案有(    )。

    A. 密特朗计划             B. 马歇尔计划

    C. 布雷迪计划             D. 贝克计划

    E. 日本大藏省计划

(3) 第二代货币危机理论主要回答的三个问题有(    )。

    A. 政府维持固定汇率的原因是什么     B. 政府为何要放弃固定汇率

    C. 任何一种货币都可能遭受投机攻击     D. 公众预期在政府决策过程中的重要性

    E. 发起投机攻击是投资人唯一的行为选择

(4) 两代货币危机理论模型之间的不同之处有(    )。

    A. 危机发生的根源不同         B. 政府行为特征不同

    C. 危机发生的时间是否确定     D. 遭受攻击后外汇储备是否骤降为零

    E. 假设的货币当局干预手段不同

# 第二篇

# 国际金融实务

# 第六章

# 外汇交易与外汇风险防范

在国际经济交往日益频繁的今天，外汇交易是一种十分重要的金融交易。外汇交易是指交易一方从交易另一方那里以一种货币换回另一种货币的交易活动。外汇交易的价格就是汇率。外汇交易要借助外汇市场来进行。国际清算银行(Bank for International Settlements，BIS)的报告显示，当前全球外汇市场的日均交易额度超过了 75 000 亿美元，外汇交易和外汇市场的重要性可见一斑。本章主要介绍全球外汇市场概览、传统的外汇交易、创新的外汇交易及外汇风险防范及最新发展等内容。

## 第一节　全球外汇市场概览

### 一、外汇市场的含义和类型

外汇市场(foreign exchange market)是外汇供给者、外汇需求者及交易中介机构进行外汇交易的场所。通过外汇市场，外汇交易的参与者实现其交易的目的。外汇市场的类型可以从不同的角度来划分。

从外汇交易的组织形式看，外汇市场分为有形外汇市场和无形外汇市场两种类型。有形外汇市场的交易参与者在专门的交易所里，在规定的交易时间内，集中起来进行外汇交易。有形外汇市场主要存在于欧洲大陆地区，例如法国巴黎、德国法兰克福、意大利米兰和比利时布鲁塞尔等。无形外汇市场没有具体的交易场所，也没有固定的开盘和收盘时间，交易的参与者利用电报、电话、电传和计算机网络等现代化通信手段进行交易。无形外汇市场普遍存在于英国、美国、日本和瑞士等国家和地区，例如，英国伦敦、美国纽约、日本东京和瑞士苏黎世等。目前，通过有形外汇市场进行的外汇交易与通过无形外汇市场进行的外汇交易相比，数量极其有限，在一般情况下，人们往往将典型的外汇市场理解为无形外汇市场。

根据外汇交易额度的不同，外汇市场分为批发外汇市场和零售外汇市场两类。批发外汇市场是指银行同业之间进行外汇交易的市场，包括从事外汇业务的银行之间、从事外汇业务的银行与中央银行之间及各国中央银行之间进行的外汇交易。这种交易的额度一般比较大，故称之为批发外汇市场。零售外汇市场是指银行与其客户之间进行外汇交易的市场。一般情况下，这种外汇交易的额度相对于银行同业之间的外汇交易额度来说，要小得多，所以称之为零售外汇市场。

根据外汇市场交易的性质，外汇市场可以分为传统外汇市场和创新外汇市场两类。在传统外汇市场上进行的是传统的外汇交易，包括即期外汇交易、远期外汇交易、套汇交易等。在创新外汇市场上进行的是创新的外汇交易，包括外汇期货、外汇期权和货币互换等。

## 二、外汇市场的特点

### (一) 全天候交易的市场

当今全球各地主要的外汇市场已经连成一个全球一体化的国际性外汇市场。从国际日期变更线开始，自东向西依次分布着悉尼(Sydney)、东京(Tokyo)、新加坡(Singapore)、中国香港(Hong Kong)、法兰克福(Frankfurt)、伦敦(London)和纽约(New York)等国际主要外汇交易市场，从各主要外汇市场的时区分布来看，国际外汇市场的交易是全天 24 小时不停运作的。每天悉尼、东京和新加坡等亚太地区的外汇市场首先开盘交易，在将要收盘时，法兰克福和伦敦等欧洲的外汇市场已经开始交易了；而在欧洲的外汇市场开盘不久，纽约等美洲地区的外汇市场也开盘了，在纽约外汇市场收盘后不久，悉尼、东京和新加坡等外汇市场又开盘交易了。现代化通信手段和计算机网络的大量运用使各个外汇市场相互之间紧密联系起来，外汇交易者可以远隔重洋进行 24 小时的全天候交易。全球外汇市场在时间和空间上的相互衔接和交叠使国际外汇市场成为一个统一的整体。

### (二) 政府干预频繁的市场

主要的外汇市场所在国大多实行的是有一定程度政府干预的市场经济，而对外汇市场的干预，无论是其规模还是频率，都比对其他市场的干预要大得多。伴随着 20 世纪 80 年代以来的全球外汇市场一体化，一国外汇市场上货币汇率的变化往往波及全球，这使得单靠一个国家的中央银行干预外汇市场显得势单力薄。因此，各国中央银行联合干预外汇市场便成为浮动汇率制度下全球外汇市场的重要特点之一。1986 年 5 月在东京举行的西方七国(美国、英国、法国、德国、日本、意大利和加拿大)首脑会议上，美国提议，当主要货币汇率处于危险水平时，七国要联合干预外汇市场。

### (三) 汇率波动剧烈的市场

自从 1973 年布雷顿森林货币体系崩溃以来，西方国家普遍实行的是浮动汇率制度，外汇市场上货币汇率的动荡不稳成为一种难以避免的现象，特别是进入 20 世纪 80 年代以来，由于国际经济发展不平衡程度加剧及国际资本流动进一步趋向自由化，大量国际游资不断冲击各国货币的汇率，导致国际外汇市场上各国货币的汇率更加动荡。例如在 1997 年的东亚金融危机期间，泰国货币泰铢一度贬值超过 100%。如此动荡的外汇市场使得国际贸易活动承担巨大的汇率风险。

### (四) 金融创新不断涌现的市场

自从 1973 年国际货币体系实行浮动汇率制度以来，如何防范汇率风险便成为一个重要的问题，各种防范汇率风险的金融衍生工具创新不断应运而生，货币期货交易、货币期权交易和货币互换交易等金融衍生工具的不断发展及交易制度的日益完善，使金融创新日渐深入，外汇市场交易工具和手段可谓层出不穷。

## 三、外汇市场的经济功能

外汇市场有如下经济功能。

### (一) 实现购买力的跨国转移

国际贸易中进口商和出口商之间的债权债务关系需要以货币支付的方式来结算，使货币的购买力实现跨国转移，而这种转移是通过外汇市场来实现的。通常国际贸易的计价货币有三种选择，即进口商所在国货币、出口商所在国货币或第三国货币。在交易双方确定贸易结算货币后，国际贸易的结算需要交易的一方或双方跨国转移购买力。若以进口商所在国货币结算，则由出口商将购买力向其本国货币转移；若以出口商所在国货币结算，则进口商就得将购买力从进口商所在国货币向出口商所在国货币转移；若以第三国货币结算，则进口商需要将进口国货币兑换成第三国货币，而出口商在收到第三国货币后，需要将其兑换为出口国货币，实现购买力的跨国转移。

### (二) 实现国际融资

外汇市场作为国际金融市场的子市场，在进行外汇交易的同时也向国际经济交易者提供了资金融通的便利，从而使国际信贷和国际投资能够顺利进行。例如，英国某跨国公司想在澳大利亚设立一家子公司，它需先在外汇市场上用英镑兑换一定金额的澳大利亚元，然后用其在澳大利亚购买土地、厂房和机器设备并雇佣当地劳动力。又如，美国财政部发行的国债和长短期政府债券中的相当一部分是被外国的官方机构和私人企业所持有，而这种债券投资的前提是不同货币可以在外汇市场上自由兑换。

### (三) 进行外汇保值和投机

在浮动汇率制度下进行的国际经济交易中，交易各方都面临汇率风险。根据人们对待风险的态度不同，相应地有两种交易行为：外汇保值交易和外汇投机交易。外汇保值交易是指交易者买进或卖出金额相当于已有的一笔外币资产或负债的外汇，使原有的外汇资产或负债避免遭受汇率变动可能带来的损失，从而达到保值的目的。外汇投机交易是指通过外汇交易故意使原来已经平仓的外汇头寸转变成敞开的多头头寸(long position)或空头头寸(short position)，或者是让实际经济交易中产生的外汇头寸继续敞开着而不采取任何抛补(covered)措施，以期在以后的汇率波动中获得外汇收益。可见，外汇保值交易和外汇投机交易的交易方向正好相反，前者是利用远期外汇交易规避汇率风险，关闭原先暴露的外汇头寸，而后者则是通过即期或远期外汇交易故意敞开外汇头寸以期实现在承担风险的情况下获得利润。而外汇保值交易和外汇投机交易都是在外汇市场进行的，可见外汇市场既为保值者提供了规避汇率风险的场所，又为投机者提供了获取利润的机会。

## 四、外汇市场的参与主体

外汇市场的参与主体就是外汇市场的参与者，主要有外汇指定银行、客户、中央银行、外汇经纪商等。

### (一) 外汇指定银行

外汇指定银行(foreign exchange specialized bank)是指经过本国中央银行或银行业监管当局批准设立的，可以经营外汇业务的商业银行或其他金融机构。外汇指定银行是外汇市场上最重要的参与主体之一。在美国外汇市场上，纽约的十几家大型商业银行和其他主要城市的几十家大型商业银行，实际上扮演着做市商(market maker)的角色。由于其经常在外汇市场上大规模地进行各种货币的买卖，使得外汇市场得以形成并顺利运转。一方面，外汇指定银行充当外汇供求的核心机构；另一方面，又通过与中央银行、其他外汇指定银行之间的外汇交易，来调整其自身在外汇市场中的头寸状况。

### (二) 客户

在外汇市场上，凡是与外汇指定银行有外汇交易关系的公司或个人，都是外汇指定银行的客户，其是外汇市场上的主要供给者和需求者，在外汇市场上的地位和作用仅次于外汇指定银行。客户参与外汇市场的目的各不相同，有的是为实施某项经济交易而买卖外汇，如从事国际贸易的进出口商，到东道国投资的跨国公司，发行国际债券或筹措外币贷款的国内企业，等等；有的是为调整资产组合结构或利用国际金融市场的不均衡状况而进行外汇交易，如买卖外国证券的投资者，在不同国家货币市场上赚取利率差异收益和汇率差异收益的套利者和保值者，赚取风险利润的外汇投机者。此外，还有其他小额的外汇供求者，如留学生、汇出或汇入侨汇者、国际旅行者、提供或接受外币捐赠的组织或个人等。在这些客户中，最重要的是跨国公司，跨国公司在实施全球经营战略时涉及多种货币的巨额收入和支出，非常频繁地进出外汇市场。

### (三) 中央银行

各国的中央银行是外汇市场上另一个重要的参与主体。各国的中央银行都持有相当数量的外汇作为该国国际储备的重要组成部分，同时承担着维持本国货币金融稳定的职责，所以中央银行经常通过购买或抛售某种国际性货币的方式来对外汇市场进行干预，以期把本国货币的汇率稳定在一个所希望的水平上和幅度内，从而实现本国货币汇率政策的意图。

中央银行对外汇市场的干预程度、范围和频率主要取决于该国政府实行的汇率制度种类。例如一国货币实行与别国货币相联系的固定汇率制度，则该国中央银行的干预程度就明显比实行浮动汇率制度的国家大得多。一般来讲，中央银行在外汇市场上的交易额并不很大，但其影响却非常广泛。因为外汇市场的参与主体都密切地注视着中央银行的举措，以便及时追踪和把握政府宏观经济决策的有关信息，进而采取相应的交易策略，所以，中央银行在外汇市场上的一个微小举措，也会对一国货币汇率产生重大影响。有些时候，会有几个国家的中央银行联合干预外汇市场，其效果更为明显。

### (四) 外汇经纪商

外汇经纪商(foreign exchange broker)是介于外汇指定银行之间、外汇指定银行和其他市场参与主体之间，进行联系、接洽外汇买卖，从中赚取经济佣金(brokerage)的经纪公司或个人。外汇经纪商与外汇指定银行和客户之间联系密切，他们了解各种信息并能够及时把握外汇市场行情，能够根据买卖双方的条件和意愿，使买卖双方能在适当的交易价位上找到合适的交易对象，从而提高外汇交易的效率。

## 五、主要的国际外汇市场

### (一) 伦敦外汇市场

作为世界上最悠久的国际金融中心之一，伦敦外汇市场的形成和发展也是全世界最早的。早在第一次世界大战之前，伦敦外汇市场就已初具规模。1979 年 10 月，英国全面取消了外汇管制，伦敦外汇市场迅速发展起来。在伦敦金融城中聚集了约 600 家银行，几乎所有的国际性大银行都在此设有分支机构，大大活跃了伦敦市场的交易。由于伦敦独特的地理位置，地处两大时区交会处，连接着亚洲和北美市场，亚洲接近收市时伦敦正好开市，而其收市时，纽约正是一个工作日的开始，所以这段时间交投异常活跃，伦敦成为世界上最大的外汇交易中心之一，对整个外汇市场走势有着重要的影响。伦敦外汇市场的参与者是经营外汇业务的外汇指定银行、外国银行的分行、外汇经纪商、其他的金融机构和英国中央银行——英格兰银行。在这个市场，最大的交易是英镑/美元的交易，伦敦外汇市场的交易时间是北京时间 17：00 至次日 1：00。

### (二) 纽约外汇市场

第二次世界大战以后，随着美元成为世界性的储备和清算货币，纽约成为全世界美元的清算中心。纽约外汇市场迅速发展成为一个完全开放的市场，是世界上第二大外汇交易中心。目前世界上 90%以上的美元收付通过纽约的"银行间清算系统"进行，因此，纽约外汇市场有着其他外汇市场所无法取代的美元清算和划拨的功能，地位日益巩固。同时，纽约外汇市场的重要性还表现在它对汇率走势的重要影响上。纽约市场上汇率变化的激烈程度比伦敦市场有过之而无不及，其原因主要有以下三个方面：美国的经济形势对全世界有着举足轻重的影响；美国各类金融市场发达，股市、债市、汇市相互作用、相互联系；以美国投资基金为主的投机力量非常活跃，对汇率波动推波助澜。因此，纽约市场的汇率变化受到全球外汇交易商的格外关注。纽约外汇市场的参与者是在美国的大商业银行和外国银行的分行，著名的中资机构有中国银行纽约分行和一些专业的外汇经纪商。这个市场的交易时间是北京时间 22：00 到次日 5：00。由于纽约市场和伦敦市场的交易时间有一段重合，所以在这段时间里，市场的交易最为活跃，交易量最大，行情波动也较大。

### (三) 东京外汇市场

东京是亚洲地区最大的外汇交易中心。在 20 世纪 60 年代以前日本实行严格的金融管制，1964 年日本加入国际货币基金组织，日元才被允许自由兑换，东京外汇市场开始逐步形成。20 世纪 80 年代以后，随着日本经济的迅猛发展和在国际贸易中地位的逐步上升，东京外汇市场也日渐壮大起来。20 世纪 90 年代以来，受日本泡沫经济崩溃的影响，东京外汇市场的交易一直处于低迷状态。东京外汇市场上的交易以美元兑换日元为主。日本是贸易大国，进出口商们的贸易需求对东京外汇市场上汇率的波动影响较大。由于汇率的变化与日本贸易状况密切相关，日本中央银行对美元对日元汇率的波动极为关注，频繁地干预外汇市场。这是东京外汇市场的一个重要特点。东京外汇市场的交易主体是外汇指定银行、外汇经纪商、非银行客户和日本的中央银行——日本银行。交易时间为北京时间 8：00 至 14：30。东京外汇市场的交易品种比较单一，主要是美元/日元、欧元/日元。在以前的交易中，一般行情比较平淡，但是近些年的交易中，有时日本出口商的投机使日元汇率在外汇市场上出现大幅的波动。例如，2002 年 10 月 23 日，星期三，美元对日元的汇率在东京市场受到打压，迅速从 1 美元=125.26 日元下跌到 1 美元=124.00 日元水平。

### (四) 欧洲大陆的外汇市场

欧洲大陆的外汇交易市场由瑞士苏黎世市场、巴黎市场、法兰克福市场和一些欧元区成员的小规模的市场组成。其中规模最大的是德国的法兰克福市场。现在它的交易量已经使其成为世界第三大外汇交易市场。交易时间为北京时间 14：30 至 23：00。其比东京市场活跃，汇价的变动也很大。

### 六、外汇交易行情的获取和认识

要进行外汇交易，首先要了解交易行情。了解交易行情有多种途径，可以到银行的柜台查询，可以通过银行的路透社报价系统终端查询，也可以查询有关的金融专业报刊，还可以直接到有关的网站上查询。

在这张典型的外汇行情表(请扫右侧二维码获取)中，根据地理位置(欧洲、美洲、太平洋/中东/非洲)将主要的货币分别排列，行情的标价方法是，除英镑和欧元外，所有交易货币都对美元报价，即各行的数字均表示 1 美元等于多少该货币，而在英镑和欧元所在的行表示 1 英镑或欧元等于多少美元。

外汇交易行情表

该表第一列和第二列表示国家及相应的货币；第三列表示收盘时货币的中间价(closing mid-point)，即银行外汇买价和卖价的平均值；第四列表示与上一交易日相比该日中间价的变化(change on day)；第五列表示收盘时银行的外汇买入(bid)和外汇卖出价(offer)；第六列表示该日货币中间价的最高价(high)和最低价(low)；第七列表示一个月远期的外汇汇率。

这里我们要注意的是，表中所反映的都是不同货币对美元的汇率，如果想了解这些货币之间的汇率，需要进行计算。各国货币与美元之间的汇率被称为基本汇率(basic rate)，其他国家货币之间的汇率，需要通过基本汇率进行计算，由此得出的汇率被称为套算汇率(cross rate)。

# 第二节　传统的外汇交易

随着国际汇率制度从固定汇率制度向浮动汇率制度的发展演化，外汇交易也经历了两代的发展。第一代外汇交易就是传统的外汇交易，它以即期外汇交易和远期外汇交易为主，此外还包括套汇交易；第二代外汇交易就是创新的外汇交易，它是以传统的外汇交易为基础，为规避浮动汇率制度下的汇率风险而在 20 世纪 70 年代中期发展起来的，主要包括外汇期货交易、外汇期权交易和货币互换交易。传统的外汇交易和创新的外汇交易共同构成外汇交易的基本内容。

### 一、即期外汇交易

#### (一) 定义

即期外汇交易(spot exchange transactions)又称现汇买卖，是指交易双方以约定的汇率交换两种不同的货币，并在两个营业日内进行结算交割(delivery)的外汇交易。"即期"一词的意思是交易"当时"(on the spot)就完成，但在之后的两个营业日交割。交割是指外汇交易双方互相交换货币的行为。交割的那个营业日称为交割日(delivery date)。

#### (二) 单位货币和计价货币

即期外汇交易的汇率是即期汇率。即期汇率(spot rate)用一种单位货币等于一定数额另一种计价货币来表示。例如即期汇率 GBP/USD=1.810 0(此处 GBP 和 USD 为 SWIFT 代码，表示英镑和美元)，表示 1 英镑等于 1.810 0 美元，英镑称为单位货币，美元称为计价货币，也可以表示为 USD/GBP=1/1.810 0=0.552 5，这时美元是单位货币，而英镑是计价货币，即 1 美元等于 0.552 5 英镑。汇率通常在小数点后有 4 位有效数字，每 0.000 1(万分之一)为一个汇价点(point)。例如 GBP/USD 的汇率从 1.810 0 变化为 1.812 0，则称为 GBP/USD 的汇率变化 20 个点。

### (三) 汇率标价法

习惯上将汇率标价法分为"直接标价法"和"间接标价法"两种。第二次世界大战以后，随着国际金融市场一体化的发展，主要的外汇市场逐渐采用了统一的"美元标价法"，即外汇指定银行的报价均以各种货币对美元的汇率为基础，一律采取下述标价法：1 英镑兑换若干美元；1 欧元兑换若干美元；1 美元兑换若干其他货币(如日元、新加坡元和韩元等)。

### (四) 买入价和卖出价

外汇指定银行发布的即期汇率由两个价格组成，即买入价(buying rate 或 bid)和卖出价(selling rate 或 offer)。例如 USD/HKD 的即期汇率 7.785 6/7.786 6，其中 7.785 6 为买入价，表示银行买入 1 美元支付 7.785 6 港元；7.786 6 是卖出价，表示银行卖出 1 美元要收入 7.786 6 港元。外汇指定银行在即期外汇交易中获得买卖的价差(spread)收益。这里我们要明确，银行的买入价就是客户的卖出价，银行的卖出价就是客户的买入价。而我们一般所说的买入价和卖出价是从银行的角度来说的。

在直接标价法中，第一个价格是银行的买入价，第二个价格是银行的卖出价；在间接标价法中，第一个价格是银行外币卖出价，第二个价格是银行外币买入价。一般情况下，第二个价格与第一个价格相同的部分会省略，只写出不同的部分，例如上面的 USD/HKD=7.785 6/7.786 6 记为 USD/HKD=7.785 6/66。

### (五) 即期汇率的计算

**【例 6-1】** 东京外汇市场上的即期汇率为 USD/JPY=131.70/78，伦敦外汇市场上的即期汇率为 GBP/USD=1.812 0/40，求解下列问题：

(1) 写出美元对日元汇率的美元卖出价；

(2) 如果客户要求将 100 万英镑兑换为美元，按即期汇率，能够得到多少美元？

对于问题(1)，在东京外汇市场上，这个汇率标价法属于直接标价法，因此美元兑换日元的美元卖出价格是 131.78。

对于问题(2)，在伦敦外汇市场上，这个汇率标价法属于间接标价法，英镑相当于本币，美元相当于外币。客户要卖出英镑，买入美元，相当于银行要买入英镑，卖出美元，因此应该使用外币卖出价格，即 1 英镑=1.812 0 美元，1000 000×1.812 0=USD1 812 000，故该客户可以得到 181.2 万美元。

### (六) 套算汇率的计算

如前所述，各国货币与美元之间的汇率被称为基本汇率，其他国家货币之间的汇率，需要通过基本汇率进行计算，由此得出的汇率被称为套算汇率。

套算汇率的计算技巧如下。

若求甲国货币/乙国货币的套算汇率，则先计算甲国货币/美元的汇率(将美元视为计价货币)，再计算美元/乙国货币的汇率(将乙国货币视为计价货币)，然后将得到的上述两个汇率的买入价与买入价相乘，卖出价与卖出价相乘，得到的两个乘积就分别是甲国货币/乙国货币的买入价和卖出价(将乙国货币视为计价货币)。

**【例 6-2】** 外汇市场上汇率标价为：USD/HKD=7.785 6/66，USD/JPY=131.70/78，求：HKD/JPY。

解：根据上述计算技巧，先计算 HKD/USD 的汇率为 $HKD/USD=\dfrac{1}{7.786\ 6}\Big/\dfrac{1}{7.785\ 6}$，再计算

USD/JPY 的汇率为 USD/JPY=131.70/78,然后分别相乘,得到:HKD/JPY=16.9137/16.9261,所以 HKD/JPY=16.9137/16.9261。

【例 6-3】外汇市场上汇率标价为:GBP/USD=1.812 5/35,AUD/USD=0.735 0/60,求:GBP/AUD。

解:根据上述计算技巧,先计算 GBP/USD 的汇率为 GBP/USD=1.812 5/35,再计算 USD/AUD 的汇率为 USD/AUD=$\dfrac{1}{0.736\,0}/\dfrac{1}{0.735\,0}$,然后分别相乘,得到:GBP/AUD=2.462 6/2.467 3。

【例 6-4】外汇市场上汇率标价为:GBP/USD=1.812 5/35,USD/JPY=131.70/78,求:GBP/JPY。

解:根据上述计算技巧,先计算 GBP/USD 的汇率为 GBP/USD=1.812 5/35,再计算 USD/JPY 的汇率为 USD/JPY=131.70/78,然后分别相乘,得到:GBP/JPY=238.71/238.98。

## 二、远期外汇交易

### (一) 定义

远期外汇交易(forward exchange transactions)是指以在当前营业日约定的汇率并在约定的未来某一个日期进行交割的外汇交易。远期外汇交易的未来交割日、交割汇率和货币金额都是在合同里事先规定的。即期外汇交易与远期外汇交易交割日的区别列于下表(见表 6-1)。

表 6-1 即期外汇交易与远期外汇交易交割日的区别

| 交易日 | 种类 | 交割日 |
| --- | --- | --- |
| 2023 年 11 月 20 日 | 即期外汇交易 | 2023 年 11 月 22 日 |
| 2023 年 11 月 20 日 | 1 个月远期外汇交易 | 2023 年 12 月 22 日 |

### (二) 用途

远期外汇交易的主要用途是规避国际贸易和国际金融活动中的汇率风险。通过远期外汇交易,交易者可以事先将外汇的成本或收益确定下来,避免或减少汇率变动带来的风险。例如,在国际贸易中,进出口商务合同中所使用的计价和结算货币往往与进口商实际手中持有的货币不一致。而合同的支付一般是在将来的一定时间。为了避免付款时外汇汇率的变化,进口商可以事先进行远期外汇交易,固定成本,规避将来付款时因汇率变化带来的风险。在国际借贷中,借款货币与借款人的实际经营收益的货币不一致,而借款的偿还期一般又是在远期。如果以实际经营收益作为还款资金来源,借款人就面临汇率风险。为避免还款时汇率变化可能带来的损失,借款人可以先进行远期外汇交易,将还款金额固定,避免将来还款时可能遭遇的汇率风险。

### (三) 远期汇率的表示

远期汇率(forward exchange rate)用即期汇率加减升水(premium)和贴水(discount)的方法来表示。这也就是说远期汇率与即期汇率之间有一个远期差价或称远期汇水(forward margin)。

某种货币对另一种货币的远期汇率大于即期汇率时,其差额就是升水,远期汇率小于即期汇率时,其差额就是贴水。在远期汇率报价表中,远期汇水的排列方式有两种:一种是前大后小,这表示单位货币的远期汇率有贴水;另一种是前小后大,表示单位货币的远期汇率有升水。在不同的标价方法下,远期汇率的计算方式是不同的。在直接标价法下,外币兑换本币的远期汇率等于即期汇率加升水或即期汇率减贴水;在间接标价法下,本币兑换外币的远期汇率等于即期汇率减升水或即期汇率加贴水。因此可以写出下列公式。

### 1. 直接标价法

$$远期汇率=即期汇率+升水$$

或

$$远期汇率=即期汇率-贴水$$

例如中国香港外汇市场上，即期汇率为 USD/HKD=7.785 6/66，3 个月远期差价是美元升水 118/128，则美元对港元的远期汇率为 USD/HKD=7.797 4/7.799 4；如果 3 个月远期差价是美元贴水 128/118，则美元对港元的远期汇率为 USD/HKD=7.772 8/7.774 8。

### 2. 间接标价法

$$远期汇率=即期汇率-升水$$

或

$$远期汇率=即期汇率+贴水$$

例如伦敦外汇市场上，即期汇率为 GBP/USD=1.777 0/90，3 个月远期差价是美元升水 103/98，则英镑对美元的远期汇率为 GBP/USD=1.766 7/1.769 2；如果 3 个月远期差价是美元贴水 98/103，则英镑对美元的远期汇率为 GBP/USD1.786 8/1.789 3。

### (四) 远期汇水的决定因素及计算

升水或贴水的大小，主要取决于两种货币利率差异的大小和期限的长短。利率较高的货币在远期外汇市场上表现为贴水；利率较低的货币在远期外汇市场上表现为升水。这是因为外汇指定银行在为客户进行远期外汇交易时，有可能由于两种货币的利率差异遭受损失。因此银行必须将遭受的损失转给远期外汇交易者，其做法是提高远期外汇汇率，使远期外汇升水；与此相反，如果外汇指定银行从利率差异中获利时，则降低远期外汇汇率，使远期外汇贴水。因此，两种货币之间的利差是决定远期汇率的基础，货币市场上的利率变化会直接影响到升水和贴水的大小，如果两种货币的相同期限利率水平无差异，升水和贴水就等于零，此时远期汇率等于即期汇率。这种情况称之为平价(at par)。远期汇率的升水或贴水幅度可以用下列公式计算：

$$升水(贴水)=即期汇率×两种货币利率差异×月数/12(或×天数/360)$$

例如，英镑年利率为 9.5%，美元年利率为 7%，伦敦外汇市场英镑即期汇率为 GBP/USD=1.737 0，则 3 个月期的英镑远期贴水为

$$1.737 0 \times \frac{9.5-7}{100} \times \frac{3}{12} = 0.011$$

在知道两种货币利率差异时可以求出升水或贴水，同样地，在知道升水或贴水时也可以求出两种货币的利差。这种计算称为远期汇水折合年利率(forward margin on percent per annum)，其计算公式如下：

$$远期汇水折合年率=\frac{远期汇水×12}{即期汇率×远期月数}$$

或

$$远期汇水折合年率=\frac{远期汇水×360}{即期汇率×远期天数}$$

例如上例中 3 个月远期英镑贴水率为

$$\frac{0.011 \times 12}{1.737\,0 \times 3} = 2.5\%$$

可以看到,远期汇水折合年率(升贴水率)与两种货币的利差是相等的。

## 三、套汇交易

套汇交易(arbitrage)是利用不同外汇市场上不同种类和不同交割期限的货币在汇率上的差异进行低买高卖的外汇交易行为。通过套汇交易,可以调拨外汇头寸、增加外汇收益和防止汇率风险。套汇交易分为时间套汇、地点套汇和利息套汇三种。

### 1. 时间套汇

时间套汇(time arbitrage),又称掉期交易(swap),是指在买进或者卖出某种货币的同时卖出或买进同种但到期日不同的货币。大部分远期的外汇合约都是掉期交易的一部分,在实际业务中,单独的远期交易很少。掉期交易与后面将要介绍的套利交易结合进行。掉期交易的目的在于利用不同期限的外汇汇率之间的差异,轧平头寸,避免风险,获取利润。

从期限上来划分,掉期交易主要有以下两种形式。

(1) 即期对远期的掉期交易。在买进或卖出即期外汇的同时,卖出或买进远期外汇,即将远期外汇交易与即期外汇交易结合进行。这是最常见的掉期交易形式。例如,美国某公司因业务的需要,以美元买进 1 万英镑存放于英国伦敦的银行,期限为 1 个月。为防止 1 个月后英镑汇率下跌,存放于伦敦银行的英镑不能换回如数的美元而蒙受损失,该公司在买进英镑现汇的同时,卖出一笔 1 万英镑的 1 个月期远期外汇。假设纽约外汇市场英镑即期汇率为 GBP1=USD1.750 0/10;1 个月期的远期汇率贴水是 0.003 0/0.002 0。则买进 1 万英镑即期外汇需要支付 1.751 万美元,而卖出 1 万英镑远期外汇可收回 1.747 万美元。这样,该公司只需要支付即期汇率与远期汇率之间十分有限的买卖差额 40 美元(1.751 万-1.747 万),不论 1 个月后英镑汇率跌到何种程度,损失都被锁定,不会蒙受额外的损失。

(2) 远期对远期的掉期交易。在买进或卖出较短期限的远期外汇(如 3 个月期远期外汇)的同时,卖出或买进较长期限的远期外汇(如 6 个月期远期外汇),即将两笔同种货币不同期限的远期外汇交易结合。例如,某银行在买进 100 万 3 个月期的远期美元的同时,又卖出等额的 6 个月期的远期美元。这样银行可及时利用较为有利的汇率变动时机,并从中获利。

### 2. 地点套汇

地点套汇(arbitrage in space)是利用不同外汇市场的汇率差价,以低价买进、高价卖出的方法,赚取外汇差额收益的一种套汇业务,地点套汇又可分为直接套汇和间接套汇两种。

(1) 直接套汇(direct arbitrage),又称双边套汇(bilateral arbitrage)或两点套汇(two-point arbitrage),它是利用两个不同地点的外汇市场之间的货币汇率差异,同时在这两个外汇市场上低价买进、高价卖出同一种货币,以赚取汇率差额的一种套汇交易业务。

例如,假定在伦敦的外汇市场上英镑对美元的汇率是 GBP1=USD1.720 0/10;在纽约的外汇市场上英镑对美元的汇率是 GBP1=USD1.731 0/20。显然,英镑在伦敦外汇市场的价格比在纽约外汇市场的价格低。根据低买高卖的原则,套汇者在伦敦外汇市场按 GBP1=USD1.721 0 的汇率用 172.10 万美元买进 100 万英镑。同时在纽约外汇市场以 GBP1=USD1.731 0 的汇率卖出 100 万英镑,收入 173.10 万美元,这样套汇者通过上述两笔外汇业务就可以赚取 1 万美元的收益。

但是套汇能否进行，在进行套汇前应先计算包括交易佣金等在内的套汇成本。如果套汇成本太高或十分接近套汇利润，则收益甚微或无利可图，也就没有必要进行套汇交易。另外，通过这种套汇交易获利的机会不会长期存在。因为套汇活动会使伦敦外汇市场对英镑的需求增加，从而推动英镑的汇率上涨，致使伦敦和纽约两地的汇率差异缩小直至均衡，套汇不再有利润。

(2) 间接套汇(indirect arbitrage)，包括三点套汇(three points arbitrage)和多点套汇(multiple points arbitrage)，是利用三个或者多个不同地点的外汇市场之间的货币汇率差异，同时在三个或多个外汇市场进行买卖，以从汇率差异中谋取利润的外汇交易行为。

例如，假定在伦敦的外汇市场上，英镑对美元的汇率是 GBP1=USD1.750 0/10；在法兰克福的外汇市场上，英镑对欧元的汇率是 GBP1=EUR1.436 0/70；在纽约外汇市场上，欧元对美元的汇率为 EUR1=USD1.260 0/20。投资者拥有 175.1 万美元。

套汇的步骤如下。首先，确定是否存在套汇的机会。只有存在套汇的机会，才有利可图。方法是选择某地作为汇率比较的基准(例如，伦敦外汇市场上英镑对美元的汇率是 GBP1=USD1.750 0/10)，用另两地的三种货币汇率计算出第一个市场上作为比较基准的汇率所对应的两种货币的套算汇率，例如，法兰克福外汇市场和纽约外汇市场上的英镑对美元的套算汇率是 GBP1=USD (1.436 0×1.260 0)/(1.437 0×1.262 0)=USD1.809 4/1.8135，即 GBP1=USD1.809 4/135，显然套算汇率与基准汇率不相等，则存在套汇获利机会。其次判断三地行市的差异。通过比较法兰克福外汇市场和纽约外汇市场英镑对美元的套算汇率与伦敦外汇市场英镑对美元的汇率，显然前两个外汇市场英镑汇率高于伦敦外汇市场。最后，套汇者开始进行套汇活动的基本操作。遵循低买高卖的原则，套汇者在伦敦外汇市场以 GBP1=USD1.751 0 的汇率付出 175.1 万美元，买进 100 万英镑；同时在法兰克福的外汇市场以 GBP1=EUR1.436 0 的汇率卖出 100 万英镑，买进 143.60 万欧元；同时在纽约的外汇市场以 EUR1=USD1.260 0 的汇率卖出 143.60 万欧元，买进 180.94 万美元(143.60×1.260 0)。套汇结果：套汇者开始在伦敦付出 175.1 万美元，最后在纽约外汇市场上收回 180.94 万美元，在不考虑套汇费用的情况下，赚取 5.84 万美元。

需要指出的是，由于现代通信技术的高度发达，外汇市场已经基本实现全球一体化，套汇活动使得不同市场的货币汇率差异迅速缩小、消失。因此，地点套汇的机会已经很少。

### 3. 利息套汇

利息套汇(interest arbitrage)是利用不同国家或地区的短期投资利率的差异，将货币(通过货币兑换)由利率较低的地区或国家调往利率较高的地区或国家，以赚取利差收益的外汇交易行为。在利息套汇的过程中，为了避免高利率货币在投资期间汇率下跌而蒙受损失，这种利息套汇交易与掉期交易结合进行，称之为抛补利息套汇(covered interest arbitrage)。就是说，从较高的利息收入中减去掉期交易时买入高利率货币即期外汇、卖出高利率货币远期外汇的成本，从中赚取一定的利润。例如，纽约金融市场的年利率为11%，伦敦金融市场的年利率为13%，两地利率差为2%。单纯从利息的角度考虑，如果将美元换成英镑存入伦敦银行，就可赚取2%的净利息收入。但实际上在将美元换成英镑做短期投资生息期间英镑的汇率很可能下跌，那么当投资到期把资金调回美国时，将英镑换成美元的数额就会减少，投资者就会遭受损失。所以投资者在将美元兑换成英镑时，再卖出远期英镑，以策安全。但是投资者买进即期英镑，卖出远期英镑，会促使即期英镑汇率升水，远期英镑汇率贴水，从而投资者要付出一定的代价(套汇成本)。如果英镑的远期贴水太大，超过了两地的利差2%，则投资者无利可图。因此，利息套汇的先决条件是两地的利差大于年贴水率或小于年升水率。反之，如果两地的利息差小于、等于年贴水率或大于、等于年升水率则说明利息套汇不可行。例如，纽约外汇市场的英镑对美元的即期汇率为

GBP1=USD1.730 0/20，1 年的远期英镑的贴水为 0.02/0.01 美元。现在一投资者持有 200 万美元欲进行利息套汇。首先算出年贴(升)水率或掉期率，以便与两地利差进行比较，依照公式算得：年贴水率为 1.15%，小于 2%的两地利差，套利可进行。然后，在纽约市场按 GBP1=USD1.732 0 的汇率以 200 万美元买入 115.47 万英镑的即期现汇存入伦敦银行，一年后可获本息 130.48 万英镑，即 115.47×(1+13%)，同时卖出 1 年期的英镑本息 130.48 万，1 年后到期时可获 223.13 万美元，即 130.48×(1.730 0−0.02)。如果将 200 万美元存入纽约银行可获本息 222 万，即 200×(1+11%)。故利息套汇所得 223.13 万美元中减去利息套汇成本 222 万美元可得净利润 1.13 万。

由于存在两地利差，投资者总是要买进即期高利率货币，卖出即期低利率货币，同时为了避免汇率风险必须做掉期交易，卖出远期高利率货币，买进远期低利率货币。这样必然导致高利率货币贴水，低利率货币升水，并且升(贴)水不断增大，当升水率或掉期率增大到等于两地的利差时，达到均衡状态，利息套汇即自行停止。因此，最终远期外汇升(贴)水率等于两地的利差。这就是利率平价原理的具体运用。

# 第三节  创新的外汇交易

## 一、外汇期货交易

### (一) 定义

所谓期货(futures)就是期货合约，是指在交易所进行交易的标准化的、受法律约束并规定在将来某一特定时间和地点交割某种特定商品的合约。期货交易，就是期货合约的买卖，即在期货交易所内买卖标准化的期货合约的交易。金融期货(financial futures)是指在固定场所内进行交易的、标准化的、受法律保护的、载有某种特定金融工具或金融商品的期货合约。外汇期货又称货币期货(currency futures)，是指期货合同规定在将来某一特定时间买进或卖出规定金额的外币。外汇期货交易始于 1972 年，是金融期货中历史最久的一种。随着布雷顿森林货币体系的崩溃，以美元为中心的固定汇率制度被浮动汇率制度所取代，使汇率风险问题愈加突出，国际经济交易中急需一种能有效转移和规避汇率风险的金融手段。因此，在 1972 年 5 月 16 日，芝加哥商业交易所(CME)成立了国际货币市场(IMM)分部，首先推出了包括英镑、加拿大元、联邦德国马克、日元、瑞士法郎、意大利里拉和墨西哥比索在内的 7 种外汇期货合约。美国成功地开发与运用外汇期货后，其他国家纷纷效仿。1982 年 9 月，伦敦国际金融期货交易所(LIFFE)开办外汇期货交易；1984 年，新加坡国际货币交易所(SIMEX)开办外汇期货并与国际货币市场联网。随后，发展中国家和地区也纷纷开办外汇期货交易，外汇期货交易在全球迅速发展。

### (二) 外汇期货交易与远期外汇交易的区别

外汇期货交易与远期外汇交易相比，有以下显著的区别。

#### 1. 交易地点与时间不同

外汇期货交易是在固定的交易场所——期货交易所内，在规定的交易时间内，公开竞价的竞争性很强的交易活动；远期外汇交易是一种柜台交易(over-the-counter transaction)，没有固定的交易场所和交易时间，只是在银行同业之间、银行与经纪商之间及银行与客户之间通过电话与电信等通信工具直接进行的交易。

### 2. 外汇期货交易是标准化的

外汇期货交易对交易币种、合约金额、交割月份、交割方式、交割地点及合约价格波动的上下限等都有规定。外汇期货交易的标准化特征，既简化了交易手续、降低了交易费用，又避免了因交易双方对合约条款的不同理解而可能出现的争议和纠纷，同时也增强了合约的流动性。相比之下，远期外汇交易则是交易双方根据其需要而自行商定交易细节，缺乏流动性。

### 3. 交易参与者及交易目的不同

远期外汇交易的参与者主要是银行同业、从事国际贸易的进出口商和国际借贷者等，其主要目的是想通过远期外汇交易锁定价格和风险，从而达到保值的目的。外汇期货交易的参与者主要是银行、非银行金融机构、公司等，其交易目的是套期保值和投机谋利，但相当一部分交易者的目的是投机。同时，由于外汇期货交易有最低规模的限制，只有达到一定规模的交易者才能参加交易，而远期外汇交易无此限制。

### 4. 保证金要求

外汇期货交易的买方和卖方在交易时需要支付一定比例的保证金(margin)，但不必按合约规定金额全部付清，所以外汇期货交易实际上是一种保证金交易。远期外汇交易不需要支付保证金，只要在规定的时间内按约定的金额一次性交割即可，但对交易者的信誉需要评估，并控制其交易总量。

### 5. 结算制度和保证措施不同

进行外汇期货交易的买方和卖方不直接进行交易，而是通过经纪商间接地进行，并且分别与清算机构进行结算。清算机构根据每日的结算价格计算盈亏，进行划账，具体反映在保证金的增减上，盈利则保证金金额增加，可以提取；亏损则保证金金额减少，需要补足。外汇期货交易的这种结算制度称为"逐日盯市"(marking to the market)的结算原则。清算机构是交易双方共同的第三方，对买方和卖方的履约进行担保。远期外汇交易的交易双方则直接进行交易，没有清算机构，交易双方的履约没有保障，全凭信誉，所以，每笔交易都需要考虑对方的信用状况。

### (三) 外汇期货交易的交易原理

根据交易参与者进行交易的动机不同，外汇期货交易可分为保值性外汇期货交易和投机性外汇期货交易两种类型。下面结合实例分别加以介绍。

### 1. 保值性外汇期货交易

在国际经贸活动中，债权人和债务人为防止其将要收回的债权或将要支付的债务因计价货币升值或贬值而遭受损失，将汇率风险控制在一定程度内，便在金融期货市场上续做一笔与现货头寸相反、期限对称、金额相等的外汇期货交易，以达到保值的目的，这种交易就属于保值性交易。保值性交易分为多头套期保值(long hedge)和空头套期保值(short hedge)两种形式。

多头套期保值也叫买入套期保值(buying hedge)，即利用买进外汇期货合约的方式来转移或降低套期保值者在现货市场上计价货币升值的风险；空头套期保值也叫卖出套期保值(selling hedge)，即利用卖出外汇期货合约的方式来转移或降低套期保值者在现货市场上计价货币贬值的风险。

【例 6-5】2023 年 6 月 3 日，美国 A 公司向瑞士 S 公司出口价值为 CHF750 000(即 75 万瑞士法郎)的商品，6 个月后付款，以瑞士法郎计价结算。签约时的市场汇率为 USD/CHF=1.214 5/82，9 月期和 12 月期的瑞士法郎期货价格分别为 USD0.617 2/CHF 和 USD0.618 5/CHF。如果到期时的市场汇率为 USD/CHF=1.221 2/38，9 月期和 12 月期的瑞士法郎期货价格分别为 USD0.612 0/CHF 和 USD0.612 5/CHF。(瑞士法郎期货的交易单位是 12.5 万瑞士法郎，交割月份为 3 月、6 月、9 月、12 月。)

问：(1) 该出口商应如何做外汇期货交易进行套期保值？

(2) 该出口商套期保值的效果如何？

(3) 到期时实际总收入是多少？

分析：由于美国出口商向瑞士出口，以瑞士法郎计价，而 75 万瑞士法郎恰好是 6 份合约(75 万÷12.5 万=6)的价值，该出口商担心瑞士法郎会对美元贬值，而到期日是 2003 年 12 月 3 日，故该出口商应该售出 12 月期瑞士法郎期货合约 6 份。解题步骤如下。

解：(1) 该出口商 A 公司在签订完出口协议后即做一笔售出 6 份 12 月期瑞士法郎的期货合约。

(2) 如果不做套期保值：$750\,000 \times \left( \dfrac{1}{1.223\,8} - \dfrac{1}{1.218\,2} \right) = -2\,817$ 美元。

如果做套期保值：$6 \times 125\,000 \times (0.618\,5 - 0.612\,5) = 4\,500$ 美元。

最终套期保值的效果是净盈利 1 683 美元，即期货市场盈利 4 500 美元，现货市场亏损 2 817 美元。

(3) 实际总收入为出口所得加上期货市场的盈利额，即

$$实际出口收入 = 750\,000 \times \frac{1}{1.223\,8} + 4\,500 = 617\,345 美$$

由此题可以看到，套期保值有效地起到了规避汇率风险的作用。

【例 6-6】加拿大出口企业 CA 公司于 2023 年 3 月 5 日向美国 US 公司出口价值为 1 500 000 美元的商品，计价货币为美元，3 个月后取得货款。为规避汇率风险，CA 公司准备在芝加哥国际货币市场做外汇期货套期保值。签约时的市场汇率为 USD/CAD=1.249 8/513，6 月期加元期货价格为 USD0.800 3/CAD。假如到期时的市场汇率变为 USD/CAD=1.199 9/2 013，6 月期加元期货价格为 USD0.831 6/CAD。

问：(1) CA 公司应如何做套期保值？

(2) CA 公司套期保值的效果如何？

(3) 到期时 CA 公司实际总收入是多少？

解：(1)从表面上看，本例与上例相似，做卖出美元期货套期保值。但经过仔细分析，我们发现，美元是报价货币，不是交易标的货币，因此不能直接而是间接地卖出美元进行套期保值，即做买入加元期货可以起到同卖出美元期货相同的功效。所以，CA 公司在签订进出口合同后在 IMM 买入 19 份(因为加元期货交易单位为 10 万加元，1 500 000×1.249 8÷100 000=18.75≈19) 6 月期加元期货。

(2) 如果不做套期保值：$1\,500\,000 \times (1.199\,9 - 1.249) = -748\,50$ 加元。

如果做套期保值：$19 \times 100\,000 \times (0.831\,6 - 0.800\,3) \times 1.199\,9 = 71\,358$ 加元。

套期保值的效果是净亏损 3 492 加元，即期货市场上的盈利与现货市场上的亏损相差 3 492 加元。

可以看出，如果不做套期保值，出口商将蒙受巨大损失，做套期保值后可挽回损失 71 358 加元。

(3) 到期时 CA 公司实际总收入是

$$1\ 500\ 000×1.199\ 9+71\ 358=1\ 871\ 208\ 加元$$

本例表面上看是空头套期保值，实际上是多头套期保值。

**2. 投机性外汇期货交易**

投机性外汇期货交易是指交易者根据其对货币汇率的市场走势的预测和判断，通过买卖外汇期货合约，从中赚取买卖差价的交易行为。它分为简单的投机性外汇期货交易和复杂的投机性外汇期货交易两大类。

1) 简单的投机性外汇期货交易

简单的投机性外汇期货交易是指多头投机和空头投机。当投机者预测某种货币的期货价格将上升，便买入该外汇期货合约，以后再在合适的时机对冲，如价格上升便盈利，价格下降便亏损。这种先买后卖，赚取期货合约差价的交易方式称为做多头(buy long)；当投机者预测某种货币的期货价格将下跌，便卖出该外汇期货合约，以后再在合适的时机对冲，如价格下跌便盈利，价格上升便亏损。这种先卖后买，赚取期货合约差价的交易方式称为做空头(sell short)。

【例 6-7】2023 年 9 月 5 日，12 月期英镑的期货价格为 USD1.821 8，某投机商预测英镑期货将进入牛市，并买进 5 份 12 月期英镑期货合约(英镑期货合约的交易单位为 25 000 英镑)。10 月中旬以后，12 月期英镑期货价格果真上扬，到 11 月中旬，已经上涨至 USD1.947 4，该投机商认为是最高价位，便通过对冲了结交易，净赚：5×25 000×(USD1.947 4-USD1.821 8)=USD15 700。

2) 复杂的投机性外汇期货交易

复杂的投机性外汇期货交易是指投机者同时卖出或买进两种相关的外汇期货合约，经过一段时间后择机分别予以对冲，进而从两种合约的相对价格变动中获利。复杂的投机性外汇期货交易分为跨市场套利、跨币种套利和跨月份套利三种。

跨市场套利是指投机者利用某种货币在不同外汇期货市场上价格的差异，从一个市场买进该种货币的外汇期货合约，同时于另一个市场卖出，之后再伺机分别进行对冲，赚取差价收益。跨币种套利是指投机者根据对交割月份相同而币种不同的外汇期货合约在同一外汇期货市场价格走势的不同预测，在买进某种货币的外汇期货合约的同时，卖出另一交割月份相同但币种不同的外汇期货合约，之后再伺机分别进行对冲，赚取差价收益。跨月份套利是指投机者根据在同一外汇期货市场上币种相同而交割月份不同的期货价格走势的不同预期，在买进某一交割月份的期货合约的同时，卖出同种货币的不同交割月份的期货合约，再伺机分别进行对冲，从中赚取差价收益。

## 二、外汇期权交易

### (一) 期权的定义

期权(option)是期权合同的买方具有在期满日(expiration date)或期满日以前，可按合同约定的价格(exercise price 或称 strike price，译为执行价格或协定价格)买进或卖出约定数量的某种金融工具，但也可以不履行这个合同的权利。为了获得这个权利，期权合同的买方需要向卖方支付一笔期权费(premium)。

期权交易最早是从股票期权交易开始的，于 1978 年被首先引入荷兰的欧洲期权交易所(European Option Exchange)，1982 年又被引入加拿大的蒙特利尔交易所(Montreal Options

Exchange)。1982年美国费城股票交易所(Philadelphia Stock Exchange)承办了第一批英镑期权和德国马克期权,芝加哥农产品交易所(CBT)则引进了美国国库券期货期权。现在都已发展到各种有关的金融工具,这些金融工具主要有:债券(bonds)、货币(currency)、黄金(gold)、白银(silver)、指数(indices)和各种期货期权。

目前,进行期权交易的交易所主要分布在英国伦敦、荷兰阿姆斯特丹、美国芝加哥、纽约和费城等地。

### (二) 期权的种类

(1) 按到期日划分,期权可以分为美式期权(American option)和欧式期权(European option)。美式期权可以从签约日到到期日随时行使期权,欧式期权仅在到期日才能行使期权。

(2) 按交易方式划分,期权可以分为有组织的在交易所内进行的场内交易期权和在交易所之外的柜台交易市场(Over-the-Counter, OTC)交易的场外交易期权。场内交易期权都是标准化的,到期日、名义本金、交割地点、交割代理人、协定价格、保证金制度、合约参与各方、头寸限额、交易时间及执行期权的规定都是由交易所来确定的。交易参与者只需要同意交易中合约的价格和数量。场外交易期权可以满足个别客户的需要,不像场内交易期权那样标准化,还可以通过协商,根据客户的需要对期权合约进行定制。

(3) 根据期权合约赋予期权购买者的权利不同,期权可以分为看涨期权(call option)和看跌期权(put option)两类。看涨期权是指期权的购买者在预测某种金融商品的市场价格将要上涨时,购买可在约定的未来某日期,以事先约定的协定价格向期权的出售者买进一定数量的该种金融商品的权利。看跌期权是指期权的购买者在预测某种金融商品的市场价格将要下跌时,购买可以在约定的未来某日期,以事先约定的协定价格向期权的出售者卖出一定数量的该种金融商品的权利。

### (三) 金融期权交易与金融期货交易的区别

从形式上看,金融期权合约是一种交易双方签订的、按协定价格在约定时间买卖约定数量的约定金融商品的合约。这与金融期货合约极其相似。但是实际上,金融期权交易与金融期货交易有着本质的区别。这种区别表现在以下几个方面。

#### 1. 交易中双方的权利和义务是不对称的

在金融期货交易中,交易双方的权利和义务是对称的,交易双方既享有要求对方履约的权利,又负有对对方履约的义务;但在金融期权交易中,交易双方的权利和义务存在着明显的不对称性,金融期权的买方在合约规定的期限内有权利选择是否履约而不负有相应的义务,而期权的卖方只有服从买方选择的义务,而没有权利。

#### 2. 交易双方的盈利与亏损存在不对称性

从理论上讲,金融期货交易中交易双方的盈利与亏损是对称且不确定的,即有一方盈利,必有另一方亏损。但金融期权交易中交易双方的盈利和亏损是不对称的,这来源于期权交易双方权利和义务的不对称性。金融期权的买方在期权交易中的潜在亏损是确定的,仅限于他所支付的期权费(premium)。

#### 3. 交易标的物的范围不完全相同

金融期权交易的标的物多于金融期货交易的标的物,因为凡是可以作为金融期货交易标的物的金融商品均可进入金融期权交易,而作为金融期权交易标的物的金融商品却未必可进入金融期货交易。需要特别指出的是，金融期权交易的标的物除了可作为金融期货交易的各种现货金融商品外，还包括金融期货合约本身，但却不存在以金融期权合约作为标的物的金融期货交易。

### 4. 交易的履约保证金要求不同

在金融期货交易中，交易双方均需要开立保证金账户，按照规定缴纳履约保证金；在金融期权交易中，只有期权出售者，尤其是无担保期权的出售者才需要开立保证金账户，按照规定缴纳保证金。对于金融期权的买方来说，因为期权合约赋予其权利，而未规定其义务，因此不需要开立保证金账户，无须缴纳保证金。

### 5. 交易的结算制度不同

金融期货交易实行的是逐日结算制度，盈利方保证金账户余额将增加，亏损方保证金余额将减少。当亏损方的保证金余额低于规定的维持保证金时，他必须按照规定及时缴足追加保证金。所以，在金融期货交易中，买卖双方为保持其交易，必须保持有一定的流动性较高的资产，以备缴纳追加保证金的不时之需。但在金融期权交易中，只是期权的买方在购买期权合约时缴纳期权费，除此之外，在期权的有效期内，交易双方不再发生现金流动。

### (四) 外汇期权的交易原理

外汇期权(foreign exchange option)是以某种货币或货币期货合约为标的物的期权交易形式。外汇期权可以用来规避汇率变化带来的风险，同时还可以利用外汇期权来谋利，因此，外汇期权交易的动机有二：保值和投机。下面分析一个以看跌期权进行投机的案例。

【例 6-8】Richard 根据资料分析，预测 3 个月内美元呈下跌走势，他利用美元熊市期权套利。期权合约情况如下。

现货价格：USD1=JPY104.30。

期权合约金额：USD5 000 000。

期限：3 个月。

持有的两个期权头寸分别是：第一，买进美元看跌期权，执行价格为 JPY106.00，期权价格为 3.32%(美元价值)，期权费支出为 USD166 000；第二，卖出美元看跌期权，执行价格为 JPY102.00，期权价格为 1.18%(美元价值)，期权费收入为 USD59 000。

期权费支出净值：USD(166 000-59 000)=USD107 000。

按照现金流向判断，买进美元看跌期权相当于售出美元，卖出美元看跌期权相当于买进美元。不同到期日现货价格对于熊市看跌期权的影响，分析如下。

**第一种情况**：汇率下跌到 USD1=JPY98.00。

(1) 买进的美元看跌期权：Richard 可以行使期权，按 USD1=JPY106.00 的执行价格售出美元，得到日元：JPY106.00×5 000 000=JPY530 000 000。

(2) 卖出的美元看跌期权：交易对手可以行使期权，Richard 按 USD1=JPY102.00 的执行价格买入美元，付出日元：JPY102.00×5 000 000=JPY510 000 000。

通过美元看跌期权的一买一卖平仓，形成的日元利润金额为：

JPY530 000 000-JPY510 000 000=JPY20 000 000。

折算成美元：JPY20 000 000/98.00=USD204 082。

净利润：USD204 082-USD107 000=USD97 082。

**第二种情况**：汇率达到 USD1=JPY103.00。

(1) 买进的美元看跌期权：Richard 可以行使期权，按 USD1=JPY106.00 的执行价格售出美元，得到日元：JPY106.00×5 000 000=JPY530 000 000。

(2) 卖出的美元看跌期权：交易对手不会行使期权。

实际 Richard 行使了买进的美元看跌期权，按 USD1=JPY106.00 的执行价格售出美元，为了平仓，他又在现货市场上以 USD1=JPY103.00 购入美元，一卖一买形成的日元利润金额为 JPY15 000 000，折算为 USD145 631，减去期权费后，所获净利润为 USD38 631。

**第三种情况**：汇率达到 USD1=JPY107.00，此时汇率不跌反升，但损失是有限的。

(1) 买进的美元看跌期权：Richard 不行使期权；

(2) 卖出的美元看跌期权：交易对手不行使期权。

由此可见，无论汇率如何上升，只要超过 USD1=JPY106.00，则两个期权均不应该被执行，而交易者损失的只是期权费。

## 三、货币互换

### (一) 定义

货币互换(currency swaps)指交易双方按固定汇率在交易期初交换两种不同货币的本金，然后按预先规定的日期，进行利息和本金的分期互换。

世界上首次货币互换交易发生在 1981 年国际商用机器公司(IBM)与世界银行(World Bank)之间。在这次交易中，世界银行将其 2.9 亿美元金额的固定利率负债与国际商用机器公司已有的瑞士法郎和德国马克的债务互换，互换交易的双方的目的分别如下。

世界银行希望筹集到固定利率的德国马克和瑞士法郎低利率资金，但世界银行无法通过直接发行债券来筹集德国马克和瑞士法郎，而世界银行具有 AAA 级的信誉，能够从国际金融市场上筹措到最优惠利率的美元借款。世界银行希望通过筹集美元资金换取国际商用机器公司的德国马克和瑞士法郎债务；国际商用机器公司需要筹集一笔美元资金，由于数额较大，集中于任何一个资本市场都不妥，于是采用多种货币筹资的办法，运用自身的优势筹集了德国马克和瑞士法郎，然后通过互换，与世界银行换得优惠利率的美元。

### (二) 作用

货币互换主要有以下几个方面的作用。

(1) 降低筹资成本。借款人可以利用自身的比较优势，先举借另外一种利率较低的货币，然后通过货币互换，换成所需要的货币资金，来降低所需货币的借款成本。

(2) 调整资产和负债的货币结构。借款人可以根据外汇汇率的变化和各种货币的利率变化情况，不断调整资产和负债的货币结构，使其更加合理，避免外汇汇率和利率变化带来的汇率风险和利率风险。

(3) 借款人可以间接进入某些优惠的金融市场。如果借款人直接进入某优惠的金融市场有困难，或者受到资信等级方面的约束，或者费用太高昂，借款人可以通过借入某一种货币，取得较有利的利率，然后经过互换，调换成另一种货币。通过这种方式，借款人相当于间接地进入了某些优惠的金融市场。

### (三) 货币互换的交易原理

固定利率的货币互换合同较为简单，合同双方互相交换利息和本金的支付。在互换的开始，合同双方按照即期汇价互换本金。本金的金额可以是实际的金额，也可以是名义金额。然后，用本金计算利息，并且决定在将来的到期日重新互换回本金。在互换交易中所发生的现金流包括：最初的本金互换，接下来的一系列的利息互换(利率采用双方合同中同意的利率，按照最初互换的本金进行计算)，到期日重新按照事先约定的汇率互换回本金。

下面看一个实例。A 银行需要筹措一笔日元资金，但 A 银行筹集美元资金的能力比筹集日元强，因此采用先发行欧洲美元债券，然后通过货币互换，获得日元资金。假设 A 银行发行欧洲美元债券的条件如下。

期限：5 年。

金额：USD100 000 000。

票面利息率：9.5%(每年)。

价格：100.00。

货币互换的汇率为 USD1=JPY123.00，日元利率是 7.5%，互换开始日期为 2023 年 1 月。

这样，A 银行的日元筹资成本为 7.5%。如果 A 银行不是通过互换，而是直接从市场上筹集日元，则实际成本将为 7.7%。A 银行通过货币互换可以每年节约(0.2%×本金金额)的资金。A 银行货币互换如图 6-1 所示。

图 6-1　A 银行货币互换

货币互换并不是从一开始就需要进行本金互换，而可以从现有负债开始，只交换利息，到期再互换本金。现举例说明如下。

在货币互换开始时甲乙双方的情况如下。

**借款人甲：**

现有负债：欧洲美元债券。

金额：2 亿美元。

票面利息率：11%，每年支付一次利息，付息日为 7 月 1 日。

期限：5 年到期，全部本金到期一次偿还。

**借款人乙：**

现有负债：欧洲英镑债券。

金额：1 亿英镑。

票面利息率：12%，每年付息一次，付息日为 7 月 1 日。

期限：5 年到期，全部本金到期一次偿还。

借款人甲希望将全部或一部分负债换成固定利率的英镑；借款人乙希望将全部或一部分负债换成固定利率的美元。

中间人(S 银行)为甲乙两人安排货币互换。因为两项债务都是过去发生的，因此不考虑原来发行债券的费用，在开始时也不交换本金。考虑到两项债务的付息日期相同(7 月 1 日)，商定互换的开始日为第一个债券息票付息日。假设为 2023 年 7 月 1 日，英镑对美元的汇率为 1.6。所以本金金额为 1 亿英镑和 1.6 亿美元，S 银行愿意作为双方之间的中间人，它每年收取的中介费为本金金额的 0.125%。

这样，英镑债券的发行金额的等值美元金额小于美元债券的发行金额，乙可以将其全部英镑负债换为美元负债，而甲只能将其部分(80%)的美元负债换为英镑负债。

假设 S 银行的中介费全部收取美元，加在由乙方支付的名义美元利息上。

在以后的 5 年中，甲每年通过 S 银行向乙支付英镑 12 000 000，并在第 5 年 7 月 1 日支付 1 亿英镑本金加上 12 000 000 英镑利息。乙每年向 S 银行支付美元 17 800 000 (1.6 亿×11.125%)。S 银行扣除收取的费用 200 000 美元(1.6 亿×0.125%)，向甲转付 17 600 000 美元(1.6 亿×11%)。具体情况可用图 6-2 和图 6-3 表示。

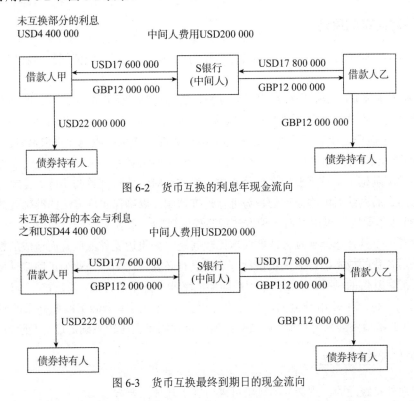

图 6-2　货币互换的利息年现金流向

图 6-3　货币互换最终到期日的现金流向

通过互换，借款人甲将其美元债务中的 80%转换为英镑，其英镑的费用率为每年 12%；借款人乙将其全部英镑负债转换为美元，美元的年费用率为 11.125%。

# 第四节　外汇风险防范及最新发展

在全球经济一体化的今天，从事对外投资、经贸、金融活动的跨国公司、企业及银行，通常都会在国际范围内收付大量外汇，或保有以外汇表示的债权债务，因而常会受到汇率变动的直接影响。一旦发生较大的外汇风险，就可能使有关公司、企业和银行蒙受相当大的损失，甚至有可能面临破产的危险。20 世纪 70 年代初期，以美元为中心的固定汇率制度解体，主要发达国家纷纷实行浮动汇率制度。在这种背景下，各种货币的汇率波动频繁，外汇风险日趋严重，特别是 20 世纪 90 年代后期发生的亚洲金融危机，东南亚地区许多国家的货币相继大幅度贬值。有鉴于此，及时准确地预测汇率变动趋势，采取切实有效的对策防范外汇风险，显然是非常重要而迫切的。

## 一、外汇风险的定义

外汇风险是指国际金融市场上汇率和利率的变化对经济主体持有的以外币计值的资产和负债带来损失的可能性。外汇风险包括汇率风险和利率风险两种。汇率风险(exchange rate risk)是指经济主体在经营活动中，由于持有外币的多头(long position)或空头(short position)的头寸而在汇率波动的情况下轧平头寸时遭受损失的可能性。利率风险(interest rate risk)是指经济主体在经营活动中，由于利率的变化，造成其资产或负债遭受损失的可能性。远期汇率的变化主要是由利率的变化引起的。因此，汇率和利率的变化会引起外汇风险。

## 二、外汇风险防范的原则

在防范外汇风险的过程中，采用哪种方法较为理想，以及将风险降低到何种程度，涉及以下原则。

(1) 回避为主原则。企业进行汇率变动预测，选择适当的操作方法，其目的不在于利用风险进行投机活动，而在于规避可能面临的风险。根据这一原则，企业在选择各种方法时，应本着保守的原则，不能把企业的理财活动变成一次赌博，为赚取较大的收益而采取激进的冒险措施。

(2) 预测先导原则。凡事预则立，不预则废，成功地回避外汇风险必须建立在对汇率变动走势的科学预测基础上。这就要求在选择具体操作方法时，坚持理论与实际、定量与定性、历史与未来相结合的办法对汇率波动的趋势进行外推预测，以确保实施方法的准确有效性。

(3) 最低成本原则。采用任何一种方法规避外汇风险，都要支付一定的成本，所以在众多方法中，就有一个具体选择哪种方法的成本比较问题。如果遭受外汇风险而造成的损失小于采用防范方法所花费的成本，那么采用该种方法就没有必要。比如，企业为了回避远期支付而可能产生外币汇率升值的风险，往往会采用按即期汇率购入外币的方法。衡量这一方法的可行性，就要分析远期支付产生外币升值的风险程度是否大于企业用本币购买即期外币的到期利息损失。如果企业的本币资金来自贷款，就要与到期的贷款利息相比较来确定这一避险方法的取舍。

## 三、防范外汇风险的方法

根据国内外实践经验，规避外汇风险可采用以下几种主要方法。

### 1. 选择正确的计价货币规避汇率风险

在国际收付中，选择何种货币计价结算至关重要，一般应遵循以下原则。

(1) 出口争取以硬货币成交，进口争取以软货币成交。所谓硬货币是指汇率稳定且有上升趋势的货币，软货币是指汇率不稳定并有下跌趋势的货币。对构成债权或形成收入的交易选用硬货币后，由于所收货币汇价趋于上升，就会形成自然增值，相当于增加用本币计算得到的收入。相反，对构成债务或形成支出的交易则应选用软货币，由于这类货币日益疲软，无形中就会使实际支出价值相对减少。需要注意的是，各种货币的"硬"与"软"是相对的，在一定条件下会发生转化，只有准确预测其变动趋势，才能做出正确的抉择。

(2) 选择可自由兑换的货币。在国际金融市场上，可自由兑换货币可以无限制地兑换成其他种类的货币。选用这种货币计价结算，对于交易双方都是有利的，既便于资金的调拨和运用，也便于转移汇率风险。

(3) 尽量选用本国货币。如果在对外交易中能采用本币计价结算，那么无论本国企业是进口方还是出口方，也无论汇率如何波动，该国企业都不承担风险。不过，运用这一方式往往会给交易谈判带来一定困难，因为它会将外汇风险转嫁给对方。因此，利用本币计价的一方只有在价格或信用期限等方面做出某些让步，以此作为给对方的风险补偿，才有可能达成协议。

### 2. 提前或延期结汇

这是通过预测计价货币汇率的变动趋势，适当地提前或推迟收付有关款项，以避免外汇风险或赚取汇率收益。具体做法如下。

当预测计价货币将贬值时，出口方应尽早签订出口合同，并尽早以即期外汇交易收回出口货款，以避免计价货币汇率下跌的损失。而进口方则应尽量要求延期付款，或推迟向国外购货，以便在计价货币贬值后，能用较少的本国货币换取计价货币进行支付。反之，当预测计价货币将升值时，出口方应通过推迟交易或允许进口方延期付款等方式，以期获得计价货币汇率上升的收益。而进口方则应提前购买，或在条件相宜的情况下预付货款，以免汇率上升后使进口成本提高。此外，根据对计价货币涨跌的预测结果，在支付条件中加入有利的信用期，也是规避外汇风险的有效策略。若计价货币长期看涨，延长支付信用期就会对出口方有利；反之，出口方则应尽量缩短支付信用期。

### 3. 利用货币保值条款

这是在国际经济合同中，经过双方协商订立适当的保值条款，以防止汇率多变的风险。可以选用的保值条款如下。

(1) 用"一篮子货币"保值，即在合同中规定一种计价结算货币，同时用其他多种货币组成的"一篮子货币"保值。首先要确定"一篮子货币"的构成，通常选用 SDR(特别提款权)或软硬搭配的数种货币。其次是规定收付总额中各种保值货币所占比重，并按当时汇率分别将支付货币与各种保值货币折合成一定的数额。到期支付时，再按市场汇率和约定比例将各种货币的数额折合成支付货币。由于"一篮子"中的各种货币汇率有升有降，因此能分散汇率风险，或把外汇风险限制在预期幅度内。

(2) 用硬货币保值，即在合同中明确以硬货币计价，用软货币支付，并载明两种货币当时的汇率。在执行合同过程中，如果支付货币汇率下跌，则对合同中金额进行等比例的调整，按照支付日的支付货币汇率计算。这样做，实收的计价货币金额与签订合同时相同，可以弥补支付货币汇率下跌的损失。

(3) 利用黄金保值条款。在订立合同时，确定合同计值货币或支付货币的含金量。到实际支付日，如果合同货币的含金量发生变动，则对合同款项做出相应调整。这曾是国际经济合同常用的一种保值方式，但由于目前各国货币已与黄金脱钩，加之黄金本身价格不稳定，因而利用黄金保值条款已不多见。

### 4. 远期外汇交易

这是交易双方通过签订外汇交易合同，事先约定未来的交割币种、数量和汇率，到期按预定条件进行实际交割。一般是客户与银行签订合约，客户通过这种交易，能保证在未来某一时刻，以确定的汇率获得所需货币，从而有效地避免汇率波动的风险。例如，我国某投资项目从日本进口一批设备，合同金额为 1.8 亿日元，按当时汇率 1 美元等于 150 日元，该项目用 120 万美元委托银行做远期日元交易。半年后该项目实际支付外汇时，日元对美元汇率升值，1 美元等于 125 日元，合同金额折成美元为 144 万，但因该项目做了远期日元交易，支付币种已变成日元，所以减少汇率损失 24 万美元。在一般情况下，对外交易从签订合同到实际支付都有一段间隔时间，进出口商为了在这段时间内避免汇率变动带来的损失，就可以与银行签订一个按远期汇率预先买进或卖出远期外汇到期交割的合同。这样，进出口商就不必担心汇价波动，并可事先算出交易成本和利润，保证企业稳定经营。除进出口交易外，资金借贷者为了防止其国外投资或所欠国外债务到期时因汇率变动而蒙受损失，也可以预先买进或卖出远期外汇，使一定时期内的浮动汇率变为固定汇率。由于这种保值方式比较灵活，手续简便，而且避险效果好，成本低，因此在目前国际上防范外汇风险中广泛采用。

### 5. 外汇期权交易

这是在金融市场上签订合同，获得在一定期限内以约定价格买进或卖出一定数额的某种外汇的权利，同时支付一定的期权费。它可分为看涨期权和看跌期权，前者有权按合同的汇率购买某外汇，后者则有权按合同的汇率出售某外汇。在合同有效期内，期权所有者可以根据市场汇率变动情况，按合同规定的汇率和金额行使自己拥有的买或卖的权利，与期权的出售者进行实际交割；也可以放弃买卖权利，让合同过期而自动作废。当然，为了获得这种权利必须付出一定的代价，这就是期权费。而期权出售者由于承担了汇率变动的风险，因此能得到期权费，用以填补可能蒙受的损失。外汇期权交易作为当今国际上流行的风险管理新方式，也受到我国高度重视，目前中国银行各大分行都开办了这种交易。

### 6. 外汇期货交易

这是在未来特定的时间里，以交易所内决定的汇率买卖一定数量货币的双边合约。它作为一种金融期货，具有保值或避险的功能。为了防范在现货市场所保有的金融商品可能遭受的汇率风险，预先在期货市场进行套期保值，目的是以期货市场的未来利益，抗衡现货市场的未来损失，也就是在现货市场买进一种外汇的同时，又在期货市场卖出相同数额和币种的期货，或者做相反的交易。这样，在这一货币汇率发生变动时，盈亏即可互相抵消，从而起到保值作用。

### 7. 购买外汇保险

为了规避外汇风险，有些国家专门建立了汇率变动保险制度及相关的保险机构，在对外投资、经贸和借贷活动中发生的以外币计价的债权债务可以投保。一般做法如下。

投保者应提交有关单据证明，向保险机构缴纳一定比例的保险费。保险公司预先规定投保货币汇率的波动幅度，对规定幅度以内的汇率波动损失，保险公司负责赔偿；对超过规定幅度的损失，不负赔偿责任。由于汇率波动所产生的收益，则归保险公司所有。对于汇率波动幅度的具体规定，各国有所差别。如日本规定，汇率波动超过 3%但低于 20%的部分可以由保险机构赔偿。也就是说，汇率波动在 3%以内或超过 20%的部分都不能赔偿。同样，因汇率变动产生的收益，超过 3%但低于 20%的部分要缴纳给保险机构。在保险种类方面，各国规定也有差别。例如，法国的外贸保险公司主要开设了收回外币保险、转移外币保险和保证金外汇保险等。通过购买外汇保险，可以把外汇风险转嫁给保险公司，有利于增强本国企业在对外经济活动中应对汇率风险的能力，保险公司也可以得到保险收益。

防范和规避外汇风险的方法是多种多样的。随着各国对外经济往来不断增多，还会出现一些新的避险方法。需要注意的是，各种避险方式都有各自的特点和不同的适用条件，而且各种方式运用的实际结果也有所不同。我们要认真分析各种避险方法的利弊得失，根据不同类型的汇率风险的特点，选择适宜的避险方法，以期最大限度地降低外汇风险。

---

**案例6-1** 爱德华·爱德华兹公司外汇风险规避案例

#### 一、背景介绍

爱德华·爱德华兹公司是爱德华兹先生于 1976 年创立的，最初该公司只是代理销售国内厨房设备和其他家用物品。近年来该公司进口业务大幅增长。在增加其销售的家庭装饰系列产品的品种时，董事长爱德华兹先生意识到日本一些中等规模生产商的产品具有很大的市场潜力，因而他向这些公司购买产品的次数和数量也在增多。

(一) 交易的结算货币

和许多日本出口商一样，爱德华·爱德华兹公司的供应商也要求以日元来支付货物价款。贸易条件比较宽松，爱德华·爱德华兹公司使用远期汇票信用证来进行结算，即见票后 120 天支付结算金额，出口商报价单上的汇率以爱德华·爱德华兹公司订购货物那一个月最后一天的即期汇率为准。尽管爱德华·爱德华兹公司可以充分利用宽松的贸易条件，但爱德华兹先生还是对汇票所允许的 120 天付款宽限期内的日元汇率风险感到担心。爱德华兹先生知道，如果日元在公司持有大量应付头寸的期间内大幅走强，到期时为了支付固定金额的日元，公司将花费更多的美元。

一直以来，爱德华·爱德华兹公司都是比较幸运的，因为从 1995 年到 1998 年其从日本购买货物的金额是大幅增大的，然而这段时间内日元汇率一直走弱。在这段时间内，美国和日本的领袖们一致认为日元贬值能减轻金融危机对日本银行业的影响和有助于日本经济的恢复。另外，自从 1997 年 7 月以来，外界普遍认为东南亚金融危机给日本带来极大的风险。从 1995 年春开始，日元汇率创了历史性新高 USD1=JPY81，其后，日元汇率就开始平缓下跌，直跌至 1998 年初的 USD1=JPY134 的汇率水平。在这段时间内，爱德华兹先生总能以比订货时日元汇率更有利的价格来购买日元，以便支付货款。但是现在(1998 年 3 月)，爱德华兹先生知道日元汇率可能发生逆转，这样就会给公司的未来支付带来较大的额外成本，而且由于日本国内经济问题正逐渐明朗化，日元看起来可能会走强。

(二) 可供运用的汇率风险规避方案

于是，爱德华兹先生与达拉斯第三银行的国际业务专家简诺斯·克拉斯进行了一次会面，商讨他所担心的问题。他告诉克拉斯，一旦他的公司与美国一些全国性的零售商订立协议，爱德华·爱德华兹公司的进口规模将急剧扩大。他指出，根据近来的业务经验，这些交易只能赚取少许的差价，因而在日元头寸上的损失很有可能使该项业务的利润荡然无存。

克拉斯向爱德华兹先生介绍了防范这种风险的几种方式。假定爱德华·爱德华兹公司继续在支付日以即期汇率(当前即 3 月 10 日汇率为 USD1=JPY127.43)来购买日元，支付货款，假设爱德华·爱德华兹公司今天做成一笔 120 天后支付 12 500 000 日元的交易。在将来的支付日即期汇率为 USD1=JPY123.00，由于日元在支付期内升值，爱德华兹公司将不得不支付 101 626 美元(12 500 000/123.00)，而不是 98 093 美元(12 500 000/127.43)，也就是说他得多付出 3 533 美元。

在此种情况下，爱德华·爱德华兹公司有几个规避日元汇率风险的方案可供选择。

第一个方案是外汇市场套期保值，它可以有效地将汇率锁定在当前的日元汇率上，爱德华·爱德华兹公司只需要在订货日以即期汇率向银行购买日元，并将其存入欧洲日元存款账户，持有到支付日为止，存款利率约为 1.75%。银行可以借给爱德华·爱德华兹公司所需的金额以便为其购买日元进行融资，利率约为 8.5%，略高于基准利率。

第二个方案为购买远期合约，它可以在现在将未来交易时的汇率锁定。在当前的远期市场上，银行愿意提供的 120 天远期汇率为 USD1=JPY125.27 或 JPY1= USD0.007 89。

第三种方案是购买日元期货合约，例如，芝加哥国际货币市场(IMM)的期货合约，它们的避险机制与由银行所提供的远期合约的避险方式极为类似。在理想状态下，爱德华·爱德华兹公司现在可以购买合适数量的期货合约以规避既定交易的风险，每张合约可使参与者以今天的期货交易价格，在合约的到期日交割 1 250 万日元。但是实际的操作面临一些复杂的问题，期货合约的交割日不可能与爱德华·爱德华兹公司的支付日绝对一致。按惯例，避险者只好购买到期日在所需避险的期限之外的期货合约。期货合约在合约金额和到期日方面都高度标准化：IMM 的期货合约每年的到期日只有 4 个，分别在 3 月、6 月、9 月和 12 月份，因而通常它们的到期日不会与使用者避险期限的最后一天相匹配。避险者仍然面临避险期的最后一天的价格与到期日期货合约的价格之间存在差异的风险。在爱德华·爱德华兹公司这个例子中，如果货物是在 3 月 10 日订购的，支付日就是 7 月 8 日，一个期货合约避险方案可能需要持有 9 月份日元期货的多头，期货将在 7 月 8 日售出平仓，同时爱德华·爱德华兹公司进入外汇市场购买即期日元，期货交易上的所得或损失将抵消在那一天日元较订货日升值或贬值所带来的影响。

第四种方案是外汇期权合约避险方案，爱德华兹公司可以从银行或交易所购买日元期权合约来规避汇率风险。期权给买方提供了购买(看涨期权情况下)和出售(看跌期权情况下)的权利，而非一种义务，即在既定的到期日以预定价格(执行价格)购买或出售某种货币的权利。通过银行购买的期权合约一般是欧式期权，也就是说其只能在到期日才可以被执行。在交易所(例如芝加哥的 IMM)内交易的期权一般是美式期权，其可以在到期日之前任何交易日内被执行。大多数外汇期权，就像在 IMM 和伦敦国际金融期货交易所(LIFFE)内交易的货币期权一样，实际上是外汇期货期权，例如 1998 年 3 月，编号为 7900 的、金额为 1 250 万日元的 9 月份日元看涨期权的价格为 2.78。该期权的价格表示单位为 1 美分/100 日元，因而汇率为 JPY1=USD0.007 90 的 9 月份日元期货看涨期权可以以 3 475 美元购买到(0.027 8/100 日元×12 500 000)。

(三) 避险的效果评估

克拉斯解释任何规避风险的方案的效果只有在事后才知道——当避险期限终止和日元债务已被支付时。各种方案有自身的利弊。在避险头寸建立后，避险的效果将由汇率的波动方向来决定。当然如果日元汇率在将来持续走弱，一个完全未避险的头寸的收益是最大的。如果日元在这段时间内走强，未避险的头寸的代价是最高的。就避险方案的特殊性来说，每种避险方案都缩小了与未避险头寸相关的潜在收益或损失的波动范围。

爱德华兹先生一下子被克拉斯所提供的这些信息搞糊涂了。他决定去模拟一系列假定交易。他假定在 1998 年 3 月 10 日向一家日本出口商订购价值为 1 250 万日元的货物(预计将来的交易金额更大)，并且在 7 月 8 日支付这笔货款，接着在假定日元对美元汇率某种可能的运动方向下，他将计算和比较各种避险方案的效果，在计算中他忽略了衍生工具合约销售佣金的因素，各种方案分别如下。

(1) 不避险(按目前情况继续进行)。

(2) 和第三银行进行一个外汇市场套期保值交易。

(3) 从第三银行购买 120 天的远期合约。

(4) 购买 1998 年 9 月份的期货合约，合约金额为 1 250 万日元，合约价格为每日元 0.805 5 美分。

(5) 购买 7900 号 9 月份日元期货看涨期权，合约金额为 1 250 万日元，期权价格为每 100 日元 2.78 美分。

爱德华兹先生假定 7 月 8 日的日元即期汇率和 9 月份的日元期货合约的汇率的两种情况。

第一种情况，7 月 8 日的即期汇率为 USD1=JPY139.00，9 月份期货合约的汇率为 USD1=JPY137.00。

第二种情况，7 月 8 日的即期汇率为 USD1=JPY115.00，9 月份期货合约的汇率为 USD1=JPY113.00。

爱德华兹先生相信计算结果将揭示这几种方案的避险效果，从而为他在将来向日本出口商进口商品时怎样处理大量交易提供指导。

二、案例分析

我们根据爱德华兹先生假定的两种情况分别计算出每个方案的最终盈亏情况。

1. 第一种情况

(1) 如果不避险，等到 7 月 8 日付款时按照 USD1=JPY139.00 的汇率购入日元，实际支付美元金额为 12 500 000÷139=89 928.06 美元。

(2) 如果和第三银行进行一个外汇市场套期保值交易，在 3 月 10 日购入日元需要支付 12 500 000

÷127.43=98 093.07 美元，所需支付的美元贷款本金和利息共 98 093.07×(1+8.5%×120/360)=100 872.37 美元，日元存款所得利息折合美元 12 500 000×1.75%×120/360÷139=524.58 美元。实际的最终支付美元数为 100 872.37-524.58=100 347.79 美元。

(3) 如果从第三银行购买 120 天的远期合约，需要支付 12 500 000×0.007 89=98 625 美元。

(4) 如果购买 1998 年 9 月份的期货合约，则购入期货需要支付 12 500 000×0.008 055=100 687.5 美元，在 7 月 8 日平仓，得到 12 500 000÷137=91 240.88 美元，在即期外汇市场买入日元需要支付 12 500 000÷139=89 928.06 美元，故最终实际支付了 100 687.5+89 928.06-91 240.88=99 374.68 美元。

(5) 如果购买 7900 份 9 月份日元期货看涨期权，支付期权费为 12 500 000×0.000 278=3 475 美元，此时不执行期权，按即期汇率购入日元，需要支付美元 12 500 000÷139=89 928.06，共花费 93 403.06 美元。

2. 第二种情况

(1) 如果不避险，等到 7 月 8 日付款时按照 USD1=JPY115.00 的汇率购入日元，实际支付美元金额为 12 500 000÷115=108 695.65 美元。

(2) 如果和第三银行进行一个外汇市场套期保值交易，在 3 月 10 日购入日元需要支付 12 500 000 ÷127.43=98 093.07 美元，所需要支付的美元贷款本金和利息共 98 093.07×(1+8.5%×120/360)= 100 872.37 美元，日元存款所得利息折合美元 12 500 000×1.75%×120/360÷115=634.06 美元。实际最终支付的美元为 100 872.37-634.06=100 238.31 美元。

(3) 如果从第三银行购买 120 天的远期合约，需要支付 12 500 000×0.007 89=98 625 美元。

(4) 如果购买 1998 年 9 月份的期货合约，则购入期货需要支付 12 500 000×0.008 055=100 687.5 美元，在 7 月 8 日平仓，得到 12 500 000÷113=110 619.47 美元，在即期外汇市场买入日元需要支付 12 500 000÷115=108 695.65 美元，故最终实际支付了 100 687.5+108 695.65-110 619.47=98 763.68 美元。

(5) 如果购买 7900 份 9 月份日元期货看涨期权，支付期权费为 12 500 000×0.000 278=3 475 美元，此时执行期权，按照期货合约的价格每日元 0.805 5 美分计算，付出美元 12 500 000×0.008 055 = 100 687.5，共花费 104 162.5 美元。

我们可以发现，在第一种情况下，不避险对爱德华·爱德华兹公司最有利，外汇市场套期保值交易对该公司最不利；在第二种情况下，购买 120 天的远期合约对该公司最有利，不避险对该公司最不利。

# 复习思考题

1. 试述外汇市场的特点。
2. 试述外汇期货交易与远期外汇交易的区别。
3. 试述金融期权交易与金融期货交易的区别。
4. 试述远期汇水的决定因素。
5. 简述货币互换的过程。

# 练习题

## 1. 名词解释

(1) 即期外汇交易

(2) 远期外汇交易

(3) 套汇

(4) 套利交易

(5) 货币互换

(6) 外汇期货

(7) 外汇期权

(8) 多头套期保值

(9) 空头套期保值

(10) 对冲基金

(11) 欧式期权

(12) 美式期权

(13) 看涨期权

(14) 看跌期权

## 2. 计算题

(1) 假设 1 月 18 日外汇市场美元对瑞士法郎行情如下。

即期汇率: USD/CHF=1.377 8/88。

3 月份交割的期货价格: 0.726 0。

现美国 A 公司估计 2 个月后要进口一批价值 CHF1 000 000 的货物, 拟通过外汇期货市场来规避汇率风险。设 2 个月后(3 月 18 日)的市场行情如下。

即期汇率: USD/CHF=1.376 0/70。

3 月份交割的期货价格: 0.731 0。

试分析:

① 美国 A 公司面临的外汇风险在何种情形下表现为损失?

② 美国 A 公司应做何种套期保值?

③ 美国 A 公司应如何进行套期保值?

④ 美国 A 公司的保值效果如何?

(2)美国某进口商需要在 6 个月后支付一笔外汇(瑞士法郎), 但又怕瑞士法郎 6 个月后升值导致外汇损失。于是, 该进口商以 2.56%的期权价格支付了一笔期权费, 购入一份瑞士法郎欧式看涨期权, 其合约情况如下。

买入瑞士法郎欧式看涨期权, 执行价格为 USD1=CHF1.390 0, 有效期为 6 个月, 现货日为 2023 年 3 月 23 日, 到期日为 2023 年 9 月 23 日, 交割日为 2023 年 9 月 25 日, 期权价为 2.56%, 期权费为 CHF10 000 000×2.56%= CHF256 000, 当日瑞士法郎即期汇率为 USD1=CHF1.410 0, 故期权费折合 USD 181 560。

试分析若 6 个月后出现了以下三种情况, 美国进口商的总成本是多少?

① 2023 年 9 月 23 日, 瑞士法郎汇价为: USD 1=CHF 1.420 0。

② 2023 年 9 月 23 日, 瑞士法郎汇价为: USD l=CHF l.370 0。

③ 2023 年 9 月 23 日, 瑞士法郎汇价为: USD l=CHF l.450 0。

(3) 2023 年 10 月, 外汇市场美元对日元行情如下。

即期汇率: USD/JPY=116.40/50。

3 个月的远期汇率: USD/JPY=115.45/70。

美国进口商签订从日本进口价值 1 000 万日元仪器的协议, 3 个月后支付日元。假若美进口商预测 3 个月后 USD/JPY 即期汇率水平将贬值到 USD/JPY=115.00/10，那么：

① 若美国进口商现在就支付 1 000 万日元需要多少美元？

② 若美国进口商现在不付日元，也不采取避免汇率变动风险的保值措施，而是延后 3 个月用美元购买 1 000 万日元用于支付，届时预计需要多少美元？

③ 美国进口商延后 3 个月支付所需美元比现在支付所需美元预计多支出多少美元？(暂不考虑两种货币利率因素)

④ 若美国进口商现在采取保值措施，如何利用远期外汇市场进行？

(4) 假设美国货币市场的年利率 12%，英国货币市场的年利率 8%，美元对英镑的即期汇率为 GBP1=USD2.001 0，有一个投资者用 8 万英镑进行期限为 1 年的套利交易。计算美元贴水 20 点与升水 20 点时该投资者的损益情况。

(5) 假设纽约外汇市场上 USD1=CHF1.920 0/80，苏黎世外汇市场上 GBP1=CHF3.779 0/800，伦敦外汇市场上 GBP1=USD2.004 0/50。现以 10 万美元投入外汇市场，套汇结果如何？

(6) 现有甲、乙两借款人，各有如下债务。

| 甲借款人： | 乙借款人： |
|---|---|
| 现有负债：欧洲美元债务 | 现有负债：欧洲英镑债务 |
| 金额：2 亿美元 | 金额：1 亿英镑 |
| 票面利息率：8%，每年付息一次 | 票面利息率：9%，每年付息一次 |
| 付息日：7 月 1 日 | 付息日：7 月 1 日 |
| 期限：尚有 5 年到期 | 期限：尚有 5 年到期 |
| 全部本金到期一次偿还 | 全部本金到期一次偿还 |

甲借款人希望将全部或一部分负债换成固定利率的英镑，乙借款人希望将全部或一部分负债换成固定利率的美元。作为一家中介机构的 A 银行为它们安排互换，假定互换开始日为第一个息票付息日(2023 年 7 月 1 日)，英镑对美元汇率为 GBP1=USD1.6。A 银行希望每年收取的中介风险费为本金金额的 0.125%，且全部为美元，由乙借款人负担。请列出各期利息流动和到期本金流动的图表。

## 第七章

# 国际资本流动与国际融资

## 第一节 国际资本流动概述

### 一、国际资本流动的概念

国际资本流动(international capital movements)是指货币资金或生产要素的使用权跨越国界的有偿让渡或转移，即一国与他国及国际金融组织之间的各种形式的资本转移。一国同他国之间资本流动的综合情况，主要反映在该国国际收支平衡表中的资本项目上。从一国立场来观察资本流动的方向，可分为资本流出和资本流入。

资本流出(capital outflow)反映了本国在外国的资产增加，或本国对外国的负债减少，或外国在本国的资产减少。资本流出是付出本国货币或外汇，属于支付项目，应记入本国国际收支平衡表的借方，或用"－"号表示。

资本流入(capital inflow)是指本国对外国的负债增加，或外国对本国的资产增加，或本国在外国的资产减少，或外国对本国的负债减少。资本流入是收入本国货币或外汇，属于收入项目，应记入本国国际收支平衡表的贷方，或用"＋"号表示。

### 二、国际资本流动的基本类型

#### (一) 长期资本流动

期限在一年以上，或未规定期限的资本是长期资本。长期资本的国际流动方式包括国际直接投资、国际证券投资和国际贷款三种。

#### 1. 国际直接投资

国际直接投资是指投资者在国外创办企业或与当地资本合营企业等方式进行的投资。国际直接投资是将投资国的资本直接投放到东道国的企业生产经营中的经济活动，它不是单纯的对外投放资金，而是资金、技术、经营管理知识的综合体由投资国的特定产业部门向东道国的特定产业部门的转移。

1) 国际直接投资的途径

国际直接投资可通过以下几条途径进行。

(1) 在国外创办新企业，包括创办独资企业，设立跨国公司分支机构、附属机构、子公司，或同别国资本创办合营企业。对新企业，特别是分支机构和合营企业的投资，可以不限于货币资本，机器设备甚至存货等也可作为投资资本。

(2) 购买国外企业的股权并达一定的比例。一般来说，凡拥有外国企业股权超过 10%，便属直接投资。

(3) 直接收购现有的外国企业。

(4) 利润再投资。这是指投资者将其在国外投资所获利润的一部分或全部留存国外，对国外原企业或其他企业进行再投资。

2) 国际直接投资的分类

根据资本构成的不同，可将国际直接投资分为两种形式：一种是单一的资本方式，如跨国公司；另一种是联合的资本方式，如股权式的合营企业和契约式的合营企业。

根据经济理论的分析，国际直接投资可以分为 4 种基本类型。

(1) 市场导向型投资。这是指一国企业为扩大产品在国际市场上的销售规模而进行的跨国投资。市场导向型投资的主要经济目标如下。①增强出口产品的竞争能力。投资于当地生产行业，这样能够更好地了解和追踪市场的需求，降低运输成本，提高市场占有率。②绕开贸易壁垒，减少关税和非关税方面的限制。③获取规模经济效益并作为对付其他公司竞争的防御性策略。

(2) 资源导向型投资。这是指企业为了保障某种资源的供给而在国外进行投资。同普通的国际贸易相比较，通过跨国投资获得资源的供给至少有这样几个方面的好处。①增强了可靠性。投资者不仅享有产品的分配权，还能对资源产品的质量和数量等方面进行有效的控制。②获得价格上的优惠。投资往往比单纯的产品购销在价格上要有利得多，并能有效地消除价格波动的风险。③竞争的优势。对资源的控制即是对生产和市场的控制。

(3) 效率导向型投资。这是指一国企业以降低劳动成本增加利润为目标而进行的投资。由于发达国家的工资成本相对较高，许多公司便将生产基地转移到国外以利用发展中国家便宜的劳动力，提高产品的价格竞争力。当然，工资成本高低只是引起跨国直接投资增长的一个因素，其他方面的条件，如金融服务、政府税收、地理位置等亦是投资时的重要考虑因素。

(4) 战略资产导向型投资。这是指企业着眼于增强全球竞争力而进行的投资。由于经济生活日益国际化，当代跨国公司需要更多地从全球竞争的角度来考虑自身的生存和发展。这反映在对外直接投资决策方面，不是单纯着眼于市场或利润，而在于保障和促进企业的长远发展；也不是单纯考虑在某一国片面地发挥资本的优势，而更多地注重技术进步和制度安排，充分发挥和增强企业的国际竞争能力。

## 2. 国际证券投资

国际证券投资是一种间接投资，是指投资者在国际债券市场购买外国政府和企业发行的中长期债券或在国际股票市场上购买外国企业股票所进行的国际投资活动。对购买证券的国家而言，证券投资是资本流出；对发行证券的国家而言，证券投资为资本流入。

证券投资与直接投资的区别在于证券投资者对于投资对象企业并无实际控制权和经营管理权，即使是购买股票也没有达到能够控股的比例，所以证券投资者只能收取债券或股票的利息或红利，而直接投资者则持有足够的股权以经营管理投资对象企业，并承担企业的经营风险和享受企业的经营利润。

## 3. 国际贷款

国际贷款主要包括政府贷款、国际金融机构贷款、国际银行贷款、出口信贷等几种形式。

1) 政府贷款

政府贷款是指一国政府利用财政资金向另一国政府提供的具有双边或多边经济援助性质的优惠贷款。政府贷款一般是由各国的中央政府经过完备的立法手续加以批准。例如，法国政府对外提供贷款时，其主管部门是财政部国库司。国库司代表法国政府对外谈判、签订贷款总协议、拟订贷款的额度与期限等一般条件，然后还要听取法国国民议会有关机构的意见。这是因为政府贷款是以国家政府的名义提供与接受的，主要使用国家财政预算收入的资金，通过列入国家财政预算支出的资金进行收付，属于国家资本的收入与支出的信贷。按照国际惯例，政府贷款一定要含有 25%以上的"赠予成分"，这种"赠予成分"是根据贷款利率、偿还期限、宽限期和收益率等数据计算出衡量贷款优惠程度的综合性指标。

政府贷款的特点如下。一是贷款利率低，偿还期、宽限期长。一般为 10 年，最长可达 30 年或更长。如美国政府贷款偿还期最长为 30 年，宽限期为 10 年。利率也较低，一般年利率为 2%～3%。据世界银行的调查，世界各国政府的贷款利率平均为 3%，平均期限为 30.2 年。二是政府贷款一般和具体项目相联系，用途受到一定的限制。例如美国政府贷款主要是专项贷款，要求用于协议指定的动力、交通、工矿、农业、粮食、卫生等大型开发项目。三是贷款规模受到贷款国国内生产总值、财政收支与国际收支状况的制约，数额一般较小。四是借款国政府需承担偿还本息的责任，而具体使用贷款的并非国家而是借款国国内的有关生产企业或公司。五是贷款国通常对贷款的使用附加条件。规定购买限制是常见的附加条件。所谓购买限制是指借款国必须以贷款的一部分或全部购买贷款国的设备、物资和技术。六是贷款常受两国之间政治关系好坏的影响，其政治性相当强，经常被两国外交关系及贷款国预算与国内政策所左右，一旦政治关系变化，贷款常会中断。西方发达国家向别国提供政府贷款时，首先考虑的是政治因素，即所谓的关系友好与否，作为其提供贷款的前提条件。

2) 国际金融机构贷款。

这是指全球性国际金融机构，如国际货币基金组织、世界银行、国际开发协会、国际金融公司和区域性的国际金融机构，如亚洲开发银行、非洲开发银行等对其成员所提供的贷款。

国际金融机构贷款不以盈利为目的，具有援助的性质，贷款利率较低，通常根据不同的资金来源及贷款接受国的国民收入水平而定。一般情况下比私人金融机构的贷款利率低，期限也较长。国际金融机构贷款手续严格，需按规定逐步提取，且在提取和具体使用过程中需接受国际金融机构的监督。此外，国际金融机构贷款大部分也是专项贷款，即与特定的建设项目相联系。

3) 国际银行贷款

国际银行贷款是指国际商业银行提供的中长期贷款，是国际资本流动的重要组成部分。国际银行贷款的主要特点是贷款不限制用途，借款人可自由运用资金，且贷款资金的数额不受限制，期限亦可很长，但利率高于其他类型的国际贷款。

国际银行贷款可分为双边银行贷款和银团贷款两类。双边银行贷款是指国际商业银行对外国银行、企业或政府的贷款。银团贷款也称辛迪加贷款，是指由一家银行牵头，多家银行参加，共同对一个借款人提供贷款资金，并且共同分担贷款风险。银团贷款具有筹资迅速、用途自由、金额大和期限长、风险分散的优点，20 世纪 60 年代以来，已成为国际银行中长期信贷的主要形式。但一般低收入的发展中国家难以大规模利用国际商业银行的贷款资金，因为这类贷款除了按国际金融市场利率向借款人收取利息外，还要求借款人承担与借贷协议的签署、贷款资金的调拨和提取等有关的一系列杂项费用，而且能否借到，全凭借款人自身的信誉或有无高信誉政府机构的担保。

4) 出口信贷

出口信贷是国际贸易中长期信贷的统称，是西方发达国家为支持和扩大本国大型设备的出口，加强国际竞争能力，以对本国的出口给予利息补贴并提供信贷担保的方法，鼓励本国银行对本国出口商或外国进口商(或其银行)提供利率较低的贷款，以解决本国出口商资金周转的困难，或满足国外进口商对本国出口支付货款需要的一种融资方式。

出口信贷的特点如下。

(1) 出口信贷的利率，一般低于相同条件资金贷放市场利率，利差由国家补贴。

(2) 出口信贷的发放与信贷保险紧密结合。由于出口信贷的偿还期限长，金额大，风险大，为减少出口国家银行发放中长期信贷的后顾之忧，保证其资金安全，发达国家一般都设有国家信贷保险机构，对银行发放的中长期出口信贷给予担保，从而加强本国出口商在国外市场的竞争能力，促进资本、货物的出口。

(3) 国家成立发放出口信贷的机构，制定政策，管理与分配国际信贷资金，以弥补私人商业银行资金的不足，改善本国的出口信贷条件，加强本国出口商夺取国外销售市场的能力。

当前普遍推行的出口信贷的形式主要有卖方信贷和买方信贷。在大型机器设备与成套设备交易中，为便于出口商以延期付款方式出售设备，出口商所在地银行对出口商提供的信贷即为卖方信贷。贷款的一般程序是进出口商签订商品买卖合同后，买方先支付 10%～15%的定金，其余货款在出口商全部交货后的一段时间内陆续偿还，比如每半年或一年支付一次，包括延期付款期间的利息。出口商将从进口商手中分期收取的货款，陆续归还银行。买方信贷是指由出口方银行直接向进口商(买方)或进口方银行(买方银行)提供的信贷。向进口商提供的信贷，一般限于合同金额的 85%，其余 15%在合同签订后，由买方先付货款金额的 5%作为定金，交货时再按货款金额付现款 10%。出口方银行向进口商提供的信贷，一般按即期现汇付款条件支付给出口商，然后，由进口商按贷款协议分期偿还给出口方银行。向进口方银行提供的信贷与上述向进口商提供的信贷的做法大体相同，只是借款人不是进口商而是进口方银行。买卖双方银行间签订贷款协议，由出口方银行向进口方银行提供贷款，以便用现汇方式支付进口货款，然后进口方银行再按分期付款的规定，陆续向出口方银行归还贷款并支付利息。至于进口商对进口方银行的债务，则按双方商定的办法在国内直接结算清偿。

**(二) 短期资本流动**

短期资本流动是指使用期限为一年或一年以下的借贷资金的流动。短期资本流动的工具主要有商业票据、可转让定期存单、国库券、银行承兑汇票、银行活期存款凭证等。

短期资本流动主要有以下几种类型。

1) 贸易资金流动

这是由商品或劳务的进出口而引起的短期资本流动，是一国进出口状况的反映，在短期资本流动中占有重要的地位。贸易资金流动，一方面是指在国际贸易中进出口双方相互提供的短期信用，如出口方提供的延期付款信用，进口方提供的预付货款及结算中发生的早收迟付或早付迟收。这些短期资本流动都形成债权债务关系。另一方面还包括对这些债权债务进行的清偿。

2) 银行资金流动

这是指各国经营外汇业务的银行及其他金融机构由于经营业务或谋取利润的需要而进行资金调拨所引起的国家间短期资本流动。例如，不同国家银行之间的资金调拨、头寸抛补、同业拆借及进行的套汇、套利、掉期交易等都引起大量的、频繁的短期资金流动。

3) 保值性资本流动

保值性资本流动又称"资本逃避",是金融资产持有者为了避免资本贬值的风险,保证安全性而进行国家间的资金调拨转移而形成的短期资本流动。资本逃避的主要原因有三个:一是由于国内政局动荡不稳可能招致资本损失,于是资本向国外转移,以求安全;二是国内经济状况恶化,国际收支持续逆差,货币可能贬值,于是将资本转移至币值较稳定的国家,以求保值;三是有些国家外汇管制较严或对资本征税过高,使资本运营受到限制,或无利可图,于是资本外逃,以免受损。

4) 投机性资本流动

这类资本流动是指投资者利用国际市场行市的涨落差异及对市场行情变动趋势的预测伺机买卖谋取高利而引起的短期资本流动。投机性资本流动与保值性资本流动的区别在于:保值者仅仅消极地进行资本逃避,以减少资本贬值的损失;而投机者则积极地进行买卖投机,以攫取高利为目的,因而必须承担较大的风险。

投机者一般是利用以下几种市场行情的变动进行投机活动。

(1) 利用外汇市场汇率的变动进行投机性的外汇买卖。当投机者根据各种经济信息,预期某国货币的汇率将要上升时,其就在汇率上升前买进该国货币,待汇率上升后再卖出该种货币,以便从中谋取货币升值的利益。在这一过程中,当投机者调用其他货币买进该国货币时,对该国而言,即为资本流入;当投机者卖出该国货币,对该国来说,就是资本流出。同理,当投机者预期某种货币的汇率将要下跌时,其就在下跌前卖出该国货币,对该国来说,就是资本流出;在该国货币汇率下跌后,再买进该国货币,对该国来说,就是资本流入。

(2) 利用利率的变动或国别利差,将资本从利率低的国家调往利率高的国家,以取得较高的利息收益。不过,这种资本流动只能在不发生汇率风险的前提下进行;如果将本币兑换成另一国利率高的货币,而该利率高的货币有贬值的趋势,以致增加的利息收入不足以抵偿货币贬值的损失,那么这种投机活动便无利可图。因此,在金融市场比较发达的国家,这种套利性的活动是与套期保值的业务活动结合进行的。

(3) 利用国际证券市场价格的变动,调动短期外汇资金买卖不同国家的证券,以谋取投机利润。在这一过程中,投机者购买某一国家的证券,就是该国的资本流入,卖出某一国家的证券,就是该国的资本流出。

短期资本流动是国际资本流动中数量最多、形式最多样、内容最复杂、次数最频繁的一种,尤其是投机性资本流动更是变化无常很难掌握。短期资本流动与货币政策及其执行有密切的联系。一般而言,凡是短期资本流动频繁且数量大的国家往往是没有外汇管制或外汇管制较松的国家。短期资本流动与外汇政策也密切相关,在浮动汇率制度下,各国或金融中心的利差较易引起短期资本流动,汇率政策的正确运用可起到抑制资本流动和稳定金融的作用。

## 三、国际资本流动的一般原因

第二次世界大战结束以来,国际资本流动发展十分迅速,进入 20 世纪 90 年代,其规模已大大超过国际贸易额,借贷资本的国际化取代了商品资本的国际化,成为国际经济交易的支配因素。引发国际资本流动的原因复杂,但其根本的原因是各国资本的(预期)收益率的不同。资本追求最高利润的本性是它自一国流向另一国的驱动力。具体来说,影响国际资本流动的因素有以下三个。

(1) 收益率或利率。当今世界各国经济发展与富裕程度不一,各国之间的利率水平不同而存在利差，这样资本就会在利润机制的驱动下从利率较低的国家或地区流向利率较高的国家或地区，直到利差消失为止。也就是说，一国利率水平的相对提高，会直接引起国家间短期资本的内流，而一国利率相对水平的降低，会直接引起本国的资本外流。例如，20 世纪 80 年代初美国实行高利率政策，西欧、日本的大量资金流入美国；20 世纪 90 年代初，德国的高利率也吸引了大量的国际游资。当然这种由利差引起的国际资本流动并不是无条件的，它还不同程度地受到货币自由兑换的程度、金融管制的宽严等因素的影响与制约。

(2) 汇率预期。汇率预期的变动也会导致国际资本流动。20 世纪 70 年代初以来，世界通行浮动汇率制，各国货币汇率经常波动，且幅度较大。如果一个国家汇率不稳，本国资本持有者可能预期到所持有的资本会贬值，则会把手中的资本或货币资产转换成另一种货币资产而存于国外，从而使资本向汇率较为稳定的国家或地区流动。如果预期一国货币贬值，同样会使非居民把存放在这一国家的货币资产换成另一国的货币资产而把资本调往国外，以避免遭受汇率波动损失。

(3) 风险。资本的流动有时不只是为追逐利润，而是为了逃避风险。风险包括政治风险和经济风险。政治风险是指由于战争、罢工、暴动或由于国家颁布某些法令进行征用、没收造成的财产损失；经济风险是指由于国家经济形势恶化、国际收支逆差、通货膨胀严重、货币汇率下跌、生产条件不良造成的财产损失。为逃避风险，资本总是从上述国家或地区流向政局稳定、条件优惠、经济繁荣、物价稳定、货币坚挺、生产条件优越的国家和地区。利润和风险是成正比例的，利润越高，风险越大；利润越低，风险越小。从盈利的角度看，资本流向发展中国家可能会获得较高的利润；但从风险的角度看，发展中国家往往政局不稳，政权更替频繁，法律程序多变，生产条件较差，经常实行国有化政策，这些往往又引起资本外逃。

## 四、国际资本流动的新趋势

近年来，经济全球化的趋势不断加强，国际资本流动也进入了新的发展阶段，出现了很多新的特征，国际资本市场和国际资本流动日趋活跃，不仅规模不断扩大，品种不断创新，而且市场结构和资金流向等也出现了巨大的变化。

### (一) 国际资本流动明显加速

国际资本流动的增长速度超过了国际商品和劳务贸易的增长速度，其规模巨大，对世界经济金融和各国经济发展产生了深远影响。据联合国贸易和发展会议统计，2021 年全球国际直接投资流量为 1.58 万亿美元，较 2020 年增长了 64%。国际资本流动规模之大，其程度是以往任何时候都无法比拟的。

### (二) 国际资本流动的产业结构发生了转变

新技术革命及其应用改变了整个人类生存交往的基本方式，革新了人们的技术和经济概念，带来了支柱产业向高新技术产业转移和产业结构的变化，也使得国际资本流动由资源开发、劳动密集型产业转向资本和技术密集型产业，由传统制造业转向高新技术产业与服务业。

### (三) 国际直接投资依然占据主要地位，但间接投资增长幅度更大

国际直接投资在过去的 20 年里一直保持着大幅度增长。根据联合国贸易与发展会议提供的年度《世界投资报告》，1997 年全球国际直接投资流量为 4 004 亿美元。跨国公司的迅猛发展，国际并购浪潮的推动，以及新兴市场国家经济的快速发展，都促进了国际直接投资的迅速发展。

2007 年全球国际直接投资的总量已经达到了 19 790 亿美元，但是与此同时，由于国际金融市场的发展，直接投资的相对比重有所下降，而间接投资的相对比重上升，特别是国际证券市场异军突起，有了长足的发展。1997 年欧洲债券和外国债券的发行额为 8 316 亿美元，而到 2008 年就已经增加到 24 274 亿美元。

### (四) 发展中国家在国际资本流动中的作用不断加强

从 20 世纪 70 年代至今，发达国家在国际资本流动中一直占据主导地位，但目前其所占的比重已经开始下降，而发展中国家吸收国际资本的速度加快，所占的比重有上升的趋势。同时发展中国家与发达国家，以及发展中国家之间的资本流动也有了很大的发展。

### (五) 跨国公司成为国际资本流动的主要载体

近 20 年来，特别是 20 世纪 90 年代后期是跨国公司发展的黄金时期。目前，国际资本流动的一个引人注目的变化就是跨国公司为了扩大市场，优化资源配置而进行的跨国并购异常活跃，跨国并购已经成为全球直接投资的主要形式，而且跨国公司在并购过程中，还普遍地利用了证券市场，融合了直接投资和间接投资两种方式。

## 五、国际资本流动的经济影响

### (一) 国际资本流动的积极经济影响

国际资本流动的积极经济影响，主要是在客观上促进了世界经济的发展，具体表现在以下几个方面。

(1) 促进全球经济效益的提高。原因如下。①资本流动大多伴有生产要素的转移，这将有利于生产要素在全球范围内的合理配置，能产生较高的经济效益。②伴随资本流动而发生的，是先进技术和管理知识的扩散与传播，这也会促进全球经济效益的提高。③资本流动推动了国际分工的深化。资本流动会带动资本输出国出口贸易与国民收入的增加。各国国民收入的增加，又反过来促使国际贸易扩大和国际经济联系的加强，增强各国之间经济的互相依存和经济合作关系，从而推动国际分工在全世界范围内展开，有利于提高全球经济效益，当然，这种经济影响主要是对长期资本流动而言的，短期资本流动一般不具有这样的影响。

(2) 调节国际收支。资本流入，意味着本国收入外汇，而资本流出则意味着本国支出外汇。因此资本流动具有调节国际收支的作用。但是，短期资本流动的这个作用却是短暂的，长期资本流动在这方面的作用才具有持久性。这不仅在于其期限长，而且还在于长期资本流入可增强资本输入国的投资能力，扩大生产和增加出口，从而起到改善国际收支的作用。

(3) 缓和各国的内部与外部冲击。内部冲击是指经济衰退和危机、农业歉收等自然灾害。外部冲击是指国际市场商品价格的巨大波动。国际资本流动缓和内部冲击与外部冲击的原因在于，资本输出有带动出口贸易发展的作用，而资本输入则能使资本输入国获得进出口贸易的资金融通，从而有利于进出口贸易的发展。出口贸易规模的扩大能使本国更多的商品销往国际市场，使资本再循环顺畅进行，这就有助于缓和经济衰退和经济危机。进口贸易的正常进行与发展，有助于缓解自然灾害造成的商品短缺。国际货币基金组织发放的“出口波动补偿贷款”“缓冲库存贷款”和“石油贷款”都是为缓和国际商品市场价格波动对其成员造成的冲击而设立的。

(4) 加速各国经济的国际化进程。资本流动国际化已经形成一个趋势，其规模有增无减，尤其资本流动国际化的外部环境与内部条件不断充实，如全球金融市场的建立与完善、高科技的发明与运用、新金融主体的诞生与金融业务的创新，以及知识的累积、思维的更新等都使资本流动规模大增、流速加快、影响更广，而其所创造的雄厚物质基础又反过来推动生产国际化与市场国际化，使各国经济在更广的空间、更高的水平上发展。

#### (二) 国际资本流动的消极经济影响

(1) 易于造成货币金融混乱。短期资本流动在这方面的消极影响最为明显。短期资本的大量流入，会导致资本输入国利率水平的降低和通货膨胀的加剧；短期资本的大量流出，会导致资本流出国利率水平的升高。另外，短期资本的大量流入与流出，又会加剧有关国家的收支不平衡并引起汇率的剧烈波动。因此，短期资本的流动不仅使当事国实现其稳定汇率、平衡国际收支及控制通货膨胀的目标较为困难，也是造成国际金融形势动荡不稳的一个重要原因。

(2) 长期过度的资本输出，会引起资本输出国的经济发展速度放缓，甚至停滞。在货币资本总额一定的条件下，大量资本输出会使本国的投资下降，减少国内的就业机会，降低国内的财政收入，对本国经济发展造成压力。另外，资本输出可导致先进技术及投资所产生的增加生产与改进产品质量等经济效益转移到资本输入国，从而培养和造就贸易竞争对手。英国第一次世界大战后经济发展停滞的原因之一便是其长期过度输出资本。

(3) 直接投资利用不当，易于陷入经济附庸的地位。利用外国直接投资，虽然有助于加速资本输入国的经济发展，但如果资本输入国缺少正确的政策，管理不善，使用不当，不仅会使本国资源遭到掠夺，无法建立自己的优势产业，而且可能会使本国的部分行业，甚至国家的经济命脉受到外国垄断资本的控制，国家主权受到侵犯，处于依附发达国家的地位。

(4) 加重外债负担，甚至会陷入债务危机。对资本输入国来说，除外国的直接投资以外，流入的所有其他类型的资本都属于外债，都需还本付息。如果外债金额过大，超出了本国还本付息的承受能力，将会陷入债务危机的困境之中。

# 第二节　国际资本流动的控制

## 一、控制国际资本流动的必要性

既然国际资本流动对各国经济既有积极影响又有消极影响，那么对国际资本流动进行适当的控制与管理，以扬长避短，兴利除弊，鼓励其发挥促进经济发展的作用，限制其不利影响就显得十分重要了。由于各国的国情不同及对资本流动经济影响的认识不同，因而对待国际资本流动的态度与做法也各不相同。有些国家对资本流动采取完全自由放任的态度；有些国家则采取严格管制的态度；有些则对不同的资本流动类型采取不同的控制对策。

经济理论界对国际资本流动是否应当加以控制，存在着两种相互对立的观点：一种观点认为理想的国际经济秩序就是使一切国际经济往来都在不受政府任何干预的情况下进行，只要一切资本和商品都能在国家间自由流动，就能实现资源在世界各国的合理配置，从而提高资源的使用效益，既有利于提高世界经济的总产出效益，又有利于资本输出国和输入国获得各自的经济利益。因此，各国政府应该允许资本在国家间自由流动，不应加以干预。经济合作与发展组织基本上赞同这一论点，早在 1961 年 12 月 12 日该组织便通过《资本流动自由化法规》，要求其成员(加拿大除外)遵守，逐步取消对资本自由流动的限制。

另一种观点认为，世界经济并非处于完全自由竞争的理想状态之中，因而也不存在通过资本自由流动自动实现资源最优配置的理想结果。相反，由于各国经济发展的不平衡，垄断资本和跨国公司的掠夺性经营，会使发展中国家的经济利益受到损害。加之，资本流动的盲目性，在不受政府控制的情况下，有可能使资本输出国因资本输出过多而影响国内经济发展；也可能使资本输入国因资本输入过多而陷入债务危机，从而影响世界经济的稳定与发展。因此，各国政府有必要根据各自不同的情况，采取适当的管理措施来控制国际资本流动，而不能放任自流。

## 二、控制国际资本流动的主要措施

各国对不同时期不同类型和性质的资本流动的控制措施是有所不同的，主要有以下几种。

(1) 运用财政金融政策干预国际资本流动。各国货币金融当局通过采取提高或降低贴现率或利率的政策，促使资本流入或流出，或采取在外汇市场上买进或抛售外汇的干预政策，来维持和稳定其货币汇率，打击投机性的资本流动。各国的财政当局还可用征税的措施来限制资本流动。如美国 1963 年 7 月实行的"利息平衡税"，规定本国居民购买国外证券一律征税，一定程度上控制了美国资本流出的数量。

(2) 颁布法令条例直接控制资本流动。美国联邦储备银行曾颁布过 Q 字条例和 M 字条例。Q 字条例规定美国商业银行的存款利率不得超过 6%，M 字条例规定美国商业银行对国外银行的负债需缴存累计存款准备金。这些条例的施行都在一定程度上限制了外国资本流入并促使本国资本的外流。目前，美国规定商业银行对海外银行的每笔贷款额不得超过该贷款银行资本额的 10%；瑞士也规定，瑞士商业银行对海外银行每笔贷款额超过 1 000 万瑞士法郎或期限在一年以上的需经中央银行批准。这些规定的目的都是限制资本的流动，防止国际收支状况恶化。

(3) 根据偿债率的变动限制对外借贷的总规模。国家间的借贷要受借款国偿还能力的限制。因为一国的对外债务到期必须还本付息，而还本付息所需外汇资金来源于它的出口收汇。在出口收汇额中又有大部分要用于经常项目的进口支出，只有少部分可用来偿还外债。目前国际上广泛采用的衡量一国偿还能力大小的标准之一是外债清偿比率，简称偿债率。其计算公式是

$$偿债率 = \frac{本年度外债偿还额 + 利息}{本年度商品劳务出口收汇额}$$

偿债率作为借款国偿还外债能力的重要衡量标准，既是借款国控制国际资本流入量的依据，也是对外贷款国控制资本流出量的依据。不过偿债率究竟以多大为宜，在国际上并未形成一个公认的绝对界限。第二次世界大战后到 20 世纪中叶西方发达国家对发展中国家提供的贷款的借款国偿债率都低于 5%，目前一般在 20%～25%。偿债率是一条警戒线，超出这条线就被认为对外举债过多，有可能失去偿还能力，导致债务危机。当然偿债率的高低并非控制国际资本流动的唯一依据。衡量一国偿债能力还应综合考虑一国的外汇储备状况、外资利用的经济效益、国际收支、财政收支、偿债资信评价等众多因素。一般而言，对外汇储备较充足、外资利用的经济效益高和偿债资信较好的国家，其偿债率的最高界限可适当降低，反之，则应提高。

(4) 实施外汇管制。外汇管制是各国控制国际资本流动尤其是短期资本流动的一项有效的措施。目前大多数国家实行管理浮动汇率制，在必要时就对外汇市场进行干预，干预的主要目的在于控制投机性的短期资本流动。另外一些国家还实行严格的外汇管制，所有资本的流入或流出都需经过国家外汇管理当局的批准。国际资本流动必然涉及外汇交易，所以通过外汇管制可严格控制国际资本流动的类别和数量。

# 第三节　传统的国际融资方式

传统的国际融资方式是指在国际资金融通中拥有一套成熟的业务操作规则和惯例,在运作过程中已经有很多成功经验的融资方式。根据资金融通的过程是否借助于金融中介机构,国际融资可以分为两种方式:国际直接融资和国际间接融资。国际直接融资方式,是指不需借助于金融中介机构而实现的资本在国家间的转移,它的主要表现形式是国际直接投资方式中的建立跨国公司、组建合资或合作经营企业、跨国并购等,以及到国际金融市场发行股票和债券等。国际间接融资方式,是指资本跨国流动需要借助于金融机构才能实现,它的主要表现形式是通过国际银行业或国际金融机构的各类融资活动,包括政府贷款。这里提到的大部分融资方式在前面已有过介绍,在本节中,我们主要介绍国际债券融资。

国际债券是一国政府、金融机构、工商企业或国际组织为筹措和融通资金,在国外金融市场上发行的,以外国货币为面值的债券。国际债券的重要特征是发行者和投资者属于不同的国家,筹集的资金来源于国外金融市场。与国际商业银行贷款相比,通过在国际金融市场上发行国际债券,对债务人来说,资金的来源更为广泛,可以在更大范围内筹措到资金。目前这种方式在国际金融市场筹资活动中日益重要。国际债券的发行和交易,既可用来平衡发行国的国际收支,也可用来为发行国政府或企业引入资金从事开发和生产。

根据发行债券所用货币与发行地点的不同,国际债券又可分为外国债券和欧洲债券。另外,近年来,国际债券市场出现了一种新的债券形式——全球债券(globe bond),此债券可以在全世界各主要资本市场上同时大量发行,并可以在这些市场内部和市场之间自由交易。全球债券自1989年5月由世界银行首次发行以来,增长迅速,发展潜力巨大。全球债券有几个特点:①全球发行,它不像外国债券和欧洲债券那样仅仅局限于某一个或某几个国家;②全球交易,流动性极强;③借款人都为政府机构,资信良好,我国曾积极利用全球债券筹资,于1994年首次发行了1亿美元全球债券。

## 一、外国债券

外国债券(foreign bond)是一国政府、金融机构、工商企业或国际组织在另一国发行的以当地国货币计值的债券。如1982年1月,中国国际信托投资公司在日本东京发行的100亿日元债券就是外国债券。常见的外国债券有在美国发行的扬基债券(Yankee bond)、在日本发行的武士债券(Samurai bond)和在英国发行的猛犬债券(Bulldog's bond)等。外国债券的发行旨在吸引债券市场所在国的货币资金。

外国债券在第二次世界大战前已有所发展,第二次世界大战后进一步流行,它之所以受筹资者和投资者的欢迎,是因为它比传统的信贷方式更为优良。①外国债券可于短期内在更广的范围内筹集到数额巨大的长期资金,满足筹资者的需要。②外国债券发行突破了货币币种的限制。当前世界可自由兑换货币一般均可用于外国债券的面值货币并在货币发行国发售。③外国债券的承销由发行国国内承销团承购,投资者主要是该国国内居民,它是各国国内债券的延伸。④外国债券在安全性、收益性、流动性等多方面提供多种组合,满足了不同投资者的偏好。⑤外国债券的期限较长,约为20～30年,期限较长的债券通常会向投资者提供回售保护,即投资者有权在债券到期前要求发行人以一定价格提前赎回该债券。⑥外国债券利率主要取决于发行国国内资本市场利率,它以固定利率发行。

## 二、欧洲债券

欧洲债券(Eurobond)是一国政府、金融机构、工商企业或国际组织在另一国债券市场上以第三国货币为面值发行的债券。例如，法国一家机构在英国债券市场上发行的以美元为面值的债券即为欧洲债券。欧洲债券的发行人、发行地及面值货币分别属于三个不同的国家。欧洲债券与外国债券的比较见表7-1。

欧洲债券产生于20世纪60年代，是随着欧洲货币市场的形成而兴起的一种国际债券。20世纪60年代以后，由于美国资金不断外流，美国政府被迫采取一系列限制性措施。1963年7月，美国政府开始征收"利息平衡税"，规定美国居民购买外国在美发行的证券，所得利息一律要付税。1965年，美国政府又颁布条例，要求银行和其他金融机构限制对国外借款人的贷款数额。这两项措施使外国借款者很难在美国发行美元债券或获得美元贷款。另一方面，在20世纪60年代，许多国家有大量盈余美元，需要投入借贷市场获取利息，于是，一些欧洲国家开始在美国境外发行美元债券，这就是欧洲债券的由来。

欧洲债券最初主要以美元为计值货币，发行地以欧洲为主。20世纪70年代后，随着美元汇率波动幅度增大，以德国马克、瑞士法郎和日元为计值货币的欧洲债券的比重逐渐增加。同时，发行地开始突破欧洲地域限制，在亚太、北美及拉丁美洲等地发行的欧洲债券日渐增多。欧洲债券自产生以来，发展十分迅速。在国际债券市场上，欧洲债券所占比重远远超过了外国债券。欧洲债券之所以对投资者和发行者有如此巨大的魅力，主要有以下几方面原因。

(1) 欧洲债券市场是一个完全自由的市场，债券发行较为自由灵活，既不需要向任何监督机关登记注册，又无利率管制和发行数额限制，还可以选择多种计值货币。

(2) 发行欧洲债券筹集的资金数额大、期限长，而且对财务公开的要求不高，方便筹资者筹集资金。

(3) 欧洲债券通常由几家大的跨国金融机构办理发行，发行面广，手续简便，发行费用较低。

(4) 欧洲债券的利息收入通常免交所得税。

(5) 欧洲债券以不记名方式发行，并可以保存在国外，能够满足一些希望保密的投资者的需要。

(6) 欧洲债券安全性和收益率高。欧洲债券发行者多为大公司、各国政府和国际组织，它们一般都有很高的信誉，对投资者来说是比较可靠的。同时，欧洲债券的收益率也较高。

表 7-1 欧洲债券与外国债券的比较

| 性质 | 欧洲债券 | 外国债券 |
|------|---------|---------|
| 发行市场与面值货币 | 欧洲货币市场，面值货币不是市场所在国的货币 | 筹资人在别国市场发行，面值货币是发行市场所在国的货币 |
| 发行方式 | 私募发行较多，不需要向债券面值货币所在国或发行市场所在国的管理部门登记注册 | 公募或私募发行，需要向发行市场所在国的管理部门登记注册 |
| 发行额度限制 | 无限制 | 有最低发行额度的限制 |
| 票面利率 | 可采用固定利率或浮动利率 | 多为固定利率 |
| 信用评级 | 无硬性要求，发行人无须公开财务状况 | 债券必须由评级机构进行信用评级，对债券发行者的资信有较高要求 |
| 法律约束 | 不受债券发行市场所在国的法律约束，在发行协议中规定纠纷按照哪个国家的法律裁决 | 受债券发行市场所在国的法律约束 |

# 第四节　新兴的国际融资方式

本节将介绍近年来在国际金融领域新近兴起的一些融资方式。

## 一、BOT

### (一) BOT 的定义及其在我国的发展

BOT 是项目融资的一种方式，它是英文"build-operate-transfer"的缩写，意即"建设—营运—转让"，是指东道国政府把由政府支配、拥有或控制的资源以招标形式选择国际商业资本或私人资本等发展商，政府通过与其签订协议，授权其为此项目筹资、设计、建设，并授予发展商在项目建成后的一定期限内通过经营收回投资、运营、维修费用和一些合理的服务费、租金等其他费用，以及取得利润等投资回报的特许权。在授权期结束后，发展商将项目无偿转让给政府。

BOT 融资方式出现于 20 世纪 70 年代末 80 年代初。目前国际上公认的第一个 BOT 项目是 20 世纪 80 年代初土耳其为建设火力发电厂而提出的。然而真正使 BOT 融资方式成为国际瞩目的一种融资方式的是菲律宾的诺瓦塔斯发电厂项目。此后，BOT 融资方式作为建设基础设施项目的一种重要的融资方式逐渐在国际上流行起来。

就我国来说，BOT 融资方式实际上是我国政府或地方政府与外国私人资本或商业资本的特许权协议关系，是吸引外资参加国内基础设施建设的一种手段，所以我国的 BOT 融资方式也被称为"外商投资特许权项目"。

### (二) BOT 的操作程序

一般来说，每一个 BOT 项目的操作均要经历项目的确定、招标、评标与决标、授权、建设、运营和移交等几个阶段。

#### 1. 项目的确定

BOT 项目的确定可以采用两种方式：一是政府直接确定；二是私营部门提出，政府确定。在前一种方式下，政府的主要工作是对候选项目进行技术、经济及法律上的可行性研究，确定适合采用 BOT 方式建设经营的基础设施项目。在后一种方式下，政府充分利用私营部门在选择项目上的经验和对项目经济效益的关注，由私营部门根据政府的需要提出项目，然后由政府决策确定项目。

#### 2. 招标

在国际上通过竞争性招标程序选定 BOT 项目的授权单位是比较普遍的做法。通过此种方法选定项目的授权单位，有利于取得更快的建设速度、更低的成本、更合理的运营价格。在 BOT 项目的招标阶段，政府的主要工作包括两个部分：一是对投标者进行资格预审；二是准备及发出投标邀请书。

(1) 对投标者进行资格预审。采用 BOT 方式建设的基础设施项目往往是一些投资大、工程量大的项目，政府发出投标通告后往往会有大量的投标者表示投标意向。在这种情况下，政府通常采用资格预审的方式先淘汰一部分竞争者，剩下少量几个进行最后的评估。BOT 项目的资格预审一般要经历以下几个阶段。①政府发出 BOT 项目资格预审的通告。在通告中应明确工程项目的概述、拟定的授权经营期限、参加预审的资格、取得资格预审文件的时间和地点等。②

发售资格预审文件。③评审。

(2) 准备和发出投标邀请书。政府在完成对投标者的资格预审工作后，应通知所有通过资格预审的投标者前来购买标书。一般情况下，一个 BOT 项目的标书除了一般项目标书应该具有的基本内容外，还应包括投标条件、政府对项目的各种要求、对专营期限的要求及有关专营权的相关资料等。

有意参与某一 BOT 项目投标，并已通过政府的招标资格预审的发展商收到政府的正式招标书后，就进入了投标的准备阶段。在投标的准备阶段，发展商的主要工作是制作并向政府提交详细的投标书。投标书一般应包括建筑合同草稿、聘用设计师的合同草稿及各项保证协议和制定财务决策的依据。

在这一阶段，发展商的另一个主要工作是和金融机构接触，了解金融机构的贷款意向。

### 3. 评标和决标

评标是政府根据招标文件的要求，对所有的标书进行审查和评比的行为。在 BOT 项目中评标的主要内容是确立评的一般标准，不同的 BOT 项目的评标标准不同。决标是政府在评标的基础上，最终决定中标者。

### 4. 授权

在确定了项目的发展商后，政府必须同发展商进行实质性谈判。谈判的内容涉及项目的技术、经济、法律等多个方面。通过谈判，正式形成涉及项目建设、经营及转让的所有法律文件，主要包括授权法律和特许权协议。

1) 授权法律

授权法律是政府就某一 BOT 项目的建设和经营而制定的专门法律，其主要作用是明确发展商在专营期内负责建设、经营和转让项目的法定权利和义务，保证工程项目的顺利进行，为项目发展商从金融市场筹集建设资金提供法律基础。授权法律一般包括以下内容。

(1) 总则。这主要包括制定该法律的目的，有关专用术语的定义，明确本法律是所有与该 BOT 项目有关的协议、合同及条例制定的基础。

(2) 授予工程项目开始的权利。其主要包括授予项目发展商独家开发项目及和项目相关的土地使用权；授予发展商建设或经营项目所需的设备购买权等。

(3) 专营权利和其他特许权。授予发展商这些权利的目的是确保发展商在维持正常项目的投资工程外，必须保证发展商取得一定的投资回报，并要确保不因这些投资回报过高而引起政治上的关注，授予发展商取得回报的权利包括收费权、销售项目产品的权利等。此外还包括授予自由兑换外汇、专营权的转移、税收优惠、聘用外籍工人等权利。

(4) 项目的建设。授权法律必须规定，发展商必须在一定的期限内完成主体项目的建设，在主体项目建成后的一定期限内完成辅助项目的建设。对于发展商无法按政府的规定完成项目建设的，必须视具体原因采取不同的措施。在项目建设期间，政府有权按照国家有关法律、法规和规章，对工程的质量、进度、环境等进行监督检查，并有权要求发展商提供有关资料。

(5) 项目的经营。授权法律必须规定项目经营的期限，规定项目产品或服务应达到的标准。规定在经营期间，政府有权对发展商的经营管理状况进行监督检查，并可根据需要随时要求发展商提供相应资料。

(6) 项目的转让。必须规定项目转让的范围，确定转让时发展商应提供的项目资料范围。同时必须规定，在项目正式转让前的规定期限内，发展商必须为政府安排的项目上岗人员提供技术和岗位的培训。在项目转让后，政府不承担在专营期间形成的任何债务。

2) 特许权协议

特许权协议是政府和项目发展商之间在授权法律的指导下就项目的建设、经营和转让而签订的规范双方权利和义务的法律文件，是政府在保持应有权益的前提下，向财团法人业主授予充分权利的协议。经过批准的、符合项目所在国相关法律条款及现行政策的 BOT 项目协议是财团法人业主签订建设总承包合同和向贷款金融机构落实长期贷款签订合同的依据。一般情况下，特许权协议包括以下内容。

(1) 建筑方面的规定，包括设计责任、建设责任、建设时间、项目的建成、工程的保险、政府对于项目发展商的土地移交责任、履约保证金。

(2) 发展商的公司结构及财务安排，包括收益及税收、融资方面的条款、发展商的公司结构。

(3) 经营工程的条款，包括设施运作的安全和效率问题、设施运作的保险、设施运营的时间、维持设施正常运营所需要的设备的保养与维修等应由发展商负责，发展商应接受政府对其在项目运营过程中财务状况、用工政策的监督，发展商必须同意政府提出更改经营条件的合理要求。

(4) 违约及违约的处理。

(5) 适用法律。

#### 5. 建设

BOT 项目的发展商在取得政府的授权后，通过项目建设总承包协议，规定由建设总承包者负责项目的规划、设计、建筑施工、设备安装等，直到项目建成投产且有关工程质量、产品质量符合政府的有关要求为止。

#### 6. 运营和移交

在项目建成后，发展商即拥有了经营项目取得收益的经营权利。发展商可以自己直接经营，也可以委托其他机构经营。在经营过程中，必须向政府提供特许权协议中规定的有关资料，直到经营期结束。

在项目授权期满后，发展商必须将项目无偿转让给政府，这是政府进行 BOT 项目最终、最为重要的权益。在移交前的若干年，政府和发展商应分别指派代表组成转让委员会，制定项目转让的具体标准和办法。发展商在将项目转让给政府时应包括以下内容：备品、备件；维修、库存、保管记录等方面的资料；可转让的许可证、执照、证明文件；专用的资料，如软件、经营手册、商业机密等；债权债务资料；各类人员的工资及福利情况；其他转让所需的资料。

## 二、国际租赁

### (一) 国际租赁的概念

国际租赁指位于不同国家的出租人与承租人之间的在约定期间内将出租资产交给承租人有偿使用的租赁关系。国际租赁具有租赁的一般特征。①融资和融物相结合，出租人出租设备的目的是收取用租金形式表现的超额购买设备所需的成本的超额利润，是一种投资行为或贷款形式；承租人租赁设备以取得设备使用权的目的是弥补本身资金不足但又可以取得预期的高额利润，因此是一种筹资行为。②租赁的使用权和所有权分离。在租赁过程中，出租方向承租方让渡的只是物件的使用权，而所有权没有让渡给承租方；而承租人取得的是物件的使用权、没有所有权。

### （二）国际租赁的形式

国际租赁的形式很多，下面主要介绍几种常见的国际租赁形式。

#### 1. 金融租赁

金融租赁(finance lease)，又称融资租赁，是指企业在需要筹款添置机械设备时，租赁公司不向其直接贷款，而是代其购入机械设备租赁给该企业，从而以"融物"代替"融资"。这种租赁形式的性质是，租赁合同一经签订，就不得解约，租期也较长，租赁物的选择、修理、保养、管理均由承租人负责和承担。合同期满后，机械设备按合同规定处理。一般处理方法有三种：合同期满后将设备退还租赁公司；续租；留购，以名义货价(或象征性价格)把设备买下，办理产权转移的法律手续。

金融租赁有下列几个主要特点。

(1) 金融租赁是一项涉及三方当事人(出租人、承租人和供货商)，及两个以上合同(买卖合同和租赁合同)的三边交易。

(2) 基本租期内的设备只租给一个特定用户使用。

(3) 租期较长且合同不可撤销。

(4) 承租人自行选定设备，出租人只负责按承租人的要求融资购买设备，因此设备的质量、数量、规格、技术上的鉴定验收及维修、保险等事宜均由承租人负责。

(5) 设备所有权和使用权分离，法律上所有权属于出租人，经济上使用权属于承租人。

(6) 租赁合同期满时，承租人对设备有权选择留购、续租和退租。

#### 2. 经营租赁

经营租赁(operation lease)，也称服务性租赁(service lease)，是一种不完全支付租赁，规定出租人除提供融资外，通常也提供特别服务，如保险和维修等。

经营租赁有下列特点。

(1) 不完全支付。基本租期内，出租人只能从租金中收回设备的部分垫付资本，需通过该项设备以后多次出租给多个承租人使用，才能补充未收回的那部分投资和其应获利润。因此，租期较短，短于设备有效寿命。

(2) 可撤销。在租赁期满之前，承租人预先通知出租人就可中止合同，退回设备，以租赁更先进的设备。

(3) 租赁物由出租人批量采购，这些物件多为具有高度专门技术，需要专门保养管理，技术更新快，购买金额大，且通用性较强并有较好二手市场，垄断性强的设备，需要有特别服务的厂商。出租人提供维修管理、保养等专门服务并承担过失风险，负责购买保险，因此，租金较金融租赁高得多。

(4) 在经营租赁方式下，承租人账务上仅作为费用处理，而资产仍在出租人的账簿上。这种租赁业务一般由制造厂商租赁部或专业租赁公司经营。

#### 3. 维修租赁

金融租赁加上多种服务条件即为维修租赁(maintenance lease)。

维修租赁的特点如下。

(1) 租赁费包括服务费，较为昂贵。

(2) 租期较长，通常为两年以上。

(3) 租赁物多以车辆为主，其目的是减轻承租人对车辆等的维修、管理负担。

(4) 在合同期限内，原则上不能中途解约。

### 4. 杠杆租赁

杠杆租赁(leveraged lease)，也称衡平租赁或代偿贷款租赁，是金融租赁的一种特殊方式。出租人一般只需投资购置设备所需款项的 20%～40%，即可在经济上拥有设备的所有权，享受如同对设备 100%投资的同等税收待遇。设备成本的大部分由银行、保险公司和证券公司等金融机构的贷款提供，银行等金融机构提供贷款时，需要出租人以设备第一抵押权、租赁合同和收取租金的受让权作为对该项借款的担保，购置成本的借贷部分称之为杠杆。通过这一"财务杠杆"的作用，交易双方均可获得更多的经济利益。对出租人来讲，这种杠杆作用可使出租人的投资扩大 3～5 倍，而且能使出租人以较少的现款投资享有设备成本 100%的全部减税优惠，同时银行的融资通常不能向出租人追索，它靠出租设备的租赁费来偿还。对承租人来讲，出租人所得的减税或免税优惠可以较低租赁费的形式转让给承租人。

杠杆租赁具有以下特点。

(1) 杠杆租赁是一项采用特殊形式的定金付清的真实租赁，在法律上涉及三方当事人(承租人、出租人和长期贷款人)的关系。

(2) 贷款人提供的贷款成为该项租赁交易的基本部分，而且对出租人没有追索权。

(3) 出租人购买出租的设备，至少要付出价格的 20%为其自身的投资。

(4) 出租人的投资虽然只有设备成本的 20%～40%，却可获得 100%的所有权的税收优惠。

(5) 出租人对承租人使用设备不加任何限制。

(6) 租金不得预付或延期偿付，而且租金的偿付必须是平衡的，即各期所付租金的金额大致相当。

(7) 租赁期满，出租人必须将设备的残值按市价售予承租人。

### 5. 综合性租赁

综合性租赁是租赁和其他贸易方式相结合的一种租赁方式。其是与补偿贸易、来料加工、包销、买方信贷、卖方信贷、信托投资、合资经营、合作经营等方式相结合，从而形成与纯粹租赁有别的一种租赁形式。

例如，租赁和补偿贸易相结合的综合租赁形式是指出租人将机器设备租给承租人，而承租人以所租赁机器设备生产的产品来偿付租金；租赁和加工装配相结合的租赁是指承租人用租赁方式引进设备，开展来料加工业务，以加工费分期支付租金。这种结合的方式较多，具体的选用取决于租赁设备的种类、承租人的财务状况等多种因素。

### (三) 国际租赁的程序

国际租赁的基本程序往往视租赁方式的不同而有所差别，但业务的基本程序还是相同的，按先后顺序可大致归纳如下。

### 1. 租赁物的选择和申请租赁

承租人可以自己选择，也可以委托租赁公司代为选择或共同选择，同国外制造商商定设备的型号、规格、品种、价格和交货期。先是承租人通过国内的租赁公司向国外租赁公司申请，然后由承租人向国内租赁公司申请租赁。

### 2. 租赁预约

承租人与租赁公司商定租赁方式和租赁期限，租赁公司向承租人提供租赁费估价单，包括设备的费用、各种税金、银行利息、各种手续费用、租赁费、按协议分次数分摊的数额等，承租人经研究后向租赁公司提出预约租赁。

### 3. 租赁申请的审查

租赁公司在接受预约租赁后，可让承租人提供有关企业的经济情况资料，如企业的经营情况、财务情况及主管部门的审批情况，结合租赁公司自己掌握的企业资料进行审查。大型租赁还要委托信用调查机构对用户进行信用调查，在认为基本没有风险的情况下确定是否可以租赁。

### 4. 谈判签约

租赁公司一旦认为可以租赁，就可以与承租人进行谈判，在谈判中承租人要提供可靠的付款保证，若付款不存在问题，双方意见一致，则进行签约。

### 5. 租赁物交接与验收

租赁合同签订后，出租人即根据合同中的规定向供应商订货，由供应商根据其与租赁公司的订货合同向承租人直接供货。租赁物交给承租人后，经过一段时间的试用，如果各方面均符合合同要求，承租人即行验收，租赁期由验收之日起计算。

### 6. 支付设备货款

根据订购设备合同规定的支付条件，租赁公司向供货商交纳货款。租赁公司也可向银行融资，以租金偿还贷款的本息。

### 7. 租金支付

按合同规定，按季或半年支付一次，在规定的期初或期末交付租金。除租金外，承租人还应直接负责支付保险费、运杂费和有关手续费。

### 8. 税金缴纳

按合同规定，税金分别由出租人和承租人各自承担应缴的税金。减免租金应按有关部门规定或法律规定的范围分别享受，若出租人享受减税利益，承租人可获得减少租金的优惠。

### 9. 保险费的缴纳

保险费一般由租赁公司在保险机构办理，与保险机构签订设备的保险合同，并负责支付保费，若在租赁期间设备发生事故，由保险公司向租赁公司提供保险赔偿，承租人也应视事故的原因提供一定的损失赔偿。

### 10. 设备的维修保养

设备的维修保养及有关费用，根据合同规定而定。有的是由承租人负责，也有的是由出租人负责。

### 11. 合同期满时租赁物件的处理

合同期满后设备是留购、续租、转租或退回租赁公司，可事先商定或临时协商。

## 三、跨国并购

### (一) 跨国并购的含义

兼并与收购合称为并购(mergers and acquisitions，M&A)是目前世界上最为活跃的企业产权变动和交易的方式之一。跨国并购的含义是，一国企业为了达到某种目的，通过一定的渠道和支付手段，将另一国企业的全部资产或足以行使经营控制权的股份进行购买的行为。

## (二) 跨国并购的类型

作为一种复杂的跨国经营行为，跨国并购可以按不同划分标准进行分类。

从跨国并购双方的行业相互关系划分，跨国并购可以分为横向并购(horizontal M&A)、纵向并购(vertical M&A)和混合并购(conglomerate M&A)。

### 1. 横向并购

横向并购是指两个以上国家生产或销售相同或相似产品的企业之间的并购。这种跨国并购的目的通常是扩大企业在世界市场的份额或增强企业的国际竞争和垄断实力，风险较小，并购双方比较容易整合，进而通过规模经济、内部化交易导致利润增长。

### 2. 纵向并购

纵向并购是指两个以上国家处于生产同一或相似产品的不同生产阶段的企业之间的并购。并购的双方一般是原材料供应者或产成品购买者，并购目的通常是低价获取原材料供应来源或扩大产品的销路。

### 3. 混合并购

混合并购是指两个以上国家处于不同行业的企业之间的并购。这种并购方式是同跨国公司的全球发展战略和多元化经营战略密切联系的，以减少单一行业经营的风险，降低生产成本，增强企业在世界市场上的整体竞争力。混合并购的目的一般是比较隐蔽的，不易被人发现。

## (三) 跨国并购的利弊分析

### 1. 跨国并购的优点

在跨国公司的对外直接投资方式中，跨国并购是一条方便和迅速有效的途径，与创建方式相比，并购方式具有很大的优越性。

(1) 节约时间，迅速进入东道国市场。一般来说，新建企业所需时间较长，而采用并购方式，可以大大缩短项目的投资周期，特别是对制造业而言，各种并购方式能节省建厂时间，使跨国公司在目标市场迅速获得现成的管理人员、技术人员和生产设备，迅速建立国外的产销据点。

(2) 廉价获得资产，降低进入成本。从成本的角度考虑，并购企业要比新建企业成本低得多，跨国公司通常低价收购外国现有企业。这主要有三种情况：①从事并购的企业有时比被并购企业更知道其所拥有的某项资产的实际价值，即被收购企业低估了自己的某项资产的现期重置价值；②被并购企业在经营中遇到某种问题而陷入困境，不盈利或亏损，并购公司可以以较低的价格并购；③利用东道国股市价格普遍下跌之机收购。如亚洲金融危机以后，由于亚洲各国资产普遍被严重低估，欧美一些大型企业集团纷纷斥巨资大举兼并收购亚洲的企业。

(3) 迅速扩大市场份额。并购公司可以直接占有被并购公司原有的市场份额，并利用被并购公司的销售渠道及被并购企业同当地客户、供应商多年来所建立的良好信用，迅速进入原来企业所在的产业和已有的市场，并且还可以借此把跨国公司的其他子公司产品引入当地市场。通过并购还可使以前的争夺市场、原料等的竞争对手转变为合作者，从而增加市场份额，获得较高而稳定的利润。

(4) 可以获得现成的管理制度和管理人员。采取并购作为直接投资的方式，可以不必重新设计一套适合当地情况的经营管理制度，而是直接利用现有的管理组织、管理制度和管理人员。这样可以避免由于对当地情况缺乏了解而引起的各种问题。此外，通过并购学习外国先进管理方式和方法，尤其是人力资源的管理，不失为一种有效的方法。

(5) 获取被并购企业的技术。并购发达国家的企业，可以获得该企业的先进技术和专利权，以提高跨国公司的技术水平。近年来，有些日本电子公司在美国并购当地的私人实验室和科技公司，以引入美国的尖端技术。

(6) 获取公司发展所需的专利、商标和商誉等无形资产，迅速打开市场。

(7) 扩大产品种类和经营范围，尤其当跨国公司实行多样化经营时，收购现有企业是迅速而有效的途径。

(8) 融资便利。同创建方式相比，并购方式更容易争取到资金融通，因为并购方式具有较小的不确定性，可以避免创建方式直接投资的风险，减少自有资本的直接投入。此外，并购方式产生收益较快，往往能更快地收回投资。

**2. 并购方式的缺陷**

并购本身有一些不同于创建方式的内在特点，会形成一些与创建方式相比较而表现出来的缺点。

(1) 价值评估困难。在并购过程中所碰到的最棘手的问题是对于被并购公司的价值评估，其复杂程度远甚于在创建前对所需资本的估算。其主要原因有三个：①不同的国家有不同的会计准则；②国外市场信息较难收集，可靠性较低；③被并购目标企业的无形资产难以准确评估。

(2) 原有的契约及传统关系的束缚。现有企业往往同其客户和职工之间具有某些已有的契约关系或传统关系，这可能成为并购后并购企业继续经营管理的障碍。

(3) 在企业规模和选址上的制约。跨国公司的并购在这方面受到被并购目标公司原有条件的限制，有时往往不完全符合跨国公司战略布局的需要。

(4) 管理困难。被并购企业的原有管理制度如果不适合跨国公司的管理要求，会造成管理上的问题，甚至导致经营失败。

(5) 经营失败率较高。统计数字表明，通过并购建立的国外子公司的经营失败率要高于创建方式。

---

**专题阅读材料7-1** | 资产证券化

---

**一、资产证券化的定义**

资产证券化(asset securitization)，指的是一种通过金融工程，运用资产打包、构建资产池、借助特殊目的载体(special purpose vehicle，SPV)将贷款等非流动性不可交易(illiquid non-tradable)资产转变为流动性可交易(liquid tradable)证券的过程。资产证券化过程的初始资产被称为证券化的基础资产(underlying asset)，资产证券化过程的最终产品被称作资产支持证券(asset-backed security，ABS)。通过资产证券化可以转化为资产支持证券的资产主要有住房按揭贷款(mortgages)、汽车贷款(auto loans)、信用卡应收账款(credit card receivables)和学生贷款(student loans)等，其中，住房按揭贷款转化形成的资产支持证券被称为按揭贷款支持证券(mortgage-backed security，MBS)。资产证券化以建立资产池和为资产池分层、评级为主要特点。

**二、资产证券化的运作流程和历史**

如图 7-1 所示，资产证券化运作流程通常通过以下方式进行。

(1) 持有资产的公司，也被称为发起人(originator)，收集其不再想提供服务的贷款或资产(例如，住房按揭贷款)的数据。然后，将它们从资产负债表中删除，并将它们汇集到一个参考投资组合中。

(2) 发起人把参考投资组合中的资产出售给一个实体，即特殊目的载体(SPV)，后者将其转化为公众可以投资的证券。每个证券代表投资组合中资产的相应份额。

(3) 投资者购买上述证券以换取特定的回报。在大多数情况下，发起人继续为参考投资组合的贷款提供服务，从借款人那里收取款项，然后将其减去费用后转交给 SPV 或受托人。产生的现金流随后支付给投资者。

资产证券化技术起源于美国，美国的房利美(Federal National Mortgage Association，Fannie Mae)和房地美(Federal Home Loan Corporation，Freddie Mae)等政府发起机构(government sponsored enterprise，GSE)为解决住房按揭贷款的市场流动性问题，推出了资产证券化技术。

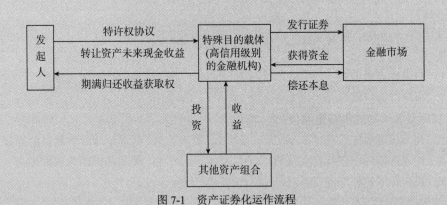

图 7-1　资产证券化运作流程

三、资产证券化的特点

(1) 资产证券化是一种表外(off-balance sheet)融资技术。资产证券化以一定的非流动性不可交易资产为基础，以该资产的未来收益为保证，在金融市场上发行成本较低的债券来筹资。资产证券化将资产的未来收益转换成金融市场上可以出售和流通的证券以融通资金，是一种独特的表外融资技术，资金的取得在资产负债表上并不显示为负债。

(2) 资产证券化的一个优势是通过信用升级等措施，使资产支持证券可以在高等级证券市场上发行。对发行方进行信用评级，而以未来的市场收益为保证，进而可以使用信用升级措施使得没有获得信用等级或信用等级较低的机构照样可以进入高等级投资级证券市场来募集资金。因为长期债券的高等级证券市场容量大，债息率一般比较低。

(3) 发起人将获取基础资产未来现金收入的权利转让给特殊目的载体，目的是隔断发起人自身的风险和资产证券化获取资金投资资产组合未来现金收入的风险，使清偿证券本息的资金仅与资产证券化获取资金投资资产组合未来的现金收入有关。加之发行的证券由众多投资者购买，进一步分散了投资风险。

(4) 资产证券化的基础资产范围很广。从理论上讲，SPV 的投资资产组合所依附的资产只要在未来一定时期内带来现金收入，就可以作为资产证券化的基础资产。实践中，SPV 一般选择未来现金流量稳定、可靠、风险相对较小的资产，如住房按揭贷款等，作为资产证券化的基础资产。

# 复习思考题

1. 试述国际资本流动的一般原因及经济影响。
2. 试述国际资本流动的新趋势。
3. 为什么要控制国际资本流动？有哪些措施？
4. 新兴的国际融资方式主要有哪些？

# 练习题

### 1. 填空题

(1) 国际资本流动按照期限可分为_____和_____，国际贷款主要包括_____、_____、_____和_____等形式。

(2) 从并购双方的行业相互关系划分，跨国并购可以分为_____、_____和_____。

(3) 常见的国际租赁方式有_____、_____、_____、_____和_____。

### 2. 选择题

(1) 短期资本流动主要类型有( )。

    A. 银行资金流动                B. 贸易资金流动

    C. 投机性资本流动              D. 保值性资本流动

    E. 国际直接投资

(2) 国际资本流动的积极影响包括( )。

    A. 调节国际收支                 B. 促进全球经济效益的提高

    C. 加速各国经济的国际化进程      D. 缓和各国的内部冲击

    E. 缓和各国的外部冲击

(3) 金融租赁的当事人有( )。

    A. 出租人            B. 承租人           C. 保险公司

    D. 长期贷款人        E. 供货商

# 第三篇

# 国际金融制度

# 第八章

# 国际金融市场

## 第一节　国际金融市场概述

### 一、国际金融市场的概念

金融市场是进行金融资产交易的场所，是因经常发生多边资金借贷关系而形成的资金供求市场。金融市场按其融资的地域不同划分为国内金融市场和国际金融市场。资金借贷关系发生在本国居民之间，而不涉及其他国家居民的是国内金融市场；资金借贷关系如果涉及其他国家，跨越国境进行资金借贷的就是国际金融市场。因此，国际金融市场是居民与非居民之间或者非居民与非居民之间进行国际借贷金融活动的场所。

国际金融市场通常可分为广义和狭义的两种。广义的国际金融市场指的是从事各种国际金融业务的国际性市场。这些业务活动包括长短期资金借贷、有价证券交易、外汇买卖、黄金交易和期货交易等。狭义的国际金融市场是指国家间进行资金借贷交易的场所，即国际资金市场。

从整体上看，国际金融市场是一种抽象的市场，即无形的市场，它没有一个固定的营业场所，而是由各种银行及其他各种金融机构组成营业主体，以各种现代化的通信工具相互联络、昼夜运转，开展各种国际金融业务活动的。

### 二、国际金融市场形成的条件

一个国家的国内金融市场，可以逐步发展或上升为国际金融市场，但其形成必须具备一定的基本条件。这些条件主要有以下几个。

(1) 政局稳定。这是最基本的条件，如果一国政局动荡，就无法保证国内经济和金融的稳定，国际经济交往受到严重的影响，国际金融市场也就难以在该国形成。

(2) 经济管理体制自由开放，国际经济活力较强。一国实行自由开放的经济政策，进出口贸易具有一定的规模，其他对外经济往来活跃，容易加强与世界各国的经济金融合作，进而形成国际资金的集散地，成为国际金融市场。

(3) 实行自由外汇制度。在没有外汇管制或外汇管制较松的情况下，外汇资金可以自由兑换调拨，非居民参加金融交易享受与居民相同的待遇，国际资金可以自由流出流入。

(4) 完备的金融管理制度和发达的金融机构。健全发达的金融信用制度、集中高效的银行和其他金融机构、广大而灵活的公开市场，是迅速而周全地处理国际金融业务的必要条件。

(5) 地理位置优越，交通便捷，通信设施高度现代化。

## 三、国际金融市场的发展

国际金融市场是随着世界市场的形成和国际经济关系的发展与扩大而产生并发展起来的。生产国际化、市场国际化和资本国际化是国际金融市场发展的根本原因。国际金融市场从产生、发展到今天，大致可划分为以下几个阶段。

### 1. 以伦敦为中心的国际金融市场的形成

国际金融业务的萌芽形式，是中世纪主要服务于国际贸易的金银铸币兑换业，以后又产生了汇兑银行。随着资本主义生产方式的建立和不断发展，各国间的经济交往日益频繁扩大，统一的世界市场形成，国际借贷联系趋于经常化和多边化，从而出现了主要从事或专门从事国际性业务的国际金融市场。18世纪中期，在产业革命的有力推动下，商品经济日趋发达，从而促进了国际贸易的迅速发展，经营货币兑换、票据结算、资本借贷和黄金交易的国际金融市场也日渐成长。到18世纪末，英国对外贸易的范围不断扩大，遍及全球，涉及远东、印度、中国、北美和非洲，国际清算业务随之大幅增长。英国在日益增加的国际贸易结算与支付中，大量使用英镑作为支付手段，扩大英镑的使用范围，使英镑成了当时资本主义世界国际结算的主要货币。随着国际结算由现金结算向非现金结算的演变，各种票据广泛使用，于是，在英国伦敦产生了国际非现金结算的中心机构——票据交换所(clearing house)和一大批融通海外贸易活动的商人银行(merchant bank)等新型的金融机构。同时，作为货币资金融通机构的英格兰银行大力拓展业务，并在世界各地建立了广泛的业务代理网络，从而促进了国际资本流动的迅速发展。加之现代化通信工具在国际金融业务中被广泛应用，具有现代特点的国际金融市场于19世纪初期在伦敦形成。第一次世界大战爆发后，英国放弃了金本位制度，这使英镑作为主要的国际结算与储备货币的地位大为削弱，这在一定程度上对伦敦作为国际金融市场中心的地位产生了消极的影响。与此同时，纽约、巴黎、苏黎世等著名的国际贸易与金融中心城市相继发展成为重要的国际金融市场。

### 2. 纽约、苏黎世和伦敦三大国际金融市场三足鼎立

第二次世界大战以后，英国经济实力进一步削弱，世界经济的重心由英国移至美国。由于美国在第二次世界大战中积累了巨额的资本，而成为世界上最大的资金供应者，美元自然成为国际结算、储备和借贷货币。国际信贷亦集中于纽约，使之与伦敦相匹敌，成为世界最大的国际金融市场之一。瑞士的苏黎世则由于瑞士在两次世界大战中为中立国，保存了雄厚的经济实力，因此发展了其自由外汇市场和黄金市场，与伦敦、纽约并立成为重要的国际资金调拨市场。

### 3. 离岸国际金融市场的兴起

20世纪60年代后，由于美国国际收支开始出现巨额逆差，黄金外流，美元信用动摇，美元资金大量外逃。为了应付这一局面，美国政府被迫采取各种措施限制资本外流。同时，一些西欧国家为防止美元泛滥冲击本国外汇市场，采取一些限制资金流入的措施。这些国家的银行为了开展业务，纷纷把资金转移到国外，以逃避监管。这样就促成了欧洲货币市场的出现。

欧洲货币市场是一种新型的国际金融市场——离岸(off-shore)国际金融市场。所谓的离岸国际金融市场，是指市场行为以非居民交易为主体，基本不受所在国法律和税制限制的国际金融市场，也称为境外市场。它最主要的特点是把某一种或某几种货币的存贷等金融业务转移到这些货币发行国的境外进行，因此几乎不受任何政府的管制。离岸国际金融市场同国内金融市场完全隔离，可以全方位地自由筹措资金，进行外汇交易，并实行自由利率，无须缴纳存款准备金。

离岸国际金融市场的兴起与扩展，使国际金融市场的发展进入了一个全新的阶段。从发展的特征来看，离岸国际金融市场有以下三种类型。

第一种，伦敦型离岸国际金融市场。其特点是境内外业务混合一体，居民和非居民都可参加外币存贷活动。中国香港的离岸国际金融市场就属此型。

第二种，纽约型离岸国际金融市场。其特点是内外分离，离岸业务同国内货币市场严格分隔。纽约市场最为典型，新加坡、东京的离岸国际金融市场亦属此类型。

第三种，避税港型离岸国际金融市场。其特点是只有记账而没有实质性的货币经营业务。国外银行在当地开设资金账户是为了避税。巴哈马、开曼群岛就属此类，最有代表性。

### 四、国际金融市场的作用

国际金融市场的作用主要表现在以下几个方面。

#### 1. 促进国际贸易与投资的迅速增长

国际金融市场的融资、结算、资金调拨等作用，为国际贸易与投资提供了便利。而且它在世界范围内调拨资金，调剂余缺，使闲置资本转化为盈利资本，把储蓄有余国家的资金调拨到资金不足的国家，从而促进了生产和资本的国际化。第二次世界大战后西欧的复兴、日德经济的发展、发展中国家的经济建设，都利用了国际金融市场的资金。

#### 2. 调节国际收支

国际金融市场的扩展，为国际收支逆差国开辟了新的调节国际收支的渠道。原来只能动用有限的国际储备，现在可到国际金融市场去举债或筹资，从而能更灵活地规划经济发展，在更大程度上缓和国际收支失衡的压力。

#### 3. 提高银行信用的国际化水平

在国际金融市场进行业务活动的，主要是世界各国经营外汇业务的银行及其他金融机构，它们为了发展国际金融业务，不断加强联系，互相代理业务，逐渐结合成为有机的整体，不少大银行在国外设立分支机构，成为跨国银行。这样就使各国国内银行信用发展为国家间的银行信用，推动了银行信用国际化水平的进一步提高。

#### 4. 改善国际资金分配状况，提高世界资源配置效率

国际金融市场利用利息杠杆和信贷融通，以及多方面的分配渠道，引导资金从盈余国家投向资金缺乏的国家，取得较高的收益和效率。

应当指出的是，国际金融市场的迅速扩展对世界经济的发展也产生了一些消极的作用：①导致大量资本流动，影响一国货币政策的执行效果；②为货币投机活动创造了条件；③助长通货膨胀，加剧经济危机。

为此，近几年来，西方各国在推行金融自由化的同时，都纷纷采取措施，在不同程度上加强对国际金融市场的干预与管理，以趋利避害。

# 第二节　传统国际金融市场

传统的国际金融市场，是指经营居民与非居民之间的国际金融业务，且交易活动必须受当地政府法令管辖的国际金融市场，是与离岸金融市场相对立的在岸(on-shore)国际金融市场，其中居民主要是国内投资者，非居民主要是外国筹资者。

　　传统的国际金融市场，根据其业务性质可划分为外汇市场、货币市场、资本市场、黄金市场，外汇市场的相关内容在第六章中已经做了介绍，这里不再赘述，以下对其余三种国际金融市场做简单的介绍。

## 一、货币市场

　　货币市场是指资金的借贷期限在一年以内的交易市场，是解决短期资金需要的国际信贷市场，故又称为短期国际资金市场。该市场以银行信用为企业跨国筹措资金的基础，以短期工商企业资金周转、拆款和短期政府债券为主要交易对象，是买卖和转让短期信用票据的国际金融市场。该市场的主要参与者有商业银行、票据承兑公司、贴现公司、证券交易商和经纪商。

　　虽然各国货币市场工具有所不同，但基本上可将其划分为两大类：一类是与银行有关的市场信用工具，如联邦基金(federal funds)、大额存单(certificate of deposit)、银行承兑票据(bankers' acceptance bill)等；另一类是非银行的市场信用工具，即由非银行金融机构发行的票据，如国库券和商业票据等。

　　根据业务活动的不同性质，货币市场具体可分为以下三个组成部分。

### 1. 银行短期信贷市场

　　这是一个银行同业间的国际拆借或拆放，以及银行对国外工商企业提供短期信贷资金的市场，其中银行同业间的拆放市场处于重要地位。银行短期信贷市场的资金拆放期最短的是日拆(overnight)，一般有一周、一个月、三个月、六个月等期限，最长期限不超过一年。银行短期拆放的利率以伦敦银行同业拆放利率(London Inter-Bank Offered Rate，LIBOR)为基础，而加息率的大小，则根据情况由借贷双方自行议定，一般为0.25%～1.25%。在该市场上，银行对外国工商企业提供期限一年以内的短期贷款，主要用于解决企业临时性或季节性的资金需要。银行在发放这类贷款时一般需注意企业借款的用途、财务状况，并追踪其交易行为，目的是把握还款来源，以便在交易结束后，该项放款能自动结清。

### 2. 贴现市场

　　这是一个经营贴现业务的短期资金市场。所谓贴现，是指银行购买未到期的票据，但需扣除自贴现日到票据到期日利息的一种业务活动。贴现市场并无固定的交易场所，以票据贴现来融通短期资金是贴现市场的主要交易方式。贴现市场由贴现行、商业票据行、商业银行和中央银行组成。贴现交易的对象是一年以内的短期票据，主要有政府短期债券、商业承兑汇票、银行承兑汇票和其他商业票据，贴现利率通常高于银行贷款利率。贴现市场上的私人金融机构为取得资金再融通，还可以持短期票据向中央银行办理再贴现。目前世界上最大的贴现市场是历史悠久的伦敦贴现市场。

### 3. 短期证券市场

　　这是指期限在一年以下的证券交易市场。短期证券市场的基础是各种短期信用票据。这些短期信用工具必须符合有关国家的金融法令的规定，即具有合法性，此外，其安全性和流通性也是必备条件。目前这个市场上的短期信用工具种类繁多，主要有以下几种。

　　(1) 国库券。它是由各国财政部发行的短期债券，属于国家信用，流通性强，是各国短期投资者的首选目标之一。国库券在西方国家发行量很大，是短期证券市场上的主要信用工具。国库券期限有三个月期和六个月期两种，票面不载明利息，按票面金额以折扣方式发行，在市场上以投标方式进行交易，到期按票面金额偿还。

　　(2) 可转让银行定期存单。它是由银行发行的定期存款凭证。其特点是金额大，可自由流通。流通额仅次于国库券。美国商业银行发行的银行定期存单期限最短的是一个月，最长达一年，一般为三个月，到期按票面金额和约定利率支付本金和利息。标准票面金额为100万美元或100万美元以上，较小者亦达50万美元。

(3) 银行承兑票据和商业票据。这两种票据的出票人多为信用良好的工商企业，票面金额不限，期限一般为4～6个月，一般采用按票面金额贴现方式进行交易。

## 二、资本市场

国际资本市场是指长期资本跨国融通的场所，即期限在一年以上的中长期资本借贷或证券发行和交易的市场。国际资本市场是国家间资本流动的重要途径，也是国际金融市场最为活跃的领域之一。资本市场按融通资金方式的不同，可分为银行中长期信贷市场和证券市场。

### 1. 银行中长期信贷市场

它是指银行为外国企业等长期资本需求者提供的一年以上的中长期信贷资金的场所。一般一至五年期称为中期信贷市场，五年以上的称为长期信贷市场。中长期信贷的借款人包括银行、公司企业、政府机构、国际机构等。由于中长期信贷期限长，金额大，风险大，借贷双方要签订严格的贷款协议，详细规定各有关事项的处理方法，同时需借款人所属国家政府提供担保。由于中长期信贷规模大，期限长，往往不能由一家银行独家承担，一般采用国际银团贷款的方式，以增强资金的供给实力，分散风险。中长期信贷通常是伦敦银行同业拆借利率再加上一个附加利率，在国际银团贷款中，除收取贷款利率外，还要加上各种费用。国际银行中长期信贷可由借款人自由使用，贷款资金在用途上不受贷款银行的限制，没有与任何项目相连，也没有商品采购条款，可由借款人自己安排。

### 2. 证券市场

它是指以各种证券形式筹集中长期资金的场所，是股票、公司债券和政府债券等有价证券发行和交易的市场，是长期资本投资人与需求者之间的有效中介。证券市场可分为发行市场和交易市场。

(1) 证券发行市场。其也称一级市场(primary market)，是新证券的发行市场，即从由新证券的发行人策划到由投资银行等中介机构承销直至全部由投资人认购完毕的全过程，也称初级市场。该市场由投资银行、信托公司、经纪人和证券商组成，专门经营证券的发行和分销业务。证券发行市场并没有固定的场所，证券的认购和分销不在有组织的交易所内进行，而是首先由几家承销商(underwriters)组织承销集团，通过电信网络来推销新发行的证券。用承销方式发行证券又包括包销和代销两种：包销是由承销商全部承担证券的销售，如销售不完，其余部分由承销商买下。代销是承销商仅代理发行人销售，承销商没有自购的义务。

(2) 证券交易市场。其也称二级市场(secondary market)，是指已发行的证券的交易市场。证券的转让、买卖或流通均在该市场进行。该市场由证券交易所、经纪人、证券商和证券管理机构等组成，其中证券交易所是交易的中心。证券交易所是一种有组织的交易场所，只经营登记上市的合格证券。证券交易所中的经纪人并不参加交易，只是提供公开的拍卖场所和组织拍卖。交易所中交易证券的价格是由买卖双方通过竞价决定的。成交后双方都按规定的时间，到交易所附设的清算机构进行交割清算。这种在证券交易所内进行的证券交易称为场内交易。另外，二级市场上有一部分证券交易在证券所之外进行。这种交易称为场外交易，又称店头交易和议价交易。场外交易没有正式的组织，也没有集中的场所，一般是由交易双方在证交所外面自行议价成交；或在经纪人或自营商的办公处所直接与对方成交，或通过经纪人成交。场外交易除了登记上市的小额证券外，主要是没有在证交所登记上市的证券。

## 三、黄金市场

国际黄金市场是各国进行黄金买卖的交易中心。

### (一) 黄金市场的分类

#### 1. 主导性市场与区域性市场

这是按市场的不同性质进行划分的。主导性市场是指国际性黄金交易相对集中的市场，其价格的形成及交易量的变化对其他市场影响很大，如伦敦、苏黎世、纽约、芝加哥和中国香港就属此类。区域性市场主要指交易规模有限且集中在本地区，对其他交易市场影响不大的黄金市场，如巴黎、法兰克福、布鲁塞尔、卢森堡、贝鲁特、新加坡、东京、里约热内卢等地。

#### 2. 现货交易市场和期货交易市场

这是按交易方式不同划分的。现货市场是指在黄金交易双方达成协议后两个工作日内进行交割的市场。这类市场以伦敦和苏黎世最为典型。期货市场是指交易双方签订合同并交付押金后，在未来指定日期办理交割的市场，如纽约、芝加哥、中国香港。

#### 3. 自由交易市场与限制交易市场

这是按交易自由程度不同而划分的。自由交易市场是指黄金可以自由输出入，居民和非居民都可以自由买卖的市场，如苏黎世。限制交易市场是指对黄金的输出入和市场交易主体实行某种限制的市场，如巴黎。

### (二) 黄金的供给与需求

#### 1. 国际黄金市场的供给来源

国际黄金市场的供给来源主要包括以下几种。

(1) 采金国供给，这是主要的也是根本的来源。目前，世界主要产金国是南非、美国、加拿大、巴西、澳大利亚。

(2) 各国政府、国际货币基金组织和私人抛售的黄金。各国政府为应对国际收支逆差，稳定金价和维持本币汇率，往往在黄金市场上抛售黄金，国际货币基金组织为配合其政策，也会在市场上抛售黄金。

(3) 其他来源。这包括各国在黄金市场上出售金币等。

#### 2. 黄金的需求

黄金的需求主要包括以下几个方面。

(1) 工业需求。黄金的工业用途很广，工业用金量与日俱增，工业用金的需求量占国际黄金市场的需求量比重最大。

(2) 官方储备需求。由于黄金仍是世界各国重要的国际储备手段，因此，各国中央银行、国际货币基金组织和国际清算银行都需要大量的黄金作为国际储备资产。

(3) 私人投资与收藏。私人出于保值或投资的目的而购入黄金。目前，投资者和收藏家对黄金的需求已占市场总需求的 1/3 以上。投资与收藏不同，投资指投资者将黄金视为普通资产并与其他资产比较，根据它们的营利性和安全性及流动性，决定资金的投向。收藏指收藏家将黄金视作保存储备资金的可靠手段，为了积累而购买黄金。

### (三) 黄金价格的决定

决定黄金市场价格的基本因素是市场供求，另外，西方国家的经济和金融状况，国际形势发展及市场投机活动亦是影响金价变动的主要因素。黄金一般以美元标价，黄金价格的波动突出地表现在美元对黄金的价格上，因此美元地位与金价关系密切。一般情况下，美元汇率强弱与金价呈相反方向变动。同时，西方经济的景气与衰退，证券市场的繁荣与萧条，石油价格的涨落也与金价呈反方向变动。通货膨胀严重，金价看涨；利率提高，金价看跌。国际政治局势恶化，特别是突发重大事件，会迅速波及黄金市场，引起其剧烈波动。上述各种因素的存在又为投机活动提供机会，投机也是加剧金价波动的重要因素。总之，影响黄金价格的因素既有基本的供求关系，又有其他多种因素。它们相互制约、互为影响、交织一起，使黄金价格不断波动。

### (四) 主要国际黄金市场

目前，世界上五大黄金市场是伦敦、苏黎世、纽约、芝加哥和中国香港，现简介如下。

#### 1. 伦敦黄金市场

早在 19 世纪初，伦敦就是一个金条精炼、黄金销售和金币兑换的中心。1919 年 9 月，伦敦黄金市场开始实行日定价制度，每日两次，该价格是世界上最主要的黄金价格，一直影响到纽约及中国香港黄金市场的交易，许多国家和地区的黄金市场价格均以伦敦金价为标准，再根据各自的供需情况而上下波动。同时，伦敦金价亦是许多涉及黄金交易合约的基准价格。自伦敦开始实行按日报价制度后，组织机构日趋健全，至今已发展成为世界上最大的黄金市场。伦敦金市的特点有三个：一是现货市场，实行每日两次的定价制度，该价格是观察黄金市场趋势的主要根据，是最具代表性的世界黄金行市。二是黄金交易数量巨大，倾向于经营批发交易。伦敦作为世界黄金的集散地、产金国，首先把黄金集中于伦敦，然后再批发到世界其他地区，起到黄金中转地的作用。三是黄金现货市场以美元计价，是唯一可成吨购买黄金的市场。

#### 2. 苏黎世黄金市场

苏黎士黄金市场是第二次世界大战后迅速成长起来的世界性的黄金自由交易中心。虽然其自身没有黄金供给，但由于瑞士特殊的银行体系和辅助性的黄金交易服务体系，为黄金买卖提供了一个既自由又保密的环境。因此，苏黎士黄金市场在世界实物黄金交易中保持了独特的优势，由瑞士银行(Swiss Bank Corporation)、瑞士信贷银行(Credit Suisse)和瑞士联合银行(Union Bank of Switzerland)组成苏黎士黄金总库(Zurich Gold Pool)。苏黎士黄金市场没有金价定盘制度，银行的个别头寸是不公开的，而由联合清算系统对银行的不记名头寸进行加总，并每天按这些头寸的变动，在每个交易日的任一特定时间，结合供需状况确定当日交易金价，此价格即为苏黎士黄金市场的黄金官价，全日金价在该价格的基础上自由波动，而无涨停板的限制。苏黎士黄金官价对苏黎士黄金总库成员有约束力，并对世界上其他银行起到指导作用。该市场的特点是：①黄金交易与银行业务联系紧密；②以黄金零售业务为主，大宗交易不常见，金币交易量居世界之首。

#### 3. 美国的黄金市场

1974 年美国取消了美国居民拥有黄金的法令后，纽约和芝加哥黄金市场迅速发展起来，虽然历史较短，但速度快。美国金市以期货交易为主，由于交易量巨大，其期货市场订出的价格最具影响力，但其期货交易中大部分是买空卖空的投机性交易。目前，纽约黄金市场是世界上最大的黄金期货集散地。纽约商品交易所(COMEX)本身并不参加期货的买卖，仅提供一个场所和若干设施，并制定一些法规，保证交易双方在公开、公平的原则下进行交易。在纽约交易所里交易的黄金通过公开竞价的方式成交；任何买卖者都有机会以最佳的价格成交，而且像其他期货交易所一样，纽约商品交易所对现货和期货的合约都有极为复杂的规定。其期货合约的单位规定为 100 盎司，最小价格变动为 10 美分/盎司。

#### 4. 中国香港黄金市场

中国香港黄金市场历史悠久，20 世纪 70 年代后，随着外汇管制的取消，黄金交易完全自由，很快从一个区域性的黄金交易中心发展成主导性的世界五大黄金市场之一。该市场的特点是由三个具体的市场构成，包括：①香港金银贸易场，成立于 1910 年，以华人资金商为主，有固定场所，开业 90 多年来，一直保持着与众不同的黄金交易方式，会员可以在场内以公开喊价的方式进行交易，所有交易都以口头拍板的形式决定，无须签订合约；②本地伦敦金市场，是一个无形市场，以外国资金商为主，一切交易通过电信网络按伦敦交易方式进行；③黄金期货市场。三个市场联系密切，香港金银贸易场成交额最高，本地伦敦金市场影响力则最大。

# 第三节　欧洲货币市场

## 一、欧洲货币市场的概念

欧洲货币市场，又称离岸国际金融市场、境外金融市场，是指经营各国境外货币存放款业务的国际金融市场。所谓境外货币，即欧洲货币(Eurocurrency)，是指存放在原货币发行国国境之外的货币，如存放在美国国境之外的美元，存放在英国国境之外的英镑，存放在日本国境之外的日元等。

理解欧洲货币市场的概念，必须明确以下几点。

(1) 在"欧洲货币"这一名称中，"欧洲"已失去了地理上的意义，被赋予经济上的含义，实际上等同于"境外的"的意思。欧洲货币与欧洲这一地名的联系仅仅是欧洲货币起源于欧洲，至今主体仍在欧洲而已。

(2) 欧洲货币一词并不意味着在现实中真存在一种叫作欧洲货币的货币，它泛指在发行国国外流动的各种货币，如美元、英镑、日元等，它只是这种货币的统称。

(3) 各种欧洲货币同该种货币发行国境内流通的货币是相同的，具有同样的价值。例如，欧洲美元和美国国内流通的美元是同样的货币，具有同样的价值，区别只在于存放、借贷、流动的地区不同。

(4) 欧洲货币市场不仅包括经营欧洲货币业务的欧洲各金融中心，如伦敦、巴黎等，还包括中东、远东、加勒比海地区、加拿大和美国各主要金融中心。

## 二、欧洲货币市场的形成和发展

当今国际金融体系发展的重要里程碑是欧洲货币市场的出现。最初的欧洲货币市场是欧洲美元(Eurodollar)市场。起初，这一市场主要由美国之外持有的美元存款构成，主要在欧洲，尤其是在伦敦。欧洲美元主要是当时的共产主义国家在第二次世界大战后为防备美国可能的经济遏制而持有的美元存款。因为美国赤字持续增加，以及世界市场石油价格在 20 世纪 70 年代中期上升而导致的石油美元的存在，使得欧洲美元不断地增长。随着美国银行急于解决因 20 世纪

60 年代美国银行业管理的 Q 条例管制而造成的脱媒(disintermediation)问题，欧洲美元市场作为国内无保险存款的替代品，在 20 世纪 70 年代迅速发展。1970 年，美国银行的海外存款占到全部美国银行存款的 8%。到 1980 年，美国银行海外机构的存款占到全部美国银行存款的 25%，对于最大的 9 家美国银行来说，此比例超过了 50%。伴随着美国实施加强美元地位的某些管制措施，以欧洲美元形式存在的大量金融资产已经成为进一步进行金融创新的一个源泉。这些创新中最显著的就是欧洲债券市场的发展。

### 三、欧洲货币市场的特点

同传统国际金融市场相比，欧洲货币市场具有以下几个显著的特点。

(1) 基本上摆脱各国金融当局的干预，在更大程度上由市场机制起作用。欧洲货币市场作为境外货币市场，既不受所在国政府的管制和金融法规的约束，也不受原货币发行国金融当局的管制和影响。因此，欧洲货币市场在进行货币兑换、资金调拨等方面自由度大。

(2) 形成相对独立和灵活的利率结构制度。欧洲货币市场的利率水平和利率变动受到世界范围资金供求及其变动的制约，但不受一国金融当局的影响，由于不受法定存款准备金和利率最高限度的限制，该市场的利率比国内金融市场和传统国际金融市场上的利率更具竞争力。这就是说，与各有关国家国内金融市场的利率相比，欧洲货币市场的存款利率略高，贷款利率略低，从而使其存放款业务更具竞争力和吸引力。

(3) 拥有资金调度灵活方便的银行网络和极其庞大的资金规模。欧洲货币市场的资金来自世界各地，数额极其庞大，各种主要可自由兑换的货币应有尽有，能充分满足不同类型的外国银行和企业对不同期限和不同用途的资金的需求。在这个市场上，投资者和借款人可以任意选择投资和借款的地点，借款人可以任意选择借取美元、日元、英镑、瑞士法郎等。

### 四、欧洲货币市场的业务

欧洲货币市场按其业务性质的不同，可分为欧洲短期信贷市场、欧洲中长期信贷市场和欧洲债券市场。第七章已经介绍过欧洲债券市场，此处不再赘述。

#### (一) 欧洲短期信贷市场

欧洲短期信贷市场是接受短期外币存款并提供一年以内的短期贷款的市场。期限最短为一天，最长为一年。它产生最早而且规模最大，是欧洲货币市场的基础。

欧洲短期信贷市场的业务活动具有以下特点。

(1) 借贷期限短。借贷期限多数为 1~7 天或 1~3 个月，少数为半年或一年，交易大部分在银行间进行，业务主要凭信用，一般不签订贷款合同，无须提供任何担保，通过电信即可完成交易。

(2) 借款额度大。通常最小的交易单位是 100 万美元，一般在 1 000 万美元左右，有的高达 1 亿美元。由于交易金额大，很少有个人参加。

(3) 借贷条件灵活。借款期限、币种、金额和交割地点可由借贷双方协商确定，不拘一格，灵活方便，借贷双方的选择性较强。

(4) 利率相对合理。在该市场上，利率由交易双方根据伦敦银行同业拆放利率具体商定，其存款利率一般略高于国内市场，而贷款利率一般略低于国内市场，因而存贷的利差较小，两者之间一般相差 0.25%~0.5%。

### (二) 欧洲中长期信贷市场

欧洲中长期信贷市场是指经营一年以上期限的欧洲货币借贷业务的金融市场。这个市场上从事贷款的主要是国际银团，而借款人则主要是大跨国公司、国际组织和各国政府。该市场业务活动具有以下特点。

(1) 借贷期限长。一般为 2～3 年，也有 5 年、7 年、10 年或更长的期限，部分官方机构和社会团体的借款更长达 20 年。

(2) 借款金额大，通常在 2 000 万～5 000 万美元，10 亿到几十亿美元巨额贷款亦时有所见，每笔贷款的金额在 1 亿美元左右。由于金额巨大，借贷双方会签订合同，有时还需借款方的政府或官方机构出面担保。

(3) 国际银团贷款所占比重大。欧洲货币市场上的中长期信贷往往由几家或十几家不同国家的银行组成银团，通过一家或几家信誉卓著的大银行牵头贷款，这样不仅可以承担巨额贷款，还可以分散贷款风险，因此，国际银团贷款逐渐在该市场占据主导地位。

(4) 实行浮动利率。由于贷款期限长，贷款人与借款人都不愿承担利率变动的风险，因此，该种贷款的利率多为浮动利率，并根据市场利率变化每三个月或半年调整一次。浮动利率的基础是伦敦银行同业拆放利率，再根据贷款金额大小、时间长短及借款人资信，再加不同幅度的附加利率来确定，通常在 0.25‰～0.5‰。

## 五、欧洲货币市场的作用及影响

### (一) 欧洲货币市场的积极作用

欧洲货币市场作为真正意义上的国际金融市场，将各国金融市场结合成一个整体，提高了资本的使用效率，这主要体现在三个方面。第一，在欧洲货币市场上通过银行的中介作用，吸收短期资金，贷放长期资金，解决了存短放长的矛盾。据统计，在欧洲货币市场的资金来源中，90%以上是一年以下的短期资金，而在资金的运用中，一年以上的货币却达 20%。第二，在欧洲货币市场上借贷的主要是国际上通用的少数几种可以自由兑换的货币，如美元、瑞士法郎、日元、英镑等，在资金来源和使用上币种不同的矛盾得以解决。第三，在欧洲货币市场上，存款利率通常比货币发行国高，贷款利率通常比货币发行国低，这是欧洲货币市场高效率的最重要体现。通过欧洲货币市场转移的资本在以下几个方面对世界经济起到积极的作用。

(1) 欧洲货币市场为国际贸易融资提供了充分的资金来源，在一定程度上满足了各国对外贸易对国际结算支付手段日益增长的需求，促进了国际贸易的飞速发展。

(2) 促进了某些工业国家的经济增长和发展中国家的经济发展。20 世纪六七十年代，日本、德国、意大利等工业国经济迅速发展，国内资金不能满足需要，它们都通过欧洲货币市场借入大量的欧洲美元，欧洲货币市场成了这些国家经济高速增长所需的巨额资金的重要补充来源。20 世纪 70 年代中期后，发展中国家逐渐进入欧洲货币市场，成为欧洲货币市场的重要角色之一。发展中国家为了发展本国经济和文化，需要大量外汇以引进先进的设备和技术，由于欧洲货币市场借贷方便，成本低，贷款的使用不受限制，欧洲货币市场成了它们取得外资的主要来源之一。

(3) 缓和了国际性的国际收支矛盾。欧洲货币市场的短期资金流动方便、快捷，从而为国际收支顺差国提供了投放外汇储备的场所，也为逆差国提供了借入资金的场所，特别是为石油出口国和非石油出口国的国际收支调节发挥了重要的媒介作用。

### (二) 欧洲货币市场的消极影响

由于欧洲货币市场交易规模大，又不受任何国家法律的管制、约束，不可避免地存在以下几个方面的消极影响。

(1) 增大了国际金融市场借贷风险。欧洲货币市场的资金来源中，短期资金和同业拆借资金占相当比重，银行对这些短期资金随时有偿付义务，而欧洲货币市场的放款多数是中长期的，一旦借款人违约，就会造成很大损失，甚至导致银行破产。

(2) 加大了主要储备货币之间汇率波动的幅度，加剧了金融市场的动荡。在规模巨大、经营自由、以短期资金为主体的欧洲货币市场上，套汇、套利活动十分活跃，大量资金通过这类活动在几种货币之间频繁移动，往往使汇率、利率发生剧烈波动，加剧了外汇市场的动荡，增加了外汇交易的风险，影响国际金融的稳定。

(3) 影响有关国家国内货币政策的实施。对于参与欧洲货币市场的国家来说，如果对欧洲货币依赖过深，将会在一定程度上影响本国货币政策的功效。当一国单独提高利率，实行紧缩性货币政策以抑制通货膨胀时，国内银行和工商企业可以从利率较低的欧洲货币市场大量借入资金，削弱或抵消政府紧缩政策的效力。当一国政府实行扩张性货币政策，降低利率以刺激本国投资、推动经济增长时，国内银行和工商企业将资金从国内转移到利率较高的欧洲货币市场，结果资金大量流出，使国内利率无法降低。20 世纪 60 年代美国政府曾经提高利率，试图抑制通货膨胀，美国银行从欧洲货币市场借入大量美元贷给工商企业，使政府的紧缩政策落空，便是一例。

(4) 欧洲货币市场信用膨胀增加了世界通货膨胀的压力。由于欧洲货币市场的借贷活动使一国的闲散资金变成了另一国的货币供应量，使市场的信用基础扩大。另外，在欧洲货币市场上，大量游资冲击金价、汇率和商品市场，也不可避免地影响到各国的物价水平，导致输入性通货膨胀。因此有人认为，欧洲货币市场对 20 世纪 60 年代后期和 70 年代初期世界性通货膨胀起了推波助澜的作用。

由于上述消极影响，早在 20 世纪 60 年代后期，西方国家的金融当局和一些经济学家就提出要对欧洲货币市场进行管制，但各国立场不同，对要不要管制及如何管制持有不同的观点。以英国为首的市场所在国和对市场依赖程度较大的石油进出口国反对管制该市场，因为伦敦作为欧洲货币市场的中心给英国带来了很多好处。伦敦为了保护它从该市场所获得的既得利益而反对管制，石油进口国和石油出口国为平衡国际收支，经常需要在欧洲市场上借贷。美国则坚决主张管制该市场，因为美元是欧洲货币市场的主体，该市场的消极作用对美国影响最大，所以长期以来，美国一直寻求达成管制欧洲货币市场的国际协议。西欧国家及日本赞成对欧洲货币市场进行管制，但行动不太积极，这些国家的货币都是欧洲货币市场的交易对象，该市场的资金的运动对这些货币也有相当的冲击，但由于受冲击的影响严重程度远远不如美元，到目前还很少采取实际行动。由于各国意见不一，直到目前，还没有哪个国家真正管理欧洲货币市场的业务活动。尽管也有一些措施，如 1971 年国际清算银行成员在巴塞尔达成协议，它们的中央银行将不再继续在欧洲货币市场安排存款；国际货币基金组织试图设立"替换账户"把欧洲货币市场的美元储备存入该账户以逐步缩小欧洲货币资金规模等一系列措施。但是，这些措施并未有效地贯彻实行。于是，美国在 20 世纪 80 年代初设立了"国际银行便利"(International Banking Facilities, IBF)，批准在纽约、得克萨斯、底特律和密歇根等地开放了国际银行自由区，在美国本土从事欧洲货币市场业务，即准许美国银行和在美国的外国银行吸收外国居民、外国银行和公司的存款，并向外国居民、外国企业及美国公司在国外的分公司贷款。这些存贷款享有与欧洲货币市场同等的优惠条件。可见，美国货币当局试图通过把部分欧洲货币业务吸引到美国本土，以加强对欧洲货币市场的管理和控制。

## 六、亚洲货币市场

### (一) 亚洲货币市场的形成与发展

亚洲货币市场是指亚太地区的银行用境外美元和其他境外货币进行借贷交易所形成的金融市场，是欧洲货币市场在亚太地区的延伸。由于亚洲货币市场交易额 90%以上是美元，因此又称亚洲美元市场。新加坡是亚洲货币市场的交易和结算中心。

1968 年 10 月 1 日，新加坡政府批准美洲银行新加坡分行在银行内部设立一个亚洲货币单位(Asian Currency Unit)，以欧洲货币市场的方式吸收非居民的外币存款，为非居民进行外汇交易及资金借贷等各项离岸金融业务。为防止离岸金融业务冲击国内金融体系，新加坡当局规定亚洲货币单位必须另立单独的账户，不能参与新加坡国内的金融业务。1970 年，新加坡又批准了包括花旗、麦加利、华侨、汇丰等在内的 16 家银行经营离岸金融业务，当年即吸收约 4 亿美元的外币存款，形成了初具规模的亚洲货币市场。此后，亚洲货币市场发展迅速，新加坡作为亚洲货币市场的中心，其交易额每年以 30%的速度增长。

香港金融市场也是亚洲货币市场的重要组成部分。20 世纪 70 年代末以来，中国香港与新加坡激烈争夺亚洲美元资金；1978 年，中国香港放松了外国银行进入中国香港的限制；1982 年2 月，中国香港取消了对外币存款利息收入征收的 15%的预扣税，这对吸引美元存款十分有利，吸引的资金不仅来自新加坡，而且来自巴林、伦敦和纽约等金融中心。

日本东京是亚太地区境外货币的另一重要的交易场所。随着日本经济实力的增强及日元国际化的发展，日本政府自 1984 年以来逐步放松金融管制，东京国际金融中心的地位迅速提高，1986 年 12 月 1 日东京离岸金融市场正式开放。

### (二) 亚洲货币市场的资金来源及业务活动

亚洲货币市场的资金来源主要有：银行同业存款、中央银行的外汇储备、跨国公司暂时闲置的资金、亚太地区企业及私人外币存款。其中，银行同业存款所占比重最大，主要来自欧洲货币市场的跨国银行。1971 年之前，亚洲货币市场的资金，多转移到欧洲，用于该地区的投资；1971 年之后，资金运用的对象主要是美、日等在亚太地区的跨国公司，用于该地区的投资，许多亚太国家的政府为了发展经济或弥补国际收支逆差，则利用这个市场的资金应对国内外货币的大量需求。亚洲货币市场上，短期资产和负债占很大比例，利率随着海外市场利率的变动而变化，一般以纽约、伦敦离岸金融中心的利率为基础。亚洲货币市场资金交易形式包括以下几种。

(1) 短期资金交易，即一年或一年以下的境外货币借贷，其中银行同业借贷占主导地位。贷款中 70%属于银行同业贷款，75%的存款是银行同业存款。

(2) 中期资金交易，期限在 1～5 年，以美元可转让存单为主，具有期限长、面额大和自由转让的特点。

(3) 长期资金交易，指 5 年以上期限的离岸资金借贷，主要采取银团贷款和亚洲美元债券的形式。1983 年以后，债券取代银团贷款成为亚洲货币市场长期资金交易的主要形式。

# 第四节　国际金融创新市场

自 20 世纪 80 年代以来，国际金融市场上的创新金融工具层出不穷，日新月异。交易创新金融工具的国际金融市场就称为国际金融创新市场。这里我们主要介绍下列创新金融工具：票据发行便利，货币互换和利率互换，外币期权和利率期权、外汇期货和利率期货，以及远期利率协议。

## 一、票据发行便利

票据发行便利(note issuance facilities，NIFs)，是一项中期的具有法律约束力的银行与借款人之间的协议，根据协议，在未来的一段时间内由银行以承销连续性短期票据的形式向借款人提供信贷资金，这些票据称为欧洲票据(Euronotes)。如果承销的短期票据不能以协议中约定的最高利率成本在二级市场全部出售，承销银行则必须自己购买这些未能售出的票据，或者向借款人提供等额银行贷款，银行为此每年收取一定的费用。

最具代表性的票据发行便利的承诺期限为 5～7 年，发行的票据可以循环，称为循环承销便利(revolving underwriting facilities，RUFs)，大部分是 3～6 个月到期，有时可达一年。大多数欧洲票据以美元计值，面额常在 50 万美元或更多，主要为专业投资者或机构投资者而不是私人投资者发行。

票据发行便利的优点主要在于把传统的欧洲银行信贷的风险由一家机构承担，转变为多家机构共同分担。由一家牵头银行(leading bank)召集其他多家银行组成一个票据承销集团，投资人或票据持有人只承担短期风险，即短期票据到期无力偿还的风险，而承销集团则承担中长期风险，即投资人不愿购买继续发行的短期票据，银行必须履行提供贷款的义务。这是因为安排票据发行便利的机构或承销银行在正常情况下并不贷出货币，而是在借款人需要资金时提供机制把发行的短期票据转售给其他投资人，并且保证借款人在约定的时期能以同样的方式获得短期循环资金。可见，票据发行便利使借款人可获得成本较低而且连续的资金，使承销银行在无须增加投资的情况下就增加了佣金费用，对借款人和承销银行都有好处。

票据发行便利的借款人承担的费用由两部分构成，即票据发行利率，以及与票据发行便利的安排和经营有关的费用。

票据发行利率视发行时的条件有所不同，第一流信用的借款人通常能按比伦敦同业拆借利率还低的利率来发行票据。与票据发行便利的安排和经营有关的费用包括一次性向安排发行的银行交纳的管理费用和在每期票据融资期满时向承销票据的银行机构支付的发行费用。

由于票据发行便利具有职能分担、风险分散的特点，备受贷款人的青睐，自问世以来，发展迅速，目前已成为国际金融市场上中期信用的一种重要形式。

## 二、货币互换和利率互换

互换(swap)交易是指交易双方按市场行情通过预约，在一定时期内相互交换货币或利率的金融交易，是降低长期资金筹措成本和资产负债管理中防范利率和汇率风险的最有效的金融工具之一。互换交易包括货币互换和利率互换两大类。货币互换，是指交易双方互相交换相同期限、不同币种、等值资金债务或资产的货币的一种预约业务。货币互换在第六章中做了介绍，下面着重介绍利率互换。

利率互换(interest rate swap)，指交易双方将两笔币种相同、本金相同、期限相同的资金，做固定利率与浮动利率(或两种不同浮动利率)的调换。

例如，甲公司在金融市场上容易借到某种货币固定利率的资金，利率为 11.5%，举借浮动利率资金时，需要支付 LIBOR+0.725%的利息。乙公司能借到较为优惠的同种货币浮动利率贷款，利率为 LIBOR+0.125%，举借固定利率贷款时，需要支付 13%的利息。但是，甲公司需要借入浮动利率贷款，而乙公司则需要借入固定利率贷款，债务的本金金额相同。甲公司与乙公司利用各自相对优势，在分别借入固定利率和浮动利率债务后，通过中介银行互相支付利息的利率情况如图 8-1 所示。

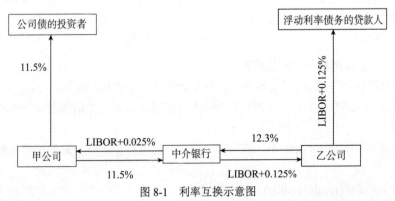

图 8-1 利率互换示意图

若假定利率互换所得好处三方均分，则其结果是：甲公司实际支付利率为浮动利率 LIBOR+0.025%，比直接借入浮动利率债务节省利率 0.7%[(LIBOR+0.725%) - (LIBOR - 0.025%)]；乙公司实际支付利率为固定利率 12.3%，比直接借入固定利率债务节省利率 0.7%(13% - 12.3%)；中介银行得到手续费收入费率为 0.7%。

利率互换主要有两种形式：①息票互换，指固定利率和浮动利率的互换；②基础利率互换，指参考一种利率的浮动利率和参考另一种利率的浮动利率的互换。

互换交易为不同信誉等级、不同国籍的借款人提供了比较均等的筹资机会，打破了信用等级和人为因素的限制，消除了国际金融市场的分割状态，使之成为真正能自由进入的市场。同时，由于互换交易可以作为获得低成本、高收益的资金融通和防范利率、汇率风险的工具，有助于实现企业资产与负债的战略管理。互换交易在 1982 年始创后，发展迅速，到 1986 年全球的互换交易额已超过 2 000 亿美元。目前，互换交易已成为 20 世纪 80 年代以来国际金融市场最大、最重要的一种创新金融工具。

### 三、外汇期权和利率期权

外汇期权在本书第六章中已有详细介绍。这里主要介绍利率期权。

#### (一) 利率期权交易基本原理

利率期权交易就是以利率作为基础资产的期权交易。它的交易原理与外汇期权交易是基本相同的。利率期权也分为看涨期权、看跌期权两种；按照交易方向，交易可分为买入看涨期权、买入看跌期权、卖出看涨期权、卖出看跌期权。它可以用来规避利率波动带来的风险，也可以用来对利率波动进行投机，以获取利润。

#### (二) 利率期权交易的种类

利率期权交易近年来发展很快。在现实中它以多种不同的方式出现，常见的有：利率期货合约的期权交易(即场内交易的利率期权)、银行同业拆借市场间的期权交易(即场外交易的利率期权)、嵌入债券的期权交易等。下面分别进行简单介绍。

### 1. 场内交易的利率期权

常见的场内交易的利率期权包括：长期国债期货期权、中期国债期货期权和欧洲美元期货期权。当利率上升时，债券价格会下降，当利率下降时，债券价格会上升。认为短期利率会上升的投资者可以通过购买欧洲美元期货看跌期权进行投机，而认为短期利率会下降的投资者可以通过购买欧洲美元期货看涨期权进行投机。认为长期利率会上升的投资者可以通过购买中期或长期国债期货看跌期权进行投机，而认为长期利率会下降的投资者可以通过购买中期或长期国债期货看涨期权进行投机。其交易程序与外汇期权交易相同。

### 2. 银行同业拆借市场间的期权交易

银行同业拆借市场间的期权交易的三种基本利率期权形式具体如下。

(1) 利率上限期权(cap option)，或称封顶期权。它通过锁定一个最高利率来规避利率上升的风险。

(2) 利率下限期权(floor option)，或称保底期权。它通过锁定一个最低利率来规避利率下降的风险。

(3) 利率双限期权(collar option)，或称领子期权。它相当于一个利率上限期权和一个利率下限期权的组合。其功能是规避利率大幅波动的风险。

### 3. 嵌入债券的期权交易

有些债券本身就包含了看涨期权和看跌期权。例如，一个可赎回债券(callable bond)包含了允许发债公司在未来某时间以预先确定的价格购回债券的条款。这相当于债券的持有者出售给发行者一个看涨期权。这个看涨期权的价值体现在债券的收益率上，因此附有购回条款的债券给投资者提供了一个比投资于没有购回条款的债券更高的收益率。一个可退还债券包括允许持有者要求在未来某一时间以预定价格提前收回现金的条款。这种债券的持有者不仅购买了债券还购买了债券的看跌期权。由于看跌期权增加了债券持有者的价值，附有退还条款的债券提供的收益率比没有退还条款的债券的收益率低。

利率期权交易在近年来也同利率期货一样，合同到期时，买卖双方并不真移交金融资产，而是用现金来结算双方的盈亏。比如利率期权合同的买卖双方可能商定在未来特定时期内，如果指定的市场利率超过或低于合同中约定的水平，那么期权合同的卖方将向买方支付利息增加的金额，所以利率期权合同可以为发行浮动利率票据的筹资人提供利率波动增加借款成本的保险。

## 四、外汇期货和利率期货

### (一) 金融期货的概念

外汇期货和利率期货都属于金融期货。金融期货是指交易双方在金融市场上以约定的时间和价格买卖某些金融投资工具的合约。金融期货交易的金融投资工具不是一般商品，而是外汇、债券、存款单、股票等金融资产。一般来讲，金融期货交易很少用于实际投资和融资的到期交割。

金融期货交易在指定的交易所内以公平合理的交易价格完成，其交易的期货合约都是标准化的；同时，每家期货交易所都有一家结算所配合，来保证买卖双方对合约的履行。除了设立结算所以确保履约交割外，交易所还规定了保证金制度和每日结算制度以维护市场交易的秩序。

金融期货市场的最大特征就是交易和运作的程序化。

## (二) 金融期货市场的功能

### 1. 避险功能

金融期货最原始的目的，在于为金融证券的持有者或使用者提供转移价格变动风险的工具。避险者预先在现货市场买进或卖出某种金融证券，同时在期货市场上卖出或买进期货合约，以期货盈利来抵补现货亏损，从而达到规避风险的目的。对套期保值者来说，参与金融期货市场不是为了赚取利润，而是要在价格上得到保证，更准确地说，通过套期保值来转移价格风险。

### 2. 价格发现功能

期货价格是由买卖双方公开竞价决定的。在金融期货市场，买卖双方以公开、透明的估价方式进行交易，并且在交易完成时立即将成交价格通过电信媒体传输到各地。期货交易达成的价格，可以说是一个真正反映买卖双方意愿、需求的价格。因此，金融期货市场自然成为决定金融证券价格的场所，成交价格也就成为买卖的标准。

### 3. 投机功能

投机者是以从期货市场的价格波动中获取收益为目的、在市场上愿意承担风险的交易者。期货市场由保值者(即避险者)与投机者所组成，保值者一般不愿意承担价格变动风险，而投机者却有能力而且愿意承担风险。仅有避险者的外汇期货市场很难顺利运转下去，而仅有投机者的期货市场则有可能招致市场的不稳定。只有避险者参与的市场，或者只有投机者参与的市场，都无法产生具有经济功能的期货市场。当然，如果投机者控制交易的数量大大超过了避险者转移价格风险所需要的量，则期货市场的流动性会大大降低，甚至导致期货市场的崩溃。

### 4. 收集和发布信息功能

金融期货市场上关于价格、成交量、市场参与者的预期等信息的公开促进了竞争。期货市场比现货市场更全面地反映了所有市场信息，这一优势源于期货市场的参与者往往多于现货市场的参与者。市场价格信息的充分揭示，使得社会资源能够得以更充分、更有效地发挥和运用。

外汇期货在本书第六章中已有详细介绍，下面介绍利率期货。

## (三) 利率期货

利率期货是对未来发生的一笔期限固定的名义存款交易，事先确定在未来存款期内适用的固定利率和成交条件。买入一份利率期货合约，等同于进行存款；卖出一份利率期货合约，等同于提取存款或借款。

利率期货合约根据基础资产证券期限的长短，可分为两类：短期利率期货合约和中长期利率期货合约。前者是指基础资产证券的期限不超过一年的利率期货合约，如短期国库券期货合约、欧洲美元期货合约、定期存单期货合约等。中期利率期货合约是指基础证券期限在 1～10 年的利率期货合约，如 5 年期美国国库券期货合约。长期利率期货合约则是指基础证券期限在 10 年以上的利率期货合约，如长期国库券期货合约。短期利率期货和中长期利率期货虽都属于利率期货，但两者在报价与交割方面有所不同。几种有代表性的短期利率期货合约和中长期利率期货合约的特点分别如表 8-1 和表 8-2 所示。

表 8-1 国际货币市场(IMM)短期利率期货合约的特点

| 合约名称 | 90 天国库券期货 | 90 天大额存单期货 | 3 个月欧洲美元期货 |
|---|---|---|---|
| 交易单位 | 100 万美元 | 100 万美元 | 100 万美元 |
| 最小变动价幅 | 0.01%(即 1 个基点) | 0.01%(即 1 个基点) | 0.01%(即 1 个基点) |
| 价格变动最小值 | 25 美元 | 25 美元 | 25 美元 |
| 合约月份 | 3、6、9、12 | 3、6、9、12 | 3、6、9、12 |
| 交易时间 | 芝加哥时间 8 点~14 点 | 芝加哥时间 7 点~14 点 | 芝加哥时间 7 点 20 分~14 点,最后交易日交易截止于 9 点 30 分 |
| 最后交易日 | 交割日之前一营业日 | 交割日之前一营业日 | 交割月份第三个周三往回数第二个伦敦银行营业日 |
| 交割日 | 交割月份中一年期国库券还余 13 周的第一天 | 交割月份的 15 日至月底 | 最后交易日 |

表 8-2 芝加哥交易所(CBOT)中长期利率期货合约的特点

| 合约名称 | 5 年期国库券期货 | 10 年期国库券期货 | 长期国库券期货 |
|---|---|---|---|
| 交易单位 | 10 万美元面值国库券 | 10 万美元面值国库券 | 10 万美元面值国库券 |
| 最小变动价幅 | 1/64 个百分点 | 1/32 个百分点 | 1/32 个百分点 |
| 价格变动最小值 | 15.625 美元 | 31.25 美元 | 31.25 美元 |
| 合约月份 | 3、6、9、12 | 3、6、9、12 | 3、6、9、12 |
| 交易时间 | 芝加哥时间 7 点 20 分~14 点 | 芝加哥时间 7 点 20 分~14 点 | 7 点 20 分~14 点(交易池),17 点 20 分~20 点 5 分,22 点 30 分~6 点(环球交易所交易) |
| 最后交易日 | 交割月份最后营业日往回数第八个营业日 | 交割月份最后营业日往回数第七个营业日 | 交割月份最后营业日往回数第七个营业日 |
| 交割等级 | 最近拍卖的 5 年期国库券,特别以原偿还期不超过 5 年 3 个月且剩余有效期限从交割月第一天算起仍不少于 4 年 3 个月的中期国库券最好 | 从交割月份第一天算起剩余有效期限至少 6.5 年,但不超过 10 年,标准利率为 8%的中期国库券 | 剩余有效期限或不可赎回期限至少 15 年,标准利率为 8%的长期国库券 |

## 五、远期利率协议

远期利率协议(forward rate agreement,FRA)是管理远期利率风险和调整利率不相匹配的创新金融工具之一。国际货币市场上利率波动频繁,难以预测,资金的借贷者经常暴露在利率波动的风险之中。远期利率协议为资金的借贷者提供了规避利率波动风险的手段,它允许借贷双方锁定将来某一时段借贷一定期限的资金的利率。

比如,某美国公司 3 个月后将有一笔美元收入,打算用其进行 6 个月期的投资,但预计受金融危机影响,美元利率有可能下降,于是决定卖出 1 份 3×6 的 100 万美元的远期利率协议。3 个月后,如果美元利率真下降了,它将得到一笔利息收入,恰好弥补利率波动的损失。这样就能保证 3 个月后获得稳定的投资收益。

概括地说,远期利率协议是一种远期合约。买卖双方约定在将来某一时点借贷一定期限的一定量资金的协议利率,并选定一种市场利率作为参考利率(结算利率)。在清算日,由交易中的一方当事人向另一方当事人支付协定利率和参考利率差额的现值。如果市场利率高于协定利率，由卖方支付；反之，由买方支付。这里，"买方"和"卖方"是交易的当事人。卖方名义上同意向买方贷出一定数额的贷款。

买方是名义的借款人。如果利率走低，买方必须以事先约定的利率支付利息；如果利率走高，他就可以受到保护。因为他依然以事先约定的利率支付利息，可以有效地防范利率升高造成的借款成本的上升。远期利率协议的买方有可能出于两种动机使用远期利率协议：他可能确有借款的要求，应用远期利率协议作为保值的工具；可能他的基础资产根本就没有面临利率风险，他运用远期利率协议纯粹是为了对利率上涨进行投机。

卖方是名义的贷款人。如果利率下跌，远期利率协议的卖方受到保护；如果利率上升，他依然以事先确定的利率收取利息，这就隐含了某种机会成本。远期利率协议的卖方有可能出于两种动机使用远期利率协议：他可能确实面临利率下跌可能造成损失的风险；他可能并不存在基础资产面临利率风险的问题，他应用远期利率协议纯粹是为了对利率下跌进行投机。

这里强调"名义"的概念，因为在远期利率协议条件下，并没有实际的借贷行为发生。它发挥防范利率风险的功能是通过"结算差额"的方式进行的。当远期利率协议到期时，如果约定利率与市场利率有差异，就由一方向另一方支付差额；如果没有差异，就没有任何交易发生。

远期利率协议的交易最初于1983年出现在瑞士的金融市场上，并且发展很快，到1984年底，伦敦金融中心已经形成了远期利率协议的银行间交易市场。不久，这一金融工具就被欧洲和美国的市场参与者广泛接受，交易量不断增加。为了规范这一产品的交易行为，1985年英国银行家协会(British Bankers' Association，BBA)与外汇和货币存款经纪人协会(Foreign Exchange & Currency Deposit Brokers Association，FECDBA)一同颁布了远期利率协议的标准化文本，称为《英国银行家协会远期利率协议》(简称 FRABBA)。这一标准化文本对远期利率协议的交易内容和规则进行了详细的说明和解释，推动了这项产品的规范化发展，大大提高了交易的速度和质量，并且有效地降低了交易成本和信用风险。这一标准化文本已被市场广泛采用。

## 复习思考题

1. 国际金融市场的形成必须具备哪些条件？
2. 什么是欧洲货币市场？其主要特点是什么？
3. 简述国际金融市场的作用。
4. 国际金融市场上的创新金融工具主要有哪些？

## 练习题

### 1. 判断题
(1) 欧洲货币市场的地理界限仅限于欧洲。　　　　　　　　　　　　　(　　)
(2) 亚洲货币市场是与欧洲货币市场不同的市场。　　　　　　　　　　(　　)
(3) 货币市场是指资金的借贷期限在一年以内的交易市场。　　　　　　(　　)
(4) 世界上五大黄金市场是伦敦、苏黎世、纽约、芝加哥和新加坡。　　(　　)
(5) 20世纪60年代美国银行业管理的M条例的管制造成了脱媒现象。　(　　)

### 2. 选择题
(1) 对居民和非居民业务实行内外分离的离岸国际金融市场有(　　　)。
　　A. 伦敦　　　　B. 纽约　　　　C. 新加坡　　　　D. 东京　　　　E. 中国香港

(2) 货币市场的信用工具多种多样，例如( )。

    A. 国库券                 B. 大额存单              C. 联邦基金

    D. 商业票据               E. 股票

(3) 下列金融工具中，在国际金融创新市场上交易的是( )。

    A. 利率互换                B. 票据发行便利       C. 远期利率协议

    D. 外汇远期               E. 利率期权

(4) 金融期货市场的功能有( )。

    A. 投机功能                B. 避险功能             C. 价格发现功能

    D. 无限扩大盈利的功能     E. 收集和发布信息功能

(5) 下列关于欧洲货币市场的说法，正确的有( )。

    A. 增加了世界通货膨胀的压力

    B. 加剧了国际性的国际收支矛盾

    C. 影响了有关国家国内货币政策的实施

    D. 加剧了金融市场的动荡

    E. 为国际贸易融资提供了充分的资金来源

# 第九章

# 国际金融机构

## 第一节 国际金融机构概述

### 一、国际金融机构的概念和类型

#### (一) 国际金融机构的概念

国际金融机构是指为协调各国间的货币政策，实现国际货币金融合作而建立起来的从事国际金融经营和管理等业务活动的超国家性质的金融组织。国际金融机构多数以银行的形式出现，也有的采用基金、协会、公司等形式。

#### (二) 国际金融机构的类型

国际金融机构可从三个不同的角度分类。

(1) 按资本来源，国际金融机构可分为由政府出资建立的国际金融机构(如国际经济合作银行)、私人集资兴办的国际金融机构(如西方国家的跨国银行)和由政府资本及私人资本合办的国际金融机构(如亚洲开发银行)。

(2) 国际金融机构按地区划分，有全球性金融机构和区域性金融机构。全球性金融机构中最重要的是国际货币基金组织和世界银行集团，它们对加强国际金融合作与稳定国际金融局势有重大的作用。区域性金融机构，包括两种情况：一种是联合国附属的区域性金融机构，有区域外的国家参加，如非洲开发银行、美洲开发银行；另一种是某一地区的一些国家建立的真正区域性的金融机构，如亚洲基础设施投资银行、阿拉伯货币基金组织、欧洲投资银行、西非发展银行等。

(3) 国际金融机构按业务职能划分，有主要从事国家间金融事务协调和监督的国际金融机构、主要从事各种期限信贷的国际金融机构和主要从事国际结算业务的国际金融机构。

### 二、国际金融机构的产生和发展

第一次世界大战爆发以后，国际货币金融格局发生了重大变化。由于资本主义发展不平衡，帝国主义国家之间的矛盾日益尖锐化，于是客观上要求利用国际组织来控制或影响别国，以达到侵略扩张的目的。同时，伴随战争而来的通货膨胀的急速发展与国际收支逆差的严重恶化，使多数资本主义国家在货币、外汇和国际结算方面困难重重，希望借助国际力量来解决问题。

在这一形势下，1930 年 5 月，第一次世界大战的战胜国集团为处理战后德国赔款的支付及协约国之间的债务清算问题，由美国摩根财团和英国、法国、意大利、德国、比利时、日本等国的中央银行在瑞士巴塞尔成立了国际清算银行，这是建立国际金融机构的开端。不过这时的国际清算银行的参加者主要是一些欧洲国家，还不具有普遍性，作用也非常有限。

1929—1933 年的世界性经济危机和随后爆发的第二次世界大战使金本位制度走向崩溃，各国普遍实行了纸币流通制度，并直接推行通货膨胀政策，各国货币竞相贬值且愈演愈烈，外汇管制盛行，信用制度动摇，国际收支恶化，世界金融状况陷入严重的危机。战后众多国家迫切希望建立全球性的国际金融机构，以摆脱金融困境，促进恢复经济，发展生产。同时，在两次世界大战中积累了巨额财富的美国也打算利用国际金融机构来维持其既得利益，冲破其他国家的经济防御壁垒，在金融贸易领域进一步扩大市场，称霸世界。于是，在美国的积极策动下，根据布雷顿森林协定的精神，先后成立了国际货币基金组织、国际复兴开发银行(世界银行)、国际开发协会和国际金融公司 4 个全球性的国际金融机构。20 世纪 50 年代以后，欧洲、亚洲、非洲、拉丁美洲、中东等地区的国家为抵制美国对国际金融事务的控制和操纵，通过互助合作方式，建立起区域性的国际金融机构，以适应本地区的实际需要，谋求本地区各国经济的协调发展，这些区域性的国际金融机构包括欧洲投资银行、亚洲开发银行、非洲开发银行、美洲开发银行、亚洲基础设施投资银行和阿拉伯货币基金组织等。

### 三、国际金融机构的作用

自国际金融机构建立以来，其在加强国际合作及发展国际经济方面起到一定的积极作用，具体表现在：

(1) 提供短期资金，调节国际收支逆差，在一定程度上缓和了国际支付危机；

(2) 提供长期建设资金，促进了发展中国家的经济发展；

(3) 稳定汇率，有利于国际贸易的增长；

(4) 调节国际清偿能力，创造新的结算手段，解决不少国家国际结算手段匮乏的矛盾。

但是，我们也应该看到，国际金融机构的活动仍具有一定的局限性，几个全球性的国际金融机构仍在几个资本大国的控制之下，贷款条件比较苛刻，不符合发展中国家的利益。另外，有些国际金融机构往往通过贷款过多干预了发展中国家的财经政策和发展规划，在某种程度上妨碍了这些国家民族经济的自由顺利发展。

# 第二节 国际货币基金组织

## 一、国际货币基金组织的概况

### (一) 国际货币基金组织的成立

1944 年 7 月，参加筹设联合国的 44 个国家的代表在美国新罕布什尔州的布雷顿森林召开联合国货币金融会议，通过了《国际货币基金协定》等一系列协定，根据这些协定成立了国际货币基金组织(International Monetary Fund，IMF)、世界银行集团(World Bank Group)、关税与贸易总协定<sup>①</sup>(General Agreement on Tariffs and Trade，GATT)等国际机构。这三个机构共同构成第二次世界大战后国际经济秩序的三大支柱。

　　根据《国际货币基金协定》，国际货币基金组织于 1945 年 12 月 27 日正式成立，1947 年 3 月 1 日开始业务活动，总部设在华盛顿，同年 11 月 15 日成为联合国的一个专门机构，但在经营上有其独立性。截至 2022 年 8 月，有成员 190 个(其中创始成员 35 个)，成员包括所有工业化国家、绝大多数发展中国家和大部分正在从计划经济向市场经济转轨的国家。中国是国际货币基金组织的创始国之一，于 1980 年 4 月 18 日恢复在国际货币基金组织的合法席位。

### (二) 国际货币基金组织的宗旨

　　国际货币基金组织的宗旨是：

　　(1) 通过设立一个就国际货币问题进行磋商和合作的常设机构，促进国际货币合作；

　　(2) 促进国际贸易的平衡发展，并借此提高和保持高的就业率和实际收入水平，开发所有成员的生产性资源，以此作为经济政策的主要目标；

　　(3) 促进汇率的稳定，保持成员之间有秩序的汇兑安排，避免竞争性汇率贬值；

　　(4) 协助建立成员之间经常性交易的多边支付体系，取消阻碍国际贸易发展的外汇限制；

　　(5) 在有充分保障的前提下向成员提供暂时性的资金融通，以增强其信心，使其有机会在无须采取有损于本国和国际繁荣的措施的情况下，纠正国际收支平衡；

　　(6) 缩短成员国际收支失衡的时间，减轻失衡的程度。

　　为实现上述宗旨，国际货币基金组织的直接目标是维持汇率的稳定，防止各国货币竞相贬值，废除各种形式的外汇管制，提供平衡国际收支的短期资金融通。

### (三) 国际货币基金组织的组织结构

　　国际货币基金组织的最高权力机构是理事会(Board of Governors)，由成员各派理事 1 名和副理事 1 名组成，理事和副理事由各国的中央银行行长或者财政部部长担任。理事会每年秋季举行定期会议，其主要职能是接纳新成员，决定或调整成员的基金份额，分配特别提款权及其他有关国际货币制度的重大问题。执行董事会(Executive Board)是国际货币基金组织负责处理日常事务的常设机构，该机构由 24 名成员组成，其中，美国、日本、中国、德国、英国、法国和沙特阿拉伯各指派 1 名，其余 17 名由包括若干国家和地区的 17 个选区各选派 1 名，每两年改选 1 次。董事会另设主席 1 名，主席即为国际货币基金组织总裁，总裁是国际货币基金组织的行政首脑，每 5 年选举 1 次。总裁在通常情况下不参加董事会的投票，但当双方票数相等时，总裁可投一票决定结果。

## 二、《国际货币基金协定》的主要内容

　　《国际货币基金协定》是第二次世界大战以来世界范围内最重要的国际公约之一，由其所形成的国际货币体系构成目前国际货币秩序的基础。尽管自《国际货币基金协定》成立以来，国家间的货币金融关系已经发生了巨大的变化，《国际货币基金协定》自身也经过了三次修改，但该协定所确立的基本宗旨并未发生变化，由其所反映的国际货币金融合作的发展趋势也未发生变化。这里着重介绍协定中关于成员外汇管制的限制、成员汇率安排和基金份额等内容。

---

　　① 关税与贸易总协定于 1999 年更名为世界贸易组织，英文名称为 World Trade Organization，简称 WTO。

### (一) 限制外汇管制的义务

国际货币基金组织的基本宗旨之一是协助建立成员经常性交易的多边支付制度，帮助消除妨碍世界贸易发展的外汇管制。据此，《国际货币基金协定》第 8 条和第 14 条规定了成员负有取消和限制外汇管制的义务。

#### 1. 外汇管制

外汇管制是指一国政府为了平衡国际收支和维持汇价而对外汇交易和流动实行一定限制的制度。世界上大多数国家均曾实行过外汇管制制度，并且目前许多国家仍在实行不同程度的外汇管制制度。我国自 1996 年 7 月 1 日起取消了对经常项目下的外汇兑换的大部分管制，实行经常项目下有条件的外汇可兑换，但对资本项目下的外汇兑换和流动仍采取严格的外汇管制。

各国所采取的外汇管制手段不尽相同，但在现代国家中，此种外汇管制手段通常是指通过间接调整手段以外的一系列措施，管制外汇的持有、兑换、使用和流动。这通常包括以下内容：

(1) 通过强制制度，限制一国境内的机构与居民持有和兑换外汇，强制将其取得的外汇售卖于或存储于指定的外汇银行；

(2) 对于外汇兑换和交易(特别是买汇)采取非商业性的许可限制或审批程序限制制度；

(3) 采取歧视性汇兑政策或多重汇率制度；

(4) 禁止或者限制外币、黄金或外汇票据在一国境内流通、使用、抵押，取消商业性的以外汇为支付手段的市场；

(5) 限制将外汇、本币和黄金汇出或携带出本国国境。

除此之外，许多发展中国家所采取的外汇管制制度往往还具有规则含混与公开性差的特点，以扩大外汇管制的弹性。

严格的外汇管制可在一定程度上使一国经济不受外来因素的影响，有利于保障本国国际收支的平衡，但就整体和长远来看也有一系列不利之处：首先，在严格的外汇管制条件下，国际贸易所要求的外汇支付、票据支付、多边结算手段均受到限制，这就限制了贸易方式，缩小了本国国际贸易的范围。其次，在严格的外汇管制条件下，由于供求受到限制和扭曲，外汇汇率无法根据真实的供求关系波动得到合理的调整，这实际上取消了市场含义的汇率制度，其汇率主要是靠行政力量和事后统计手段确定的，这就难免发生与国际汇率体系脱节、汇率调整滞后于市场要求的情形，影响本国对外贸易与经济的发展。再次，严格的外汇管制必然会影响到一国吸收境外直接投资和借贷国际资本的条件，对吸引外资造成不利影响，并实际否定了以外汇为基础的避险性金融衍生产品存在的必要。最后，严格的外汇管制不利于建立正常的国际货币关系与国际货币合作体系，有悖于国际经济一体化与国际金融合作的方向，同时也不利于一国的外贸结算制度、《票据法》制度与资本流动制度的合理化发展。

#### 2. 第 8 条款成员的义务

根据《国际货币基金协定》第 8 条的规定，成员未经基金组织批准，不得对贸易和非贸易等国际收支经常性交易项目的外汇兑换、支付和清算实行限制；不得采用歧视性的差别汇率措施和实行复汇率制度；任何成员对其他成员在经常性交易中积存的本国货币，在对方为支付经常性交易而要求兑换时，应用外汇或对方的货币换回；各成员应当向基金组织提供规定的有关金融和经济的信息。该条义务甚至被称为成员的一般义务。在国际货币基金组织成员接受此条规定的义务，取消其外汇管制后，就成为所谓"第 8 条款成员"，该国的货币将被基金组织视为"可自由兑换货币"。目前，已有 70 多个基金组织成员接受了第 8 条规定的义务(主要为工业发达国家)。

《国际货币基金协定》第 8 条第 2 款至第 4 款所规定的成员义务主要包括以下内容。

(1) 该类成员非经基金批准，不得对经常性国际交易项下的外汇兑换、支付或资金移转实行限制或拖延兑付，不得限制非居民将其近期取得的经常性国际交易的盈余进行转让，也不得限制其本国居民向非居民或外国人以外汇进行经常性交易。

(2) 该类成员非经基金批准，不得实施或允许其机构做出歧视性货币安排或者执行多种汇率制度(买卖价差超过 2%)，已有的涉及多种汇率或歧视性汇兑限制的政策措施均不得付诸实行。

(3) 该类成员负有购回其本国货币的义务，当其他成员在经常性国际交易中积存该国本币并且要求兑换时，该类成员有义务以外汇或对方的货币购回其本币。

(4) 在特殊情况下或紧急情势下，该类成员经申请基金组织批准或事后批准，可以对经常项目下的外汇支付采取某些限制性措施，也可以采取合理的多种汇率制度。凡未经基金组织批准而实施有悖于上述规则的外汇管制的成员，将被视为违反基金协定，基金组织可根据情节予以制裁。

### 3. 过渡性安排

国际货币基金组织的许多成员目前并未接受协定第 8 条的义务，这些国家在加入基金组织时即选择接受协定第 14 条第 2 款规定的"过渡性安排"之义务。依此规定，该类成员在加入基金组织后，将继续保留或依情势的变迁改变其对经常性国际交易支付与货币移转的限制。按照基金组织的原意，协定第 14 条仅在第二次世界大战后的过渡期内允许成员维持和施行某种临时性外汇限制措施，并且此类成员应每年与基金组织磋商，即所谓"第 14 条磋商"，但这一条款后来被持续沿用至今。目前，接受第 14 条过渡性安排义务的成员除少数发达国家外，主要为发展中国家。

根据协定第 14 条第 2 款和第 3 款的规定，接受过渡性安排义务的成员应当遵循以下基本规则。

(1) 该类成员在接受基金宗旨的基础上，可以保留其在加入基金时即已存在的对国际交易中外汇兑付和移转的限制，也可以依情势变迁修正这类限制制度，并且该项限制制度的实施无须得到基金组织的批准。

(2) 该类成员在计划对经常性国际交易的外汇兑付和转移制度增加新的限制时，必须依协定第 8 条规定的程序，申请基金组织批准，实践中区别新增限制和修正原有限制较为困难，原则上应从限制措施的新颖性、实用效果和限制作用几方面来考虑。

(3) 该类成员有义务不断审查其外汇政策是否与基金的根本目标相符，有义务每年与基金组织磋商审核其外汇管制措施是否仍有必要，并且有义务在具备条件时取消其外汇限制。

从现有的实践看，按照"第 14 条磋商"，基金组织通常通过审核、建议、说服和敦促等方法来协助成员逐步消除不必要的外汇管制政策。这就是说，基金组织与成员首先需审查相关的外汇限制措施的必要性与合理性，考虑取消该限制是否会影响成员的经济发展与国际收支平衡；其次，基金组织往往建议和协助成员制定降低通货膨胀的政策、稳定币值的政策和简化外汇限制的政策，为消除不必要的外汇限制政策提供条件；再次，基金组织依据磋商程序可以说服和敦促成员逐步取消某些外汇限制措施，实施有利于国际多边结算和国际收支平衡的措施；在某些情况下，基金组织还可通过拒绝批准成员的提款申请等手段促使成员取消不必要的外汇限制，以引导成员走向自由兑换。

根据协定的规定，接受第 14 条过渡性安排的成员可在任何时候改为接受第 8 条的义务而成为"第 8 条成员"，但接受第 8 条义务约束后则不能再改为接受过渡性安排。接受过渡性安排的成员完全取消其外汇限制通常需要经过几个阶段：首先，需在基金组织协助下逐步取消有悖于多边国际支付的双边贸易安排，以逐步实现对经常性国际交易的自由外汇兑换；其次，取消经常性国际交易项下的本币兑换和流通限制，以使非居民有权以该本币兑换外汇并实现国际流通；再次，取消对非居民和居民的有差别外汇限制，使居民和非居民不经政府机构批准即可以居住国货币支付经常性国际交易；最后，该成员将无限制地允许本国居民在国际交易中使用和兑换外汇。然而从目前的实践来看，相当一部分发展中国家更愿意接受"第14条磋商"，在事实上遵循协定第8条的规则，但并不在法律上正式接受第8条之义务。

#### 4. 经常性国际交易支付

国际货币基金组织的基本宗旨在于实现经常性国际交易支付的自由化。为实现此宗旨，协定第8条和第14条分别规定了基金组织成员负有取消或逐步减少(至少不增加)对经常交易项下外汇管制的义务。

在许多国家中，区分经常性国际交易与资本性国际交易具有一定的意义。根据协定的规定，经常性国际交易支付是指不以移转资本为目的的一切支付，包括但不限于：

(1) 与对外贸易及服务交易有关的一切经常性业务支付；

(2) 日常的及与短期银行信贷相关的支付；

(3) 贷款利息和其他投资所得的支付；

(4) 非巨额债务之偿还；

(5) 用于家庭生活的汇款等。

由此可见，协定对经常性国际交易的概括具有广义性和弹性。在实践中，基金组织还可以通过成员磋商程序来确定某一特定交易是属于经常性交易还是资本性交易。

### (二) 汇率安排

维持有秩序的汇率是国际货币体系的核心内容，也是基金组织成员进行国际货币合作的基本目标。布雷顿森林体系瓦解后，浮动汇率已经成为国际货币关系中长期化的事实，第三次修订后的《国际货币基金协定》则确认了成员在汇率安排上具有一定的自由，并负有相应的合作义务。

#### 1. 协定第4条规定的汇率安排

按照现行协定的规定，基金组织成员在选择汇率制度与确定汇率方面具有相当大的自由，其前提是成员所选择的汇率安排不得与协定规定的成员义务及基金的原则和宗旨相抵触。目前，基金组织成员多采取浮动汇率制(不得为多重汇率)，在确定汇率方面多采取钉住一种货币或一组货币(包括特别提款权)的方式，且不得与黄金挂钩。

根据协定第1条的规定，基金组织对于汇率安排的基本宗旨和原则在于促进汇率的稳定，在各成员之间保持有秩序的汇率安排。为实现此宗旨，协定的第4条第1款和第2款要求各成员在以下4个方面进行合作：①努力引导其经济和金融政策有利于实现有秩序的经济发展和价格的全面稳定；②创造有秩序的和基本的经济金融条件并保持汇率不经常变动的货币制度，努力促进外汇制度的稳定；③避免通过操纵外汇汇率和国际金融制度，妨碍国际收支的有效调整或取得不公平的竞争优势；④执行与保持汇率稳定相符合的外汇政策。应当说，协定的第4条第1款和第2款的上述规定仅仅具有原则性和政策性意义，它们仅为基金组织成员选择汇率制度与汇率政策提供了某种框架和目标。鉴于此，协定的第4条第3款又进一步规定，基金组织有权依据协定所确定的原则和宗旨制定旨在实现第4条第1款和第2款内容的具体原则，以指导成员在汇率制度方面的行为和政策，这些具体原则将由基金理事会以占总投票权85%的多数票投票通过。

有必要说明的是，现行协定对于成员汇率制度的要求不仅具有原则性，而且具有一定的弹性。一般来说，基金组织成员应当在不违背协定原则、条款和基金组织决议的基础上选择实行其汇率制度，这实际上是指有利于金融和经济稳定的汇率制度，是指成员国内金融形势稳定条件下的汇率稳定的制度。但是，如果因成员国内的经济形势或金融形势致使其无法维持汇率的稳定，而不属于不公正地操纵汇率或国际货币关系时，该成员将没有义务维持原有的汇率比价。

### 2. 与汇率相关的义务

协定和基金组织除对基金组织成员的汇率制度提出上述原则性要求外，还通过某些较为具体的规则对成员加以约束，这主要包括成员通报监督规则、汇率磋商程序和限制操纵汇率的规则。

根据协定第 4 条第 2 款的规定，基金组织成员虽可自主选择汇率制度和汇率定值规则，但其有义务向基金组织通报其所采用的制度和规则；当该成员修改其汇率制度(如从钉住汇率改为自由浮动汇率)或汇率定值规则(如所钉住货币的种类或其比例发生变动)时，同样有义务立即向基金组织通报。此项规则意在使成员详尽公开其汇率制度和政策的内涵、标准与干预汇率的条件，以确保基金组织和其他成员对其进行有效的监督。

根据协定第 4 条第 1 款的规定，基金组织执行董事会于 1977 年 4 月 29 日通过了一项旨在避免操纵汇率或国际货币体系的决议。依照避免操纵汇率或国际货币体系决议的规定，基金组织成员有义务避免操纵汇率和国际货币体系，阻碍其他成员对国际收支的有效调整或者不公平地取得优于其他成员的竞争地位。该决议还规定，如果外汇市场紊乱的情势构成对成员货币汇率的短期干扰，为消除这种紊乱的情势，相关成员于必要时应对外汇市场进行干预，并且此项干预应当充分考虑其他成员(包括所涉及外汇的发行国)的利益。这一决议对于协定第 4 条具有解释意义，它已成为基金组织成员确定汇率政策的指导原则，对于成员的汇率政策具有重要的影响。

除上述规则外，协定第 4 条第 3 款规定的磋商程序也是确保成员履行合作义务，实现国际货币汇率制度的有效手段。依该磋商程序，凡涉及有悖于避免操纵汇率或国际货币体系指导原则的事项，或者发生了以下原则性争议时，相关成员应当与基金组织就汇率问题进行磋商：

(1) 某成员长时间、大幅度地对外汇市场进行单一方向的调整时；

(2) 某成员对用于国际收支平衡的官方或半官方的过渡性贷款进行调整时；

(3) 某成员对国际收支项下或经常性交易项下的资金汇兑或资金转移重新增加限制、加重限制或施以长期限制时；

(4) 某成员为实现其国际收支平衡目的而实施对资本国际流动造成不正常的鼓励或打击的其他金融政策时；

(5) 依表面判断，某成员对其汇率的调整和政策改变与起主导作用的经济金融情势不相关，并将影响其竞争能力和资本长期流动的情况时。

应当说，上述磋商程序对于协调成员间的汇率政策，以及督促成员采取合理公平的汇率措施，以实现汇率的稳定均具有重要的作用。

按照基金组织目前的磋商程序，成员之间的有关争议通常按照以下方式处理：

(1) 成员之间的投诉与争议可以正式提交基金理事会列入议程进行审议，也可以提交基金执行董事会审议；

(2) 成员与基金组织或者成员之间对协定条文解释所发生的争议，应当提交基金执行董事会裁决；

(3) 如果执行董事会所审议或裁决的投诉和争议与某一无权单独指派执行董事的成员有关，该成员可以派代表列席会议，执行董事会也可以对该成员提出此种要求；

(4) 与协定解释争议有关的成员对于执行董事会的裁决有不服的，可以在该裁决做出后的 3个月内要求将该争议再提交基金理事会做最后裁决。

### 3. 基金协定附录 C 规定的固定汇率制

经第二次修订的协定除赋予成员选择汇率制度的自由外，还在协定第 4 条第 4 款和附录 C中规定了恢复外汇平价(par value)制度的程序和基本要求，从而使未来在国际货币关系中建立外汇平价制度成为某种可能。

根据协定第 4 条第 4 款的规定，在国际经济条件成熟时，经 85%加权投票赞成，基金组织成员就可以选择采用固定但可以调整的外汇平价安排，恢复固定汇率制，并使附录 C 生效。根据协定附录 C 的规定，基金组织成员依其所采用的固定外汇平价制度，不应以黄金或某一国家的货币为共同指数(通常认为应以特别提款权或类似的货币为基础)。在汇率制度上，基金组织将进一步强化对成员的义务约束；在实行固定平价制度后，各成员应在合理的时间内向基金提交关于本国货币汇率制度的方案，由基金予以审查调整，其中采用固定外汇平价制度的成员有义务保证本国货币的汇率以平价为中心，在附录 C 允许的范围内浮动(目前规定为不超过平价的2.25%)。根据协定第 4 条第 4 款和附录 C 的要求，在实行固定外汇平价制度后，成员有义务制定和执行旨在促进汇率稳定和维持成员间汇率安排的外汇政策，除了解决和避免国际收支的根本不平衡外，各成员原则上不得改变其汇率，尤其不得采取操纵汇率等方式取得不公平的竞争优势。

修订后的协定及附录 C 对于固定汇率制的规定，实质上是在《牙买加协定》签署过程中相互妥协的产物，是美国为取得自选汇率成果所付出的代价，它同时反映了一部分成员试图恢复固定汇率制的愿望。实际上，基金多数成员均清楚，全球范围内的固定平价制度在短期内根本无法实现，而固定汇率制所要求的国际经济条件和技术条件目前也不具备。

### (三) 基金份额

#### 1. 份额的含义、认缴和调整

国际货币基金组织的资金来源于成员的出资份额(quota)，即成员参加国际货币基金组织时向基金组织认缴的一定数额的款项。根据《国际货币基金协定》的规定，创始成员的份额按布雷顿森林公式计算得出，其他成员的份额由理事会决定。份额决定后，成员按 25%以黄金缴纳，75%以本国货币支付。1976 年牙买加会议后，黄金地位发生了变化，份额的 25%不再要求以黄金支付，而是以国际货币基金组织(IMF)规定的储备资产(特别提款权或可兑换货币)缴纳。成员的份额一般每 5 年进行一次普遍检查和调整，1946 年国际货币基金组织成立时的份额总额为76 亿美元。截至 2022 年 8 月底，份额总额为 4 762.72 亿特别提款权。作为最大的成员，美国持有份额为 829.942 亿特别提款权，占总份额的 17.43%。份额的任何变更，需要经 85%的多数票通过。

#### 2. 份额的作用

份额不仅决定各成员出资额的大小，也决定其投票权和利用基金组织资金能力的大小。

1) 投票权

按基金组织的规定，每个成员有 250 张基本票，此外按成员份额每 10 万特别提款权可增加一票，这属于可变的分配票，两者相加即是该国的投票数。可见，份额越大，投票权亦越大。目前，美国拥有投票权 831401 票，占总票数的 16.5%。成员的投票权十分重要，原因有两个。第一，基金组织的许多主要政策和业务决定都需要多数票通过，有些重大问题还规定需特殊多数票才能通过。第二，成员的投票权还决定其在执行董事会中的代表性。因此，美国份额最多，投票权最大。依据重大问题需经过全体成员总投票权的 85%通过才能生效的规定，美国在国际货币基金组织中拥有绝对的否决权。

2) 借款权和特别提款权的分配

成员在国际货币基金组织的借款限额是与其份额密切联系的，份额越大，可借用的款项就越多。例如，根据《备用与扩展安排》(*Stand-By and Extended Arrangements*)，成员每年的借款上限为其份额的 100%，累积上限为其份额的 300%。此外，成员的特别提款权分配也与其份额成正比关系。

总之，份额既决定了国际货币基金组织的融资能力，又决定了各成员在国际货币基金组织的义务、权利和地位。

## 三、国际货币基金组织的主要业务活动

### (一) 资金融通

国际货币基金组织最主要的业务活动之一是向成员提供资金融通，以协助成员改善国际收支逆差的状况。基金组织设有多种类型的贷款，根据不同的政策向成员提供资金。基金组织的贷款对象仅限于成员政府，对成员一般不称借款而称提款，即有权按所缴纳的份额，向基金组织提用一定资金，或称购买，即用本国货币向基金组织申请购买外汇，还款时则以外汇购回本国货币。与一般商业性贷款不同，基金组织的贷款不是针对成员的具体经济项目，而是针对成员的国际收支失衡。在具体操作中，基金组织根据成员的国际收支需要决定贷款的数量并考察成员的调整计划是否有足够的措施纠正国际收支失衡。基金组织的贷款不论使用什么货币，均按特别提款权计值，贷款期限不同，使用的利率也不同，利率随期限的延长而递增，利息用特别提款权支付，同时每笔贷款征收一定的手续费。

基金组织对成员发放的贷款主要有下列几类。

(1) 普通贷款。普通贷款是基金组织最基本的一种贷款形式，主要用于成员国际收支逆差的短期资金需要。贷款期限为 3~5 年，贷款额度最高为成员缴纳份额的 125%。普通贷款由储备部分贷款(reserve tranche drawings)和信用部分贷款(credit tranche)构成。储备部分与信用部分贷款的区别在于，在储备部分贷款下向基金组织借用款项，实际上并未构成对基金组织的债务，因为储备部分贷款的限额为成员份额的 25%，正好等于成员用特别提款权或可兑换货币向基金组织缴纳的份额。成员提用储备部分贷款是无条件的，无须批准，也不付利息。信用部分贷款是储备部分贷款之上的普通贷款，其最高限额为份额的 100%，分为 4 个档次，每档 25%，贷款条件逐档严格，利率逐档升高。

(2) 中期贷款。1974 年 9 月，基金组织设立了中期贷款，目的是向出现以下两种国际收支困难的成员在中期内提供比普通贷款数额更大、期限更长的资金援助，使成员有足够的时间和资金实施适当的调整政策。这两种国际收支困难是：其一，成员在生产和贸易中出现结构性失衡，价格和成本发生较大扭曲，或是生产和交换模式不能完全反映该国的相对优势，造成严重的国际收支失衡；其二，成员的经济出现缓慢增长，国际收支状况疲弱，妨碍实施积极的发展政策。

基金组织提供的中期贷款的限额为成员份额的 140%，但是借款国在提取信用部分贷款和中期贷款后，基金组织持有的该国货币的累积数不能超过份额的 165%。中期贷款安排通常为三年，提款在三年计划安排内分三阶段进行。中期贷款应在提款的第四年半后开始偿还，每半年一次，分 12 次等额进行，十年后全部偿清。成员对外收支状况改善后也可提前偿还。

成员在使用普通贷款后仍不能满足需要时，才能申请使用中期贷款。申请时，需向基金组织提交一份在贷款执行期间的调整规划。规划中要定出调整的政策目标和实现目标将采取的措施。此外，基金组织还要求成员为贷款执行期间的头 12 个月提出一份详细的政策和措施意向报告。以后每年都要提出一份下一个贷款年度的详细计划。在以后每年的计划报告书中，还要对上年度实施的调整计划进行检查和评价。

(3) 补偿和应急贷款(compensatory and contingency financing facility)。该项贷款包括补偿贷款和应急贷款两部分。补偿贷款设立于 1963 年，目的在于向因出口下降而产生的国际收支困难的成员提供资金帮助。这种因出口下降而产生的国际收支困难应是暂时的且是成员无法控制的因素造成的。该贷款虽然所有成员都有权使用，但主要提供给初级产品出口国。提取该项贷款的条件比较松，在该贷款项下提款不超过份额的 50%时，成员只需向基金组织表示愿意与其合作来找出解决本国国际收支问题的适当办法。在该贷款项下提款超过 50%时，成员需向基金组织证实该国实际上正在与基金组织合作。该贷款的偿还一般在提款后第三至第五年这段时间按季进行，如果成员的国际收支和储备状况有了充分改善，则要求其提前偿还。

应急贷款于 1987 年设立，使用应急贷款的条件与补偿贷款条件不同。首先，只有接受备用安排及中期贷款或结构调整贷款的成员，才能申请应急贷款。其次，成员申请使用应急贷款，必须是由于成员无法控制的不利因素造成了国际收支融资净需求的增加。应急贷款的支付为分阶段提取，每次支付不超过份额的 25%。而且，在第一次对贷款进行检查时，如果重新计算的国际收支融资净需求下降，剩余款项将根据余下的额外融资净需求的规模及可使用的贷款限额下调。

(4) 缓冲存货贷款(buffer stock financing facility)。1969 年 6 月设立该贷款，通过提供资金，支持在防止出口价格波动方面采取措施，以期消除影响出口收入的因素，从而缩小出口收入的波动。基金组织向成员提供资金以便它们缴纳已批准的商品安排所需的款项。这些安排包括资助建立商品库存；为缓冲存货机构提供营运费；偿还因建立缓冲存货或进行业务活动所带来的短期债务等。基金组织不能向缓冲存货管理机构直接提供资金，但可通过提供资金给成员使其缴纳所需款项来间接进行。成员可使用这项贷款，贷款额度最高可达其份额的 50%，贷款期限为 3～5 年。

(5) 石油贷款(oil facility)。这是基金组织向由于 1973 年石油涨价而引起的国际收支困难的发达和发展中国家提供的贷款。此项贷款的资金由基金组织从石油生产国和发达国家借入，其利率高于普通贷款利率。石油贷款的发放是暂时性的，到 1976 年 5 月，此项资金已全部贷出，贷款暂告结束。

(6) 信托基金贷款(trust fund facility)。这是基金组织出售黄金所得利润在 1976 年 5 月建立的基金并以优惠条件向较穷的发展中国家提供的贷款。1973 年人均国民收入不超过 300 特别提款权的国家才能借取此项贷款。贷款年利率仅为 0.5%，期限 5 年，每半年归还一次。信托基金除售金收入外，还有直接分到出售黄金利润的某些受益国转让给信托基金的资金及资产投资收入。

(7) 补充贷款(supplementary financing facility)。其于 1977 年 8 月正式发放，用于补充普通

贷款的不足，贷款资金由产油国及发达国家提供。成员的国际收支危机严重，逆差数额较大，需要比普通贷款更大数额和更长期限的资金时，可申请此项贷款，贷款利率为基金组织付给资金提供国利率加 0.2%，三年后则加 0.325%。

(8) 结构调整贷款(structural adjustment facility)。这是 1986 年 3 月基金组织利用信托基金的回流款设立的贷款。其利率、期限及使用资格与信托基金相同，所不同的是贷款条件要求有明显的加强。每个有资格使用结构调整贷款的成员最高可获得相当于其份额 47%的贷款。1987 年底，其又设立"扩大结构调整贷款"(enhanced structural adjustment facility)，贷款最高额度为份额的 250%。

(9) 制度转型贷款(systemic transformation facility)。其于 1993 年 4 月设立，旨在帮助苏联和东欧国家克服从计划经济向市场经济转变过程中出现的国际收支困难，以及其他同这些国家有传统的以计划价格为基础的贸易和支付关系的国家克服因贸易的价格变化而引起的国际收支困难。贷款的最高限额为份额的 50%，期限为 4～10 年。

### (二) 汇率监督

国际货币基金组织设立的目标之一就是保障国际货币体系的有效运转，以促进全球贸易的均衡增长及国际汇兑体系的稳定。因此，根据基金协定，对成员的汇率政策进行严格的监督是基金组织的一项重要的业务职能。

基金组织的成员在制定政策时要承担许多义务，一项总的义务是必须与基金组织的其他成员合作，以促进实现有秩序的汇兑安排与稳定的汇兑制度。成员的经济政策必须有利于物价稳定和经济增长，必须避免采取妨碍国际收支调整和从其他成员取得不公平竞争利益的汇率和其他政策。因此，基金组织既要对国际货币制度进行监督，以保证它的有效运行，又要对每个成员是否履行义务进行监督。为此，成员必须按基金组织的要求提供本国经济、金融数据，并同它就汇率及与此有关的经济政策问题进行磋商。基金组织对成员的监督主要通过磋商和多边监督两种方式进行。磋商是与成员举行会谈，目的是确保成员的对汇率有重要影响的经济政策和结构政策有利于经济的持续、稳定增长和价格稳定。磋商的具体形式是由基金组织工作人员组成一个磋商团定期访问成员，搜集成员经济和金融信息，与官方讨论其宏观经济战略和政策及经济发展的前景。基金组织的多边监督是通过执行董事会一年两次对世界经济发展前景的讨论来进行的。关于世界经济前景的讨论是评价成员，尤其是大的发达国家之间宏观经济政策关系的基础。

### (三) 储备资产的创设

1969 年，国际货币基金组织决定创设特别提款权以补充国际储备的不足。特别提款权于 1970 年 1 月正式发行。特别提款权由基金组织按成员缴纳的份额分配给各成员，分配后即成为成员的储备资产，当成员发生国际收支赤字时，可以动用特别提款权，将其划给另一成员，偿付收支逆差，或用于偿还基金组织的贷款。

## 四、国际货币基金组织与中国

中国于 1945 年 12 月 27 日加入基金组织，是 35 个初始成员之一。中华人民共和国于 1980 年 4 月恢复了在国际货币基金组织的合法席位。此后，我国同基金组织的交往日益增多，合作的领域也不断扩大。

中国人民银行是国务院授权主管基金组织事务的机构。由行长和主管国际业务的副行长担任基金组织的正、副理事。中国人民银行与基金组织建立了良好的合作关系。

中国在基金组织创立时的份额为 5.5 亿美元。1980 年中华人民共和国恢复在国际货币基金组织的合法席位后，份额增至 18 亿特别提款权，1992 年又增至 33.852 亿特别提款权，占基金总份额的 2.5%，在基金组织理事会中的投票权占 2.19%。2001 年 2 月，基金组织理事会批准将中国的份额提高到 63.692 亿特别提款权，占基金总份额的 2.98%。增资之后，中国的投票权为 63 942 票，占基金组织总投票权的比重从 2.19%提高到 2.95%。截至 2020 年 4 月，中国的份额为 304.829 亿特别提款权，占基金总份额的 6.4%，投票权为 306 288 票，占总投票权的 6.08%。

中国于 1996 年 12 月 1 日接受《国际货币基金协定》第 8 条的义务，实现人民币经常项目可兑换，成为国际货币基金组织第 8 条款国。

从 2016 年 10 月 1 日起，人民币被纳入特别提款权货币篮子，在 2022 年 8 月 1 日开始的新一个 5 年周期内，人民币在特别提款权估值篮子中的权重为 12.28%，在美元、欧元、人民币、日元和英镑 5 种成分货币中排第 3 位。

基金组织每年与中国就经济发展和政策问题举行。根据《国际货币基金协定》第 4 条，国际货币基金组织通常每年与成员进行双边讨论。一个工作人员小组访问成员，收集经济和金融信息并与该国官员讨论经济发展情况和政策。回到总部后，工作人员准备一份报告，该报告构成执行董事会讨论的基础。在讨论结束时，总裁作为执行董事会主席总结执行董事们的观点，这份总结转交给该国当局。近年来，中国与基金组织磋商的重点是有关减缓亚洲金融危机对中国的影响，以及促进可持续经济增长的宏观经济政策。其他重要问题包括讨论金融部门、对外部门和国有企业的结构改革。

近年来，中国与基金组织间的技术援助合作迅速发展。自 1990 年以来，基金组织以代表团访问、研讨班、专家访问的形式对中国提供了技术援助。技术援助侧重的宏观经济领域包括：财政政策和税收征管，商业和中央银行立法，货币工具和同业市场的建立，国际收支经常项目可兑换和统一的外汇市场，以及经济和金融统计。基金组织为中国官员提供的培训项目包括：金融分析与规划、国际收支、政府财政、货币与银行、对外资本项目可兑换，以及金融统计的编制方法。此外，中国官员还参加了基金组织在奥地利的维也纳联合学院举办的培训课程和研讨班。最后，中国人民银行与基金组织最近建立了中国—基金组织联合培训项目。这些对于改善中国的宏观政策调控机制，增强宏观政策制定的科学性和实施的有效性起到了积极的作用。

# 第三节　世界银行集团

世界银行集团目前由国际复兴开发银行(International Bank for Reconstruction and Development，IBRD)、国际开发协会(International Development Association，IDA)、国际金融公司(International Finance Corporation，IFC)、多边投资担保机构(Multilateral Investment Guarantee Agency，MIGA)和解决投资争端国际中心(International Centre for Settlement of Investment Disputes，ICSID)5 个成员机构组成，其中前三个机构是金融性机构，后两个是不经营贷款业务具有投资促进性质的非金融机构。

## 一、国际复兴开发银行

国际复兴开发银行是布雷顿森林协议的产物，是与国际货币基金组织紧密联系、互相配合的国际金融机构，简称世界银行，是世界银行集团的核心机构，也是联合国的专门机构之一。

世界银行成立于 1945 年 12 月 27 日，1946 年 6 月开始营业，总部设在美国首都华盛顿。

### (一) 世界银行的宗旨

根据《国际复兴开发银行协定》，银行的宗旨具体如下。

(1) 运用银行本身资本或筹集的资金及其他资源，为成员生产事业提供资金，帮助成员国内建设，促进欠发达国家生产设施和资源的开发。

(2) 利用担保或参加私人贷款及其他私人投资的方式，促进成员的外国私人投资。当外国私人投资不能合理获得时，则在条件适当的情况下，运用本身资本或筹集的资金及其他资源，为成员生产事业提供资金，以补充外国私人投资的不足，促进成员外国私人投资的增加。

(3) 用鼓励国际投资以开发成员生产资源的方式，促进成员国际贸易长期均衡增长，并保持国际收支的平衡，以协助成员提高生产力和生活水平及改善劳动条件。

(4) 在贷款、担保或其他渠道的资金中，保证重要项目和在时间上迫切的项目，不论大小都能优先安排进行。

(5) 在业务中适当地照顾各成员境内工商业，使其免受国际投资的过大影响。

### (二) 世界银行的组织机构与运行

世界银行不是银行，而是一个专门机构。只有国际货币基金组织的成员才有资格申请加入世界银行，截至 2023 年 8 月，世界银行有 189 个成员，中华人民共和国于 1980 年恢复在世界银行的合法席位，代表中国行使权利和承担义务。

世界银行是按股份公司的原则建立起来的企业性金融机构，凡成员都应认缴银行的股份，世界银行成员的投票权大小取决于其认缴股份的多少，每一成员均拥有基本投票权 250 票，每认缴一股(一股 10 万美元)另外增加投票权一票。世界银行决策的一般原则是：除非有特别规定，一切事项均由多数票决定。

世界银行的组织机构与国际货币基金组织相似，最高权力机构是理事会，由每一成员委派理事和副理事各一名组成，理事人选一般由该国财政部部长或中央银行行长担任，任期 5 年，可以连任。理事会行使的职权包括：批准接纳新成员，增加或减少银行股份，暂停成员资格，批准同其他国际机构签署正式协定，决定银行净收益的分配等重大问题。负责组织银行日常业务的是执行董事会，由 24 名执行董事组成，其中：5 名由美国、日本、德国、法国和英国 5 个拥有股份最多的国家委派；19 名由其他成员的理事按地区分组选举产生；我国拥有一定的投票权，可自行单独选举一位执行董事。由执行董事会选举一人为行长，负责银行的日常行政管理工作。

### (三) 世界银行的资金来源

(1) 成员实际缴纳的股金。世界银行成立之初，法定资本为 100 亿美元，每股 10 万美元。经过多次普遍增资和特别增资后，截至 2022 年 9 月 2 日，已认缴股本增至 2 566.142 亿美元，，其中，实缴资本约 140 亿美元。美国认缴股本 424.982 亿美元，占总股本的 16.56%；中国认缴股本 154.899 亿美元，占总股本的 6.04%。

(2) 国际金融市场筹资。向国际金融市场借款，尤其是在资本市场发行中长期债券，是世界银行的主要资金来源。世界银行发行债券的方式主要有两种：一种是直接向成员政府、政府机构或中央银行出售中短期债务；另一种是通过投资银行、商业银行等中间包销商向私人投资市场出售债券。20 世纪 60 年代以前，世界银行的债券主要在美国债券市场上发行，以后逐渐推广到日本、德国、瑞士、沙特阿拉伯等国家。债券的偿还期从两年到 25 年不等，利率依国际金融市场行情而定，但由于世界银行信誉较高，所以利率要低于普通的公司债券和某些国家的政府债券。

(3) 留存净收益。世界银行由于资信卓著，经营得法，每年利润可观。世界银行的业务收益主要包括投资收益和贷款收益两部分，收益扣除支出为业务净收益。业务净收益扣除赠款，留下部分即为留存净收益。截至 2021 年 6 月 30 日，世界银行留存净收益总额约为 12.48 亿美元。可见，留存净收益也是世界银行的重要资金来源。

除上述三个主要资金来源外，世界银行还有贷款资金回流和债权转让收入两个辅助的资金来源。贷款资金回流是指借款人偿还银行的到期借款部分的资金，债权转让是指银行将一部分贷款债权转让给商业银行和私人投资者，以加速银行贷款资金的周转。

### (四) 世界银行的贷款业务

世界银行的主要业务活动是向发展中国家提供长期生产性贷款，促进经济发展和生产率的提高。

#### 1. 贷款原则

(1) 贷款对象只限于发展中成员政府和由成员政府担保的公私机构。

(2) 贷款一般需用于世界银行批准的特定项目，包括交通、运输、教育和农业，特殊情况下才发放非项目贷款。

(3) 贷款对象需要具有偿还能力。

(4) 申请贷款的成员确实不能以合理的条件从其他渠道获得资金。

#### 2. 贷款特点

(1) 贷款期限较长，短则数年，最长可达 30 年，平均约 17 年，还有 5～10 年的宽限期。世界银行把借款国家分为 4 类：第一类国家，人均国内生产总值在 410 美元以下；第二类国家，人均国内生产总值在 411 美元～730 美元，这两类国家得到贷款的年限为 20 年，宽限期 5 年；第三类国家，人均国内生产总值在 731 美元～1 170 美元，贷款期限为 17 年，宽限期 4 年；第四类国家，人均国内生产总值在 1 171 美元～1 895 美元，贷款期限为 15 年，宽限期 3 年。在实际执行中，可根据具体情况酌加伸缩。

(2) 贷款数额不受份额限制，利率比较优惠，一般低于资本市场的利率水平，且实行的是固定利率，对贷款收取的杂费亦很少，只对签约后未支用的贷款额收取 0.75% 的承诺费。

(3) 贷款以美元计值，借款国借什么货币，还什么货币，并承担该货币与美元的汇率变动风险。

(4) 贷款必须如期偿还，不能拖欠或改变还款日期。

(5) 贷款手续严密，费时长。从提出项目，经过选定、评定等阶段，到取得贷款，通常需要一年半到两年。

#### 3. 贷款种类

(1) 具体项目贷款。其又称具体投资贷款，是世界银行贷款业务的主要组成部分，目的是直接创造新的生产力，增加现有投资的产出。贷款的拨款期为 4～9 年。

(2) 部门贷款。其包括部门投资贷款、中间金融机构贷款和部门调整贷款。部门投资贷款的重点是改善部门政策，调整投资重点和加强借款国制订和执行投资计划的能力，拨款期一般为 3～7 年。部门调整贷款的主要目的是支持某一具体部门的全面的政策和体制改革，拨款期为

1～4 年。中间金融机构贷款是由世界银行作为一个独立项目贷给中间金融机构，再由中间金融机构分贷给各个分项目，拨款期为 3～7 年。

(3) 结构调整贷款。1980 年开始提供，旨在帮助借款国在宏观经济、部门经济和经济体制方面进行全面调整和改革，以帮助其克服经济困难，特别是国际收支不平衡的困难，该贷款的条件严格、苛刻，拨款期通常为 1～2 年。

(4) 技术援助贷款。该贷款的目的是加强借款国有关机构制定发展政策和准备具体投资项目的能力。技术援助贷款分两种：一种是与工程有关的技术援助，是对准备投资的某些项目进行技术咨询和经济咨询的资助；另一种是与组织机构有关、对机构或政策问题的分析和解决提供帮助，也可为国民经济规划、改善国有企业或某一机构的经营管理提供资助。技术援助贷款的拨付期为 2～6 年。

(5) 紧急复兴贷款。这种贷款的主要目的是帮助成员对付自然灾害或其他灾难所造成的损失，拨付期一般不超过 4 年。

(6) "第三窗口"贷款。这是世界银行从 1975 年 12 月开始发放的一种较优惠的贷款，其利率低于项目贷款利率，但高于国际开发协会贷款利率，利差损失由发达国家和产油国捐赠款项解决。此项贷款只限于向较贫穷的发展中国家发放。

**4. 贷款程序**

世界银行的贷款一般与特定项目挂钩，项目贷款的程序如下。

(1) 项目的选定。由世界银行与借款国合作对借款国提出的项目分别进行初步筛选，然后将合格项目纳入贷款规划。

(2) 项目的准备。该工作主要由借款国或借款机构负责进行，银行不参与准备工作，只提供指导和资金援助，或帮助借款国从别的渠道取得帮助。

(3) 项目评估。由世界银行的工作人员根据借款人的项目可行性报告进行全面系统的审查，并提出贷款额度和贷款条件建议。

(4) 谈判和报请执行董事会批准。

(5) 项目的执行和监督。由借款人负责项目的执行，世界银行则通过借款人报送的项目执行报告和定期到现场考察对项目实行监督。

(6) 项目后评价。项目完成后，由世界银行的业务评价局进行严格审查后做出评价。

世界银行除进行贷款活动外，还办理一些其他业务，如向成员提供技术援助，设立经济发展学院，为成员中的发展中国家培训负责开发计划和项目的政府高级官员等。

## 二、国际开发协会

国际开发协会是 1960 年由世界银行发起成立的国际金融机构，其名义上是独立的，但从人事及管理系统来看，实际上是世界银行的一个附属机构，故有"第二世界银行"之称。按照规定，凡是世界银行的成员，均可加入国际开发协会。截至 2023 年 8 月，国际开发协会共有 174 个成员，总部设在美国华盛顿。我国于 1980 年 5 月恢复在国际开发协会的代表权。

### (一) 宗旨

国际开发协会的宗旨是帮助世界上不发达地区的成员，促进其经济发展，提高人民的生活水平。其主要手段是以比通常贷款更为灵活，给借款国的收支平衡带来的负担也较轻的条件提供资金，以满足发展中国家的资金需求，对世界银行贷款起补充作用，从而促进世界银行目标的实现。

### (二) 组织机构

国际开发协会由世界银行的人员负责经营管理，在组织机构方面是两块牌子，一套人马。但两者在法律上是相互独立的，两者的股本、资产和负债相互分开，业务分别进行。协会组织机构在名义上也有理事会、执行董事会、经理、副经理。理事会是最高权力机构；执行董事会是负责组织日常业务的机构。组成人员均由世界银行中相应机构人员兼任。成员的投票权按认缴股份额计算。

### (三) 资金来源

资金来源主要包括以下几种。

(1) 成员认缴的股本。各成员的认缴数均按其在世界银行的认缴比例确定。

(2) 成员提供的补充资金。因成员认缴的股本极其有限，远不能满足贷款需求，1963 年以来，国际开发协会已 20 次要求各国政府提供捐赠的补充资金。

(3) 世界银行的赠款。1964 年，世界银行通过一项声明，表示将自己每年净收益的一部分无偿捐赠给协会，声明至今有效，成为协会重要的资金来源。

(4) 信贷资金回流和本身的业务收益。

### (四) 业务活动方式

国际开发协会的业务活动主要是从事项目贷款，同时提供技术援助，进行经济调研。目前，协会提供的信贷中 75%是项目贷款。协会信贷的项目都要经过严格审查，但条件比世界银行的贷款更加优惠，为无息贷款，只收取少量手续费，贷款期限一般为 35～40 年，平均 38 年 3 个月，宽限期平均 10 年。协会信贷的重点是成员经济收益率低、时间长但社会效益较好的项目。协会信贷只提供给低收入的发展中国家，目前(2024 财政年度)可以获得协会信贷的只限于人均国民总收入(GNI)低于 1 315 美元的国家，有 75 个。根据国际开发协会协定，协会的贷款可以提供给成员政府，或公私法人团体，实际上只提供给成员政府，截至 2021 年 6 月 30 日，贷款累计总额已达 4 580 亿美元。

## 三、国际金融公司

国际金融公司是世界银行的另一个附属机构，成立于 1956 年 7 月。它是世界银行集团专门向发展中国家私人部门投资的窗口，也是联合国的专门机构之一。凡是世界银行的成员，均可申请为该公司的成员。截至 2023 年 8 月，共有成员 186 个。公司总部设在美国华盛顿。

### (一) 宗旨与组织机构

国际金融公司的宗旨是向发展中国家的私人企业提供无须政府担保的贷款或投资，帮助发展地区资本市场，寻求促进国际私人资本流向发展中国家，以推动这些国家私人企业的成长，促进经济发展。

国际金融公司的组织机构及其职能与世界银行相同，各机构的领导成员也由世界银行的相应机构人员担任，公司总经理由世界银行行长兼任，但公司在财务和法律上是独立的。

### (二) 资金来源

国际金融公司的主要资金来源是成员认缴的股本、市场筹措资金和公司留存收益。公司成立之初的法定资本仅为 1 亿美元，后经多次增资，截至 2021 年 6 月 30 日，实缴资本达到 207.6

亿美元。除自身资本外，公司还在国际金融市场发行债券筹措资金，公司逐年累积的收益也是公司的一大资金来源，另外公司还向世界银行借款以补充资金来源。

### （三）主要业务活动

公司的主要业务活动是向成员的私人企业贷款，无须政府担保，贷款期限一般为 7～15 年，利率高于世界银行贷款，一般为年率 6%～7%，有时高达 10%。此外，国际金融公司还对私人企业直接投资入股，投资额通常不超过企业注册资本的 25%，最低的只有 2%。同时，公司还组织发达国家对发展中国家的私人企业联合投资，为私人企业提供技术和制定政策方面的援助。

## 四、世界银行集团与中国

直至1980年5月15日世界银行集团执行董事会才通过恢复中国在该集团中合法席位的决定。恢复代表权后，我国政府随即任命了世界银行的中国理事和副理事，派出了常驻世界银行的执行董事和副董事。

截至 2021 年 6 月 30 日，世界银行共向中国提供贷款约 656 亿美元(减去取消的贷款)，共实施了 438 个项目。贷款计划主要针对政府在基础设施建设、农村扶贫和自然资源管理方面的优先重点。中国是迄今为止世行贷款项目最多的国家。世行贷款项目涉及国民经济的各个部门，遍及中国的大多数省、自治区、直辖市，主要集中在交通、城市发展或农村发展、能源和人力开发上。交通项目着眼于将贫困内陆省区与经济蓬勃发展的沿海地区连接起来，城市项目着眼于城市交通、可持续供水和环境卫生，能源项目着眼于满足国家日益增长的电力需求。通过把世行硬贷款与英国政府赠款相结合的创新机制，使得对贫困农村地区的贷款有所增加。中国是世行执行贷款项目最好的成员之一。

目前，中国是国际金融公司投资增长最快的国家之一。在 2021 财政年度，国际金融公司共向 17 个项目承诺投资 11 亿美元。从 1985 年批准第一个项目起，至 2021 年 6 月 30 日止，国际金融公司在我国共投资了 400 多个项目，并为这些项目提供了 164 亿美元的资金。国际金融公司在中国投资的重点是通过有限追索权项目融资的方式，帮助项目融通资金，鼓励包括中小企业在内的中国本土私营部门的发展。投资金融行业，发展具有竞争力的金融机构，使其能达到国际通行的公司治理机制和运营的标准，支持中国西部和内陆省份的发展，促进基础设施、社会服务和环境产业的私营投资。私营部门已成为中国经济举足轻重的一部分。国际金融公司正积极寻求时机，为那些目前只能获得投资机构有限支持的本土私营企业提供融资。另外，国际金融公司对我国中小企业的支持可以减轻国企改革带来的压力。我国对金融行业的开放将为国际金融公司进一步支持具有商业可行性的私营金融机构，尤其是银行业和保险业的发展带来新的机遇。

# 第四节 国际清算银行

## 一、国际清算银行的发展历史

国际清算银行(Bank for International Settlements，BIS)成立于 1930 年，同年正式开业，总部设在瑞士的巴塞尔，是世界上历史最悠久的国际金融机构之一。其创始成员为西方十个国家的中央银行，这十个国家称为"十国集团"。国际清算银行现由 63 个成员组成，主要是工业化国家和一些欧亚国家或地区的中央银行和货币当局,被称为"中央银行的银行"(A Bank for Central Banks)。国际清算银行向各国中央银行并通过中央银行向整个国际金融体系提供一系列高度专业化的服务。

第一次世界大战后,《凡尔赛协议》中关于战败国德国的战争赔款事宜原本是由一个特殊的赔款委员会执行,按照当时的"道维斯计划"(Dawes plan),从 1924 年起,德国第一年赔付 10 亿金马克,以后逐年增加,一直赔付 58 年。至 1928 年,德国赔款增至赔付 25 亿金马克,德国声称国内发生经济危机,无力照赔,并要求减少。美国同意了德国的要求,制订了"杨格计划"(Young plan)。协约国为执行"杨格计划",决定建立国际清算银行取代原来的赔款委员会,执行对德赔款的分配和监督德国财政。

1930 年 1 月 20 日,以摩根银行为首的一些美国银行(另外还有纽约花旗银行、芝加哥花旗银行)和英国、法国、意大利、德国、比利时、日本等国的中央银行在荷兰海牙会议上签订国际协议,成立"国际清算银行"。英、法、比、德、意、日六国政府与瑞士政府达成协议,由瑞士承诺向国际清算银行颁发建行特许证,特许证规定:国际清算银行具有国际法人资格,免税,瑞士政府不征收、扣押和没收该行财产,准许该行进出口黄金和外汇,享有外交特权和豁免。第二次世界大战后,国际清算银行先后成为欧洲经济合作组织(即现在的经济合作与发展组织)各成员中央银行汇兑担保的代理人、欧洲支付同盟和欧洲煤钢共同体的受托人、欧洲共同体成员建立的欧洲货币合作基金的代理人、黄金总库的收付代理人、万国邮联和国际红十字会等国际机构的金融代理机构。

国际清算银行开创资本为 5 亿金法郎,分为 20 万股,每股 2 500 金法郎,由六国中央银行和美国银行集团七方平均认购。1969 年 12 月国际清算银行制定了章程,其宗旨改为促进各国中央银行之间的合作,并向之提供更多的国际金融业务的便利,在国际清算业务方面充当受托人或代理人。银行资本也相应地增至 15 亿金法郎,分为 60 万股,每股 2 500 金法郎。现在国际清算银行 4/5 的股份掌握在各成员中央银行手中,1/5 的股份已经由各成员的中央银行转让给了私人,由私人持有,但私人股东无权参加股东大会。1996 年 9 月,国际清算银行决定接受中国、印度、韩国、新加坡、巴西、墨西哥、俄罗斯、沙特阿拉伯和中国香港 9 个国家和地区的中央银行或行使中央银行职能的机构为其成员。实际上,现在世界上绝大多数国家的中央银行都与其建立了业务关系。国际清算银行已经成为除国际货币基金组织和世界银行集团之外的最重要的国际金融机构。

## 二、国际清算银行的宗旨与业务

国际清算银行的宗旨是促进各国中央银行之间的合作,为国际金融运作提供便利,并作为国际清算的受托人或代理人。扩大各国中央银行之间的合作始终是促进国际金融稳定的重要因素之一,所以随着国际金融市场一体化的迅速推进,这类合作的重要性显得更为突出。因此国际清算银行便成了各国中央银行进行磋商的场所,接受各中央银行的委托开展各种业务,主要有:接受各中央银行的存款,并向中央银行发放贷款;代中央银行买卖黄金、外汇和发行债券;为各国政府间贷款充当执行人或受托人;同有关国家中央银行签订特别协议,代办国际清算业务。此外,它还是欧洲货币合作基金董事会及其分委员会和专家组等机构的永久秘书。

有必要指出的是,国际清算银行以各国中央银行、国际组织(如国际海事组织、国际电信联盟、世界气象组织、世界卫生组织)为服务对象,不办理私人业务。这对联合国体系内的国际货币金融机构起着有益的补充作用。现在世界各国的国际储备约有 1/10 存放在国际清算银行。各国中央银行在该行存放外汇储备，并且可以根据需要转换储备货币的种类。各国可以随时提取这些外汇储备而无须声明理由。这为一些国家优化其外汇储备的币种结构，实现储备多样化提供了一个很好的途径。在国际清算银行存放黄金储备是免费的，而且可以用作抵押，从国际清算银行取得黄金价值 85% 的现汇贷款。同时，国际清算银行还代理各国中央银行办理黄金购销业务，并负责保密。因此，它在各成员中央银行备受欢迎。

除了银行活动外，国际清算银行还作为中央银行的俱乐部，是各国中央银行之间进行合作的理想场所，其董事会和其他会议提供了关于国际货币局势的信息交流的良好机会。

## 三、国际清算银行的组织机构

国际清算银行是以股份公司的形式建立的，因此它的组织机构符合一般股份公司组织机构的特点，即包括股东大会、董事会、办事机构。

国际清算银行的最高权力机关为股东大会，股东大会每年 6 月在巴塞尔召开一次，只有各成员中央银行的代表参加表决。选票按有关银行认购的股份比例分配，而不管在选举的当时掌握多少股票。每年的股东大会通过年度决算、资产负债表和损益计算书、利润分配办法和接纳新成员等重大事项的决议。在决定修改银行章程、增加或减少银行资本、解散银行等事项时，应召开特别股东大会。除各成员中央银行行长或代表作为有表决权的股东参加股东大会，所有与该行建立业务关系的中央银行代表均被邀请列席。

董事会是国际清算银行的经营管理机构，由 18 名董事组成。比利时、德国、法国、英国、意大利和美国的中央银行行长是董事会的当然董事，这 6 个国家可以各自任命 1 名本国工商和金融界的代表作为董事，此外董事会可以 2/3 的多数通过选举出其他董事，但最多不超过 9 人。董事会设主席 1 名，还可设副主席 1 名，每月召开一次例会，审议银行日常业务工作，决议以简单多数票做出，票数相等时由主持会议的主席投决定票。董事会主席和银行行长由 1 人担任。董事会根据主席建议任命 1 名总经理和 1 名副总经理，就银行的业务经营向银行负责。

国际清算银行下设银行部、货币经济部、国际清算银行创新中心和总秘书处 4 个部门，此外还有法律服务与沟通、风险控制、内部审计与合规等办事机构。

## 四、中国与国际清算银行的关系

中国人民银行自 1986 年起就与国际清算银行建立了业务方面的关系，办理外汇与黄金业务。当年，国际清算银行召开股东大会，中国人民银行受邀列席，并以观察员身份首次参加该行年会，这为中国广泛获取世界经济和国际金融信息、发展与各国中央银行之间的关系提供了一个新的场所。中国的外汇储备有一部分是存放于国际清算银行的，这对中国人民银行灵活、迅速、安全地调拨外汇、黄金储备非常有利。自 1985 年起，国际清算银行已开始向中国提供贷款。1996年 11 月，中国人民银行成为国际清算银行的正式成员。香港地区回归中国之后，其在国际清算银行的地位保持不变，继续享有独立的股份与投票权。

## 五、巴塞尔委员会

20 世纪 70 年代以来，随着全球经济一体化的不断加强，金融创新日益活跃，各国金融当局纷纷调整了对银行业的监管政策。在国内，一方面，放松监管政策(deregulation)，以适应日趋激烈的国际银行业竞争；另一方面，不断修改和完善金融立法，谋求建立一种新的适度的监管法规体系，来保证激烈竞争的银行业的稳定。在国际上，跨国银行开始扮演越来越重要的角色，为了避免银行危机的连锁反应，统一国际银行监管的建议被提上了议事日程。

1974年，德国赫斯塔特银行和美国富兰克林国民银行的破产倒闭使得银行监管的国际合作得以实现。1975年2月，来自比利时、加拿大、法国、德国、意大利、日本、卢森堡、荷兰、西班牙、瑞典、瑞士、英国和美国的代表聚会瑞士巴塞尔，在国际清算银行的主持下商讨成立了巴塞尔银行监管委员会(Basel Committee on Banking Supervision)，简称"巴塞尔委员会"。巴塞尔委员会每年定期召开3～5次会议，其历任主席通常由各成员中央银行的副行长或高级官员担任，其中英格兰银行业务监督处主任彼得·库克任职最长，达12年之久，而且贡献颇多，因此该委员会又被称为"库克委员会"。

巴塞尔委员会并没有凌驾于主权国家之上的正式监管特权，其文件也没有任何法律效力，而是鼓励各成员采用共同的银行监管方法和标准，但却也不强求成员在监管技术上的一致性。相反，它通过制定广泛的监管标准和指导原则，提倡最佳监管做法，期望各国采取措施，根据其自身情况运用具体的立法或其他安排予以实施。

巴塞尔委员会对十国集团中央银行行长理事会负责，后者定期在国际清算银行聚会，由行长们肯定并批准其主要工作成果。

国际清算银行为巴塞尔委员会设立了秘书处，几乎所有的委员会会议均在巴塞尔举行。秘书处除承担委员会的秘书工作外，还可随时为所有国家的监督当局提供咨询，此外也定期发布有关国际银行监管动态的报告，并举办研讨会、培训班等各种活动。

迄今为止，在国际清算银行的主持下，巴塞尔委员会在银行业监管方面取得了多项为人所称道的成果，其中最主要的是《巴塞尔协议》。《巴塞尔协议》是国际清算银行成员的中央银行在瑞士的巴塞尔达成的若干重要协议的统称，其实质是为了完善与补充单个国家对商业银行监管的不足，减轻银行倒闭的风险与代价，是对国际商业银行联合监管的最主要形式，并且具有很强的约束力。

# 第五节 区域性国际金融机构

## 一、亚洲开发银行

### (一) 亚洲开发银行的建立

亚洲开发银行(Asian Development Bank，ADB，以下简称"亚行")是亚太地区国家和部分工业发达国家合办的区域性国际金融机构。它是根据联合国亚洲及太平洋经社委员会的决议于1966年8月20日建立，同年12月开始营业。总部设在菲律宾首都马尼拉，截至2023年12月31日，共有成员68个，其中49个来自亚太地区，19个来自其他地区。我国于1986年3月正式加入该行。

亚洲开发银行的宗旨是：通过发放贷款，进行投资，提供技术援助以促进亚太地区的经济增长与合作，并协助本地区的发展中国家加速经济发展的进程。

### (二) 亚洲开发银行的组织机构

亚洲开发银行的最高权力机构是理事会，由各成员(或地区)各派一名理事和副理事组成，主要职能是负责接纳新成员，确定银行股金，修改银行章程，选举董事和行长及其他重大事项的决策。理事会对重大事项以投票表决方式做出决定，并需 2/3 以上多数票才能通过。亚行的每个成员均有 778 票基本投票权，另外每认股 1 万美元增加 1 票。目前，日本和美国两国并列为投票权最多的国家，它们的投票权占总投票数比例都是 12.751%，我国投票权占总投票数的5.437%。

理事会的执行机构是董事会，由理事会选举的 12 名执行董事组成，其中 8 名产生于亚太地区内成员，4 名产生于区外成员。董事会主要负责亚行的日常工作，董事会主席即为亚行行长，由理事会选举产生，自建行以来一直由日本人担任。

### (三) 亚洲开发银行的资金来源

#### 1. 普通资金

这是亚行开展业务的主要资金来源，包括成员认缴的股本、国际金融市场借款、普通储备金、特别储备金、净收益和预缴股本 6 个组成部分。

#### 2. 亚洲开发基金

该基金建于 1974 年 6 月 28 日，来源是发达成员的捐赠，最大认捐国是日本，其次是美国。该基金专门用于亚太地区贫困成员的优惠贷款。

#### 3. 技术援助特别基金

该基金建立于 1967 年，资金主要来自成员的捐赠，主要用于资助发展中国家提高人力资源素质和加强执行机构的建设。

#### 4. 日本特别基金

该基金于 1987 年设立，由日本政府出资，旨在加速发展中成员的经济增长，该基金的使用方式是赠款和股本投资。

### (四) 亚洲开发银行的业务经营活动

#### 1. 提供贷款

亚行的贷款可分为两类：一类是用普通基金发放的普通贷款，另一类是用特别基金发放的特别贷款。普通贷款属于硬贷款，贷款对象是较高收入的发展中国家，主要用于工业、农业、电力、运输、邮电等部门的开发工程，贷款期限为 10～30 年，贷款利率低于市场利率，并随金融市场调整。特别贷款属于软贷款，主要贷给较贫困的发展中国家，期限可长达 40 年，不收利息，仅收 1%的手续费，具有经济援助的性质。亚行贷款原则与世界银行相似。

#### 2. 股本投资

1983 年起，亚行开拓了股本投资的新业务。该业务通过购买私人企业股票或私人金融机构股票等形式，向发展中国家的私人企业提供融资便利。

#### 3. 技术援助

亚行提供给成员的技术援助包括咨询服务、派遣长期或短期专家顾问团协助拟订和执行开发计划等。此外亚行对涉及区域性发展的重大问题，还提供资金举办人员培训班和区域经济发展规划研讨会等活动。

## 二、非洲开发银行

### (一) 非洲开发银行的概况

1964 年 11 月，非洲开发银行(African Development Bank，ADB)正式成立，1966 年 7 月 1 日开始营业，总部设在科特迪瓦的阿比让。

非洲开发银行的宗旨是：通过提供投资和贷款，利用非洲大陆的人力和资源，促进成员经济发展和社会进步，优先向有利于地区的经济合作和扩大成员间的贸易项目提供资金和技术援助，帮助成员研究、制订、协调和执行经济发展计划，以逐步实现非洲经济一体化。

截至 2023 年 12 月，非洲开发银行共有 81 个成员。其中，非洲地区成员包括非洲全部 54 个独立国家。1982 年 5 月，非洲开发银行理事会通过决议，欢迎非洲以外的国家参加。非洲以外的 27 个成员包括：中国、阿根廷、奥地利、比利时、巴西、加拿大、丹麦、芬兰、法国、德国、印度、爱尔兰、意大利、日本、韩国、科威特、卢森堡、荷兰、挪威、葡萄牙、沙特阿拉伯、西班牙、瑞典、瑞士、土耳其、英国、美国。

截至 2021 年底，该行法定资本约 2 530.4 亿美元。为使该行领导权掌握在非洲国家手中，非洲国家资本额占 60%。

### (二) 非洲开发银行的组织机构

(1) 理事会是该行的最高权力机构。由各成员委派一名理事组成，一般为成员的财政和经济部长，通常每年举行一次会议，必要时可举行特别理事会，讨论制定银行的业务方针和政策，决定银行重大事项，并负责处理银行的组织和日常业务。理事会年会负责选举行长和秘书长。

(2) 董事会是银行的执行机构，由理事会选举产生，负责制定非洲开发银行各项业务政策。董事会共有 20 名执行董事，其中非洲以外国家占 7 名，任期 3 年，一般每月举行两次会议。

### (三) 非洲开发银行的活动

非洲开发银行与其附属的非洲开发基金(African Development Fund，ADF)、尼日利亚信托基金(Nigeria Trust Fund，NTF)共同组成非洲开发银行集团(African Development Bank Group，ADB Group)。非洲开发银行行长兼任非洲开发银行集团董事长。非洲开发银行还同非洲其他金融机构及非洲以外的有关机构开展金融方面的合作，与亚洲开发银行、美洲开发银行业务联系广泛，与阿拉伯的一些金融机构和基金组织建立融资项目，并在一些地区性金融机构中参股。非洲开发银行贷款的对象是非洲地区成员，主要用于农业、运输和通信、供水、公共事业等。截至 2021 年底，该行贷款总额已达 1 254.61 亿非行记账单位，约合 1 757.5 亿美元。

### (四) 中国同非洲开发银行的关系

中国于 1985 年 5 月 8 日和 5 月 10 日先后加入非洲开发基金和非洲开发银行。2002 年 5 月，以中国人民银行副行长为首的中国政府代表团出席非洲开发银行年会并发表讲话。2003 年 6 月 3 日至 4 日，中国驻埃塞俄比亚大使代表中国政府出席非洲开发银行理事会第 38 届年会暨非洲开发基金理事会第 29 届年会。2007 年 5 月 16 日至 17 日，由我国承办的非洲开发银行理事会第 42 届年会在上海召开。在 2015 年中非合作论坛峰会期间，中国承诺提供 600 亿美元一揽子计划，以实施对非十大合作计划。

### 三、美洲开发银行

#### (一) 美洲开发银行的概况

美洲开发银行(Inter-American Development Bank，IDB)于 1959 年 12 月 30 日成立，1960 年 10 月 1 日正式开业，总部设在美国华盛顿。该行是美洲国家组织的专门机构，其他地区国家也可加入。非拉美国家不能使用该行资金，但可参加该行组织的项目投标。

美洲开发银行的宗旨是："集中各成员的力量，对拉丁美洲国家的经济、社会发展计划提供资金和技术援助"，并协助它们"单独地和集体地为加速经济发展和社会进步做出贡献"。

截至 2023 年底，美洲开发银行有成员 48 个。其中，美洲有 28 个，包括阿根廷、巴巴多斯、巴哈马、巴拉圭、巴拿马、巴西、秘鲁、玻利维亚、多米尼加、厄瓜多尔、哥伦比亚、哥斯达黎加、圭亚那、海地、洪都拉斯、墨西哥、尼加拉瓜、萨尔瓦多、苏里南、特立尼达和多巴哥、危地马拉、委内瑞拉、乌拉圭、牙买加、智利、伯利兹、加拿大、美国；欧洲有 16 个，包括奥地利、比利时、丹麦、德国、法国、芬兰、荷兰、挪威、葡萄牙、瑞典、瑞士、西班牙、意大利、英国、克罗地亚和斯洛文尼亚；亚洲有 4 个，包括中国、韩国、日本和以色列。

美洲开发银行的资本来源于下列途径：成员分摊；发达国家成员提供；在世界金融市场和有关国家发行债券。1960 年开业时拥有资金 8.13 亿美元。认缴股份较多的国家有：美国占 30.008%，阿根廷和巴西各占 10.752%，墨西哥占 6.912%，委内瑞拉占 5.761%，加拿大占 4.001%。各成员的表决权依其加入股本的多寡而定。其中美国占 30%，拉美国家占 50%(阿根廷和巴西各占 11%)，加拿大占 4%，其他地区占 16%。按章程规定，拉美国家表决权在任何情况下不得低于现比例。2021 年底，该行的核定股本为 1 767.55 亿美元。

#### (二) 美洲开发银行的组织机构

美洲开发银行的组织机构主要有以下几个。

(1) 理事会为美洲开发银行的最高权力机构，由各成员委派一名理事组成，每年开会一次。理事通常为各国财政部部长、中央银行行长或其他担任类似职务者。

(2) 执行董事会为理事会领导下的常设执行机构，由 14 名董事组成，其中拉美国家 9 名，美国、加拿大各 1 名，其他国家(或地区)3 名，任期 3 年。

(3) 行长和副行长在执行董事会领导下主持日常工作。行长由执行董事会选举产生，任期 5 年，副行长由执行董事会任命。

(4) 分支机构。美洲开发银行在拉美各成员首都及马德里和东京设有办事处。

(5) 投资机构。美洲投资公司于 1989 年成立，以不易获得优惠条件贷款的中小企业为其主要服务对象；多边投资基金于 1993 年成立，主要目的是促进私人产业的发展，为私人产业创造更好的投资环境。

(6) 拉美一体化研究所于 1964 年成立，设在阿根廷首都布宜诺斯艾利斯，负责培养高级技术人才，研究有关经济、法律和社会等重大问题，为该行成员提供咨询。

#### (三) 美洲开发银行的活动

美洲开发银行的活动主要有：提供贷款促进拉美地区的经济发展，帮助成员发展贸易，为各种开发计划和项目的准备、筹备和执行提供技术合作。银行的一般资金主要用于向拉美国家公、私企业提供贷款，年息通常为 8%，贷款期 10～25 年。特别业务基金主要用于拉美国家的经济发展优惠项目，年息 1%～4%，贷款期 20～40 年。银行还掌管美国、加拿大、德国、英国、挪威、瑞典、瑞士和委内瑞拉等政府及梵蒂冈提供的"拉美开发基金"。20 世纪六七十年代，该行主要为卫生和教育等公共项目提供资金，90 年代起逐渐加大了对私人产业的投资。60 多年来，该行的贷款规模增长迅速，1961 年贷款额为 2.94 亿美元，1998 年增至 100.63 亿美元，2000年为 52.66 亿美元，2001 年为 79 亿美元，2002 年为 45.5 亿美元，2008 年为 122 亿美元，2014年为 138.43 亿美元，2015 年为 112.64 亿美元，2016 年为 92.64 亿美元，2018 年为 132.02 亿美元，2019 年为 113 亿美元，2020 年为 126.4 亿美元。

### (四) 中国同美洲开发银行的关系

从 1991 年开始，我国连年应邀派团以观察员身份参加美洲开发银行年会。1993 年 9 月，中国人民银行正式向美洲开发银行提出入行申请。1994 年 2 月，该行行长曾应邀访华。2009年 1 月，中国正式加入美洲开发银行。

## 四、亚洲基础设施投资银行

### (一) 亚洲基础设施投资银行概况

亚洲基础设施投资银行(Asian Infrastructure Investment Bank，AIIB)简称亚投行，是一个政府性质的亚洲区域多边开发机构。亚洲基础设施投资银行重点支持基础设施建设，其成立的宗旨是，通过在基础设施及其他生产性领域的投资，促进亚洲经济可持续发展、创造财富并改善基础设施互联互通；与其他多边和双边开发机构紧密合作，推进区域合作和伙伴关系，应对发展挑战。

亚洲基础设施投资银行是首个由中国倡议设立的多边金融机构，中国于 2013 年 10 月首次倡议筹建该机构。亚洲基础设施投资银行于 2015 年 12 月 25 日正式成立，2016 年 1 月 16 日开业，总部设在北京，法定资本 1 000 亿美元。2020 年 7 月，在亚洲基础设施投资银行第五届理事会年会视频会议开幕式上，中国国家主席习近平宣布，亚洲基础设施投资银行已经从 57 个创始成员发展到来自六大洲的 102 个成员。截至 2021 年 10 月，亚洲基础设施投资银行有 109 个成员，包括 94 个正式成员和 15 个意向成员。其中，来自亚太地区的正式成员有 47 个，包括中国、阿富汗、澳大利亚、阿塞拜疆、巴林、孟加拉国、文莱、柬埔寨、库克群岛、塞浦路斯、斐济、格鲁吉亚、中国香港、印度、印度尼西亚、伊朗、伊拉克、以色列、约旦、哈萨克斯坦、韩国、吉尔吉斯共和国、老挝、马来西亚、马尔代夫、蒙古国、缅甸、尼泊尔、新西兰、阿曼、巴基斯坦、菲律宾、卡塔尔、俄罗斯、萨摩亚、沙特阿拉伯、新加坡、斯里兰卡、塔吉克斯坦、泰国、东帝汶、汤加、土耳其、阿拉伯联合酋长国、乌兹别克斯坦、瓦努阿图、越南；来自其他洲的正式成员有 47 个，包括阿尔及利亚、阿根廷、奥地利、白俄罗斯、比利时、贝宁、巴西、加拿大、智利、科特迪瓦、克罗地亚、丹麦、厄瓜多尔、埃及、埃塞俄比亚、芬兰、法国、德国、加纳、希腊、几内亚、匈牙利、冰岛、爱尔兰、意大利、利比里亚、利比亚、卢森堡、马达加斯加、马耳他、摩洛哥、荷兰、挪威、秘鲁、波兰、葡萄牙、罗马尼亚、卢旺达、塞尔维亚、南非、西班牙、苏丹、瑞典、瑞士、突尼斯、英国、乌拉圭；来自亚太地区的区域内意向成员有 5 个，包括亚美尼亚、科威特、黎巴嫩、巴布亚新几内亚、所罗门群岛；来自其他洲的非区域内意向成员有 10 个，包括玻利维亚、吉布提、萨尔瓦多、肯尼亚、利比亚、尼日利亚、塞内加尔、南非、多哥、委内瑞拉。

根据《筹建亚洲基础设施投资银行备忘录》，亚洲基础设施投资银行的法定资本为 1 000 亿美元，中国初始认缴资本为 500 亿美元左右，中国出资 50%，为最大股东。各意向创始成员同意将以国内生产总值(GDP)衡量的经济权重作为各国股份分配的基础。截至 2022 年 12 月 31 日，亚洲基础设施投资银行的实缴资本为 193.929 亿美元，所有者权益为 204.65725 亿美元，总负债为 269.43523 亿美元，总资产为 474.09248 亿美元。

### (二) 亚洲基础设施投资银行的组织机构

亚洲基础设施投资银行的治理结构分理事会、董事会、管理层三层。此外，其还根据需要设立分支机构。

#### 1) 理事会

理事会是最高决策机构，每个成员均在理事会中有自己的代表，并任命一名理事和一名副理事。每个理事和副理事均受命于其所代表的成员。除理事缺席情况外，副理事无投票权。在银行每次年会上，理事会应选举一名理事担任主席，任期至下届主席选举为止。理事会应举行年会，并按理事会规定或董事会要求召开其他会议。当有 5 个及以上成员提出请求时，董事会即可要求召开理事会会议。当出席会议的理事超过半数，且所代表的投票权不低于总投票权 2/3 时，即构成任何理事会会议的法定人数。

#### 2) 董事会

董事会负责指导银行的总体业务，行使理事会授予的一切权力。董事会有 12 名董事，其中域内 9 名，域外 3 名。每名董事应任命一名副董事，在董事缺席时代表董事行使全部权力。理事会通过规则，允许一定数量以上成员选举产生的董事任命第二名副董事。董事任期两年，可以连选连任。

#### 3) 管理层

管理层由行长和 5 位副行长组成。金立群为首任行长，任期 5 年。2020 年 7 月 28 日亚洲基础设施投资银行第五届理事会年会选举金立群为亚洲基础设施投资银行第二任行长，第二个任期从 2021 年 1 月 16 日开始。

#### 4) 分支机构

2021 年 4 月 29 日，亚洲基础设施投资银行天津办公室交付启用仪式在滨海新区举行，这是国际金融组织在津设立的首个办事机构，也是亚洲基础设施投资银行在北京总部之外设立的第一个分支机构。

每个成员的投票权总数是基本投票权、股份投票权及创始成员享有的创始成员投票权的总和。每个成员的基本投票权是全体成员基本投票权、股份投票权和创始成员投票权总和的 12% 在全体成员中平均分配的结果。每个成员的股份投票权与该成员持有的银行股份数相当。每个创始成员均享有 600 票创始成员投票权。

### (三) 亚洲基础设施投资银行的活动

作为由中国提出创建的区域性金融机构，亚洲基础设施投资银行主要业务是援助亚太地区国家的基础设施建设。在全面投入运营后，亚洲基础设施投资银行将运用一系列支持方式为亚洲各国的基础设施项目提供融资支持——提供贷款、股权投资及担保等，以振兴包括交通、能源、电信、农业和城市发展在内的各个行业。亚洲基础设施投资银行的融资业务分为普通业务和特别业务两类。普通业务是指由亚洲基础设施投资银行普通资本(包括法定股本、授权募集的资金、贷款或担保收回的资金等)提供融资的业务；特别业务是指为服务于自身宗旨，以亚洲基础设施投资银行所接受的特别基金开展的业务。两种业务可以同时为同一个项目或规划的不同部分提供资金支持，但在财务报表中应分别列出。

截至 2022 年 9 月 12 日,亚洲基础设施投资银行已经向 33 个成员的 186 个项目提供了 361.6 亿美元的融资额。这些项目涵盖了能源、交通、教育、数字基础设施和农村基础设施等多个领域。

### (四) 亚洲基础设施投资银行成立的意义

亚洲基础设施投资银行成立的意义包括:考虑到在全球化背景下,区域合作在推动亚洲经济体持续增长及经济和社会发展方面具有重要意义,也有助于提升本地区应对未来金融危机和其他外部冲击的能力;认识到基础设施发展在推动区域互联互通和一体化方面具有重要意义,也有助于推进亚洲经济增长和社会发展,进而为全球经济发展提供新动力;认识到亚洲基础设施投资银行通过与现有多边开发银行开展合作,将更好地为亚洲地区长期的巨额基础设施建设融资缺口提供资金支持;确信作为旨在支持基础设施发展的多边金融机构,亚洲基础设施投资银行的成立将有助于从亚洲域内及域外动员更多的亟须资金,缓解亚洲经济体面临的融资瓶颈,与现有多边开发银行形成互补,推进亚洲实现持续稳定增长。

中国提倡筹建亚洲基础设施投资银行,一方面能继续推动国际货币基金组织(IMF)和世界银行的进一步改革,另一方面也是对当前亚洲开发银行(ADB)在亚太地区的投融资与国际援助职能的补充。

亚洲基础设施投资银行是中国试图主导国际金融体系的重大举措。这也体现出中国尝试在外交战略中发挥资本在国际金融中的力量。更值得期待的是,亚洲基础设施投资银行将可能成为人民币国际化的保障,有助于推动人民币国际化。

亚洲基础设施投资银行的成立,是国际经济治理体系改革进程中具有里程碑意义的重大事件,标志着亚洲基础设施投资银行作为一个多边开发银行的法人地位正式确立。

## 复习思考题

1. 简述国际金融机构的作用和局限性。
2. 简述国际货币基金组织的宗旨,并据此分析国际货币基金组织的任务和基本职能。
3. 世界银行集团由哪三个金融机构组成?简述其主要业务活动。
4. 简述国际清算银行的宗旨与主要业务。
5. 试述各主要国际金融机构与我国的关系。
6. 亚洲开发银行的宗旨和业务活动的内容是什么?

## 练习题

### 1. 判断题

(1) 区域性国际金融机构的成员都是该机构所在区域的国家。　　　　　　　　　(　　)
(2) 我国已经成为美洲开发银行的成员,并且与该组织设立了合作基金。　　　　(　　)
(3) 国际金融公司的宗旨是向发展中国家的政府或私人企业提供贷款或投资,帮助发展地区资本市场,寻求促进国际私人资本流向发展中国家。　　　　　　　　　　　　(　　)
(4) 国际复兴开发银行的成员在加入时需一次性缴付全部认缴股金。　　　　　　(　　)
(5) IMF 成员提用储备部分贷款是无条件的,不需要批准,但要支付利息。　　　(　　)
(6) IMF 信用部分贷款是储备部分贷款之上的普通贷款,分为 4 个档次,贷款条件逐档严

格，利率逐档升高。　　　　　　　　　　　　　　　　　　　　　　　　　　　（　　）

## 2. 选择题

(1) 第二次世界大战以后建立的全球性国际金融机构有(　　)。

    A. 世界银行　　　　　　　　　　B. 国际货币基金组织

    C. 亚洲开发银行　　　　　　　　D. 经济合作与发展组织

    E. 国际清算银行

(2) 建立最早的国际金融机构是(　　)。

    A. 世界银行　　　　　　　　　　B. 国际清算银行

    C. 国际货币基金组织　　　　　　D. 国际开发协会

    E. 国际金融公司

(3) 我国是下列哪些国际金融机构的成员(　　)。

    A. 亚洲开发银行　　　　　　　　B. 非洲开发银行

    C. 美洲开发银行　　　　　　　　D. 世界银行

    E. 国际货币基金组织

(4) 国际货币基金组织的主要业务活动是(　　)。

    A. 资金融通　　　　　　　　　　B. 经济援助

    C. 汇率监督　　　　　　　　　　D. 创设储备资产

    E. 发布金融信息

(5) 世界银行提供贷款的期限最长可以达到(　　)。

    A. 10 年　　　　　　　　　B. 20 年　　　　　　　　　　C. 30 年

    D. 40 年　　　　　　　　　E. 50 年

# 第十章

# 国际货币体系

## 第一节　第二次世界大战前的国际货币体系

### 一、国际货币体系的概念

国际货币体系(International Monetary System)是指为了适应国际贸易和国际支付的需要，各国政府对货币在国际范围内发挥世界货币职能所确定的原则、采取的措施和建立的组织形式。它一般包括以下 5 个方面的主要内容。

(1) 各国货币比价的确定。根据国际交往与国际支付的需要，以及使货币在国际范围发挥世界货币职能，各国政府要规定：本国货币与外国货币之间的比价、货币比价确定的依据、货币比价波动的界限、货币比价的调整、维护货币比价采取的措施，以及是否采取多元化比价等。

(2) 各国货币的兑换性及国际结算的原则。其具体包括：一国货币能否自由兑换；在结算国家之间发生债权债务时采取何种结算方式；对支付是否给予限制等。

(3) 国际收支的调节方式。当出现国际收支不平衡时，各国政府应采取何种方法弥补这一缺口，各国政府之间的调节措施又如何互相协调。

(4) 国际储备资产的确定。为平衡国际收支和稳定汇率的需要，一国必须要保存一定数量的、为世界各国普遍接受的国际储备资产。

(5) 黄金、外汇的流动与转移是否自由。各国在不同时期，有不同的规定和限制措施。

### 二、国际货币体系的作用

理想的国际货币体系应能够促进国际贸易和国际资本流动的发展，它主要体现在能够提供足够的国际清偿能力并保持国际储备资产的信心，以及保证国际收支的失衡能够得到有效而稳定的调节。国际清偿能力应保持与世界经济和贸易发展相当的增长速度，过快的增长会加剧世界性的通货膨胀，而过慢的增长会导致世界经济和贸易的萎缩。保持清偿能力的适量增长也是维持储备货币信心的关键。此外，理想的国际货币体系还需要有良好的国际收支调节机制，它使各国公平合理地承担国际收支失衡调节的责任，并使调节付出的代价最小。

### 三、国际货币体系的划分

国际货币体系可以从储备资产的保有形式和汇率制度的形态两个角度进行区分。储备货币或本位货币是国际货币体系的基础。根据国际储备划分，国际货币体系有金本位制度、金汇兑本位制度和信用本位制度。金本位制度，只以黄金作为国际储备资产或国际本位货币；信用本位制度，只以外汇(如美元)作为国际储备资产而与黄金无任何联系；金汇兑本位制度，同时以黄金和可直接兑换黄金的货币作为国际储备资产。

汇率制度是国际货币制度的核心，以汇率制度分类，国际货币体系可以有固定汇率制度和浮动汇率制度。然而，有时也可以同时以国际储备货币和汇率制度作为国际货币制度分类的标准，例如金本位条件下的固定汇率制度、以不兑现的纸币(如美元)为本位的固定汇率制度、以黄金和外汇作为储备的可调整的固定汇率制度或管理浮动汇率制度，以及完全不需要保有国际储备资产的纯粹自由浮动汇率制度，等等。

## 四、第二次世界大战前的国际货币体系——国际金本位货币体系

迄今为止，从世界范围来看，先后存在过三个类型的国际货币体系：国际金本位制、布雷顿森林体系和布雷顿森林体系瓦解后出现的牙买加体系。

国际金本位制是研究国际货币体系的开端。金本位制(gold standard system)是以一定量黄金为本位货币的一种制度。所谓本位货币(standard money)，是指作为一国货币制度的基础的货币。按照在历史上出现的先后顺序，国际金本位制可分为两个阶段：金币本位制和金汇兑本位制。

### (一) 金币本位制

#### 1. 金币本位制的历史

第一次世界大战前的国际货币体系，是典型的国际金本位制货币体系。这个国际货币体系大约形成于 1880 年，并延续至 1913 年，是在资本主义各国间的经济联系日益密切，主要资本主义国家实行金币本位货币制度之后自发地形成的，其形成基础是英国、美国、德国、荷兰、一些北欧国家和拉丁货币联盟(由法国、意大利、比利时和瑞士组成)等实行的国内金币本位制。

最早实行金币本位制的国家是英国，英国政府在 1816 年颁布了铸币条例，发行金币，规定 1 盎司黄金为 3 镑 17 先令 10.5 便士，银币则处于辅币地位。1819 年又颁布条例，要求英格兰银行的银行券在 1821 年能兑换金条，在 1823 年能兑换金币，并取消对金币熔化及金条输出的限制。从此，英国实行了真正的金币本位制。到 19 世纪后期，金币本位制已经在资本主义各国普遍采用，它已具有国际性。由于当时英国在世界经济体系中的突出地位，它实际上是一个以英镑为中心，以黄金为基础的国际金本位制度。这种国际金本位制度持续了 30 年左右，到第一次世界大战爆发时宣告解体。在金本位制度的全盛时期，黄金是各国最主要的国际储备资产，英镑则是国家间最主要的清算手段，黄金与英镑同时成为各国公认的国际储备。英镑之所以与黄金具有同等重要的地位，是由于当时英国强大的经济力量，伦敦成为国际金融中心，英国也是国际经济与金融活动的重心，于是形成一种以黄金和英镑为中心的国际金本位制，也称之为英镑汇兑本位制(sterling exchange standard system)。

#### 2. 金币本位制的内容和特点

金币本位制的主要内容是：

(1) 用黄金来规定货币所代表的价值，每一货币单位都有法定的含金量，各国货币按其所含黄金重量而有一定的比价；

(2) 金币可以自由铸造，任何人都可按本位币的含金量将金块交给国家造币厂铸成金币；

(3) 金币是无限法偿的货币，具有无限制的支付手段的权利；

(4) 各国的货币储备是黄金，国家间的结算也使用黄金，黄金可以自由输出与输入。

由此可见，金币本位制具有三个特点：自由铸造、自由兑换和自由输出入。由于金币可以自由铸造，金币的面值与其所含黄金的价值就可保持一致，金币数量就能自发地满足流通中的需要。由于金币可以自由兑换各种价值符号(金属辅币和银行券)，就能稳定地代表一定数量的黄金进行流通，从而保持币值的稳定，避免发生通货膨胀。由于黄金可在各国之间自由转移，这就保证了外汇行市的相对稳定与国际金融市场的统一。因此，金币本位制是一种比较稳定、比较健全的货币制度。

在各国都实行金币本位制的条件下，铸币平价是各国货币比价确定的原则，由于各国政府都规定货币自由铸造、自由兑换与黄金自由输出入的三大政策，各国货币汇率波动的界限受黄金输送点的限制，一般波动不大。由于汇率受到黄金输送点的自动调节，所以不需要任何国际机构进行监督。当时，各国货币可以自由兑换，对外支付也没有任何限制，实行自由、多边的结算，黄金是最后的国际结算手段。各国政府对货币发挥世界货币职能所确定的这些共同原则和采取的共同措施，就构成了国际金本位货币体系。由于这些原则与措施具有共同性，就使国际货币体系具有统一性的特点；另一方面，由于这个国际货币体系并不是在一个公共的国际组织领导与监督下，拟定共同的规章后形成的，而是各国自行规定其货币在国际范围内发挥世界货币职能的办法，这样一来，它又具有松散性的特点。因此，第一次世界大战前的国际金本位货币体系是一个统一性与松散性相结合的国际货币体系。

### 3. 金币本位制的崩溃

随着主要资本主义国家之间矛盾的发展，破坏国际货币体系稳定性的因素也日益增长起来。到 1913 年底，英、法、美、德、俄 5 国占有世界黄金存量的 2/3，绝大部分黄金为少数强国所占有，这就削弱了其他国家货币制度的基础。到 1913 年，全世界约有 60%的货币用黄金集中于各国中央银行，各国多用纸币在市面流通，从而影响货币的信用，而一些国家为了准备战争，政府支出急剧增加，大量发行银行券，于是银行券兑换黄金越来越困难，这就破坏了自由兑换的原则。在经济危机时，商品输出减少，资金外逃严重，引起黄金大量外流；各国纷纷限制黄金流动，黄金不能在国家间自由转移。由于维持金币本位制的一些必要条件逐渐遭到破坏，国际货币体系的稳定性也就失去了保证。第一次世界大战爆发后，各国停止银行券兑换黄金，并禁止黄金输出。战争期间，各国实行自由浮动的汇率制度，汇价波动剧烈，国际货币体系的稳定性已不复存在。于是，金币本位制宣告结束。

### (二) 金汇兑本位制

#### 1. 金汇兑本位制的建立

第一次世界大战结束后，世界经济情况发生了很大的变化。首先，各国的经济实力发生了改变。英国的海外资产损失严重，由债权国变为债务国，而美国则大发战争财，变成了债权国。其次，第一次世界大战期间，各国为了筹措军费，实行通货膨胀政策，导致战后各国物价与工资上涨的程度大不相同，因而真正的均衡汇率难以确定。最后，由于物价的普遍上涨，而黄金价格保持原有水平不变，结果是黄金生产数量下降，黄金存量对世界生产与国际贸易的比率低于战前。在这种情形下，原来的金币本位制度难以恢复，各国只得允许汇率浮动。战后，除美国仍坚持金本位制以外，其他国家的货币都不稳定。而且，一些国家利用通货贬值实行汇兑倾销，各国为了防止汇兑倾销，除强化外汇管制外，还对贸易施加种种限制，这就缩小了世界贸易的范围，因此世界货币制度的重建问题受到各国普遍的重视。

1922 年，在意大利的热那亚召开的经济与金融会议讨论了重建有生命力的国际货币体系问题。会议建议采取金汇兑本位制以节约黄金的使用。其主要内容是：

(1) 货币单位仍规定含金量；

(2) 国内不流通金币，将国家发行的银行券当作本位币流通；

(3) 银行券只能购买外汇，这些外汇可在国外兑换黄金；

(4) 本国货币同另一实行金本位制的国家的货币保持固定的比价，并在该国存放大量外汇或黄金作为平准基金，以便随时干预外汇市场来稳定汇率，这是一种间接使货币与黄金联系的本位制度；

(5) 主要金融中心仍旧维持其货币同黄金外汇(即可兑换黄金的货币)的可兑换性。

热那亚会议之后，除美国仍实行金币本位制，英国和法国实行金块本位制这两种与黄金直接挂钩的货币制度外，其他欧洲国家的货币均通过间接挂钩的形式实行了金汇兑本位制。1925 年，国际金汇兑本位制正式建立起来。

英国和法国实行的金块本位制是一种附有限制条件的金本位制，金币虽仍作为本位货币，但在国内流通的是纸币，而由国家储存金块，作为储备；国家规定纸币的含金量，但纸币只能按规定的用途和数量向本国中央银行兑换金块。

实行金汇兑本位制度的国家，通过在金块本位制或金币本位制国家保存外汇，准许本国货币无限制地兑换外汇，以维持本国货币的对外汇率。在这些国家的国际储备中，除黄金外，外汇占有一定的比重，黄金仍是最后的支付手段。这个时期的国际货币体系仍然属于国际金本位货币体系范畴，同样具有统一性、松散性两个特点。但是，这一时期的国际金本位货币体系的基础已经严重削弱，不如第一次世界大战前的金币本位制了。

### 2. 金汇兑本位制的解体

1929—1933 年的世界经济危机，摧毁了西方国家的金块本位制与金汇兑本位制，统一的国际金本位货币体系也随之瓦解。西方国家普遍实行纸币流通制度，纷纷成立货币集团，如英镑集团、美元集团、法郎集团、日元集团等。在货币集团内部以一个主要国家的货币作为中心，并以这个货币作为集团内部的储备货币，进行清算。集团内部外汇支付与资金流动完全自由，但是对集团外的收付与结算则实行严格管制，常常要用黄金作为国际结算手段，发挥黄金的世界货币职能。各货币集团内部对货币比价、货币比价波动界限及货币兑换与支付均有统一严格的规定；对集团外的国际支付则采取严格管制；集团之间壁垒森严，限制重重。在这一时期，不存在统一的国际货币体系。一些西方国家为了争夺国际市场纷纷进行外汇倾销，货币战接连不断，更加剧了国际货币关系的混乱，从而严重地阻碍了国际贸易的发展，使国际货币关系同国际贸易发展之间产生了尖锐矛盾。这时各国普遍要求建立新的国际货币体系，然而，由于西方国家刚刚摆脱 1929—1933 年的经济大危机，又面临第二次世界大战，难于立即就国际货币关系问题做出共同的安排，因而在 20 世纪 30 年代后半期未能建立新的国际货币体系。

# 第二节　布雷顿森林体系

## 一、布雷顿森林体系的建立

第二次世界大战前和第二次世界大战期间，由于国际货币体系的不统一，各国国际收支危机严重，外汇管制普遍加强，各国货币汇率极端不稳定，各货币集团之间的矛盾尖锐；斗争也非常激烈，再加上接连不断的货币战，使国际货币关系处于严重混乱状态。为克服混乱的国际货币关系同国际贸易发展之间的矛盾，在第二次世界大战即将结束时，英、美两国着手拟订建立战后国际货币体系的方案。1943 年 4 月 7 日，在伦敦发表了英国财政部顾问、大经济学家凯恩斯拟订的"国际清算同盟计划"，即所谓的"凯恩斯计划"。与此同时，美国在华盛顿也发表了美国财政部长助理怀特拟订的"国际稳定基金计划"，即所谓的"怀特计划"。

### (一) "凯恩斯计划"

"凯恩斯计划"是从英国利益出发的，基于英国当时负有巨额外债、国际收支发生严重危机及黄金储备陷入枯竭的情况，凯恩斯主张采取透支原则。其要点如下。

(1) 设立一个世界性的中央银行，叫"国际清算同盟"，由该机构发行一种名叫"班科"(bancor) 的国际货币作为清算单位。"班科"与黄金直接挂钩，即规定其含金量，而且各国可用黄金换取"班科"，但"班科"不能兑换黄金。同时，各国货币又直接同"班科"相联系，与"班科"保持可调整的固定汇率。但是，改变汇率必须经过一定的程序，不能进行单方面的竞争性货币贬值。

(2) 各国在"国际清算同盟"中开设往来账户，通过"班科"存款账户的转账来清算各国官方的债权和债务。当一国国际收支发生顺差时，将其盈余存入账户；发生逆差时，按规定的份额申请透支提存。透支是有限度的，各国透支总额为 300 亿美元。清算后，当一国的借方或贷方余额超过份额一定比例时，无论是顺差国还是逆差国都有责任对国际收支进行调节。

(3) "国际清算同盟"总部设在伦敦和纽约两地，理事会在英、美两国轮流举行。"凯恩斯计划"实际上主张恢复多边清算，取消双边结算，但不主张干涉英镑区，以维护英国利益。

### (二) "怀特计划"

"怀特计划"是从美国作为世界最大债权国、国际收支具有大量顺差、拥有巨额黄金储备等有利条件出发而提出来的方案。怀特主张采取存款原则，其要点如下。

(1) 建议设立国际货币稳定基金，资金总额至少为 50 亿美元，由成员按照规定的份额以黄金、本国货币和政府债券缴纳，份额的多少根据成员的黄金外汇储备、国际收支及国民收入等因素决定，并且依据缴纳份额来确定各国的投票权，"基金"的办事机构设在拥有份额最多的国家。

(2) 基金组织发行一种国际货币，名字为"优尼它"(unita)，作为清算单位，其含金量为 $137\frac{1}{7}$ 格令，相当于 10 美元。"优尼它"可以兑换黄金，也可在成员之间转移。各国货币则与"优尼它"之间规定固定比价，未经基金成员 3/4 的投票权通过，成员货币不得贬值，从而保持汇率稳定。同时取消双边结算、外汇管制和复汇率等歧视性措施。

(3) 成员的国际收支发生临时困难，可用本国货币向基金组织申请购买所需要的外币，但数额最多不得超过其向基金组织认缴的份额。可见，美国企图由它来控制"国际稳定基金"，通过"基金"迫使其他成员的货币钉住美元，剥夺其他国家货币贬值的主动权，解除其他国家的外汇管制，为美国的对外扩张与建立美元霸权扫清障碍。

"凯恩斯计划"与"怀特计划"提出后，英、美两国政府代表团在双边谈判中展开了激烈的争论。最后美国以其在政治、经济和金融方面的压倒之势，迫使英国放弃国际清算同盟计划而接受美国的方案；同时，美国也对英国做出一些让步，双方于 1944 年 4 月达成了基本反映"怀特计划"的《关于设立国际货币基金的专家共同声明》。这时，美国认为时机已经成熟，遂于 5 月邀请筹建联合国的 44 国政府代表在美国新罕布什尔州的布雷顿森林举行"联合国货币金融会议"，经过三周的激烈讨论，于同年 7 月通过了以"怀特计划"为基础的《国际货币基金协定》和《国际复兴与开发银行协定》，统称为"布雷顿森林协定"，从而确立了以美元为中心的布雷顿森林国际货币体系，简称布雷顿森林体系(Bretton Woods System)。

## 二、布雷顿森林体系的主要内容

布雷顿森林体系的主要内容，是以作为国际协议的《国际货币基金协定》(以下简称《协定》)的形式固定下来的。

### (一) 以美元为中心的固定汇率制

《协定》规定了以美元作为最主要的国际储备货币，美元直接与黄金挂钩，国际货币基金组织(IMF)的成员政府必须确认 1934 年美国政府规定的 1 盎司黄金=35 美元的官价，即 1 美元的金平价为 0.888 671 克黄金，并且各国政府和中央银行可随时向美国政府按官价兑换黄金。另外，《协定》还规定：各国货币要规定黄金平价，并以此确定对美元的比价，从而确定了其他货币通过美元与黄金间接挂钩的关系；各国货币均与美元保持固定比价关系，汇率波动界限不得超出货币平价的上下 1%，各国政府有义务通过干预外汇市场来实现汇率的稳定；成员只有在国际收支出现"基本失衡"时，经 IMF 批准才可以进行汇率调整。由此可见，布雷顿森林体系下的汇率制度是可调整的固定汇率制。

### (二) 调节国际收支

弥补国际收支逆差，向成员融通弥补逆差所需资金，是国际货币体系顺利运转的必要条件。为此，《协定》规定，设立普通贷款账户，向国际收支发生暂时困难的成员提供贷款，以弥补逆差。但贷款数量与成员缴纳份额是相联系的，成员借用普通贷款的累计最高限额为其缴纳份额的 125%。此外，《协定》还规定了顺差国也有调节国际收支的责任，这主要体现在《协定》的"稀缺货币条款"上：当一国国际收支持续保有顺差，则逆差国对顺差国货币需求增加，并向基金组织借取该种货币，使该货币在基金组织的库存量下降，当库存量下降到该成员份额的 75%以下时，基金组织就将该货币宣布为"稀缺货币"。基金组织可按逆差国的需要实行限额分配，而逆差国也有权对"稀缺货币"采取临时性的兑换限制，由此影响顺差国的出口贸易，迫使其采取调节国际收支的措施。然而，"稀缺货币条款"还规定基金组织可采取以下两种措施解决"稀缺货币"问题：

(1) 经"稀缺货币"发行国许可，基金组织用发行债券的方法，在该国金融市场筹措资金；

(2) 商请"稀缺货币"发行国，把该国货币售给基金组织，以换取 IMF 的黄金。

显然，这两种措施对顺差国是有利的，顺差国可以通过它们进行资本输出和掠夺黄金，因此"稀缺货币条款"未能真正起到调节国际收支的作用。

### (三) 废除外汇管制

《协定》第八条规定，成员不得限制经常项目的支付，不得采取歧视性的货币措施，要在兑换性的基础上实行多边支付，但有三种例外情况：①IMF 容许对资本转移实施外汇管制；②成员有权对"稀缺货币"采取暂时性的兑换限制；③成员在处于战后过渡时期的情况下，可以延迟履行货币可兑换性的义务。

### (四) 建立一个永久性国际金融机构——国际货币基金组织(IMF)

这也是第二次世界大战后的国际货币制度的一项重要内容。《协定》赋予 IMF 以下职能：

(1) 监督的职能，即监督成员遵守《协定》各项条款，以维护国际金融与外汇交易秩序；

(2) 磋商的职能，即与成员就国际货币领域的有关事项进行磋商；

(3) 融通资金的职能，即对逆差国提供贷款，以稳定外汇市场和扩大国际贸易范围。

在上述内容中，美元同黄金挂钩，其他国家货币同美元挂钩，对保障布雷顿森林体系的统一性和稳定性，具有特别重要的意义，是构成布雷顿森林体系的支柱。

## 三、布雷顿森林体系的特点

在布雷顿森林体系下，由于美元可以兑换黄金，因此有人也把布雷顿森林体系称为以美元为中心的金汇兑本位制。它与第一次世界大战前和其后的金本位制是不同的，主要表现在以下几个方面。

(1) 美元发挥了世界货币的职能。美元被广泛地用作国家间的计价单位、支付手段和储备手段。美元实际上已充当国际储备货币，因而布雷顿森林体系也被称为可兑换黄金的美元本位。

(2) 形成了钉住美元的固定汇率。在货币比价确定方面，是以美元作为关键货币，根据其他国家货币与美元的金平价之比来确定，实际上形成了钉住美元的固定汇率，而且这种固定汇率的波动界限是人为规定的，黄金输送点不再起自动的调节作用，而是在 IMF 的监督下，通过各国中央银行对外汇市场的干预予以维持。

(3) 兑换黄金的程度不同。第一次世界大战前居民可以自由兑换黄金，第一次世界大战后实行金汇兑本位制的国家允许居民用外汇(英镑、美元等)向英、美等国兑换黄金；在布雷顿森林体系下，只同意外国政府在一定条件下用美元向美国兑换黄金。因此，布雷顿森林体系大大削弱了金汇兑本位制。

(4) 国际收支失衡的调节机制不同。在国际金本位制下，依靠的是"物价—现金流动机制"的自发调节；在布雷顿森林体系下，是通过 IMF 的贷款和汇率的调整。

(5) 从国际货币体系的运转来看，布雷顿森林体系是通过签订正式协定，对国际货币体系的诸方面如货币比价、国际支付与结算、国际收支调节等进行规定，并在统一的国际金融机构——IMF 的监督下实施，要求成员遵守，否则将受到制裁，因而它具有统一性、严密性和约束性。第二次世界大战前的国际货币体系没有在各国之间订立统一的协定，也没有一个统一的国际组织监督其运行，处于松散状态。

## 四、布雷顿森林体系的运转

### (一) 维持布雷顿森林体系运转的基本条件

布雷顿森林体系实行的是"双挂钩"制度，即美元与黄金挂钩和其他国家货币与美元挂钩，要维持该体系，保持"双挂钩"原则的实现，必须满足两个基本条件。

(1) 美国国际收支保持顺差，美元对外价值稳定。这是以美元为中心的国际货币体系建立的基础。如前所述，一国货币的对外价值受其通货膨胀程度和国际收支状况的制约。为了保持美元对外价值的稳定，美国应在控制国内通货膨胀的前提下，在国际收支方面保持顺差；否则，若美国国际收支出现巨额逆差，会引起美元大量外流，导致美元贬值成为抛售的对象，从而使美元丧失在国际货币中的核心地位，造成国际金融市场动荡与混乱，而危及国际货币体系的基础。

(2) 美国应具有充足的黄金储备，以维持黄金的官价水平。因为在布雷顿森林体系下，美国政府承担外国官方机构按官价用美元兑换黄金的义务。因此，只有美国黄金储备充足，才能维护美元的信誉，平抑黄金价格；反之，若黄金储备不足，则不能保证以官价用美元兑换黄金，会引起美元的信用危机，并且由于黄金匮乏，无力在市场上投放而导致黄金价格上涨，最终会导致抛售美元而抢购黄金，动摇以美元为中心的国际货币体系的基础。

### (二) 维持布雷顿森林体系运转所采取的措施

布雷顿森林体系是在美国持有大量顺差、黄金储备充足的基础上建立起来的，其运转与美元的信用、地位密切相关。第二次世界大战后至 20 世纪 50 年代末，由于美元币值稳定，美国黄金储备充足，人们对美元充满信心，很少人想以美元兑换黄金，因此布雷顿森林体系得以顺利运转；但到了 20 世纪 50 年代末，由于西方国家经济实力发生变化，美国的国际收支已由顺差转为逆差。到 1960 年，美国对外流动债务(210 亿美元)已超过其黄金储备额(折合 178 亿美元)，已不可能实现无限制兑换黄金的承诺，终于在 1960 年 10 月爆发了第一次美元危机，从而布雷顿森林体系岌岌可危。所谓美元危机，也就是指由美国国际收支危机所引起的美国黄金外汇储备额急剧减少，美元汇率猛跌和美元信誉跌落，大量资本从美国逃走，国际金融市场出现抛售美元、抢购黄金与硬货币的风潮。为减缓美元危机，不致削弱布雷顿森林体系运转的基础，美国及在美国影响下的 IMF 先后采取了下述措施。

#### 1. 稳定黄金价格协定

1960 年 10 月，由于美元危机爆发，伦敦黄金市场金价暴涨。为保持黄金的官价水平，在美国策划下，欧洲主要国家的中央银行达成一项"君子协定"，约定彼此不以高于 35.20 美元的价格购买黄金。

#### 2. 巴塞尔协定

1961 年 3 月上旬西德马克与荷兰盾公开升值，给美元和其他西方货币带来巨大的冲击。为减缓游资对外汇市场的冲击，维持美元汇率的稳定，参加国际清算银行理事会的英国、联邦德国、法国、意大利、荷兰、比利时、瑞士、瑞典八国中央银行，在巴塞尔达成一个君子协定，即巴塞尔协定。协定规定：各国中央银行应在外汇市场上合作，以维持彼此汇率的稳定；若一国的货币发生困难，应与能提供协助的国家进行协商，采取必要的援助措施，以维持汇率的稳定。

#### 3. 黄金总库

美元危机爆发所引起的国际金融市场抢购黄金的风潮，使金价不断上涨。为维持黄金官价，美国联合英国、瑞士、法国、联邦德国、意大利、荷兰、比利时等国的中央银行在 1961 年 10 月建立了"黄金总库"。八国中央银行按约定的比例共拿出 2.7 亿美元的黄金，其中美国占 50%。英格兰银行为黄金总库的代理机构，负责维持伦敦黄金市场金价的稳定。

#### 4. 借款总安排

由于国际收支恶化，美国需要借用联邦德国马克、法国法郎等货币，以平衡国际收支、稳定美元汇率，但在基金组织的资金中，美国所占份额较多，西欧国家所占份额较少，因而不能满足美国的货币需求。于是，在美国的倡议下，IMF 于 1961 年 11 月在巴黎与美国、英国、加拿大、联邦德国、法国、意大利、荷兰、比利时、瑞典、日本十国代表举行会议，并签订了资金达 60 亿美元的"借款总安排"协议。当基金组织缺少这些货币时，可由基金组织向"借款总安排"的有关国家借入，转贷给需要的成员，实际上主要是支持美国。参加"借款总安排"的十国也叫"十国集团"或"巴黎俱乐部。"

### 5. 货币互换协定

货币互换协定亦称"互换安排"。1962 年 3 月，美国联邦储备银行分别与 14 个西方主要国家的中央银行签订了"货币互换协定"，其总额为 117.3 亿美元，1973 年 7 月又扩大为 197.8 亿美元。该协定为双边协定，其主要内容包括：两国中央银行应在约定期间内相互交换一定金额的对方货币。在未使用之前，需以定期存款或购买证券的形式存于对方。若为平抑汇率需要动用时，只要在两天之前通知对方即可。当约定到期，则应用实行互换时的汇率相互偿还对方货币。

### 6. 阻止外国政府持美元外汇向美国兑换黄金

为减缓黄金储备的流失，美国以"劝说"为名，实际是施加压力来阻止外国政府用持有的美元向美国兑换黄金，还于 1967 年与联邦德国政府达成协议，后者承诺不以其持有的美元向美国兑换黄金。

### 7. 美国发行外币债券，筹措西欧国家货币外汇

为扩大干预外汇市场的力量，美国除通过上述"合作"安排来稳定美元汇率，还曾发行以其他外币标明面值的罗莎债券(Roosa bonds)来筹措干预外汇市场的外汇资金。

### 8. 黄金双价制

20 世纪 60 年代中期随着美国对越南战争的升级，美国的国际收支进一步恶化。1968 年爆发了空前严重的第二次美元危机，在半个月中，美国黄金储备流失 14 亿多美元。黄金总库已无力平息抢购黄金的浪潮，因而于 3 月 15 日解散黄金总库，实行黄金价格的双轨制，即只允许各国中央银行按官价用美元向美国兑换黄金，至于黄金市场的金价则听任供求关系变化而自由涨落。

### 9. 创设特别提款权

由于美元危机的不断发生，欧洲经济共同体国家也加紧反对美国的金融霸权。在国际货币基金组织 1963 年的年会上，法国对以美元作为主要储备货币的国际金汇兑本位制提出了批评，因而决定由"十国集团"成立一个委员会，研究国际货币制度改革问题。随后，以英美为一方，提出国际流通手段不足的理论，主张创立一种新的国际储备货币，作为美元、英镑和黄金的补充，以适应国际贸易的需要。以法国为首的西欧六国为一方，认为美元危机问题的关键不是流通手段不足，而是美元泛滥，反对创立新货币。1967 年 4 月，比利时提出一个折中方案，主张增加各国在 IMF 的自动提款权，来解决可能出现的国际流通手段不足的问题。"十国集团"采纳了比利时方案。1969 年 9 月在 IMF 第 24 届年会上通过了创设特别提款权的协议，并决定从 1970 年起，分三年共"发行"特别提款权 95 亿单位。

由于特别提款权只能用于政府间的结算，而大量的企业或单位的国际往来所发生的债权债务的结算与支付仍主要使用美元，因而创设特别提款权不会伤害美元的国际地位。另外，创设特别提款权还会有助于缓和美元危机和维持布雷顿森林体系，原因是：

(1) 它的创设与分配，可增加美国的国际储备资产，从而能增强其应对国际收支逆差的能力；

(2) 可减少美国黄金储备的流失，这是因为特别提款权等同于黄金，当外国政府或中央银行用美元向美国要求兑换黄金时，美国可用特别提款权支付。

以上措施只是在一定程度上减缓了美元危机的爆发，而无法挽救以美元为中心的国际货币体系的命运，同时也暴露了美国越来越多地依赖于其他国家的力量勉强维持布雷顿森林体系的运转。

## 五、布雷顿森林体系的崩溃

### (一) 布雷顿森林体系崩溃概况

#### 1. 美元停止兑换黄金

随着美国国际收支的进一步恶化，美国黄金储备陡降，美元危机爆发频率加快、程度加深。仅 1971 年 5 月和 7 月～8 月连续两次爆发了美元危机。美国为维持美元的中心地位付出了沉重代价：一方面积累了巨额外债，另一方面黄金储备流失严重。至 1971 年 8 月，美国的黄金储备减少到 102 亿美元，对外短期负债却增至 520 亿美元，黄金储备仅及对外短期负债的 1/5。美国根本不可能承担美元对外兑换黄金的义务。于是，西方国家纷纷向美国挤兑黄金。1971 年 8 月 15 日美国不得不宣布实行 "新经济政策"，对内冻结工资、物价，对外停止履行外国政府和中央银行可以用美元向美国兑换黄金的义务。"新经济政策" 的推行，意味着美元与黄金脱钩，支撑布雷顿森林体系的两大支柱有一根已经倒下。为了避免国际游资对本国货币的冲击，许多西方国家的货币不再钉住美元而实行浮动汇率制度，固定汇率制的维持受到了严重的威胁，支撑布雷顿森林体系的另一支柱正处于摇摇欲坠之中。

#### 2. 固定汇率波动幅度增大

在国际金融市场极端混乱、西方国家矛盾重重的情况下，经过几个主要西方国家的背后磋商，"十国集团" 于 1971 年 12 月在美国华盛顿的史密森学会大厦举行财政部部长和中央银行行长会议，达成 "史密森协议"，正式宣布美元对黄金贬值 7.89%，黄金官价从每盎司 35 美元提高到 38 美元，各国货币的黄金平价也做了相应的调整。各国货币对美元汇率的波动幅度由原来不超过平价 ±1%，增大到 ±2.25%。但是，美元停止兑换黄金和小幅度贬值并未能阻止美元危机的继续发展。1973 年 2 月，由于美国国际收支逆差严重，美元看跌，在国际金融市场上又一次掀起了抛售美元、抢购西德马克和日元等硬通货及黄金的浪潮，仅 2 月 9 日一天在法兰克福外汇市场就抛售了近 20 亿美元，国际外汇市场不得不暂时关闭。美国政府于 2 月 12 日被迫再次宣布美元贬值 10%，黄金官价也相应由每盎司 38 美元提高到 42.22 美元。

#### 3. 固定汇率制垮台

美元再度贬值，并没能制止美元危机的深化。1973 年 3 月再次掀起了抛售美元、抢购黄金和西德马克的狂潮，伦敦黄金市场的金价一度涨到一盎司 96 美元，西欧和日本的外汇市场被迫关闭达 17 天之久。随着美元危机的深化，一些币值坚挺的顺差国为维持本币与美元的固定汇率，投放了大量本币，导致了国内的通货膨胀，引起西方国家的强烈不满。西方国家经过磋商和斗争，最后达成协议：西方国家的货币实行浮动汇率制度。其中联邦德国、法国等国家实行联合浮动，英国、意大利等实行单独浮动。此外其他主要西方国家的货币也都实行了对美元的浮动汇率制。至此，支撑布雷顿森林体系的另一支柱，即各国货币钉住美元，与美元建立固定比价的制度也完全垮台，这标志着布雷顿森林体系彻底崩溃。

### (二) 布雷顿森林体系崩溃的原因

布雷顿森林体系崩溃的原因主要有以下三点。

(1) 布雷顿森林体系存在着不可克服的内在矛盾，这是布雷顿森林体系崩溃的根本原因。在该体系下，美元充当国际支付手段与国际储备手段，而发挥世界货币职能，只有美元币值稳定，才能被其他国家普遍接受。美元币值的稳定，不仅要求美国有足够的黄金储备，还要求美国的国际收支必须保持顺差，而这却意味着美元不能被投入国际流通渠道来发挥作用，造成国际支付手段短缺。这就要求美国的国际收支保持逆差，但随着逆差的扩大，美元就将不断贬值，造成美元泛滥成灾，失去世界货币的地位。这就是所谓的"特里芬难题"(Triffin's dilemma)。在第二次世界大战后，从"美元荒"到"美元灾"，进一步发展为布雷顿森林体系危机和崩溃的历程，就是这个体系内在的不可克服的矛盾发展的必然结果。

(2) 主要发达国家之间国际收支的极端不平衡。在第二次世界大战后初期，美国利用战争中膨胀起来的经济实力和其他发达国家被战争削弱的时机，大肆向西欧国家、日本和其他世界各地输出商品，使美国国际收支持续出现巨额顺差，而其他国家的国际收支则持续出现逆差，从而使美国黄金储备增加，美元币值稳定，因此这一时期布雷顿森林体系能正常运转。但是到了 20 世纪 50 年代以后，一方面由于西欧经济的恢复、发展和联合，以及日本经济的起飞，使美国对外贸易受到了严峻的挑战；另一方面由于美国实行对外扩张战略，导致美国巨额的海外军事开支和巨额的资本输出。因此，使美国的国际收支从 20 世纪 50 年代末以后由顺差转为巨额逆差。而其他一些发达国家的国际收支则由逆差转为顺差，而引起美元大量外流，泛滥成灾。与此同时，美国的黄金储备又大量流失，使美国丧失承担美元对外兑换黄金的能力，最终不得不于 1971 年 8 月 15 日宣布停止以美元兑换黄金。

(3) 主要西方国家通货膨胀程度的悬殊。由于西方国家通货膨胀程度的悬殊，它们的实际利率不相等，从而加剧了资本在国家间的流动。在国际外汇市场上，对实际利率较高的货币的需求增长，其汇率上涨；对实际利率水平较低国家货币的需求则会减少，其汇率下跌。这样，固定汇率势必难以维持。自 20 世纪 60 年代以来，币值较为坚挺的国家，为维持其货币与美元的固定汇率，而被迫投放大量本币，已深受通货膨胀之害，它们不愿为此继续做出牺牲。因而，主要发达国家在 1973 年春纷纷实行浮动汇率制。

由于两根支柱均已倒下，布雷顿森林体系便彻底崩溃。

## 第三节　牙买加体系

### 一、牙买加体系的由来

布雷顿森林体系瓦解后，国际金融陷于动荡之中，各国为建立一个新的国际货币体系进行了长期的讨论与磋商。1974 年 9 月，在国际货币基金组织年会上成立了一个临时委员会(interim committee)，由 20 个国家的部长级代表组成。这个临时委员会是国际货币基金组织理事会的咨询机构，专门研究国际货币制度问题。在改革原有国际货币体系、谋求建立新的国际货币体系的过程中，各方在不断地讨价还价的基础上，最终就一些基本问题达成共识。1976 年 1 月，临时委员会在牙买加首都金斯顿举行会议，讨论修订《国际货币基金协定》。这次会议集中讨论了三个主要问题：①扩大和重新分配份额；②处理黄金官价和国际货币基金组织的库存黄金；③修改国际货币基金组织有关汇率的规则。经过数次协商，签署了一个协定，称为《牙买加协定》。

《牙买加协定》主要包括以下内容。

(1) 修订基金份额。新增加的份额不超过总数的 33.5%，增加后的份额使石油输出国组织所出的资金增加了一倍，达到全部成员出资总额的 10%。份额重新修订后，发达国家的投票权相对于发展中国家减少了。

(2) 浮动汇率合法化。各成员可以自主决定汇率安排，因而固定汇率制度与浮动汇率制度可以同时并存。各成员有义务和基金组织合作来"保证有秩序的汇率安排和促进汇率稳定"。基金组织监督各成员的汇率政策，缩小汇率波动幅度，使汇率符合各国长期基本情况。禁止各成员操纵汇率以阻止对国际收支进行有效的调节或赢得不公平的竞争利益。基金组织还有权要求成员解释它们的汇率政策并推行适当的国内经济政策，以促进汇率体系的稳定。在将来世界经济形势稳定之后，经过基金组织总投票权的85%通过，仍然恢复稳定的但可调整的汇率制度。

(3) 黄金非货币化。废除黄金条款，实行黄金非货币化，也就是使黄金与货币完全脱钩，让黄金成为纯粹的商品，各成员的中央银行可按市价自由进行黄金的交易。取消成员之间及成员与基金组织之间需用黄金支付的义务。在基金组织持有的黄金总额中，按市场价格出售六分之一(约2 500万盎司)，用于援助发展中国家。另外六分之一按官价归还成员，剩余部分根据基金组织总投票权的85%通过的决议再行处理。

(4) 储备资产安排。在未来的货币体系中，应以特别提款权作为主要的储备资产，把美元本位改为特别提款权本位。根据规定，参加特别提款权账户的国家可以用特别提款权来偿还其所欠基金组织的债款，使用特别提款权作为偿还债务的担保，各参加国也可以用特别提款权进行借贷。基金组织要加强对国际清偿能力的监督。

(5) 加大对发展中国家的融资规模。以出售黄金所得收入扩充"信托基金"，用于援助发展中国家。同时，基金组织扩大信用贷款部分的总额度，由占成员份额的100%增加到145%，并将"出口波动补偿贷款"的规模占份额的比例从50%提高到75%。

在《牙买加协定》发表以后，基金组织执行董事会即着手对《国际货币基金协定》进行第二次修订，修订的全部协定条款包括了《牙买加协定》的主要内容。《国际货币基金协定第二次修正案》于1976年4月底经理事会表决通过后经60%以上的成员和总投票权的85%多数票通过，从1978年4月1日起正式生效。从此，国际货币体系进入了一个新阶段，由于这个阶段的国际货币体系同《牙买加协定》密切相关，故被称为牙买加体系。

## 二、牙买加体系的特点

具体来说，牙买加体系具有以下特点。

(1) 黄金非货币化。黄金不再充当各国货币平价的基础，也不再充当官方之间的国际清算手段。

(2) 储备货币多元化。虽然《牙买加协议》中曾规定未来的国际货币体系应以特别提款权为主要储备资产，但事实上，特别提款权在世界各国国际储备中的比重并没有增加。在各国所持有的外汇储备中，以前美元独霸天下的局面被以美元为首的多种储备货币所取代。

(3) 汇率制度多样化。据国际货币基金组织统计，截至2022年4月30日，193个经济体(国家或地区)实行了四大类型、细分为10个种类的汇率安排，具体情况是：31个经济体实行自由浮动汇率安排，35个经济体实行浮动汇率安排、3个经济体实行爬行钉住汇率安排、24个经济体实行类爬行钉住汇率安排、1个经济体实行钉住水平汇率的汇率安排、40个经济体实行传统的钉住汇率安排、23个经济体实行稳定安排、12个经济体实行货币局制度、14个经济体实行无独立法定货币的制度、10个经济体实行其他有管理的安排。

## 三、对牙买加体系的评价

### 1. 牙买加体系发挥的作用

牙买加体系实行比较灵活的汇率制度安排，因而具有较强的适应性。从整体上说，牙买加体系对不平衡的世界经济发展发挥了重要推动作用，主要表现如下。

(1) 在牙买加体系下，国际贸易与国际投资得到迅速发展。从国际贸易方面看，根据国际货币基金组织出版的《国际金融统计年鉴》，从1973年到1982年的10年之间，世界出口贸易总额共增加了 344%；相比之下，世界出口贸易总额在实行布雷顿森林体系的 1962 年到 1972 年的 10 年之中，只增加了 201%。从国际投资方面看，根据世界银行出版的《世界经济展望》，1975 年到 1979 年的世界平均年国际直接投资总额比 20 世纪 60 年代同期增长了近 300%。在牙买加体系下，国际经济交往迅速发展的一个重要原因，在于该体系下灵活多样的汇率制度安排发挥了很大的推动作用。在管理浮动汇率制度为主导的国际货币制度下，存在着若干汇率相对稳定的区域，这些区域的存在降低了汇率浮动可能带来的不利影响。此外，不断涌现的金融创新使得国际金融风险管理技术取得了长足的进展，这些风险管理技术也在相当程度上对于防范汇率风险发挥了重要作用。可以说，当今世界经济在很大程度上是可以适应牙买加体系下的汇率安排的。

(2) 在牙买加体系下，各国具有较强的宏观经济政策的自主性，这在一定程度上确保了各国经济的稳定发展。在牙买加体系下，各国不再承担维持固定汇率的义务，它们可以把充分就业、物价稳定、经济增长等国内经济目标放在优先考虑的位置，各国可以充分利用汇率调整与资本流动来发展本国经济，而不必因承担某种对外义务而牺牲国内的经济发展。这种制度设计有力地促进了世界各国的经济发展。

(3) 牙买加体系拥有较强的抵御各种冲击的适应能力。自牙买加体系建立起来至今，它的运行不断经受各种冲击，其中比较重要的有：20 世纪 70 年代西方国家普遍出现的滞胀；1974 年和 1980 年的两次石油危机；20 世纪 80 年代初期爆发的国际债务危机；1992 年爆发的欧洲货币体系危机；1994 年爆发的墨西哥金融危机；1997 年爆发的亚洲金融危机；2007 年爆发的美国次贷危机等。这些冲击都对各国经济和世界经济造成了剧烈动荡。由于牙买加体系采用了极其灵活的制度安排，使得对世界经济的各种冲击得到最大限度化解，维持了正常的国际经济交往。

### 2. 牙买加体系存在的缺陷

然而，我们必须看到，牙买加体系作为一种布雷顿森林体系崩溃后国际货币制度安排的一种权宜之计，其本身不可避免地存在一些缺陷，这些缺陷导致该体系在运行中也出现诸多问题。

(1) 牙买加体系下的汇率波动剧烈。在布雷顿森林体系下，各国货币汇率波动的幅度有明确的限制，汇率只在一个相对狭小的范围内变动；在牙买加体系下，由于各国不再承担维持固定汇率的义务，在一定的冲击下，各国货币汇率的调整时常会出现波动过度的现象，特别是近年来国际资本流动的迅猛发展，大规模的游资在国际金融市场上游荡，更加剧了汇率的波动。过度的汇率波动往往成为货币金融危机的导火线。前面所述的多次金融危机就是明证。

(2) 牙买加体系下各国国际收支状况的调节具有导致危机的隐患。牙买加体系对国际收支失衡的调节有两种方式：一是汇率升值或贬值；二是通过资本流动弥补。尽管这两者相互之间在调节国际收支的顺差或逆差的总量上具有一定的替代性，但是它们对国际收支的各个项目的影响是不同的。汇率升值或贬值主要对解决经常项目顺差或逆差起作用，而资本流动主要影响资本项目收支。我们在前面已经指出，在一些国家存在比较严重的经常项目不平衡的情况下，如果只是片面地通过国际资本流动造成的资本项目盈余来为经常项目提供融资，借以达到国际收支平衡的目标，则一方面可能酿成债务危机，另一方面还可能会因为投资者信心的动摇而引发货币危机。

(3) 牙买加体系下各国政府对宏观经济进行调控的困难加大了。在牙买加体系实行的初期，有人认为可以通过浮动汇率制自发实现经济的对外均衡，政府可以只考虑经济的对内均衡问题，内外均衡之间的冲突不存在了。然而实践证明，这种看法是错误的。在牙买加体系下，一方面政府仍要通过使用支出增减政策对国际收支进行管理，从而面临着与固定汇率制相类似的内外均衡冲突；另一方面，在利用汇率进行调整的过程中，汇率的变动会对开放经济各个方面都产生影响，因此这种新的内外均衡冲突又出现了，再加上国际资本流动的飞速发展，经济内外均衡目标的冲突更加复杂。在牙买加体系下，政府决策陷入两难的境地，常常顾此失彼。

从我们对牙买加体系的评价中可以看出，作为国际货币体系发展的一个重要阶段，牙买加体系在一定程度上满足了国际经济发展的需要。但是，随着世界经济形势的进一步发展，牙买加体系的缺陷也逐渐显露出来。如何弥补牙买加体系的缺陷，成为未来国际货币体系改革所要解决的问题。

## 第四节 国际货币体系的改革

### 一、国际货币体系改革的各种方案

从 20 世纪 60 年代初以来，一些国家的政府和经济学家先后提出不少改革国际货币体系的方案，其中有代表性的有以下几种。

#### 1. 恢复金本位制

法国政府早在 20 世纪 60 年代就提出了这种主张。法国经济学家吕埃夫更进一步提出了建立"国家之间的金本位制"。他认为：各国间的国际收支差额应全部以黄金进行结算；外国人持有本国货币要求兑换黄金时应予以兑换，黄金价格可提高。吕埃夫据此认为金本位制的实施将会抑制一些国家对另一些国家大规模积累短期债务的现象，有利于促使国际收支自动恢复平衡。

然而，恢复金本位制无论是从理论还是从现实来看，都是不可能实现的。其主要原因如下。①黄金生产量能否增加，不仅取决于黄金价格，而且还取决于矿藏条件。受后者制约，黄金生产量难以满足日益增长的国际经济周转的需要。②金本位制发挥作用的自发机制同国家垄断资本主义干预经济的本质相矛盾。

#### 2. 美元本位制

这是由美国经济学家金德尔伯格等提出的方案。他们建议：各国官方与私人需要的美元数量应由国际市场力量决定；美元不兑换黄金，为保持美元币值稳定，美国在国内推行稳定货币增长的政策，同时注意国际收支逆差的问题。

建立以美元为基础的国际货币体系，将有如下的问题和矛盾：①在以美元为基础的国际货币体系下，仍将存在类似"特里芬难题"的情况；②国际货币关系将不可避免地随着美国政治经济形势的动荡而变化；③这是美国目前的经济实力所不及的；④国际货币事务将完全处于美国的控制之下，这是其他发达国家和广大发展中国家难以接受和极力反对的。

#### 3. 以多种货币为基础的国际货币体系

这是瑞士经济学家拉兹提出的方案。法国政府在 1985 年也提出建立"多极"国际货币体系的主张。这种主张实际上是让日元和瑞士法郎等其他货币也同美元一样处于"关键货币"的地位。

建立以多种货币为基础的国际货币体系，同以美元为基础的国际货币体系相比，其国际货币关系的动荡无疑要缓和一些，因为多种货币中的弱币和强币会互相抵消一部分汇率的变化，但它仍不能完全避免国际货币关系的动荡，因为多极化世界当中的任何一极的政治经济形势发生较大变化，都可能引起国际货币关系的动荡。

### 4. 以特别提款权为基础的国际货币体系

特别提款权的历史表明，它代表的价值量是比较稳定的，因而使用范围也在逐渐扩大。但是，要使它成为国际货币体系的基础，首先必须使它变为货币。目前，它仅仅是记账单位，还不能在国家间的贸易与非贸易领域流通，因而还不是真正意义上的货币。其次，要使它成为国际货币体系的基础，还必须使它具有政治经济实力的后盾。这是一个不容易解决的问题。最后，要使特别提款权成为国际货币体系的基础，应首先使它成为主要国际储备资产形式，但这方面的困难还较多。

## 二、国际货币体系改革的前景

当前世界经济发展面临通货膨胀、债务危机和国际收支失衡等问题，这些问题都与国际货币体系有密切的关系，因此，国际货币体系必须进行改革。目前，国际货币体系的改革主要涉及以下几个问题。

### 1. 国际货币体系的改革面临国际本位货币的选择

这是决定建立何种国际货币体系的基础。目前，美国经济实力日趋削弱，日本、欧盟经济实力日益增强，世界经济发展趋向多极化。因此，随着日元和欧元地位的不断提高，很可能会形成多极化的国际货币体系，呈现美元、日元和欧元三足鼎立的格局。但由于美元、日元和欧元的汇率总是经常波动的，不管汇率是升还是降，都表明其币值的不稳定，而不稳定的货币是难以胜任世界货币职能的，所以从长远看，还是要发展到统一货币的格局。当然，这种货币既不可能是黄金，也不可能是某一超级大国的货币，而应是某种共同货币。特里芬和凯恩斯都曾提出过共同货币的设想，欧洲货币联盟已进行过尝试和探索，即创设了欧洲统一货币——欧元。共同货币会涉及一国的货币主权，要全面实现难度还很大，但它仍不失为一种理想，而且随着地区性货币集团的发展，最终是可以实现的。

### 2. 国际货币体系的改革还涉及汇率制度的选择

这是一个关于国际货币体系改革最为关键的问题。鉴于目前的浮动汇率制度有诸多弊端，有人希望恢复固定汇率制度。但由于目前各国的经济增长率、通货膨胀率、国际收支等方面还存在很大差异，并且国家间也存在巨额的资本流动，因此，恢复固定汇率制度是不现实的。可考虑实行可调整的固定汇率，在这方面，欧洲货币体系的做法可以借鉴。另外，"汇率目标区"的设想在实践上也是可行的，关键是如何界定目标范围的大小及如何协调各国的政策，发挥联合干预的效力。

### 3. 国际货币体系的改革还关系到国际收支的调节机制

目前的国际收支调节机制乏力，使顺差或逆差不断积累，而且严重的国际收支失衡往往通过国际货币体系之外的力量(如国内经济紧缩政策)来调节。因此，今后的国际货币体系必须建立一个机构(或改革目前的国际货币基金组织)来提供一种调节机制。这种调节机制一方面要能促使顺差国和逆差国公平地承担调节责任，以改变目前在 IMF 的框架下各国在国际收支调节上的不公平、不对称现象；另一方面要能使顺差国的盈余暂时调剂逆差国的赤字，同时，还要能提供充足的资金帮助逆差国。在这方面，IMF 和欧洲货币体系的一些经验和设想可资借鉴。

# 复习思考题

1. 简述国际货币体系的概念及划分标准。
2. 简述布雷顿森林体系的主要内容及其特点。
3. 维持布雷顿森林体系正常运转的条件是什么？布雷顿森林体系崩溃的原因是什么？
4. 当前国际货币体系的主要特点是什么？
5. 简述当前国际货币体系改革的各种方案。

# 练习题

## 1. 判断题

(1) 当今世界已经具备了恢复国际金本位制度的现实可行性。 （ ）
(2) 凯恩斯提出的国际清算同盟计划的立场明显是在维护美国利益。 （ ）
(3) IMF 创设的特别提款权虽然有助于缓和美元危机和维持布雷顿森林体系，却伤害了美元的国际地位。 （ ）
(4)《国际货币基金协定》的"稀缺货币条款"对调节国际收支起了很大的作用。 （ ）
(5) 当前，黄金仍然是一种重要的储备资产，可以用于各国政府之间的清算。 （ ）
(6) 布雷顿森林体系在美元停止兑换黄金时，就已经完全崩溃了。 （ ）

## 2. 选择题

(1) 第一次世界大战前的国际金本位制的特点有(　　)。
  A. 具有统一性
  B. 具有松散性
  C. 黄金自由铸造
  D. 黄金自由兑换
  E. 黄金自由输出入

(2) 构成布雷顿森林体系的两大支柱是(　　)。
  A. 可调整的固定汇率制
  B. 取消外汇管制
  C. 美元同黄金挂钩
  D. "稀缺货币"条款
  E. 其他国家的货币同美元挂钩

(3) 为了维持布雷顿森林体系的运转，美国和 IMF 主要采取的措施是(　　)。
  A. 巴塞尔协定
  B. 黄金总库
  C. 借款总安排
  D. 货币互换协定
  E. 稳定黄金价格协定

(4) 20 世纪 60 年代初以来，先后提出的有代表性的国际货币体系改革方案有(　　)。
  A. 建立美元本位制
  B. 恢复金本位制
  C. 建立多极国际货币体系
  D. 改进金汇兑本位制
  E. 建立以特别提款权为基础的国际货币体系

(5) 牙买加体系主要的特点有(　　)。
  A. 黄金非货币化
  B. 美元与黄金挂钩
  C. 储备货币多元化
  D. 汇率制度多样化
  E. 各国货币钉住美元

# 参 考 文 献

## 一、参考书目

1. Paul R. Krugman, Maurice Obstfeld, Marc Melitz. International Economics: Theory and Policy[M]. London: Pearson Education Limited, 2018.

2. Graham Bannock, William Manser. The Penguin International Dictionary of Finance[M]. London: Penguin Books, 2003.

3. Martín Uribe, Stephanie Schmitt-Grohé. Open Economy Macroeconomics[M]. Princeton: Princeton University Press, 2017.

4. Robert J. Carbaugh. International Economics[M]. 8th Edition. Boston: Cengage Learning, 2022.

5. Thomas A. Pugel. International Economics[M]. Columbus: McGraw-Hill Companies, Inc., 2019.

6. George H. Hempel, Donald G. Simonson. Bank Management: Text and Cases[M]. Hoboken: John Wiley & Sons, Inc., 1998.

7. Peter Newman, Murray Milgate, John Eatwell. The New Palgrave Dictionary of Money & Finance[M]. London: Macmillan Press Limited, 1992.

8. Stephanie Schmitt-Grohé, Martín Uribe, Michael Woodford. International Macroeconomics: A Modern Approach[M]. Princeton: Princeton University Press, 2022.

9. Paul De Grauwe. Economics of Monetary Union[M]. Oxford: Oxford University Press, 2003.

10. Miraslav N. Javanovic. The Economics of European Integration: Limits and Prospects[M]. Northampton: Edward Elgar Publishing, Inc., 2005.

11. Charles P. Kindleberger. Manias, Panics and Crashes: A History of Financial Crises[M]. 3r Edition. New York: Basic Books, 1989.

12. Robert Kolb, James Overdahl. Understanding Futures Markets[M]. Oxford: Blackwell, 2006.

13. Stanley W. Black. International Money and International Monetary Arrangements. In Handbook of International Economics[M], edited by Ronald W. Jones and Peter B. Kenen, Volume 2. Amsterdam: North-Holland, 1985.

14. William Branson, Dale Henderson. The specification and influence of asset markets. In Handbook of International Economics[M], edited by Ronald W. Jones and Peter B. Kenen, Volume 2. Amsterdam: North-Holland, 1985.

15. Robert Solomon. The International Monetary System: 1945-1981[M]. New York: Harper & Row, 1982.

16. George Andrew Karolyi. International Trade and International Finance: Cases[M]. Beijing:

China Machine Press, 1998.

17. Keith Pilbeam. International Finance[M]. London: Bloomsbury Academic, 2023.

18. Joseph P. Daniels, David D. VanHoose. International Monetary and Financial Economics[M]. Nashville: South-Western Publishing, 2005.

19. Laurence Copeland. Exchange Rates and International Finance[M]. Boston: Addison-Wesley, 2014.

20. Maurice Obstfeld, Kenneth Rogoff. Foundations of International Macroeconomics[M]. Cambridge: MIT Press Books, 1996.

21. Giancarlo Gandolfo. International Finance and Open-economy Macroeconomics[M]. Heidelberger: Springer Verlag, 2016.

22. J. 奥林·戈莱比. 国际金融市场[M]. 刘曼红，等译. 北京：中国人民大学出版社，1998.

23. G. 甘道尔夫. 国际经济学第二卷——国际货币理论与开放经济的宏观经济学[M]. 王小明，等译. 北京：中国经济出版社，2001.

24. 戴维·里维里恩，克里斯·米尔纳. 国际货币经济学前沿问题[M]. 赵锡军，应惟伟，译. 北京：中国税务出版社，北京腾图电子出版社，2000.

25. 路透. 外汇与货币市场导论[M]. 北京：北京大学出版社，2001.

26. 路透. 金融衍生工具导论[M]. 北京：北京大学出版社，2001.

27. 加里·J. 斯基纳西等. 现代银行业与场外衍生工具市场[M]. 黄芳芳，等译. 北京：中国金融出版社，2003.

28. 金德尔伯格. 西欧金融史[M]. 徐子健，等译. 北京：中国金融出版社，1991.

29. 彼得·H. 林德特. 国际经济学[M]. 范国鹰，等译. 北京：经济科学出版社，1992.

30. 安德鲁·盛. 银行业重组——从 20 世纪 80 年代银行危机中得到的经验教训[M]. 袁纯清，等译. 北京：中国金融出版社，2000.

31. 菲利普·莫利纽克斯，尼达尔·沙姆洛克.金融创新[M]. 冯健，等译. 北京：中国人民大学出版社，2003.

32. 陈家盛. 国际金融通论[M]. 北京：中国金融出版社，1990.

33. 陈彪如. 国际货币体系[M]. 上海：华东师范大学出版社，1990.

34. 刘俊奇. 国际金融衍生市场——工具与运用[M]. 北京：经济科学出版社，2002.

35. 许强. 外汇交易快速入门[M]. 广州：中山大学出版社，2002.

36. 陈绍昌. 国际金融计算技术[M]. 北京：中国对外经济贸易出版社，1993.

37. 潘国陵. 国际金融理论与数量分析方法[M]. 上海：上海三联出版社，2000.

38. 刘玉操. 国际金融实务[M]. 大连：东北财经大学出版社，2001.

39. 姜波克. 国际金融新编[M]. 上海：复旦大学出版社，2018.

40. 何小锋，黄嵩. 投资银行学[M]. 北京：北京大学出版社，2002.

41. 张亦春. 金融市场学[M]. 北京：高等教育出版社，1999.

42. 桑百川，郑建明等. 国际资本流动：新趋势与对策[M]. 北京：对外经济贸易大学出版社，2003.

43. 陈雨露. 现代金融理论[M]. 北京：中国金融出版社，2001.

44. 王雅杰. 国际金融(理论·实务·案例)[M]. 北京：清华大学出版社，2006.

45. 范家骧. 国际贸易理论[M]. 北京：人民出版社，1985.

46. 马之骃. 发展中国家国际储备需求研究[M]. 上海：华东师范大学出版社，1994.

47. 杨长江，姜波克. 国际金融学[M]. 北京：高等教育出版社，2019.

48. 龚关. 国际金融理论[M]. 武汉：武汉大学出版社，2001.

49. 陆前进，杨槐. 开放经济下宏观金融风险管理[M]. 上海：上海财经大学出版社，2002.

50. 戴金平. 国际金融前沿发展：理论与实证方法[M]. 天津：天津人民出版社，2000.

51. 张极井. 项目融资[M]. 北京：中信出版社，2003

52. 李扬，王松奇. 中国金融理论前沿[M]. 北京：社会科学文献出版社，2000

53. 李扬，王国刚，何德旭. 中国金融理论前沿II[M]. 北京：社会科学文献出版社，2001

54. 唐旭. 金融理论前沿课题[M]. 第二辑. 北京：中国金融出版社，2003.

55. 徐滇庆，于宗先，王金利. 泡沫经济与金融危机[M]. 北京：中国人民大学出版社，2000.

56. 丁志杰，史薇. 中国视角的国际金融[M]. 北京：中国法制出版社，1999.

57. 世界银行等. 银行危机的防范：近期全球银行倒闭风潮的教训[M]. 张青松，等译. 北京：中国财政经济出版社，1999.

58. 苏同华. 银行危机论[M]. 北京：中国金融出版社，2000.

59. 林平. 银行危机监管论[M]. 北京：中国金融出版社，2002.

60. 方洁. 发展中国家银行危机研究[M]. 北京：中国经济出版社，2002.

61. 宋清华. 银行危机论[M]. 北京：经济科学出版社，2000.

62. 陈彪如. 国际金融概论[M]. 上海：华东师范大学出版社，1996.

63. 陈岱孙，厉以宁. 国际金融学说史[M]. 北京：中国金融出版社，1991.

64. 辛乔利. 现代金融创新史[M]. 北京：社会科学文献出版社，2019.

65. 胡日东，赵林海. 外汇投资一点通[M]. 北京：清华大学出版社，2007.

66. 胡日东，赵林海. 国际金融理论与实务[M]. 北京：清华大学出版社，2010.

## 二、参考论文

1. Barry K. Goodwin, Thomas Grennes, Michael K. Wohlgenant. Testing the law of one price when trade takes time[J]. Journal of International Money and Finance, 1990, 9: 21-40.

2. Bela Balassa. The purchasing power parity doctrine: A reappraisal[J]. Journal of Political Economy, 1964, 72(6): 584-596.

3. Rudiger Dornbusch. Expectations and exchange rate dynamics[J]. Journal of Political Economy, 1976, 84(6): 1161-1176.

4. Rudiger Dornbusch. PPP Exchange rate rules and macroeconomic stability[J]. Journal of Political Economy, 1982, 90(1): 158-165.

5. Rudiger Dornbusch. Exchange rates and prices[J]. American Economic Review, 1987, 77(1): 93-106.

6. Paul Krugman. Purchasing power parity and exchange rates[J]. Journal of International Economics, 1978, 8(3): 397-408.

7. International Monetary Fund. The exchange rate system: Lessons of the past and options for the future: A study by the Research Department[J]. Occasional Paper 1984 No. 30, International Monetary Fund.

8. Ronald I. McKinnon. Optimum Currency Areas[J]. American Economic Review, 1963, 53(9):

717-725.

9. Robert A. Mundell. A Theory of Optimum Currency Areas[J]. American Economic Review, 1961, 51(9): 657-665.

10. Robert P. Flood, Peter M. Garber. The Linkage between Speculative Attack and Target Zone Models of Exchange Rates[R]. NBER Working Paper No. 2918, 1989.

11. Paul Krugman. Target Zones and Exchange Rate Dynamics[J]. Quarterly Journal of Economics, 1991, 106(8): 669-682.

12. Hali J. Edison, Marcus H. Miller, John Williamson. On Evaluating and Extending the Target Zone Proposal[J]. Journal of Policy Modeling, 1987, 1: 199-224.

13. Andrew D. Crockett. Control over International Reserves[R]. IMF Staff Paper, 1978, 3.

14. H. Robert Heller, Mohsin S. Khan. The Demand for International Reserves under Fixed and Floating Exchange Rates[R]. IMF Staff Papers, 1978, 25: 623-649.

15. John Williamson. International Liquidity: A Survey[J]. Economic Journal, 1973, 83(9): 685-746.

16. Charles P. Kindleberger. Measuring Equilibrium in the Balance of Payments[J]. Journal of Political Economy 1969, 77: 873-891.

17. Paul R Krugman. A Model of Balance-of-Payment Crises[J]. Journal of Money, Credit and Banking, 1979, 11(8): 311-325.

18. Maurice Obstfeld. The Logic of Currency Crises[D]. NBER Working Paper No. 4640, 1984.

19. Graciela L. Kaminsky, Carmen M. Reinhart. The Twin Crises: The Causes of Banking and Balance of Payments Problems[J]. American Economic Review, 1999, 89(6): 473-500.

20. Asli Demirgüç-Kunt, and Enrica Detragiache. The Determinants of Banking Crises in Developing and Developed Countries[R]. IMF Working Paper No.106, 1997.

21. Hyman Minsky. The Financial Instability Hypothesis: A Restatement[J]. In Post Keynesian Economic Theory: A Challenge to Neoclassical Economics, edited by P. Arestis and T. Skouras, Wheatsheaf Books, 1985.

22. Douglas W. Diamond, Philip H. Dybvig. Bank Runs, Deposit Insurance, and Liquidity[J]. Journal of Political Economy, 1983, 91: 401-419.

23. Jan A. Kregel. Margins of Safety and Weight of the Argument in Generating Financial Fragility[J]. Journal of Economics Issues, 1997, 31(6): 543-548.

24. Andrew D. Crockett. The Euro-Currency Market: An Attempt to Clarify Some Basic Issues[R]. IMF Staff Papers, 1976, 23(2): 375-386.

25. International Monetary Fund. International Monetary Reform: Documents of the Committee of Twenty[R]. International Monetary Fund, 1974.

26. John T. Cuddington, Hong Liang. Purchasing power parity over two centuries?[J]. Journal of International Money and Finance, 2000, 19: 753-757.

27. R. Gaston Gelos. Shocks to balance sheets and emerging market crises[J]. IMF Research Bulletin 2003, 4(1): 1-6.

28. Jacob A. Frankel. No Single Currency Regime is Right for All Countries or At All Times[R]. NBER working paper 7338, 1999.

29. 方琢. 汇率制度选择理论的再认识[J]. 国际金融研究，2002(3)：15~19.

30. 李天德，刘爱民. 世纪之交国际汇率体系的发展方向：灵活的汇率约定与政策协调[J]. 世界经济，2000(10)：36~40.

31. 窦祥胜. 国际收支调节与国际储备需求的经济分析[J]. 财经研究，2002(3)：33~38.

32. 钟伟. 国际货币体系的百年变迁和远瞻[J]. 国际金融研究，2001(4)：8~13.

33. 斯蒂芬·格伦菲勒. 国际资本流动与金融危机[J]. 国际金融研究，1999(2)：66~68.

34. 王玲. 怎样读解国际收支平衡表[J]. 中国外汇管理，1999(7)：10.

35. 王珍，刘建慧. 欧元对国际货币体系的影响[J]. 中国金融，2004(1)：60~61.

36. 朱箴元. 试析欧元在国际货币格局中的地位[J]. 福建金融，1999(6)：16~19.

37. 彭兴韵，吴洁. 从次贷危机到全球金融危机的演变与扩散[J]. 经济学动态，2009(2)：52~60.

38. 潘锐. 美国次贷危机的成因及其对国际金融秩序的影响[J]. 东北亚论坛，2009(1)：3~11.